DX를 위한

UI·UX 플랫폼
넥사크로 N

DX를 위한 UI·UX 플랫폼 넥사크로 N

초판 1쇄 발행 2025년 1월 20일

지은이 투비소프트 제품확산팀
펴낸이 장길수
펴낸곳 지식과감성#
출판등록 제2012-000081호

교정 한장희
디자인 이현
편집 이현
검수 김지원
마케팅 김윤길, 정은혜

주소 서울시 금천구 벚꽃로298 대륭포스트타워6차 1212호
전화 070-4651-3730~4
팩스 070-4325-7006
이메일 ksbookup@naver.com
홈페이지 www.knsbookup.com

ISBN 979-11-392-2390-3(13000)
값 25,000원

• 이 책의 판권은 지은이에게 있습니다.
• 이 책 내용의 전부 또는 일부를 재사용하려면 반드시 지은이의 서면 동의를 받아야 합니다.
• 잘못된 책은 구입하신 곳에서 바꾸어 드립니다.

지식과감성#
홈페이지 바로가기

최신 기술과 AI로 구현한 혁신적인 UI/UX로
기업의 DX를 실현하고 업무 효율과 성과를 극대화하는 솔루션

DX를 위한
UI·UX 플랫폼
넥사크로 N

투비소프트 제품확산팀

공장 자동화 시스템부터 통신이 열악한 영업 현장, 상황실 TV 대시보드까지
다양한 비즈니스 요구를 지원할 수 있는 통합 개발 환경을 제공하는 **넥사크로 완벽 가이드**

CONTENTS

PART 01 넥사크로가 뭔가요?

1. 넥사크로의 세계에 오신 것을 환영합니다! 12
- 1.1 넥사크로 개요 12
- 1.2 프로그래밍 언어 15
- 1.3 환경 구성 16
- 1.4 시스템 요구 사항 19
  - 1.4.1 데스크톱 19
  - 1.4.2 모바일 20
  - 1.4.3 넥사크로 스튜디오 20
  - 1.4.4 국제 표준 준수 사항 21

2. 컴퓨터를 개발 장비로 준비시키기 22
- 2.1 넥사크로 스튜디오 설치 22
- 2.2 넥사크로 스튜디오 초기 설정 28
  - 2.2.1 주요 파일 28
  - 2.2.2 실행 환경 설정 30
- 2.3 라이선스 인증 31
- 2.4 시작 페이지 34
- 2.5 도움말 사용 35

3. 첫 번째 프로젝트 만들어 보기 37

3.1 넥사크로 스튜디오 실행하기 37
3.2 Hello World 39
    3.2.1 프로젝트 생성 39
    3.2.2 화면, 컴포넌트 생성, 스크립트 작성 43
    3.2.3 실행 확인 50
3.3 프로젝트 구성 요소 56
    3.3.1 Environment 56
    3.3.2 TypeDefinition 61
    3.3.3 Application Information 68
3.4 프로젝트 생성 결과물 72

4. 다양하게 사용할 수 있는 컴포넌트 살펴보기 75

4.1 넥사크로 컴포넌트 75
    4.1.1 단일 컴포넌트 75
    4.1.2 선택형 컴포넌트 77
    4.1.3 목록형 컴포넌트 79
    4.1.4 컨테이너 컴포넌트 80
    4.1.5 모바일 컴포넌트 81
4.2 넥사크로 오브젝트 82
    4.2.1 데이터 오브젝트 82

PART 02

누구나 쉽게 넥사크로로 업무 화면 만들기

5. 실전! 업무 화면 만들기 86

5.1 화면 만들기 87
    5.1.1 화면 예시 87
    5.1.2 화면 생성, 레아아웃 구성 88
    5.1.3 Dataset 생성 95
    5.1.4 화면 디자인 105
5.2 데이터 바인딩 112
    5.2.1 목록 영역 바인딩 112
    5.2.2 상세 영역 바인딩 117

5.3 조회 조건 영역 처리 120
- 5.3.1 부서 검색 팝업 처리 120
- 5.3.2 성별 조건 처리 128

5.4 목록 영역 처리 130
- 5.4.1 데이터 표현과 편집 처리 130
- 5.4.2 Grid 편집 방법 133
- 5.4.3 셀 표현식 Expression 135

5.5 서버 설정과 데이터 통신 143
- 5.5.1 X-API 설치 144
- 5.5.2 넥사크로 환경 설정 147
- 5.5.3 데이터베이스 테이블 생성 150
- 5.5.4 데이터 통신 방법 153

5.6 화면 스크립트와 서버 페이지 작성 158
- 5.6.1 조회 처리 158
- 5.6.2 입력, 삭제 처리 170
- 5.6.3 저장 처리 172
- 5.6.4 코드 데이터 처리 177

6. 간결하고 일하기 편한 UI 디자인하기 186

6.1 디자인 정보 구성 요소 186
- 6.1.1 Resource Explorer 186

6.2 디자인 적용 194
- 6.2.1 Theme 195
- 6.2.2 XCSS 200

6.3 디자인 속성의 이해 203
- 6.3.1 Style Property 204
- 6.3.2 RTL 224

6.4 선택자의 이해 227
- 6.4.1 Multi Selector 228
- 6.4.2 Class Selector 233
- 6.4.3 Child Selector 237

7. 복잡한 업무를 팝업 창으로 깔끔하게 처리하기 242

7.1 모달(Modal) 팝업 띄우기 242
- 7.1.1 모달 팝업 오픈 243
- 7.1.2 팝업 화면 처리 247

7.2 모달리스(Modeless) 팝업 띄우기 252
- 7.2.1 모달리스 팝업 오픈 253

7.3 PopupDiv 컴포넌트를 이용한 팝업 처리 255
- 7.3.1 PopupDiv 오픈 256

7.4 실습하기 258
- 7.4.1 화면 구성 258
- 7.4.2 스크립트 작성 260

8. 업무, 환경에 따라 화면 레이아웃 바꾸어 보기 265

8.1 Position 265
- 8.1.1 상대좌표 설정 266
- 8.1.2 Position 적용 268
- 8.1.3 Fit to Contents 270

8.2 MLM 274
- 8.2.1 레이아웃 274
- 8.2.2 스텝 276

8.3 Fluid Layout 278
- 8.3.1 화면 배치 타입 278
- 8.3.2 컴포넌트 배치하기 279
- 8.3.3 컴포넌트 배치 기준, 간격 설정하기 282

9. 사용자 맞춤 기능 설정하기 283

9.1 Frame 오브젝트 283
- 9.1.1 ChildFrame 283
- 9.1.2 FrameSet, VFrameSet, HFrameSet, TileFrameSet 284
- 9.1.3 MainFrame 286
- 9.1.4 Frame Template 287

9.2 메인 화면 구성 290
- 9.2.1 기초 작업 290
- 9.2.2 메인 화면 – SDI 295
- 9.2.3 메인 화면 – MDI 301

PART 03 넥사크로 활용 능력 끌어올리기

10. 컴포넌트, 오브젝트 자유롭게 활용하기 316

10.1 Dataset 316
    10.1.1 Dataset 구조 317
    10.1.2 데이터 찾기 322
    10.1.3 데이터 정렬, 필터 327
    10.1.4 데이터 계산 330
    10.1.5 데이터 로우 타입 333
    10.1.6 데이터 복사 340
    10.1.7 Dataset 이벤트 344

10.2 Grid 348
    10.2.1 Grid 구성 348
    10.2.2 칼럼 로우 사이즈 조절 351
    10.2.3 로우, 셀 선택 356
    10.2.4 Grid 포맷 359
    10.2.5 Grid 동적 구성 366
    10.2.6 Grid 소계 374
    10.2.7 Grid 트리 385
    10.2.8 트리 접기, 펼치기 387
    10.2.9 특정 로우 접기, 펼치기 390

10.3 동적 생성 392

10.4 엑셀 처리 402
    10.4.1 nexacro-xeni 402
    10.4.2 ExcelExportObject 403
    10.4.3 ExcelImportObject 407
    10.4.4 예제 411

10.5 웹 페이지 연동 418
    10.5.1 WebView 418
    10.5.2 우편번호 서비스 연동 419

11. 대규모 프로젝트에서 공통 UI 구축하기 428

11.1 UI 표준 428
11.1.1 개발 표준 정의 428
11.1.2 공통프레임 개발 429
11.1.3 공통 스크립트 431

11.2 공통 스크립트 구현 435
11.2.1 넥사크로 스크립트 파일 이용 435
11.2.2 넥사크로 자바스크립트 프레임워크 이용 438

12. 개발 시 반드시 알아두어야 할 것들 450

12.1 스크립트 작성 450
12.1.1 PrefixID 450
12.1.2 서비스(Server Service)는 한 번의 호출로 n개의 Dataset을 가져온다 453
12.1.3 한 번의 서비스로 n개의 Dataset을 가져와야 하는 이유 454
12.1.4 서비스(Server Service) 호출 시 Dataset 칼럼 Layout 정보 필요 456
12.1.5 데이터 통신방식 457
12.1.6 Nexacro 스크립트 작성 시 기준 잡기 461
12.1.7 시큐어코딩 관련하여 eval 함수 대체 방법 462
12.1.8 변수 Scope 464

12.2 Dataset 465
12.2.1 Dataset 속성 useclientlayout 제대로 알기 465
12.2.2 Dataset 칼럼 Type의 중요성 466
12.2.3 Dataset의 이벤트 스크립트 작성 시 주의 사항 468
12.2.4 Dataset 정보 스크립트로 변경 시 enableevent 속성 활용하기 468

12.3 Grid 470
12.3.1 스크립트 작성 시 col, cell 값을 이용한 Column 체크 470

PART 01

넥사크로가 뭔가요?

1
넥사크로의 세계에 오신 것을 환영합니다!

1.1 넥사크로 개요

넥사크로는 하나의 소스로 웹과 모바일, 데스크톱 앱을 디자인, 개발, 배포할 수 있는 소프트웨어 개발 플랫폼입니다. 기업 내에서 업무에 따라 웹 브라우저에서 바로 접근할 수 있도록 운영하다가 윈도우 운영체제 환경에서 특정 장비와 연동해야 할 때에는 해당 어댑터 기능만 추가해서 윈도우 앱 형태로 구현하고 배포할 수 있습니다. 개발부터 배포까지 하나의 도구를 사용해 다양한 사용자의 실행 환경과 요구에 대응할 수 있습니다.

● 넥사크로 주요 구성 요소

- **개발 도구(IDE)**: 넥사크로 스튜디오는 직관적인 편집 기능을 제공해 초급 개발자도 쉽게 다룰 수 있게 구성된 개발 도구입니다. 화면 디자인, 개발, 디버깅, 배포까지 하나의 프로세스로 진행할 수 있습니다.
- **프레임워크(Framework)**: 유니파이드제이에스(Unified.js)는 모든 실행 환경에서 공통으로 사용할 수 있는 자바스크립트 프레임워크입니다. 개발자는 운영체제 특성을 따로 처리하지 않고 하나의 코드로 개발할 수 있습니다.
- **실행 환경(Runtime Environment)**: 모바일 앱, 데스크톱 앱에서는 오픈소스 기반으로 자체 개발한 렌더 엔진과 스크립트 엔진으로 구성된 넥사크로 실행 환경(NRE, nexacro runtime environment)을 사용합니다. 최적화된 실행 환경을 제공해 대용량 데이터를 다루거나 복잡한 화면 구성 시 웹 브라우저보다 빠르게 처리합니다. 또한, 운영체제에서 지원하는 다양한 API와 장비를 연동할 수 있습니다.

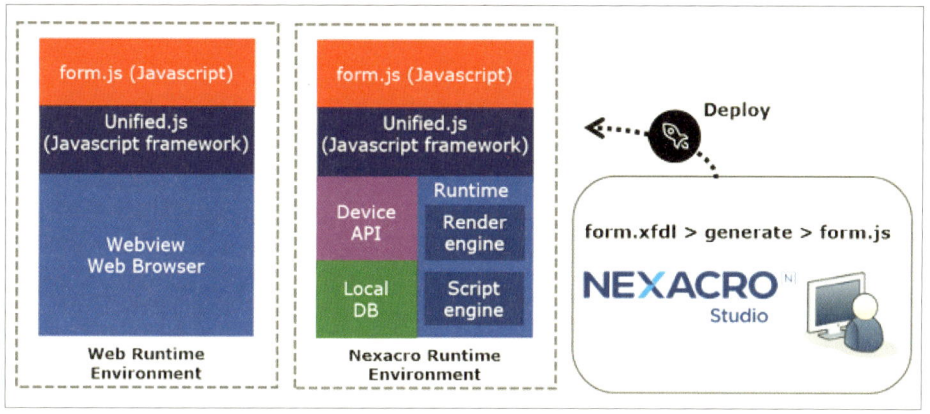

웹 기술은 표준화되고 기존 플러그인 기술을 대체할 수준으로 진화하고 있습니다. 과거에 플러그인을 사용해서 구현했던 기술은 웹에서 대부분 지원할 수 있습니다. 하지만, 4차 산업혁명 시대에 들어서면서 웹 기술과 시장의 요구와의 격차가 생기기 시작했습니다. 4차 산업혁명의 빠른 발전 속도를 웹 기술이 따라가지 못하고 있습니다. 그 때문에 웹에는 디바이스에서 수집된 정보를 활용하거나 다양한 형태의 IoT 기기와 연결하고 기능을 확장하고 융합해서 기존의 서비스와 연결하기 위한 여러 제약이 존재합니다. 하이브리드 앱이라는 콘셉트는 이런 웹의 제약을 벗어나기 위한 고민에서 시작됐지만, 여전히 다양한 운영체제에 대해 대응을 하기 쉽지 않습니다. 기업에서 사용자가 원하는 모든 환경에 맞는 시스템을 제공하기 위해서는 각 환경에 특화된 개발 인력과 개발 도구가 필요합니다.

넥사크로는 독자 개발한 실행 환경을 사용합니다. 최적의 실행 속도를 확보할 수 있으며 실행 환경에 따른 차이를 개발자가 고민하지 않고 개발 플랫폼 자체적으로 대응할 수 있습니다. 또한, 다른 프로그래밍 언어를 따로 배우지 않고 자바스크립트만 사용해서 화면을 구성하고 디바이스 API를 제어하고 비즈니스 로직을 개발할 수 있습니다. 넥사크로에서 제공하지 않는 특정 데이터 형식이나 장비, IoT 기기 연동은 서드파티를 통해 모듈 또는 어댑터 형태로 개발할 수 있으며 프로젝트에서 모듈을 설치하는 간단한 동작만으로 기능을 확장할 수 있습니다.

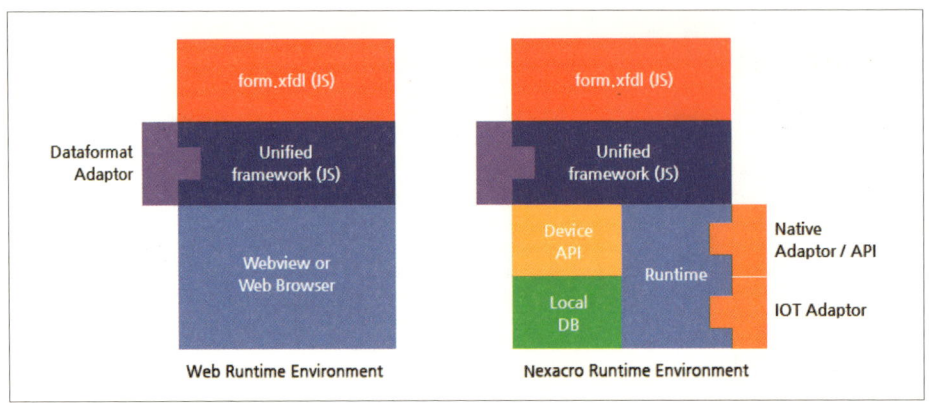

넥사크로는 화면 처리를 위해 별도 서버를 필요로 하지 않습니다. 개발 도구에서 생성한 파일을 기존 웹 서버에 올려 주는 것만으로 웹과 모바일 앱, 데스크톱 앱을 모두 운영할 수 있습니다. 백엔드 시스템 데이터 통신을 지원하거나 푸시 메시지를 사용하기 위해 서버에 관련 라이브러리를 추가하는 방식을 선택할 수 있으며 기존에 구성된 서버 프레임워크를 사용할 수 있습니다.

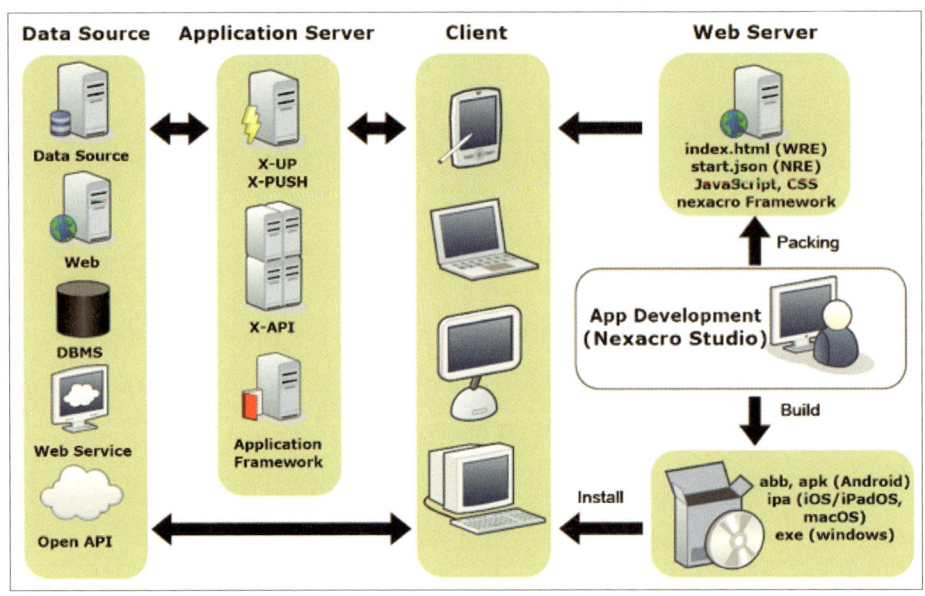

1.2 프로그래밍 언어

넥사크로는 다른 프로그래밍 언어와 달리 사용자에게 보이는 화면을 정의하는 부분과 비즈니스 로직을 처리하는 스크립트로 구분됩니다. 또한, 화면에 원하는 디자인을 적용하기 위해 스타일과 테마를 적용할 수 있는 기능을 제공합니다.

화면을 배치하는 부분은 XML 기반으로 각 컴포넌트의 속성과 바인딩, 이벤트 등의 정보를 관리합니다. 다양한 실행 환경을 지원할 수 있도록 MLM(Multi Layout Manager) 기능을 지원하며 관련된 속성을 사용할 수 있습니다. 앱 실행에 필요한 환경 정보는 별도의 파일에서 관리합니다.

아래는 넥사크로에서 앱 개발 시 기본적으로 생성되는 파일에 대한 설명입니다.

구분	파일명(확장자)	용도
프로젝트	*.xprj	• 프로젝트 정보 • Environment 파일 경로 • TypeDefinition 파일 경로 • AppVariables 파일 경로 • Application Information 파일 경로
Environment	environment.xml	• 실행 환경 정보 • themeid • Screen 정보(Screen 정보 설정 시 실행 환경 정보에서 설정한 값을 덮어쓸 수 있습니다). • variables • cookies
TypeDefinition	typedefinition.xml	• 모듈 • 컴포넌트 • 서비스 • 프로토콜 • 업데이트

구분	파일명(확장자)	용도
Application Information	*.xadl	• Application 정보 • screenid • 프레임 속성
AppVariables	appvariables.xml	• Application 내에서 공유하는 공통 변수
Form	*.xfdl	• 화면 레이아웃 • 화면 폼 속성 • 컴포넌트 속성 • 추가 레이아웃 • 스크립트

1.3 환경 구성

● **개발 환경**

넥사크로는 위지윅(WYSIWYG) 기반의 개발 툴인 넥사크로 스튜디오를 제공합니다. 넥사크로 스튜디오 내에서 실행 환경과 상관없이 앱을 개발할 수 있으며 생성된 코드는 넥사크로 프로그래밍 언어로 저장됩니다.

넥사크로 스튜디오는 마이크로소프트 윈도우 운영체제만을 지원하지만 개발된 앱은 어떤 운영체제나 어떤 디바이스든 상관없이 최적화된 사용 환경으로 배포할 수 있습니다.

앱 빌더를 사용하면 iOS/iPadOS, macOS, 안드로이드 운영체제를 지원하는 앱을 간단한 설정만으로 생성하고 배포할 수 있습니다.

> **노트**
>
> 앱 빌더를 사용하지 않고 각 운영체제 환경에서 앱을 만들고 배포할 수도 있습니다. 배포 환경에 따라 넥사크로 스튜디오 외 다른 개발 툴에서 추가적인 작업을 필요로 할 수 있으며 별도의 인증을 받아야 할 수 있습니다. 예를 들어 iOS/iPadOS 운영체제를 지원하는 앱을 개발하는 경우에는 배포 시 XCode 환경이 필요하며 안드로이드 운영체제를 지원하는 앱을 개발하는 경우에는 배포 시 이클립스 환경이 필요합니다.

● 실행 환경

넥사크로는 넥사크로 프레임워크를 기본으로 앱이 실행되며 각 실행 환경에 따라 최적화된 구조를 제공합니다.

앱 실행 환경에 따라 데스크톱, 모바일 환경으로 나누고 앱 실행 방식에 따라 NRE(Nexacro Runtime Environment), WRE(Web Runtime Environment)로 구분합니다. 앱 실행 방식에 따라 추가된 기능을 사용할 수 있습니다. 예를 들어 안드로이드와 iOS/iPadOS 운영체제의 NRE 버전은 카메라, 주소록, SMS 등 모바일 디바이스와 연동된 추가 기능을 사용할 수 있습니다.

넥사크로가 실행되는 환경은 아래 표와 같이 정리할 수 있습니다.

넥사크로		
데스크톱		
	WRE	다양한 운영체제에서 동작하는 웹 브라우저 지원 - Edge, Chrome, Safari, Firefox, Opera
	NRE	앱이 제품에 포함된 실행 환경에서 동작 웹 브라우저에서 구현할 수 없는 추가 기능 제공 - 윈도우 NRE 버전, macOS NRE 버전
모바일		
	WRE	다양한 디바이스에서 동작하는 기본 모바일 브라우저 지원 - 안드로이드, iOS/iPadOS
	NRE	앱별로 개별 실행 환경에서 동작 Device API 사용할 수 있음 - 안드로이드 NRE 버전, iOS/iPadOS NRE 버전, 윈도우 NRE 버전 (태블릿)

● **배포 환경**

배포란 앱이 실행하는 데 필요한 자원을 클라이언트에 설치하는 일련의 작업을 의미합니다. 사용 환경에 따라 넥사크로에서 개발된 앱과 필요한 모듈을 내려받아 클라이언트에 설치하게 됩니다.

넥사크로 앱은 사용자가 사용하는 클라이언트에서 동작합니다. 하지만 데이터 처리와 같은 작업을 위해 WAS(Web Application Server)를 필요로 할 수 있습니다. 넥사크로는 데이터 처리를 위한 X-API 모듈을 함께 제공하고 있습니다. 또한, 필요에 따라 데이터를 실시간으로 처리해야 한다면 X-PUSH와 같은 추가적인 기술을 사용할 수 있습니다.

기본 배포 작업은 HTTP 프로토콜을 사용합니다. 하지만 인터넷 접속을 지원하지 않는 환경에서는 앱 실행에 필요한 자원을 별도 매체로 배포해 사용할 수 있습니다.

노트
X-PUSH 버전에 따라 지원 환경이 달라질 수 있습니다.
웹 환경은 X-PUSH 2.6.X 이상 버전에서 지원합니다.
모바일 NRE 환경은 X-PUSH 2.5.X 이상 버전에서 지원합니다.

노트
테마 파일은 기본 제공되는 테마를 사용할 경우에는 넥사크로 스튜디오에서 따로 만들지 않고 기본 테마를 변환하는 작업만 거칩니다.

1.4 시스템 요구 사항

1.4.1 데스크톱

● Web Runtime Environment

- Google Chrome
- Firefox
- Microsoft Edge
- Opera
- Safari (macOS)

> 노트
>
> Windows Safari 브라우저는 제조사의 업데이트 중단으로 지원하지 않습니다.
> https://support.apple.com/en-us/HT204416

● Nexacro Runtime Environment

항목	사양	Windows	macOS
CPU	최저	인텔 펜티엄 4 1.4GHz	
	권장	인텔 코어 i5 7세대 이상	
메모리	최저	2GB	
	권장	8GB	
HDD(ROM)	최저	8GB	
	권장	128GB	
플랫폼		Windows Vista Home Premium SP2 이상 Windows 11 21H2 이하	macOS 10.14 이상 macOS 12.0.1 이하
		Windows Server 2008 R2 SP1 이상 Windows Server 2016 이하	

> 노트
>
> macOS 프레임워크에서 32비트 앱 빌드를 지원하지 않습니다.

> 노트
> WindowsRT, WindowsPhone8, Windows XP Embedded 운영체제는 지원하지 않습니다.

1.4.2 모바일

● Web Runtime Environment

- **Android(Android 5(API 21) 이상, Android 12(API 31) 이하)**
  - Android 기본 브라우저
  - Android Google Chrome

- **iOS/iPadOS(iOS 12 이상, iOS/iPadOS 15.2 이하)**
  - iOS/iPadOS 기본 브라우저

● Nexacro Runtime Environment

항목	사양	Android	iOS/iPadOS
메모리	최저	3GB	iOS 12 이상 지원 기기
	권장	4GB 이상	
HDD(ROM)	최저	32GB	
	권장	64GB 이상	
플랫폼		Android 5 (API 21) 이상 Android 12 (API 31) 이하	iOS 12 이상 iOS/iPadOS 15.2 이하

> 노트
> iOS/iPadOS 프레임워크에서 32비트 앱 빌드를 지원하지 않습니다.

1.4.3 넥사크로 스튜디오

넥사크로 스튜디오를 설치하고 사용하는 데 필요한 시스템 요구 사양은 아래와 같습니다.

항목	최저사양	권장사양
CPU	인텔 펜티엄 4 1.4GHz	인텔 코어 i5 7세대 이상
디스플레이	-	가속장치를 갖고 있는 512MB 이상의 그래픽장치
메모리	2GB	8GB
디스크 공간	8GB	128GB
플랫폼	Windows 7 Home Premium (32bit) SP1 이상 Windows 11 21H2 이하 Windows Server 2012 R2 이상 Windows Server 2016 이하	

1.4.4 국제 표준 준수 사항

XML	W3C XML Spec 1.0 https://www.w3.org/TR/xml/
JavaScript	ECMA-262 6th edition (ECMAScript Harmony, ES6 Harmony) https://262.ecma-international.org/6.0/
DOM	W3C DOM API Level 3 https://www.w3.org/TR/DOM-Level-3-Core/
CSS	W3C CSS3 Spec 표준지원

노트

넥사크로 스튜디오 옵션에서 [Environment > Script > Version]을 "ES6"로 설정하지 않고 ES6 문법 사용 시 오류로 처리됩니다.

2

컴퓨터를 개발 장비로 준비시키기

넥사크로 스튜디오는 넥사크로 앱을 설계하고 개발, 테스트, 디버깅, 배포 등의 일련의 작업을 지원하는 강력한 통합 개발 환경(Integrated Development Environment, IDE)입니다. 디자인 화면을 제공해 빠르게 앱 화면을 디자인할 수 있으며 바인딩 상태나 컴포넌트 간 연관 관계를 직관적으로 확인할 수 있습니다.

스크린 관리 기능을 제공하며 다양한 화면 크기의 앱을 효율적으로 개발할 수 있습니다.

2.1 넥사크로 스튜디오 설치

넥사크로 스튜디오는 배포된 Setup 파일을 실행하면 설치 과정이 진행됩니다. Setup 파일은 32비트, 64비트 버전을 지원하며 두 가지 버전을 모두 설치할 수는 없습니다.
기존에 설치된 넥사크로 스튜디오 32비트 버전을 64비트 버전으로 업데이트할 경우에는 32비트 버전을 삭제하고 64비트 버전을 설치해야 합니다.

> 32비트: NexacroN_SetupStudio.exe
> 64비트: NexacroN_SetupStudio_x64.exe

● 설치 언어 선택

설치할 언어를 선택합니다. 설치 과정에서 선택한 언어로 표시되고 설치 후 넥사크로 스튜디오 실행 시 도움말 등의 정보가 선택한 언어로 제공됩니다.

영어, 일본어, 한국어 중 1개를 선택할 수 있습니다. 운영체제에서 사용하는 언어가 선택되어 표시됩니다.

[OK] 버튼 클릭 시 선택한 언어로 설치 과정이 시작됩니다.

● 설치 과정

넥사크로 스튜디오 설치는 다음 순서로 진행됩니다.

1) 소프트웨어 라이선스 확인

2) 바탕 화면 단축 아이콘 생성 여부 확인

항목을 체크한 경우 바탕 화면에 단축 아이콘을 생성합니다.
- 넥사크로 스튜디오
- 넥사크로 모듈 디벨로퍼

SDK 설치 여부 확인 항목을 체크한 경우 SDK를 설치합니다.

3) 2번 선택 사항 확인

Ready to Install
Setup is now ready to begin installing TOBESOFT Nexacro Studio(x64) on your computer.

Click Install to continue with the installation, or click Back if you want to review or change any settings.

　Additional tasks:
　　Create a shortcut icon for NexacroStudio x64 on the desktop

　TOBESOFT Nexacro Running Environment (SDK):
　　Installing the Nexacro Running Environment

4) 설치 진행

Installing
Please wait while Setup installs TOBESOFT Nexacro Studio(x64) on your computer.

Extracting files...
C:\...\AppData\Local\Temp\is-FUL7E.tmp\NexacroN_SetupSDK.exe

5) 설치 확인

　넥사크로 스튜디오 실행 여부 확인
　항목을 체크한 경우 넥사크로 스튜디오를 실행합니다.

● 설치 옵션

넥사크로 스튜디오 설치 시 추가 옵션을 지정해서 특정 단계를 미리 설정하거나 건너뛰고 설치할 수 있습니다.

NexacroN_SetupStudio.exe /LANG=[ARG] /SILENT /VERYSILENT
NexacroN_SetupStudio_x64.exe /LANG=[ARG] /SILENT /VERYSILENT

옵션	설명
/LANG	설치 언어를 한국어, 영어, 일본어 중 하나로 설정합니다. Korean | English | Japanese 옵션을 설정하지 않으면 English로 동작합니다.
/SILENT	다음 단계를 건너뛰고 설치 과정을 진행합니다. - 설치 언어 선택 - 소프트웨어 라이선스 확인 - 바탕 화면 단축 아이콘 생성 여부 확인(넥사크로 스튜디오 단축 아이콘 생성) - SDK 설치 여부 확인(SDK 설치)
/VERYSILENT	현재 설치된 버전과 같거나 이전 버전 설치 시 확인 없이 설치 과정을 진행합니다. /SILENT 옵션과 나머지 동작은 같습니다.

아래와 같이 명령어를 설정하고 설치할 수 있습니다.

> NexacroN_SetupStudio.exe /LANG=Japanese
> NexacroN_SetupStudio.exe /LANG=Japanese /SILENT
> NexacroN_SetupStudio.exe /SILENT
> NexacroN_SetupStudio.exe /VERYSILENT

● **업데이트**

넥사크로 스튜디오가 설치되어 있는 상태에서 새로운 버전의 넥사크로 스튜디오 Setup 파일을 실행하면 넥사크로 스튜디오가 업데이트됩니다. 최초 설치 시 선택한 언어가 적용되며 업데이트 과정은 설치 과정과 같습니다.

● **넥사크로 SDK 설치**

넥사크로 스튜디오 업데이트 없이 넥사크로 SDK만 설치하거나 업데이트할 수 있습니다. 배포된 SDK Setup 파일 NexacroN_SetupSDK.exe를 실행하면 설치 과정이 진행됩니다.

● **넥사크로 N V21 SDK**

넥사크로 N V24에서는 이전 버전 넥사크로 N V21에서 작성한 프로젝트를 그대로 사용할 수 있습니다.

- **넥사크로 N V21이 설치된 경우**
  넥사크로 N V24 버전 설치 시 SDK 폴더는 유지되고 개발 도구만 업데이트합니다. 기존 프로젝트는 변경 없이 그대로 사용할 수 있으며 필요한 경우 SDK를 변경해서 V24 프로젝트로 변경할 수 있습니다.

- **넥사크로 N V24를 새로 설치한 경우**
  넥사크로 N V21 SDK를 설치한 후 이전 버전 프로젝트를 실행할 수 있습니다.

아래와 같이 SDK 폴더 아래에 버전별로 구분되어 설치됩니다.

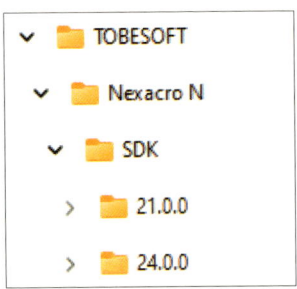

2.2 넥사크로 스튜디오 초기 설정

2.2.1 주요 파일

넥사크로 스튜디오를 설치한 폴더 내 생성되는 주요 파일과 폴더는 아래와 같습니다.

SDK > ⟨version⟩

폴더명	설명
help	– 넥사크로 도움말 폴더 컴파일된 HTML 도움말 파일(compiled html help, CHM)로 제공합니다. 넥사크로 스튜디오는 운영체제 '시스템 로캘 설정'에 따라 해당하는 한국어, 영어 도움말 파일을 실행합니다.
nexacrolib	– 넥사크로 라이브러리 폴더 설치된 버전의 라이브러리 파일이 포함된 폴더입니다. metainfo 파일을 포함하고 있습니다. metainfo 파일은 넥사크로 스튜디오에서만 사용하는 파일이며 배포 대상은 아닙니다.
embedded	– 넥사크로 스튜디오 내에서 사용하는 넥사크로 앱 그리드 콘텐츠 에디터나 에뮬레이터처럼 넥사크로를 사용해 만든 기능 관련 소스 코드가 저장된 폴더입니다.
SetupRuntime	빌드 시 참조할 운영체제별 모듈 파일이 포함된 폴더입니다.
theme	– 테마 폴더 넥사크로 스튜디오 테마, 운영체제별 기본 테마 파일이 포함된 폴더입니다.

파일명	설명
nexacro.exe	– NRE 실행 파일
ResourceUpdater_x64.exe ResourceUpdater_x86.exe	– NRE 배포 파일 생성 실행 파일
nexacromigrator.exe	– 이전 버전 프로젝트 마이그레이션 실행 파일

Tools

폴더명	설명
license	– 라이선스 관련 문서 폴더 제품 라이선스, 오픈소스 라이선스 관련 문서 파일이 포함된 폴더입니다.

파일명	설명
nexacrodeploy.exe	– 프로젝트 제너레이트, 난독화 실행 파일
nexacroemulator.exe	– 에뮬레이터 실행 파일
nexacrostudio.exe	– 넥사크로 스튜디오 실행 파일
nexacromoduledeveloper.exe	– 넥사크로 모듈 디벨로퍼 실행 파일
caddy.exe	– 로컬 웹 서버 실행 파일

> **노트**
> 설치하는 제품 버전에 따라 설치된 파일 목록이 일부 변경될 수 있습니다.

> 노트
>
> 64비트 운영체제를 사용하고 있다면 SDK 폴더 내 64비트용 실행 파일은 %ProgramFiles% 폴더에도 설치됩니다.

2.2.2 실행 환경 설정

넥사크로 스튜디오를 처음 설치하면 60일 동안 사용할 수 있는 체험판으로 설정됩니다. 최초 실행 시 경고 팝업 창이 표시되는데 [OK] 버튼을 클릭하면 다음 단계로 진행할 수 있습니다. 제품을 구매한 경우에는 발급받은 Product Key를 입력해 사용할 수 있습니다.

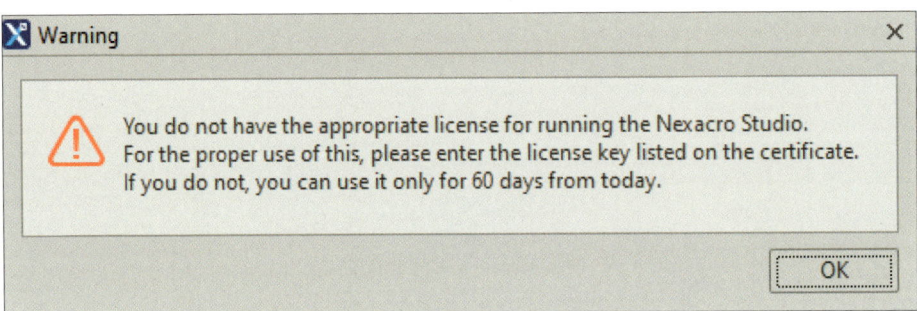

넥사크로 스튜디오 실행 환경을 설정합니다. Perspective, Command Type, Theme를 설정할 수 있습니다. 최초 실행 시 한 번만 설정 창이 오픈되며, 설정한 항목은 메뉴 [Options 〉 Environment 〉 General 〉 Development Tools]에서 변경할 수 있습니다.

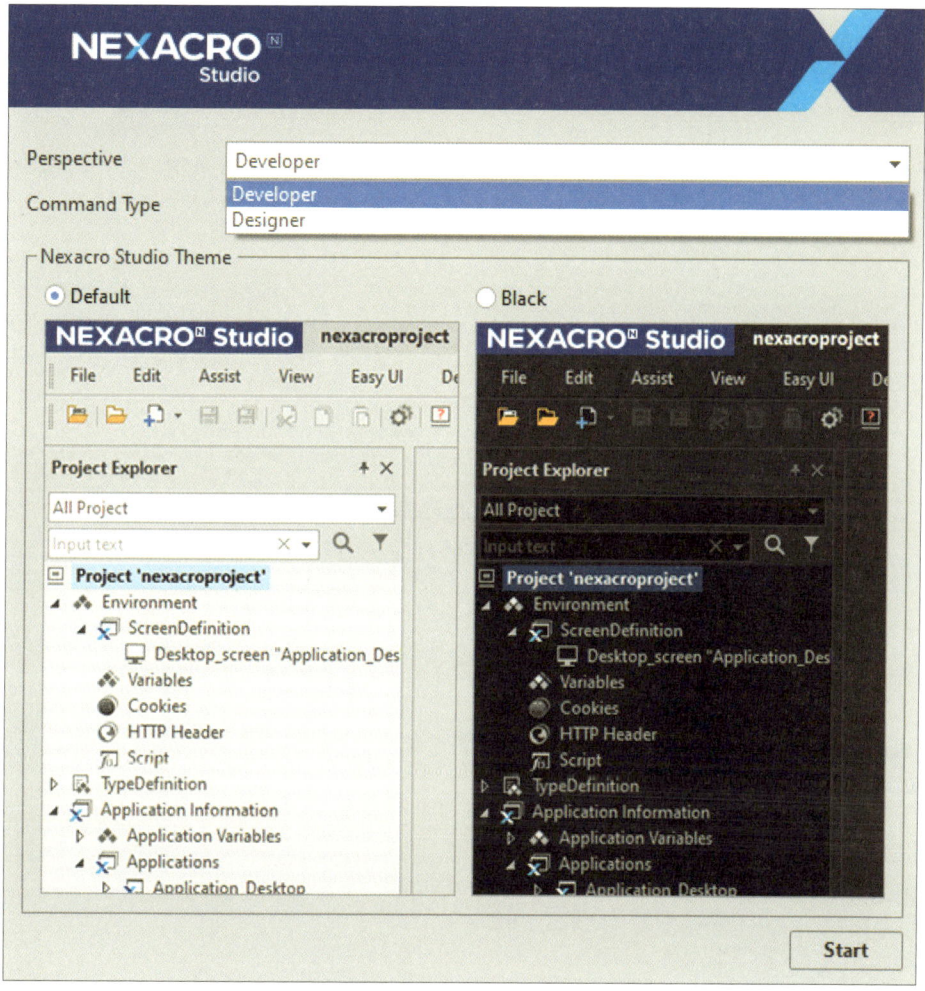

2.3 라이선스 인증

넥사크로 스튜디오의 메뉴 [Help > About Nexacro Studio]를 선택하면 설치된 넥사크로 스튜디오의 버전과 등록된 라이선스 정보를 확인할 수 있습니다.

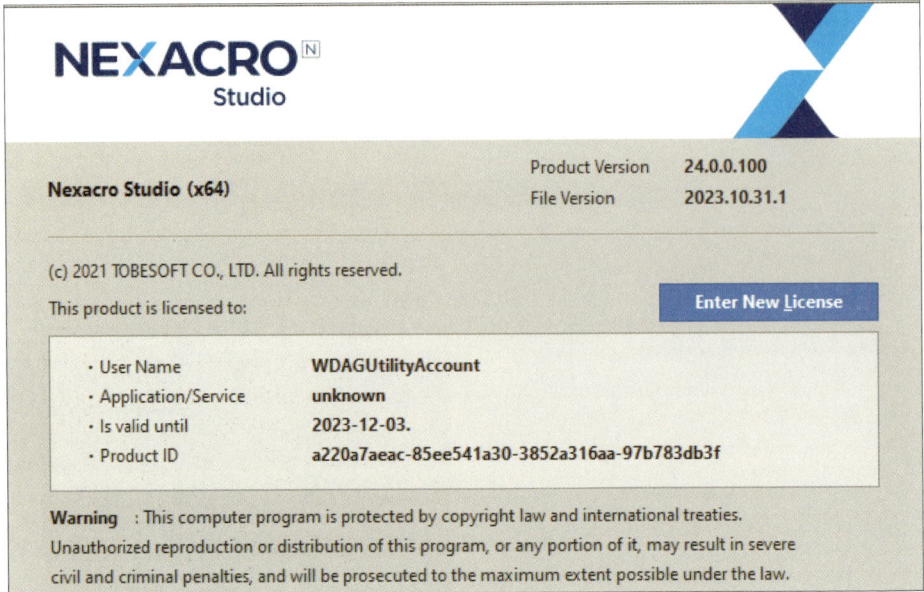

[Enter New License] 버튼을 클릭하면 라이선스를 입력할 수 있습니다.

라이선스 입력 창에 Application/Service Name과 Developer License Key 항목을 입력하고 하단 라이선스 동의에 체크하여 인증합니다.

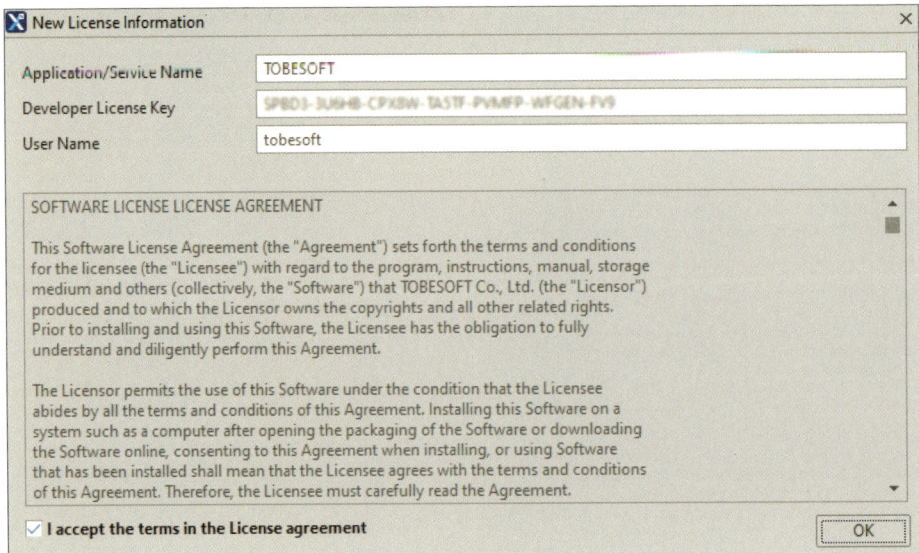

정상적인 값이 입력되었다면 아래와 같은 메시지가 뜨면서 라이선스 인증을 처리합니다.

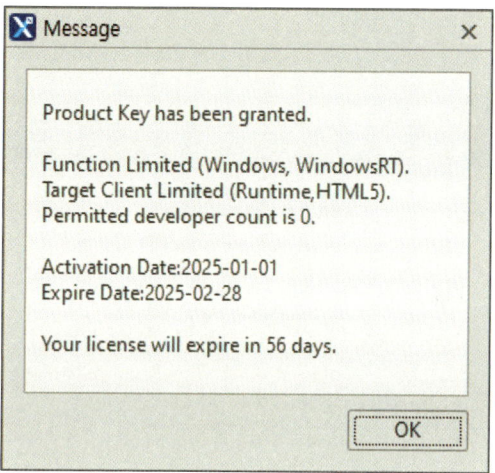

잘못된 값을 입력하거나 이미 인증된 코드를 입력하면 아래와 같은 메시지가 뜨면서 라이선스 인증이 처리되지 않습니다.

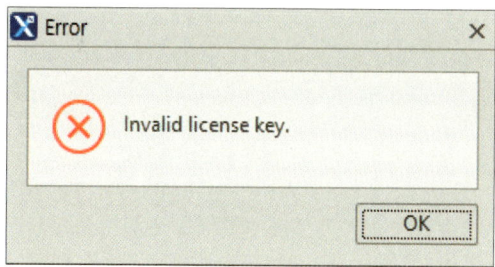

2.4 시작 페이지

넥사크로 스튜디오를 처음 실행했을 때 시작 페이지를 제공합니다. 해당 페이지는 메뉴[Help - Start Page]를 선택해서 사용할 수도 있습니다.

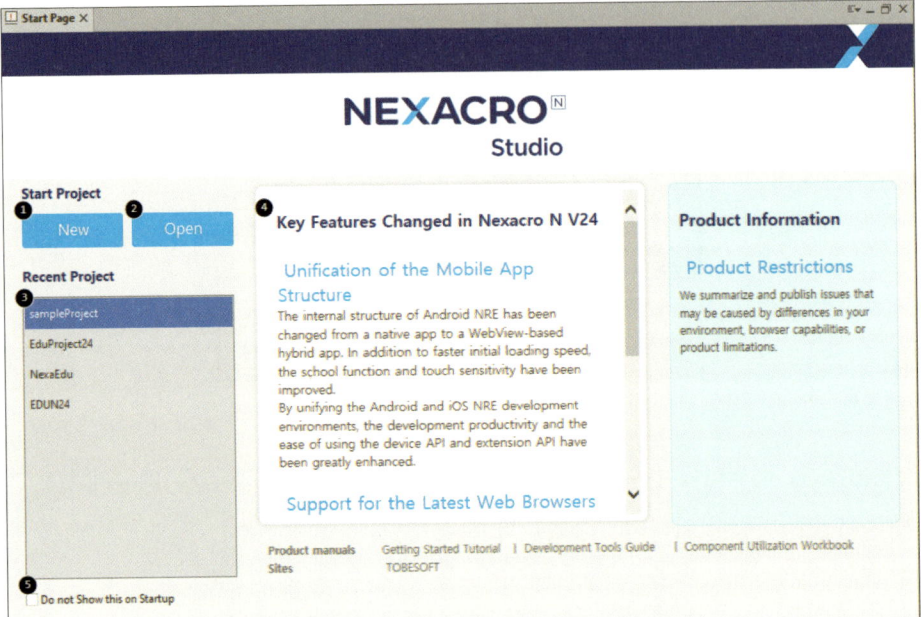

항목		설명
❶	New Project	새로운 프로젝트 생성 메뉴[File 〉 New 〉 Project]와 같음
❷	Open Project	기존 프로젝트 열기 메뉴[File 〉 Open 〉 Project]와 같음
❸	Recent Projects	최근 프로젝트 목록 메뉴[File 〉 Recent Projects]와 같음 프로젝트 이름만 보여 주며 마우스를 프로젝트 이름 위에 올려놓으면 해당 파일 경로를 보여 줍니다.
❹	Contents	변경된 주요 기능, 새로운 기능, 제품 매뉴얼, 팁 동영상 등 정보 표시
❺	Do not show this on Startup	넥사크로 스튜디오 실행 시 시작 페이지 표시 여부 항목 체크 시 시작 페이지를 보여 주지 않습니다.

최근 프로젝트 목록에서 자주 사용하는 프로젝트는 고정된 항목으로 설정할 수 있습니다. 콘텍스트 메뉴에서 [Pinned] 항목을 체크 상태로 변경하거나, 프로젝트명 옆에 보이는 핀을 클릭하면 고정 상태로 변경할 수 있습니다. 고정된 항목은 전체 목록에서 상단에 배치됩니다.

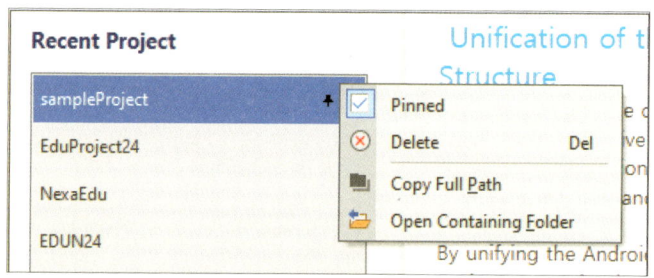

최근 프로젝트 목록에 보이는 항목의 수는 메뉴 [Options] 항목 중 [Environment 〉 General 〉 Recent Files] 항목에서 설정할 수 있습니다. 설정할 수 있는 최댓값은 16이며, 최댓값이 넘어가면 고정되지 않은 항목 중에서 순서에 따라 삭제됩니다. 콘텍스트 메뉴에서 [Delete] 항목을 선택하면 목록에서 삭제할 수 있습니다.

2.5 도움말 사용

단축키 [F1]을 누르거나 메뉴[Help - Help]를 선택합니다.

도움말 항목	설명
Environment	프로젝트에서 사용하는 환경 정보를 관리하는 Environment 오브젝트
Screen	Application에서 사용할 스크린 정보
Application	Application 오브젝트
Form	Form 오브젝트
Frames	MainFrame, ChildFrame, FrameSet 등

도움말 항목	설명
Components	Component: 앱에서 UI 요소로 사용되는 컴포넌트 ContainerComponent: Form을 연결하거나 내부적으로 컴포넌트를 배치하는 컨테이너 컴포넌트 System Component: 다른 컴포넌트에 포함되어 보이지만 독자적인 컨트롤을 가지는 컴포넌트
NexacroAPI	추가 기능을 위해 제공되는 메서드 nexacro.base64Decode() 형식으로 사용
Communication Objects	데이터 통신을 위해 사용하는 오브젝트 XPush 오브젝트 지원
Data Objects	Dataset, DataObject, ColumnInfo 오브젝트
Script	자바스크립트 표준 객체에서 제공하는 기능을 보완한 오브젝트 또는 기타 필요한 오브젝트
Event Objects	Event 오브젝트
EventInfo Objects	이벤트 정보 처리를 지원하는 오브젝트
Misc. Objects	System 오브젝트처럼 특정 기능을 지원하기 위한 오브젝트 사용 환경에 따라 지원하는 항목이 달라질 수 있습니다.
DeviceAPI	NRE에 특화된 기능을 지원하는 오브젝트
Appendix	기타 부록 항목 nexacrostudio Interface, 오픈소스 라이선스, 기타 참고 항목 제공

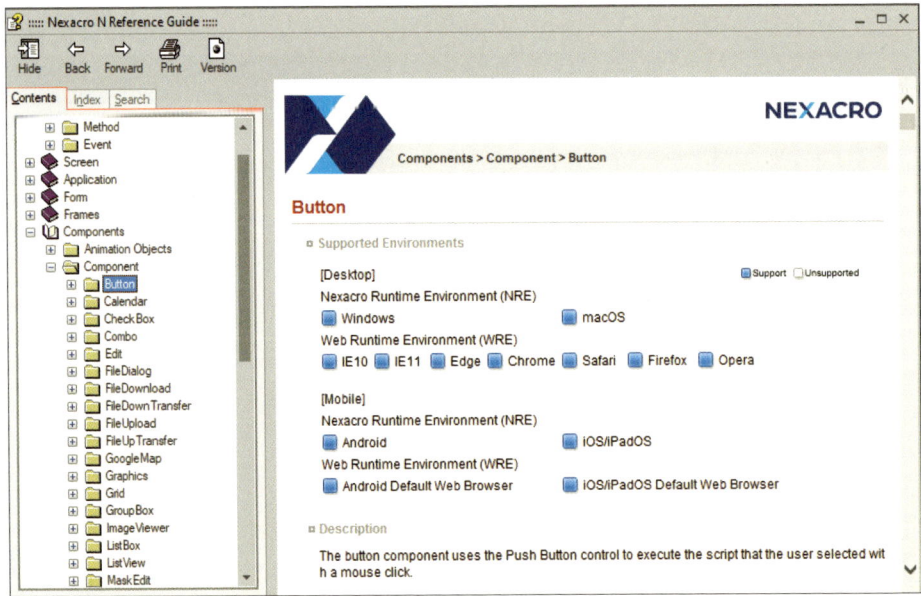

3

첫 번째 프로젝트 만들어 보기

넥사크로 스튜디오에서 'Hello World'를 출력하는 간단한 화면을 만들어 보겠습니다. 이를 통해 개발 환경을 이해하고 생성되는 산출물의 종류와 기능을 이해할 수 있습니다.

3.1 넥사크로 스튜디오 실행하기

PC에 설치된 넥사크로 스튜디오를 실행합니다.

설치 과정에서 바탕 화면에 아이콘을 생성했다면 해당 아이콘을 더블 클릭해 바로 실행할 수 있습니다.

단축 아이콘을 생성하지 않았다면 넥사크로 스튜디오가 설치된 폴더에서 실행 파일을 더블 클릭해 실행할 수 있습니다.

넥사크로 스튜디오가 설치된 경로는 아래와 같습니다.

| C:\[Program Files]\tobesoft\Nexacro N\Tools\nexacrostudio.exe

넥사크로 스튜디오 설치 후 최초 실행 시에는 어떤 프로젝트도 열리지 않은 상태입니다. 넥사크로 스튜디오의 화면 구성은 아래와 같습니다.

	구성요소	설명
❶	프로젝트 탐색기 (Project Explorer)	작업 중인 프로젝트의 구성 요소를 표시합니다. 최초 실행 시에는 아무것도 보이지 않습니다.
❷	Form Design	넥사크로 애플리케이션 화면 디자인, 스크립트 편집 작업을 수행하는 공간입니다.
❸	속성 창 (Properties)	폼, 컴포넌트, Dataset 컴포넌트의 속성을 보여 주고 편집할 수 있는 공간입니다.
❹	Output	오류 메시지나 Generate 메시지, trace() 메서드로 설정한 메시지를 보여 주는 공간입니다.
❺	Error List	스크립트 작성 중 오류를 실시간으로 확인하고 표시합니다.

3.2 Hello World

Sample
NexacroN_book\Sample\NexacroN_book\Base\Hello.xfdl

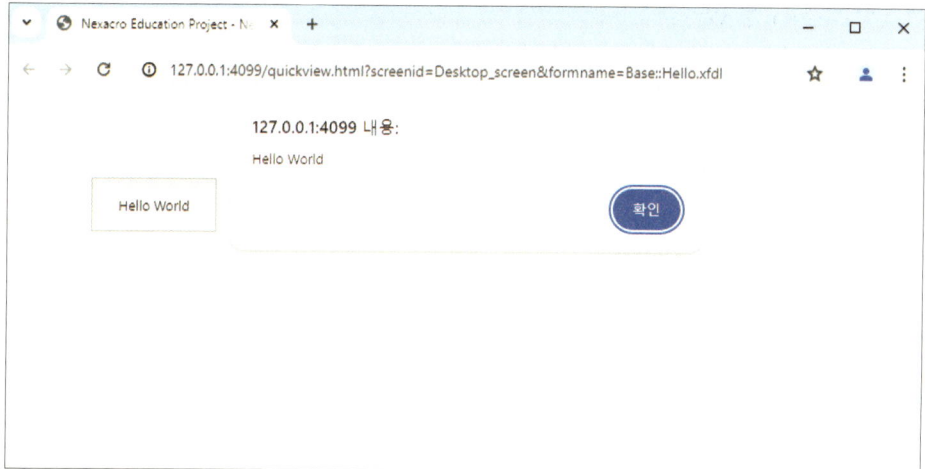

3.2.1 프로젝트 생성

넥사크로 애플리케이션을 만들기 위해서는 먼저 프로젝트를 생성해야 합니다.
프로젝트에 지정한 속성을 기반으로 넥사크로 애플리케이션이 실행됩니다.

새롭게 프로젝트를 만들거나 이미 만들어져 있는 템플릿 프로젝트를 사용할 수 있습니다. 이번 장에서는 새로운 프로젝트를 만드는 방법을 설명합니다.

모든 작업은 메뉴바 또는 툴바, 단축키로 실행할 수 있습니다.
넥사크로 프로젝트를 만들기 위한 메뉴는 아래와 같습니다.

[Menu] File 〉 New 〉 Project
StartPage 〉 New Button
ShortCut: Ctrl+Shift+N

단계 1. 프로젝트 생성

Project Wizard 창이 실행되며, 순서에 따라 프로젝트를 생성합니다.

	설명	설정값
❶ Project Name	프로젝트명을 지정합니다.	sampleProject
❷ Location	프로젝트를 생성할 위치를 지정합니다.	C:\sampleProject

Location을 지정하지 않으면 아래 경로로 자동 지정됩니다.

| C:\Users\[User]\Documents\TOBESOFT\Nexacro N\projects\

단계 2. 스크린 설정

스크린 정보를 설정합니다.

스크린은 넥사크로 애플리케이션을 데스크톱, 모바일 디바이스 등의 다른 환경에서 실행할 때 필요한 정보입니다.

여기서는 'Desktop'으로 설정하고 애플리케이션의 크기를 지정합니다.

```
width: 1280px
height: 840px
```

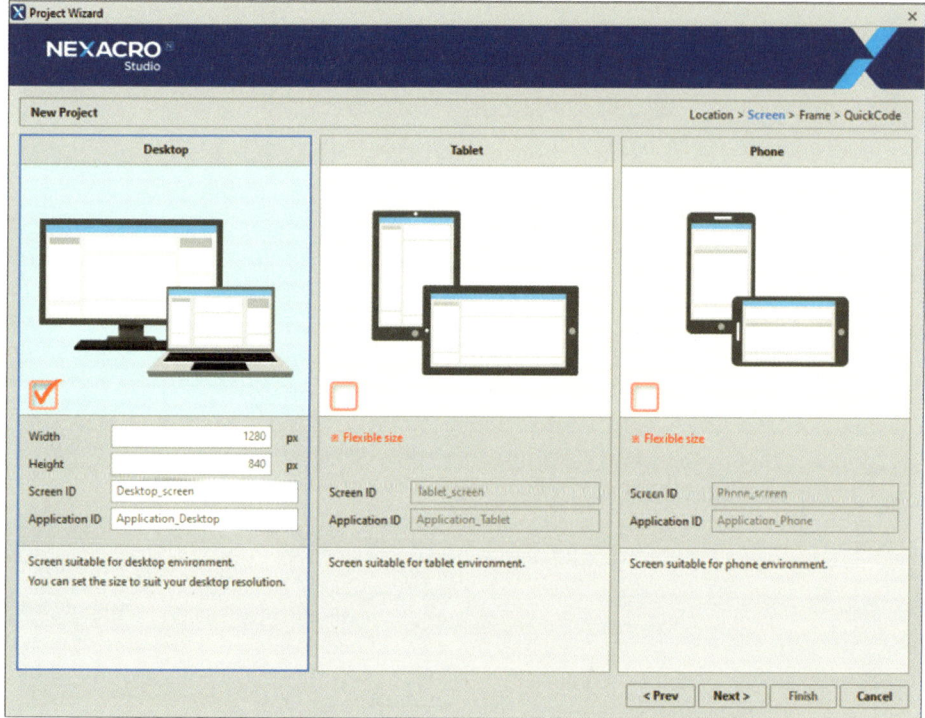

단계 3. 프레임 지정

애플리케이션의 프레임 유형을 지정합니다.

프레임은 하나의 브라우저에서 화면을 어떻게 분할해서 사용할 것인지에 대한 정보입니다.

기본값을 유지하고 [Finish] 버튼을 클릭하여 프로젝트를 생성합니다.

스크린이나 프레임 관련 설정은 프로젝트 생성 후에도 수정할 수 있습니다.

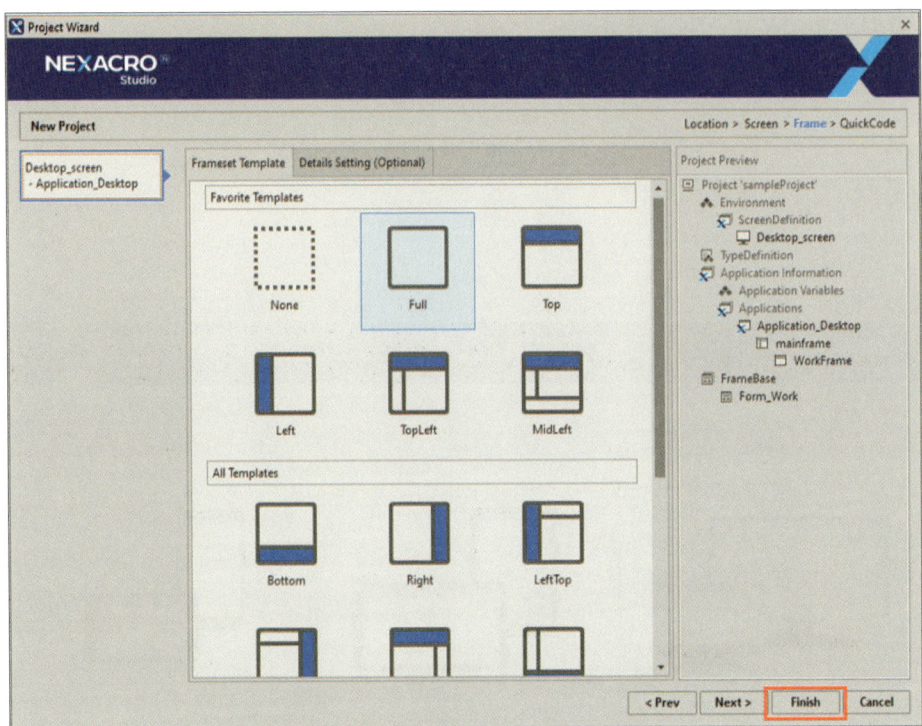

단계 4. 프로젝트 생성 확인

다음과 같이 Project Explorer 창에 sampleProject가 생성된 것을 확인할 수 있습니다.

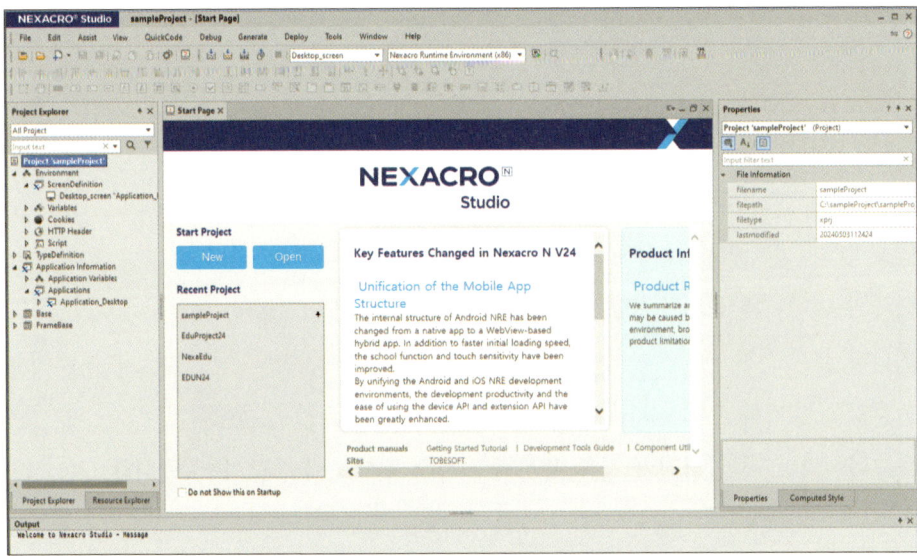

3.2.2 화면, 컴포넌트 생성, 스크립트 작성

● 화면 생성

넥사크로에서는 실행되는 화면을 폼(Form)이라고 부릅니다. 폼(Form)은 xfdl 확장자를 가진 XML 형식의 파일로 생성됩니다.

아래의 메뉴 또는 툴바의 [New] 아이콘을 클릭하여 화면을 생성합니다.

> [Menu] File 〉 New 〉 Form (.xfdl)
> ShortCut: Ctrl+N

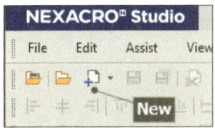

단계 1. Location

Form의 파일 이름을 지정하고 생성할 위치를 선택합니다.

파일 이름은 'Hello'로 입력하고 생성할 위치는 'Base'를 선택하겠습니다.

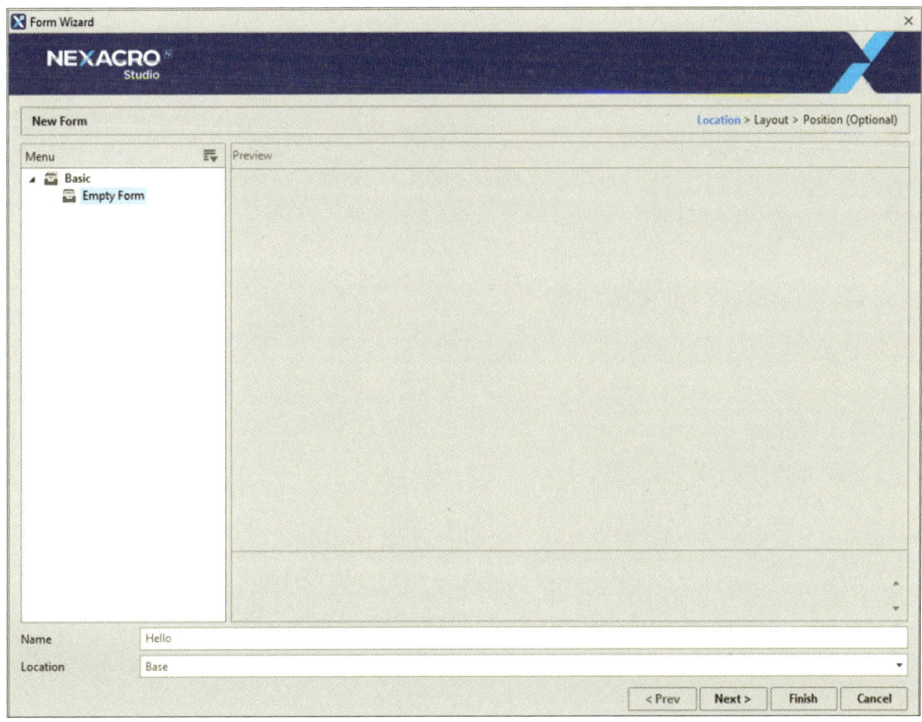

단계 2. Layout

Form의 크기와 레이아웃 정보를 입력합니다.

하나의 Form에 여러 개의 레이아웃을 추가로 생성할 수 있으며, type 속성을 이용하여 Fluid Layout 기능을 사용할 수 있습니다.

Form의 크기는 가로 800px, 세로 600px로 지정하고 나머지는 기본값을 유지합니다.

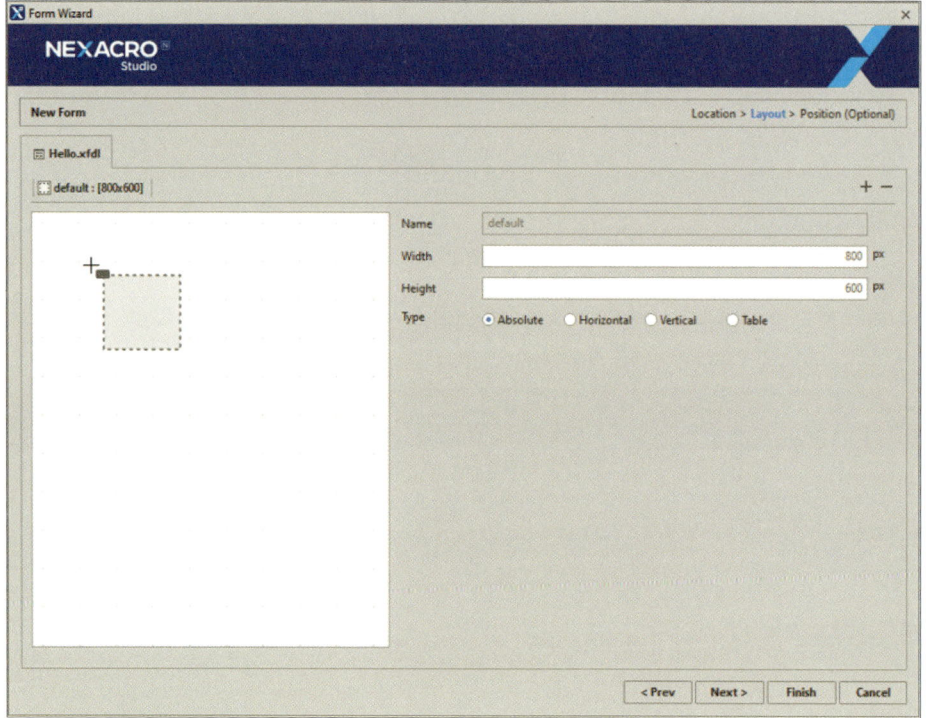

단계 3. Position

Form에 생성하는 컴포넌트의 크기와 좌표에 대한 기본 단위를 설정합니다. 픽셀, 퍼센트, em, rem 단위를 지원하며 기본값은 픽셀입니다.

기본값을 유지하고 [Finish] 버튼을 클릭하여 Form을 생성합니다.

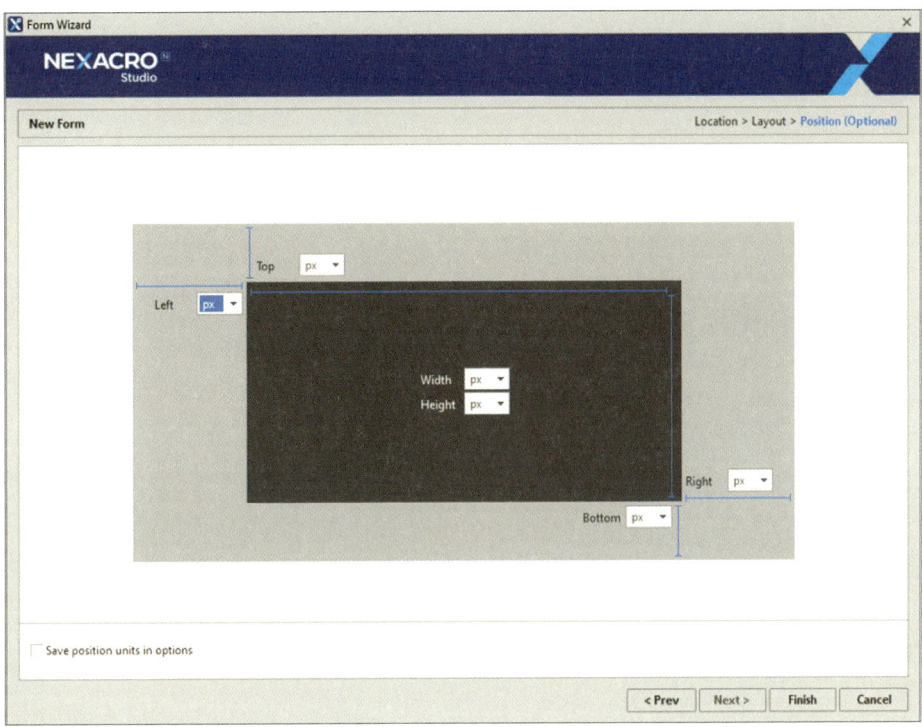

Project Explorer 창의 Base에 Form이 생성된 것을 확인할 수 있습니다. 넥사크로 스튜디오 상단에는 컴포넌트를 생성할 수 있는 컴포넌트 툴바가 활성화됩니다.

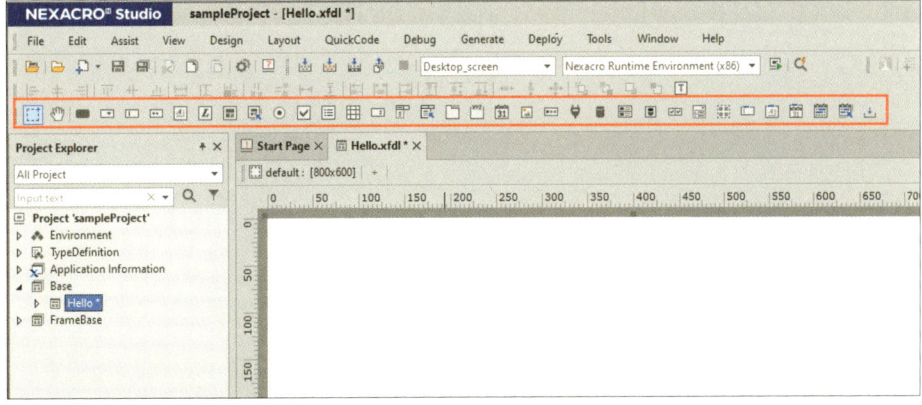

● **컴포넌트 배치**

상단의 컴포넌트 툴바에서 컴포넌트를 선택하고 Form의 원하는 위치에 드래그하여 컴포넌트를 생성할 수 있습니다.

단계 1. Button 컴포넌트를 Form에 배치

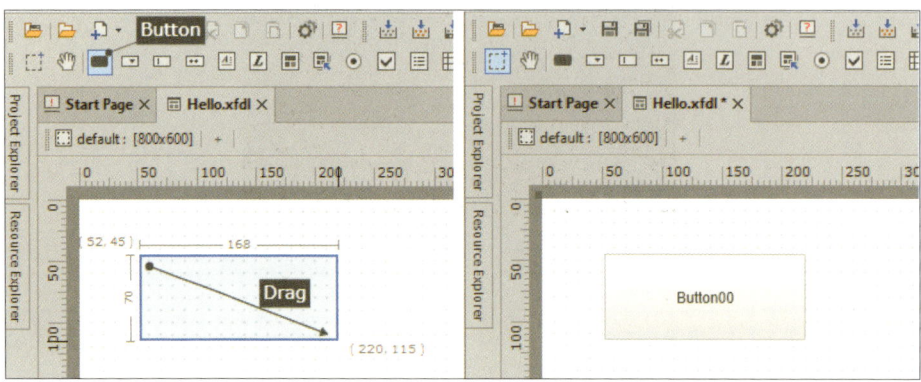

단계 2. 컴포넌트 속성값 설정

컴포넌트의 속성을 변경합니다.

생성한 Button 컴포넌트를 선택하고 오른쪽의 Properties 창에서 세 번째 아이콘을 클릭합니다.

Button 컴포넌트에서 사용 가능한 속성 목록을 확인할 수 있습니다.

text 속성을 'Hello World'로 변경합니다.

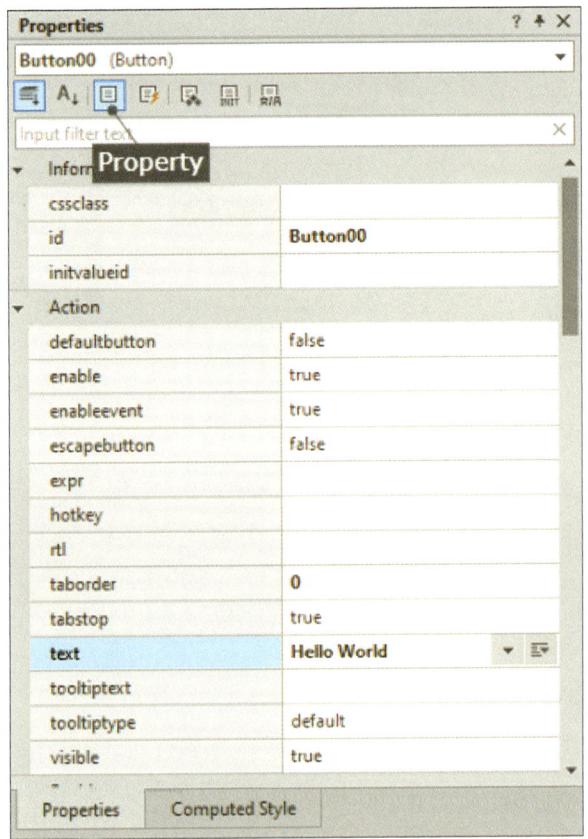

단계 3. 이벤트 설정

컴포넌트에 이벤트 설정을 합니다.

Properties 창에서 네 번째 아이콘을 클릭하면 컴포넌트에서 발생 가능한 이벤트 목록을 확인할 수 있습니다.

버튼을 클릭할 때 발생하는 이벤트는 'onclick' 이벤트입니다.

이벤트 설정은 다음 두 가지 방식으로 설정할 수 있습니다.

기본 함수명으로 설정

onclick 이벤트의 오른쪽 빈 영역을 더블 클릭합니다.

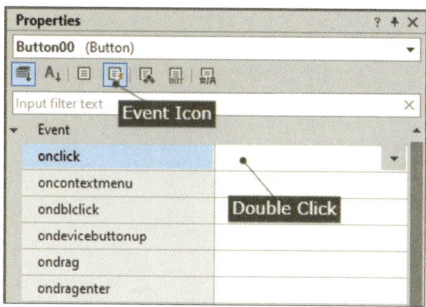

'컴포넌트아이디_이벤트명' 형식으로 자바스크립트 함수가 생성됩니다.

```
this.Button00_onclick = function(obj:nexacro.Button,
e:nexacro.ClickEventInfo)
{
};
```

사용자 지정 함수명으로 설정

빈 영역을 더블 클릭하지 않고 원하는 함수명을 입력하고 [Enter] 키로 적용하면 입력한 함수명으로 설정할 수 있습니다.

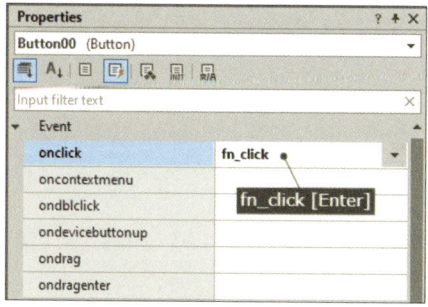

입력한 함수명 'fn_click'으로 자바스크립트 함수가 생성됩니다.

```
this.fn_click = function(obj:nexacro.Button,e:nexacro.ClickEventInfo)
{
};
```

단계 4. 스크립트 작성

생성한 함수에 다음과 같이 스크립트를 작성합니다.

```
this.fn_click = function(obj:nexacro.Button,e:nexacro.ClickEventInfo)
{
    this.alert("Hello World");
};
```

이렇게 작성한 Hello Form은 아래의 경로에 xfdl 확장자의 XML 파일로 생성됩니다.

| C:\sampleProject\Base\Hello.xfdl

```xml
<?xml version="1.0" encoding="utf-8"?>
<FDL version="2.1">
  <Form id="Hello" width="800" height="600" titletext="New Form">
    <Layouts>
      <Layout height="600" mobileorientation="landscape" width="800">
        <Button id="Button00" taborder="0" text="Hello World" left="52"
          top="45" width="168" height="70" onclick="fn_click"/>
      </Layout>
    </Layouts>
    <Script type="xscript5.1"><![CDATA[
this.Button00_onclick = function(obj:nexacro.Button,e:nexacro.ClickEventInfo)
{

};

this.fn_click = function(obj:nexacro.Button,e:nexacro.ClickEventInfo)
{
    this.alert("Hello World");
};
]]></Script>
  </Form>
</FDL>
```

3.2.3 실행 확인

● **Generate**

넥사크로는 작성한 소스 코드를 바로 실행하지 않고, 자바스크립트 코드로 변환(Generate)하는 과정이 필요합니다. 변환(Generate)은 파일을 생성, 수정하고 저장하는 시점에 자동으로 처리됩니다.

넥사크로 스튜디오의 옵션 창의 Generate Path에서 자바스크립트 파일로 변환되는 위치를 확인할 수 있습니다.

기본적으로 PC의 내 문서 경로가 지정되어 있으며, 로컬 서버 설정에 따라 변경하여 사용합니다.

| [Menu] Tools > Options > Project > Generate > Generate Path

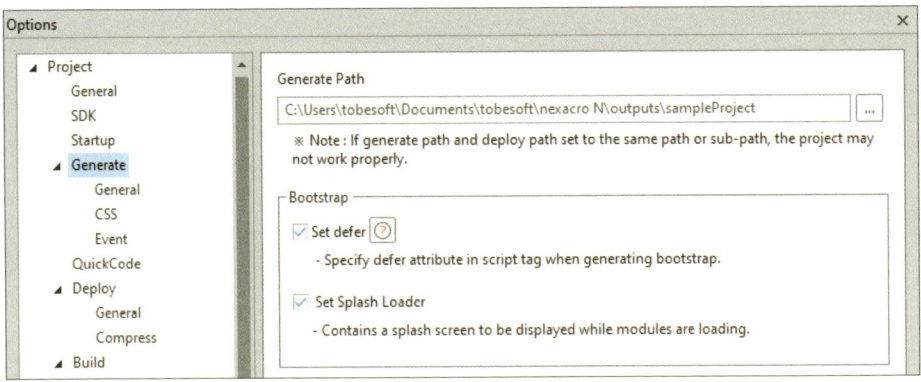

위에서 생성한 'Hello.xfdl' Form 파일이 Generate Path에 설정되어 있는 경로에 'Hello.xfdl.js' 자바스크립트 파일로 변환된 것을 확인할 수 있습니다.

| [Generate Path]\Base\Hello.xfdl.js

```
(function()
{
    return function()
    {
        if (!this._is_form)
            return;

        var obj = null;

        this.on_create = function()
        {
        ...

        // UI Components Initialize
            obj = new Button("Button00","52","45","168","70",
                        null,null,null,null,null,null,this);
            obj.set_taborder("0");
            obj.set_text("Hello World");
            this.addChild(obj.name, obj);
...
        };

        // User Script
        this.registerScript("Hello.xfdl", function() {
        this.fn_click = function(obj,e)
        {
            this.alert("Hello World");
        };
...
    };
}
)();
```

● Quick View

자바스크립트로 변환된 파일을 실행하여 결과를 확인합니다.

아래 메뉴 또는 상단 툴바의 Quickview 아이콘을 클릭하여 확인할 수 있습니다.

> [Menu] Generate > Quickview
> ShortCut: Ctrl+F6

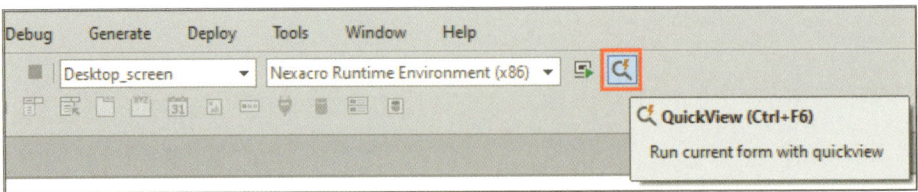

실행 환경 창이 오픈되며 결과를 확인할 수 있습니다.

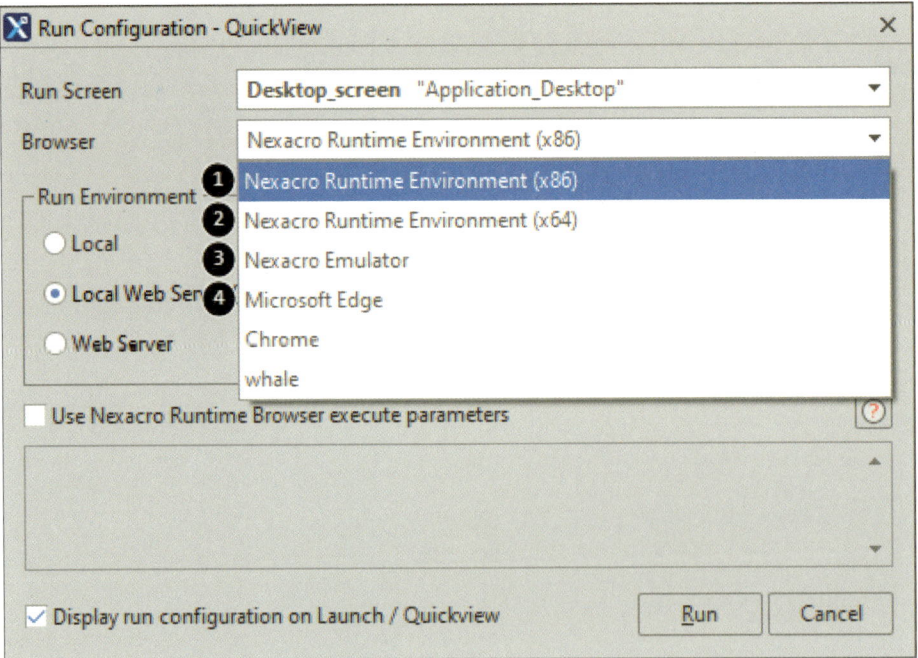

❶❷ 32비트 또는 64비트 넥사크로 런타임 실행 환경(NRE)으로 실행합니다.

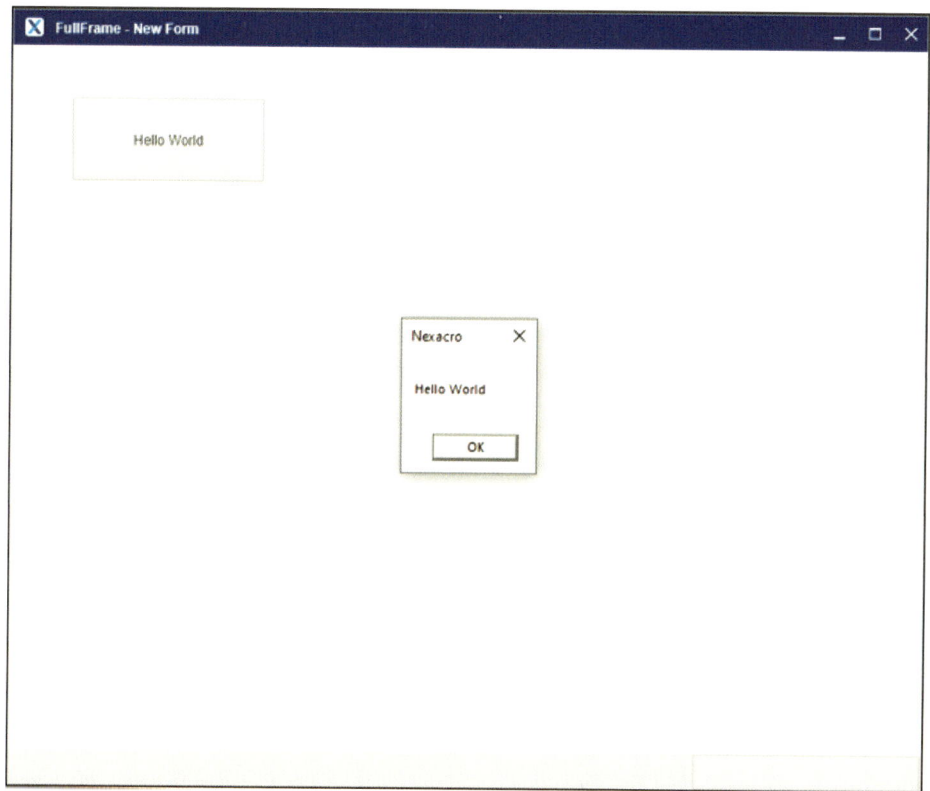

❸ 넥사크로 에뮬레이터에서 실행할 수 있습니다.

Desktop 이외의 모바일 같은 다른 디바이스에서 실행되는 결과를 확인할 때 사용합니다.

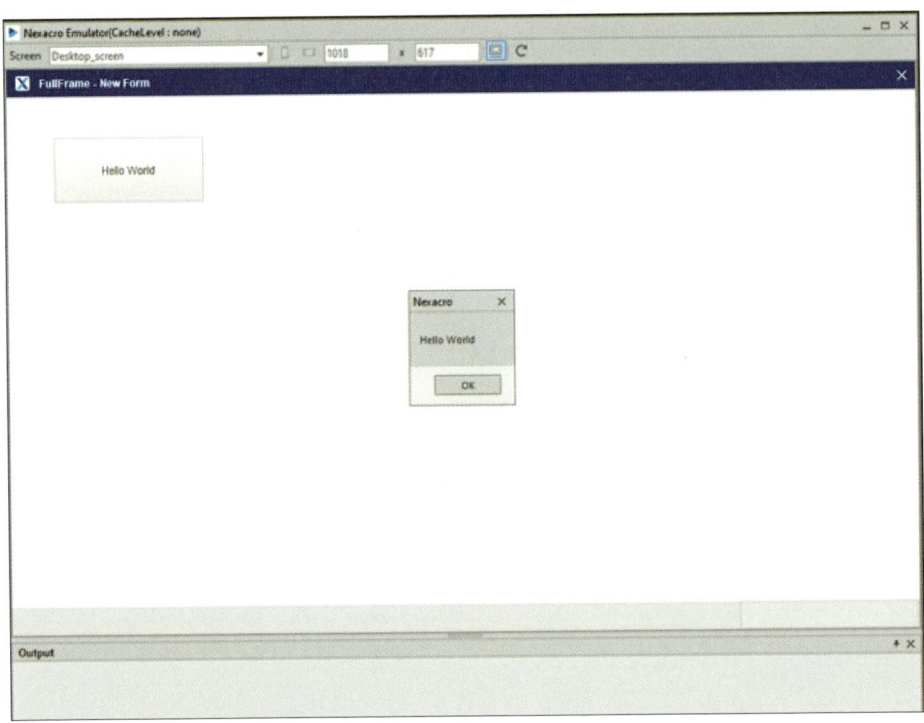

❹ 웹 브라우저에서 실행합니다.

PC에 설치되어 있는 웹 브라우저 목록이 나타납니다. 원하는 웹 브라우저를 선택하고 실행합니다.

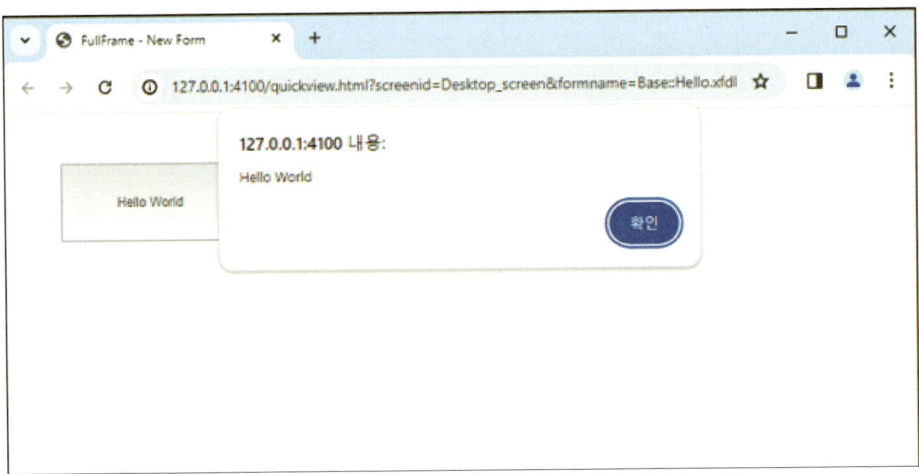

● **실행 환경**

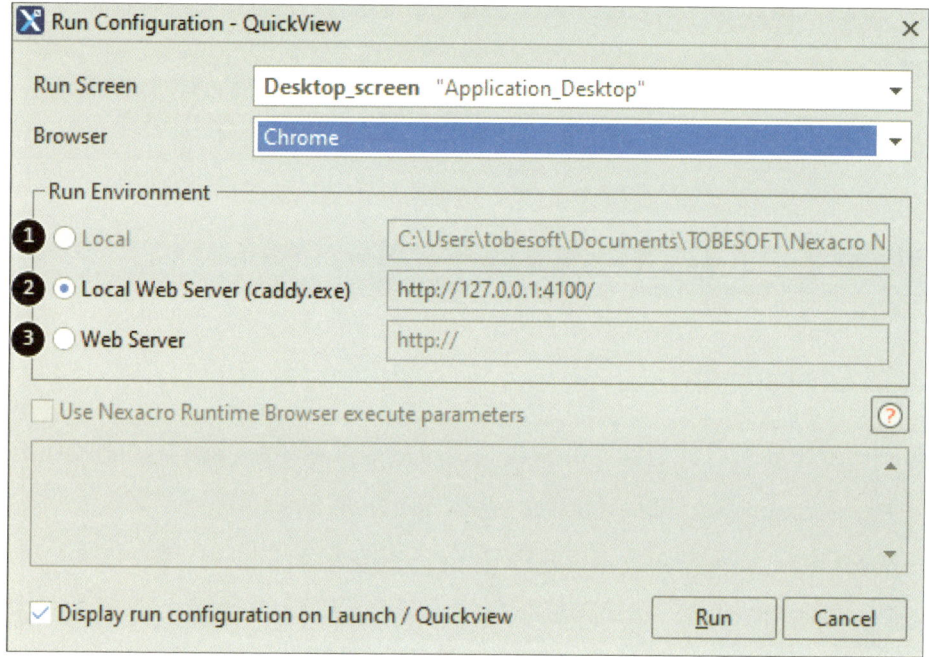

❶ Local
웹서버 없이 생성된 파일에 직접 접근하여 실행합니다. 넥사크로 런타임 환경(NRE)에서만 가능합니다.

❷ Local Web Server(caddy.exe)
넥사크로에 내장되어 있는 웹서버를 이용하여 실행합니다. 별도의 서버 설정 없이 실행하고 싶을 경우 사용합니다.

❸ Web Server
로컬 PC에 별도로 설정한 웹서버를 이용하여 실행합니다. 설정한 웹서버의 경로를 지정하여 실행할 수 있습니다.

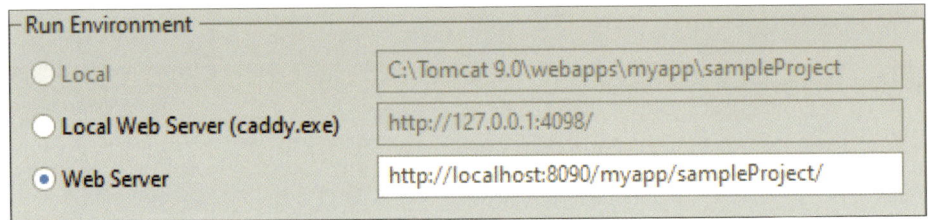

3.3 프로젝트 구성 요소

3.3.1 Environment

Environment는 실행 환경 정보를 가지고 있는 설정 파일로 애플리케이션에서 사용하는 Screen, Variables, Cookies 등을 설정할 수 있습니다.
Environment 항목을 더블 클릭하거나 마우스 우클릭 후 Edit 메뉴를 선택하여 편집할 수 있습니다.

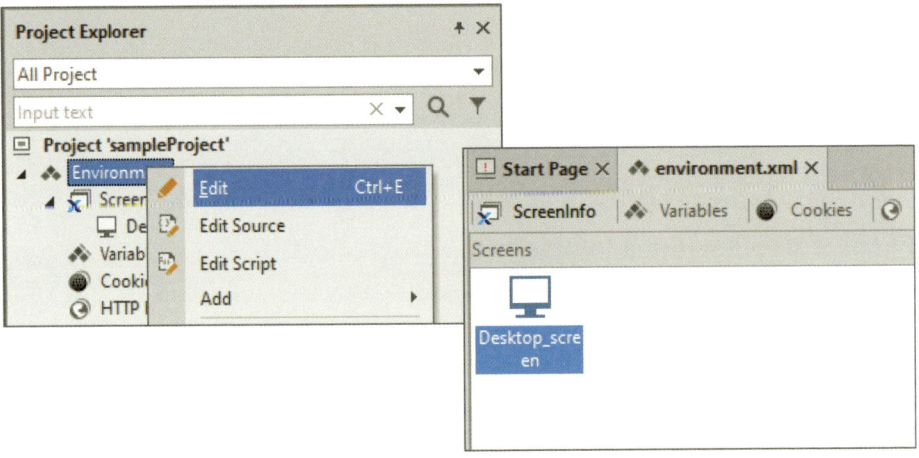

● ScreenDefinition

프로젝트에서 사용하는 Screen 정보를 관리합니다.
애플리케이션을 데스크톱, 모바일 등 다양한 디바이스에서 실행할 때, 해당 애플리케이션의 크기와 디자인 등의 관련된 정보를 설정합니다.

우측 상단의 + - 버튼을 이용하여 Screen을 추가, 삭제할 수 있습니다.

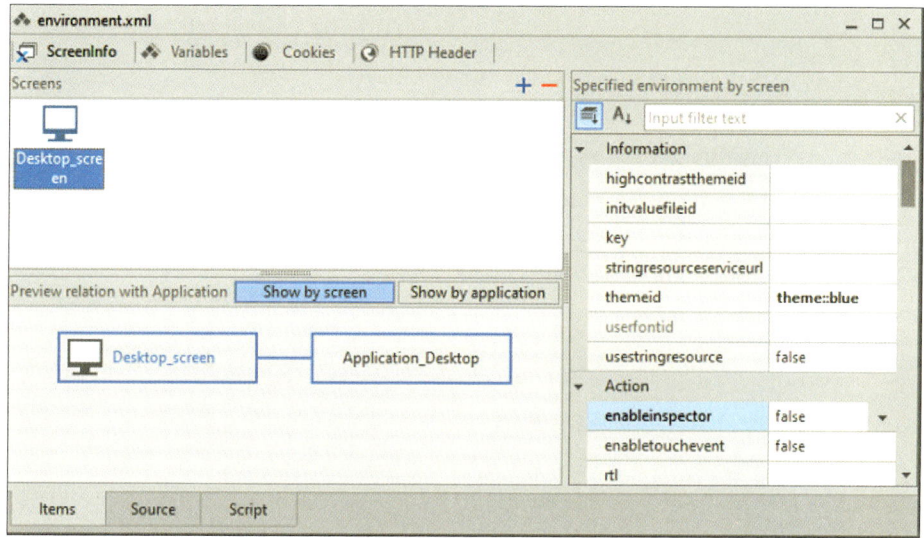

● **Variables**

프로젝트 안의 애플리케이션, Form 등의 리소스에서 공통으로 사용할 변수를 지정합니다.

해당 변수는 브라우저의 로컬 스토리지에서 관리됩니다.

좌측의 + - 버튼을 이용하여 변수를 추가, 삭제할 수 있습니다.

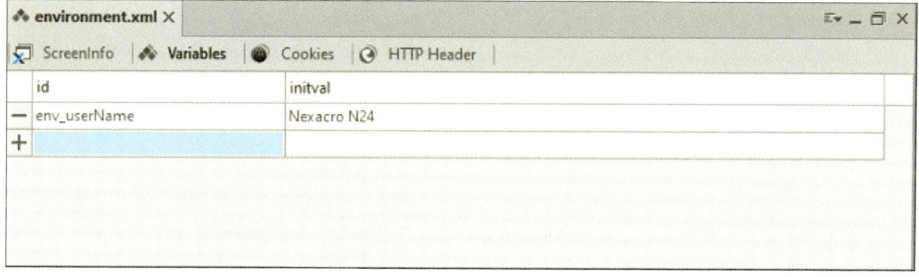

스크립트는 아래와 같은 방식으로 사용합니다.

```
// Variable 값 반환
var sValue = nexacro.getEnvironmentVariable("env_userName");

// Variable 추가, 변경
nexacro.setEnvironmentVariable("env_userName", "Hello Nexacro");
nexacro.setEnvironmentVariable("env_company",  "TOBESOFT");

// Variable 제거
nexacro.removeEnvironmentVariable("env_company");
```

• Cookies

브라우저 쿠키로 처리될 변수를 설정합니다.

좌측의 ＋ ― 버튼을 이용하여 쿠키를 추가, 삭제할 수 있습니다.

id	initval	secure
env_cookie1	env cookie value 1	false
env_cookie2	env cookie value 2	true

스크립트는 아래와 같은 방식으로 사용합니다.

```
// Cookie 값 반환
var envCookie = nexacro.getCookieVariable("env_cookie1");

// Cookie 추가, 변경
nexacro.setCookieVariable("env_cookie1", "Cookie Nexacro N V24");
nexacro.setCookieVariable("env_cookie3", "Cookie Value3");

// Cookie 제거
nexacro.removeCookieVariable("env_cookie3");
```

웹 브라우저 개발자 도구에서 확인할 수 있습니다.

● **HTTP Header**

HTTP 헤더 영역에 포함하여 전송할 변수를 설정합니다.

좌측의 [+] [-] 버튼을 이용하여 헤더 변수를 추가, 삭제할 수 있습니다.

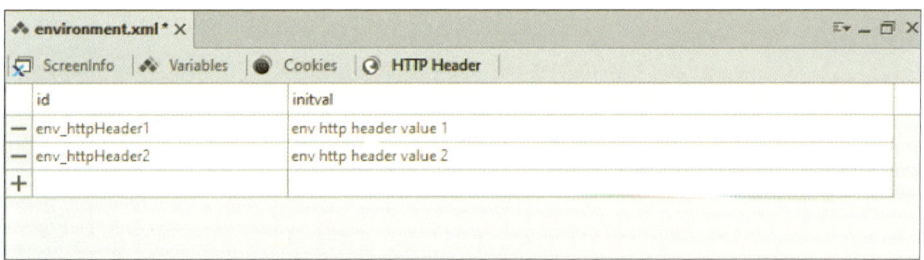

스크립트로 접근은 아래와 같은 방식으로 사용합니다.

```
// HTTP Header 값 반환
var headerValue = nexacro.getHTTPHeaderVariable("env_httpHeader1");

// HTTP Header 추가, 변경
nexacro.setHTTPHeaderVariable("env_httpHeader1", "Nexacro N V24");
nexacro.setCookieVariable("env_httpHeader3",    "Header Value3");

// HTTP Header 제거
nexacro.removeHTTPHeaderVariable("env_httpHeader3");
```

http 패킷 분석기를 통해서 헤더 변수를 확인할 수 있습니다.

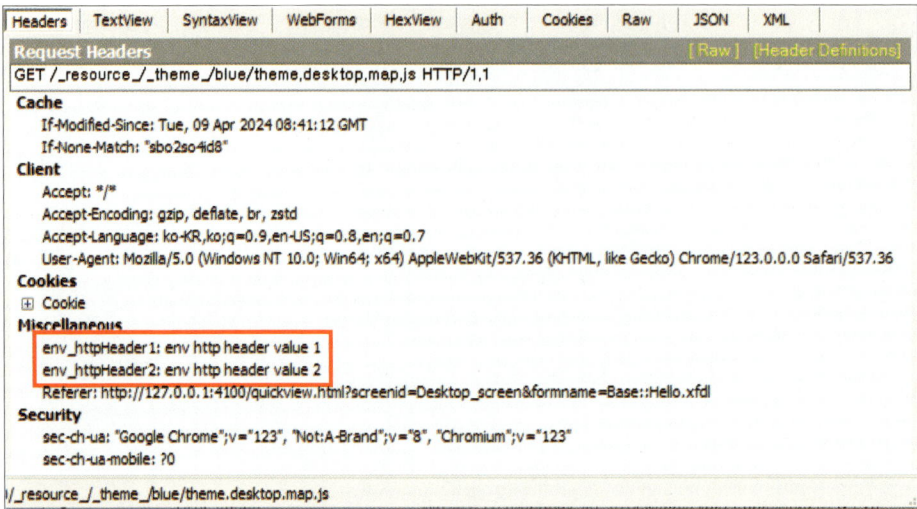

• **Script**

Environment에서 공통으로 정의하는 스크립트 또는 여러 개의 애플리케이션에서 같이 사용할 스크립트를 작성합니다.

```
this.efn_commFunction = function()
{
    return "Environment Function Call";
}
```

함수 호출은 아래와 같은 방식으로 사용합니다.

```
// Environment Object를 이용하여 접근
var objEnv = nexacro.getEnvironment();
var strReturn = objEnv.efn_commFunction();
```

노트

Environment 영역에 생성한 함수임을 구별하기 위해 'Environment Function'을 의미하는 약어 'efn'를 앞에 붙여 함수를 생성하였습니다.

3.3.2 TypeDefinition

TypeDefinition은 넥사크로에서 사용하는 오브젝트의 정보와 파일을 생성할 때 저장할 폴더의 경로 등을 관리합니다.

TypeDefinition의 하위 항목을 더블 클릭하여 편집할 수 있습니다.

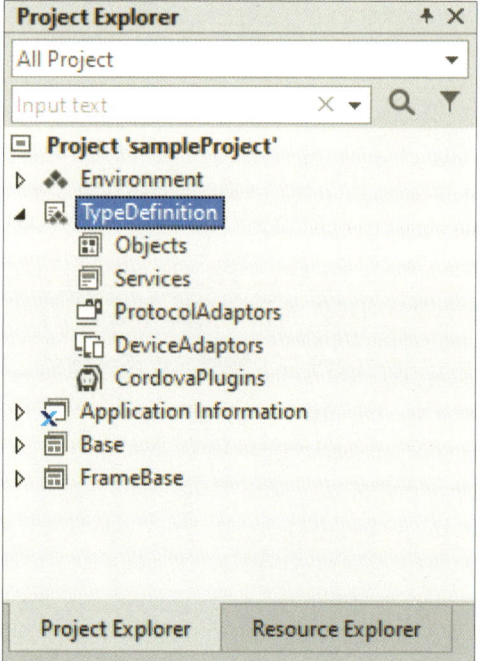

● Objects

넥사크로를 구동하는 자바스크립트 라이브러리와 Form에서 사용하는 오브젝트를 관리합니다.

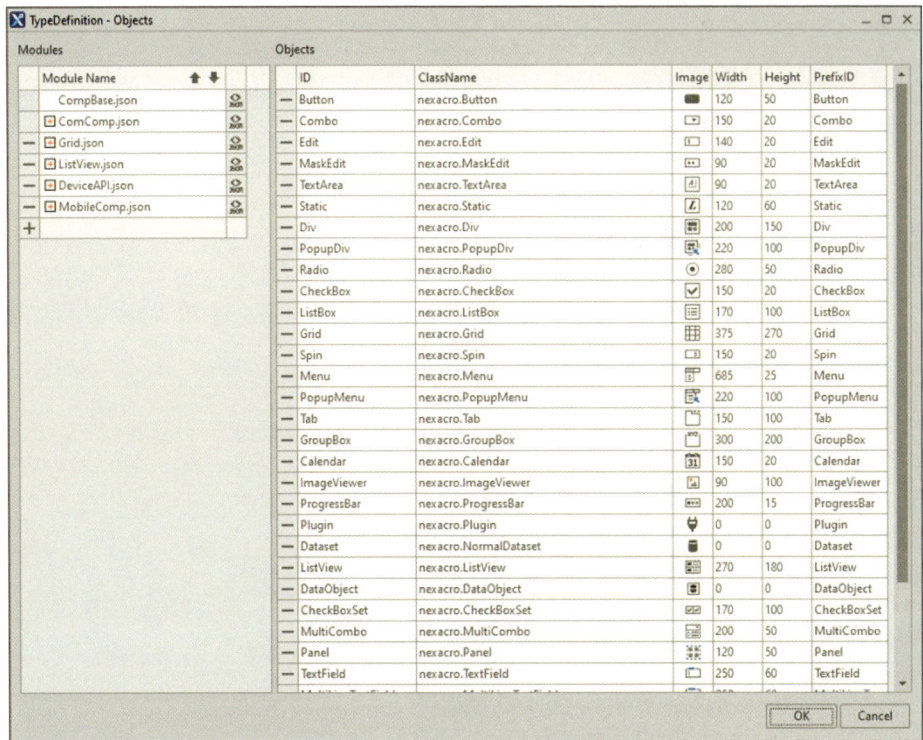

Modules

넥사크로에서 사용하는 오브젝트를 모듈 단위로 관리합니다. json 형태로 정의하여 Module로 등록을 해야 넥사크로에서 오브젝트로 사용할 수 있습니다.

Module 정보를 확장시켜 보면 해당 json 모듈에 정의된 오브젝트 정보를 확인할 수 있습니다.

Module Name		
CompBase.json		json
⊟ ComComp.json		json
nexacro.View		+
nexacro.Static		✓
nexacro.Button		✓
nexacro.CheckBox		✓
nexacro.CheckBoxSet		✓
nexacro.Edit		✓
nexacro.Div		✓
nexacro.PopupDiv		✓
nexacro.Tab		✓
nexacro.ListBox		✓
nexacro.Combo		✓
nexacro.MultiCombo		✓
nexacro.FileDialog		+

기호를 클릭하여 Object 항목에 신규로 등록할 수 있습니다.

Objects

넥사크로에서 사용하는 오브젝트를 관리합니다.

	ID	ClassName	Image	Width	Height	PrefixID
—	Button	nexacro.Button	▬	120	50	Button
—	Combo	nexacro.Combo	▾	150	20	Combo
—	Edit	nexacro.Edit	▭	140	20	Edit
—	MaskEdit	nexacro.MaskEdit	⋯	90	20	MaskEdit
—	TextArea	nexacro.TextArea	A	90	20	TextArea
—	Static	nexacro.Static	L	120	60	Static

- ID – 넥사크로 오브젝트의 이름입니다.
- ClassName – 넥사크로 오브젝트의 클래스명입니다.
- Image – 넥사크로 스튜디오의 컴포넌트 툴바에 표시되는 아이콘입니다.
- Width, Height – Form에 컴포넌트를 마우스 클릭으로 생성할 때 기본 너비와 높이입니다.
- PrefixID – 오브젝트의 아이디가 생성될 때의 접두사입니다. 아이디가 'PrefixID + 순번' 형태로 생성됩니다.

Objects 목록에는 자주 사용하는 오브젝트만 등록되어 있습니다. 등록되지 있지 않은 오브젝트는 추가하여 사용할 수 있습니다.

- Modules에서 json을 확장하여 오브젝트를 추가, 제거할 수 있습니다.
- 우측의 ✓ 아이콘은 이미 추가된 오브젝트를 의미하며, + 아이콘을 이용하여 오브젝트를 추가할 수 있습니다.

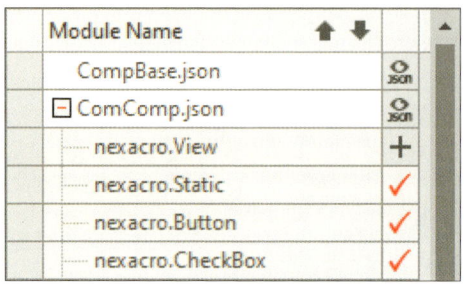

- Objects 목록에서 앞쪽의 + - 버튼을 이용하여 오브젝트를 추가, 제거할 수 있습니다.

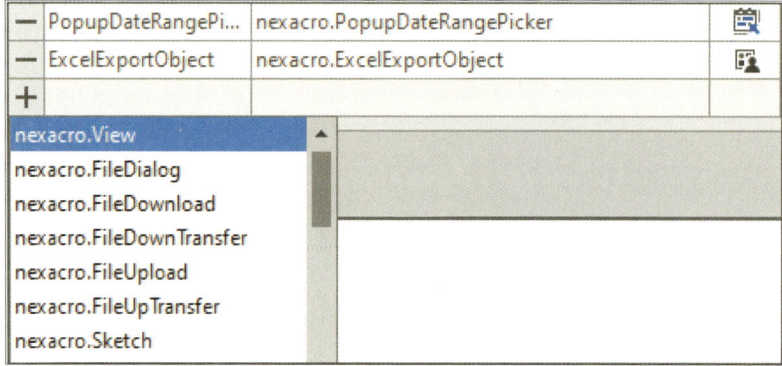

등록한 오브젝트는 넥사크로 스튜디오 컴포넌트 툴바에 추가됩니다.

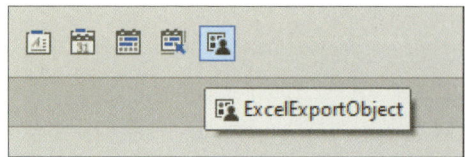

• Services

프로젝트에서 사용하는 폴더의 경로나 서버 페이지를 호출할 때 사용할 서버 URL 등을 설정합니다.

No	PrefixID	Type	URL	IncludeSu...	CacheLevel	Version
1	theme	resource	./_resource_/_theme_/	true	session	0
2	initvalue	resource	./_resource_/_initvalue_/	false	session	0
3	xcssrc	resource	./_resource_/_xcss_/	false	session	0
4	imagerc	resource	./_resource_/_images_/	true	session	0
5	font	resource	./_resource_/_font_/	false	session	0
6	stringrc	resource	./_resource_/_stringrc_/	false	session	0
7	extlib	resource	./_extlib_/	true	session	0

User Service

	PrefixID	Type	URL	CacheLevel	Version	Commu...	IncludeSub-...	FileExtension	ServiceList	DataSchema	Search Column
	Base	form	./Base/	session	0	0	false				
	FrameBase	form	./FrameBase/	session	0	0	false				

Resource Service

프로젝트에서 고정되어 사용되는 정보로 사용자가 편집할 수 없습니다.

User Service

Form, 공통 라이브러리 같은 파일을 관리하는 폴더의 정보와 서버 URL 등을 설정합니다. 프로젝트를 생성하면 Base 폴더가 기본으로 생성됩니다.

프로젝트 생성 단계에서 프레임 유형을 선택한 경우 프레임에 위치하는 Form은 FrameBase 폴더에 자동으로 생성됩니다.

+ − 버튼을 이용하여 서비스 폴더를 추가, 삭제할 수 있습니다.

서비스 폴더를 추가할 때는 Type을 먼저 선택합니다. 지정하는 Type에 따라 서비스 폴더에 표시되는 파일이 제한됩니다.

Type	파일 확장자
none	nothing
form	*.xfdl, *.xjs, *.js
js	*.js, *.xjs
file	all
JSP, ASP, SAP	nothing
bs	XML
metadata	XML
model	*.xmodel

PrefixID는 스크립트에서 서비스 폴더를 접근할 때 사용하는 아이디이며 URL은 해당 서비스의 물리적인 폴더 경로입니다.

Include Sub-directory 항목을 true로 설정하면 Project Explorer 창에서 마우스 우클릭 콘텍스트 메뉴에서 하위 폴더를 생성할 수 있습니다.
생성된 폴더는 Project Explorer 창에서 확인할 수 있으며, 해당 폴더에 선택하여 파일을 추가하거나 삭제할 수 있습니다.

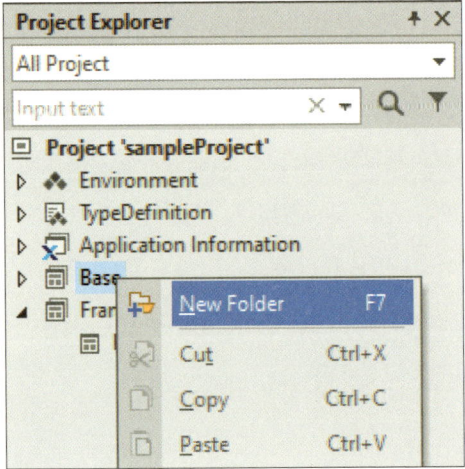

• ProtocolAdaptors

넥사크로는 기본 HTTP 프로토콜을 사용하여 요청과 응답을 처리합니다.
사용자 환경에 따라 데이터를 암호화하거나 원하는 형식으로 변환해야 하는 경우,
프로토콜 어댑터를 설정하여 사용할 수 있습니다.

• DevieceAdaptors

DeviceAdaptors 타입의 모듈을 설치할 때 해당 모듈의 속성값을 설정할 수 있습니다.

• CordovaPlugins

Install Module Wizard를 통해 설치한 Cordova 플러그인 목록이 표시됩니다.
CordovaPlugins 항목을 선택하고 콘텍스트 메뉴에서 [Export] 항목을 선택해
애플리케이션 빌드 시 Cordova 플러그인을 사용하기 위해 필요한 파일을
내려받을 수 있습니다.

3.3.3 Application Information

애플리케이션 정보를 관리합니다.

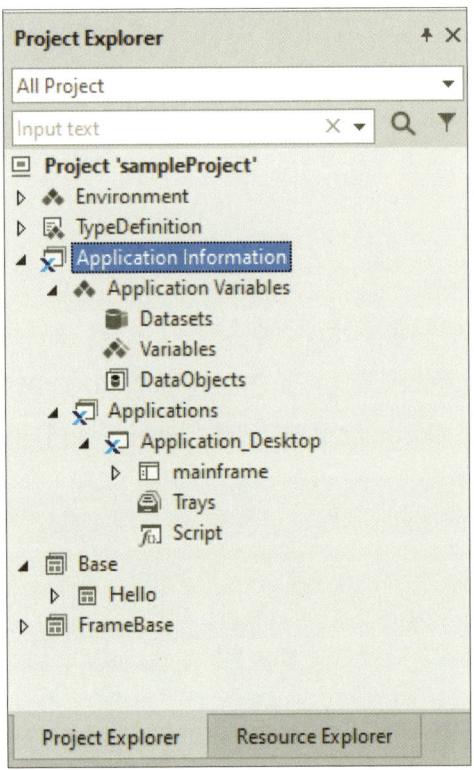

● **Application Variables**

애플리케이션 전역에서 사용 가능한 변수와 2차원 데이터를 설정합니다.

Datasets

Dataset은 단일 데이터와 2차원 데이터를 관리하는 데이터 오브젝트입니다.
애플리케이션 전역에서 사용하는 데이터를 지정합니다.

노트

* 단일 데이터는 key, value 형태로 하나의 값을 가지는 데이터를 의미합니다.(사용자 ID, 비밀번호 등)
* 2차원 데이터는 여러 개의 열(Column)과 행(Row)으로 이루어진 데이터입니다.(회원 목록, 주문 목록 등)

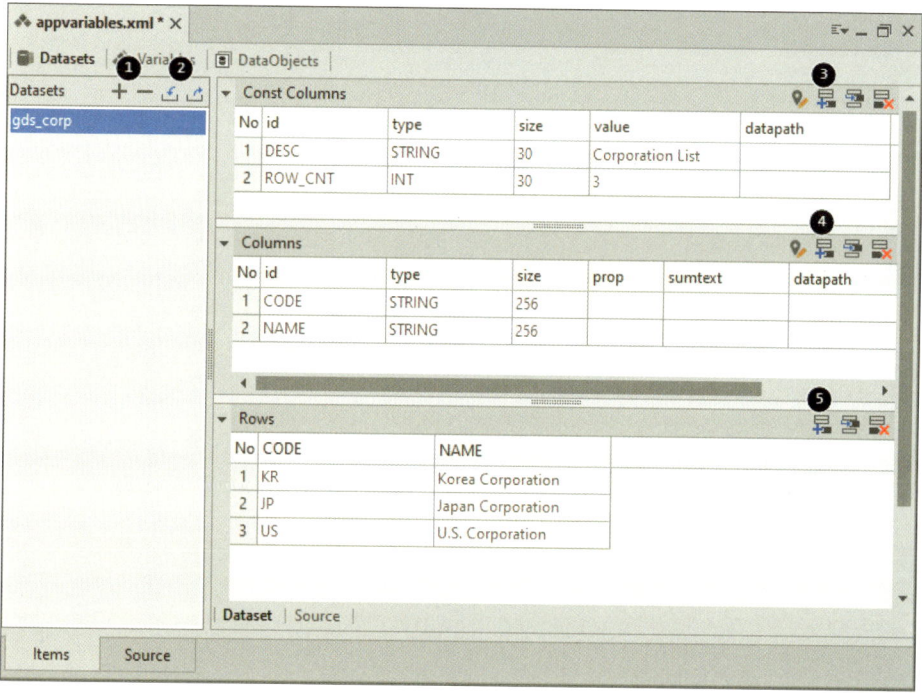

❶ Dataset을 추가하고 삭제합니다.

❷ Dataset을 XML 파일로 내보내고, XML 파일로부터 Dataset을 가져올 수 있습니다.

❸ Dataset에 key, value 형태의 단일 데이터를 추가하고 삭제합니다.

❹ Dataset에 칼럼을 추가하고 삭제합니다.

❺ Dataset에 로우를 추가하고 삭제합니다.

스크립트는 아래와 같은 방식으로 사용합니다.

```
// Application Object를 이용하여 접근
var objApp = nexacro.getApplication();
var nRowCount = objApp.gds_corp.getRowCount();
```

노트

Dataset의 id를 Global Dataset을 의미하는 약어 'gds'를 앞에 붙여 'gds_corp'로 지정하였습니다.

Variables

애플리케이션 전역에서 사용하는 변수를 관리합니다.

id	initval
gv_userName	Nexacro

스크립트는 아래와 같은 방식으로 사용합니다.

```
// Application Object를 이용하여 접근
var objApp = nexacro.getApplication();
var sName = objApp.gv_userName;
```

노트

변수 이름을 Global Variable를 의미하는 약어 'gv'를 앞에 붙여 생성하였습니다.

DataObjects

애플리케이션 전역에서 사용하는 DataObject를 지정합니다.

• Applications

mainframe

애플리케이션의 메인 화면을 구성하는 요소입니다. 프레임 구조를 이용하여 메인 화면을 여러 형태로 구성할 수 있습니다.

Trays

Tray 영역에 표시되는 아이콘과 툴팁 등을 정의합니다.

Script

애플리케이션 전역에서 사용하는 스크립트를 정의합니다.

```
this.afn_commFunction = function()
{
    return "Application Function Call";
}
```

스크립트는 아래와 같은 방식으로 사용합니다.

```
// Application Object를 이용하여 접근
var objApp = nexacro.getApplication();
objApp.afn_commFuction();
```

노트

Application 영역에 생성한 함수임을 구별하기 위해 Application Function을 의미하는 약어 'afn'를 앞에 붙여 함수를 생성하였습니다.

3.4 프로젝트 생성 결과물

'Hello World' 실습을 통해 생성한 프로젝트와 화면 등의 결과물은 다음과 같습니다.

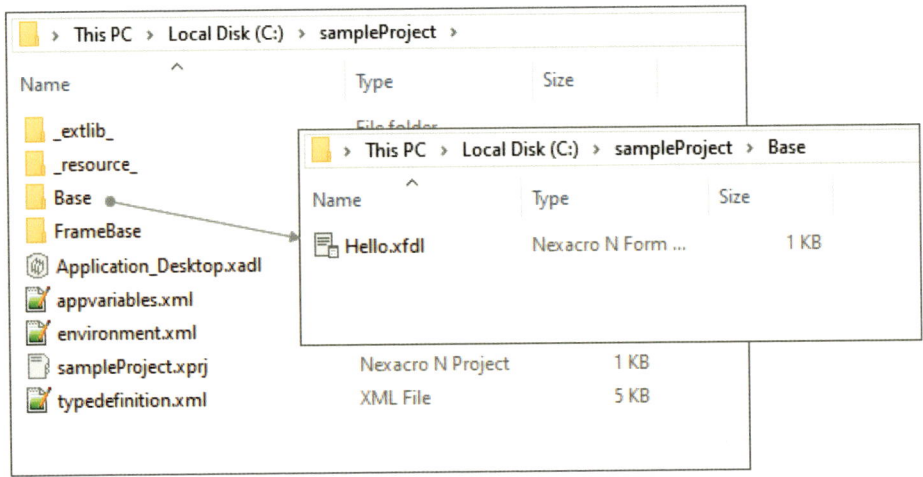

extlib	넥사크로에 추가 모듈을 설치하여 사용할 때 관련된 리소스를 관리합니다.
resource	애플리케이션에서 고정으로 사용하는 Resource 폴더로 Theme, UserFont 등의 정보를 관리합니다.
Base	애플리케이션에서 생성한 화면, 자바스크립트 라이브러리 등의 파일들이 저장되는 폴더로 서비스라고 명명합니다. 프로젝트 생성하면 기본으로 생성되는 서비스 폴더입니다.
FrameBase	프로젝트 생성할 때 프레임 템플릿을 선택한 경우 해당 프레임에 포함되는 화면이 생성되는 서비스 폴더입니다.
Application_Desktop.xadl	프로젝트 구성요소 중에서 Applications에 설정한 정보를 갖는 파일입니다.
appvariables.xml	프로젝트 구성요소 중에서 Application Variables에 설정한 정보를 갖는 파일입니다.
environment.xml	프로젝트 구성요소 Environment 항목에서 설정한 정보를 갖는 파일입니다.
sampleProject.xprj	넥사크로 스튜디오에서 프로젝트를 관리하는 파일입니다. 이미 만들어져 있는 프로젝트를 넥사크로 스튜디오에서 열고 싶을 때 해당 파일을 선택합니다.
typedefinition.xml	프로젝트 구성요소 TypeDefinition 항목에서 설정한 정보를 갖는 파일입니다.
Base 〉 Hello.xfdl	넥사크로 스튜디오에서 생성한 Form 파일입니다. xfdl 확장자로 생성됩니다.

프로젝트 결과물을 자바스크립트로 변환(Generate)한 파일은 다음과 같습니다.

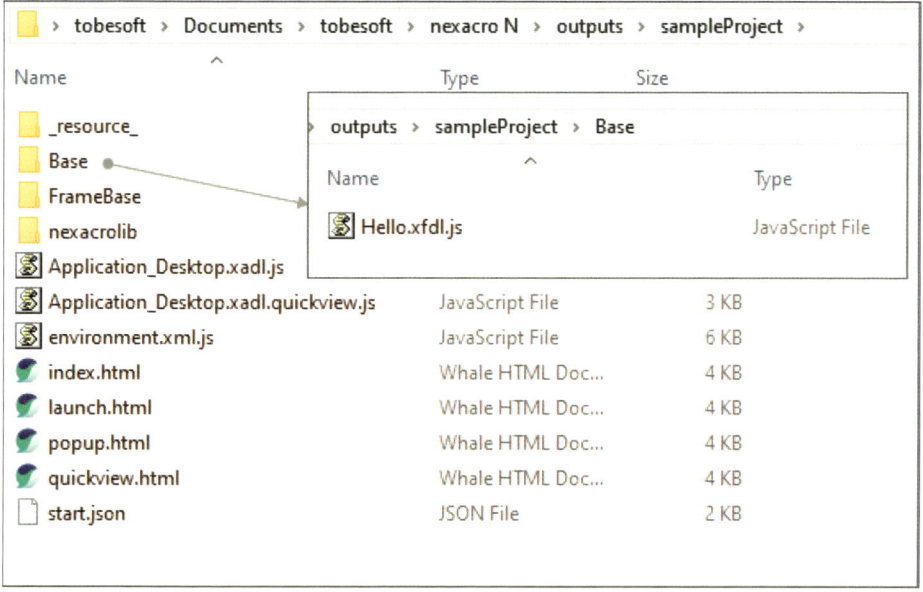

넥사크로 애플리케이션이 동작하는 기반이 되는 자바스크립트 라이브러리 nexacroLib가 자동으로 생성되며, 모든 파일은 html, js 파일 형태로 변환됩니다.

이렇게 자바스크립트로 변환된 프로젝트를 웹서버에 Deploy하고, 사용자는 웹 브라우저 또는 넥사크로 전용 브라우저를 통해 그 결과를 확인할 수 있습니다.

노트

nexacroLib는 넥사크로 스튜디오의 [Menu] 〉 Options 〉 SDK의 Base Library 항목에 지정되어 있는 라이브러리가 자동으로 생성됩니다.
기본적으로 넥사크로 스튜디오 SDK 설치 경로가 지정되어 있습니다.

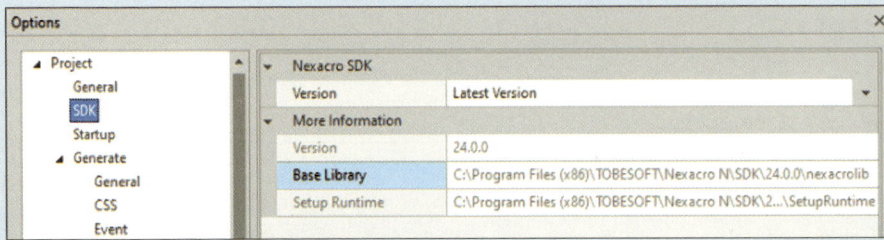

다른 버전의 라이브러리를 사용하는 경우에는 Version 항목을 'User Setting'으로 설정하고, Base Library에 해당 라이브러리 경로로 변경해야 합니다.

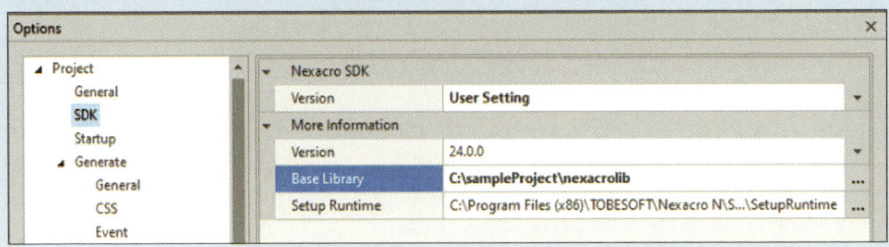

4

다양하게 사용할 수 있는 컴포넌트 살펴보기

4.1 넥사크로 컴포넌트

넥사크로에서 제공하는 기본 컴포넌트의 종류는 다음과 같습니다.

> Sample
> NexacroN_book\Sample\NexacroN_book\Comp\Comp_Base.xfdl

4.1.1 단일 컴포넌트

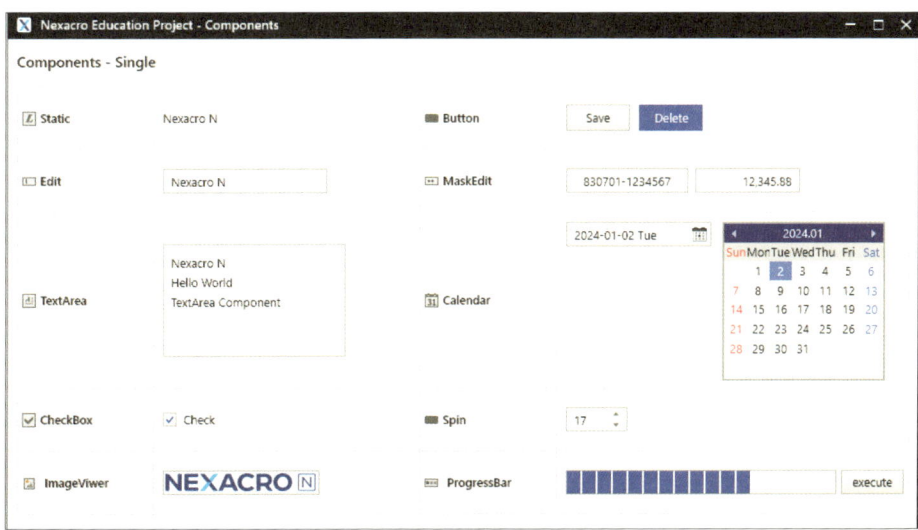

Static
화면에 일정한 문자열을 출력하기 위해 사용하는 컴포넌트입니다.

Button
사용자가 마우스를 클릭하여 지정한 스크립트를 수행하게 하는 컴포넌트입니다.
클릭과 관련된 이벤트 핸들러를 제공하며, 사용자는 이벤트 핸들러에 스크립트를 작성하여 동작에 따른 실행을 지정할 수 있습니다.

Edit
한 줄로 된 문자열을 입력 또는 출력하기 위해 사용하는 컴포넌트입니다.
모든 문자열 입력이 가능하며, 경우에 따라 원하는 문자열만 입력받을 수 있습니다.

MaskEdit
정해진 규칙에 따라 데이터 입력이 필요한 경우 사용하는 컴포넌트입니다.
Number형과 String형으로 구분됩니다.
Number형은 금액, 수량 등 규격화된 실수를 입력할 때 사용하며, String형은 규격화된 코드값 등을 입력할 필요가 있을 때 사용합니다.

TextArea
여러 줄로 된 문자열을 입력 또는 출력하기 위해 사용하는 컴포넌트입니다.

Calendar
날짜와 시간을 입력받기 위한 컴포넌트입니다.
월 단위로 보면서 선택하는 방식과 직접 입력하는 방식 등이 가능하며, 입력한 날짜가 정확한 날짜인지 체크됩니다.

CheckBox
선택한 상태와 선택되지 않은 상태를 전환하면서 체크 표시로 표현하는 컴포넌트입니다.
[Space] 키를 이용하여 체크 상태를 전환할 수 있습니다.

Spin
일정 범위 내의 숫자값을 입력하기 위해 사용하는 컴포넌트입니다.
Spin의 Value값은 문자형이므로 연산을 위해서는 숫자형 변환이 필요합니다.

🖼 ImageViewer
화면에 이미지를 출력하기 위해 사용하는 컴포넌트입니다.

▬ ProgressBar
작업의 진행 상태를 점진적인 바(Bar) 형태로 표현하고자 할 때 사용하는 컴포넌트입니다.

4.1.2 선택형 컴포넌트

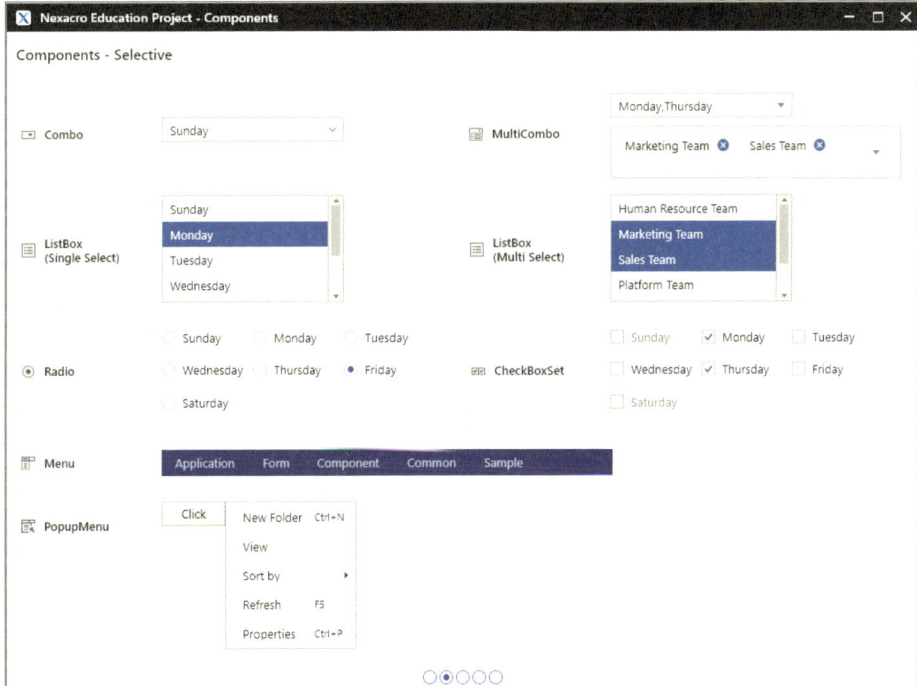

⊡ Combo
미리 설정된 아이템 리스트에서 한 개의 아이템을 선택하기 위한 용도로 사용하는 컴포넌트입니다.
innerdataset 속성에 아이템 리스트를 미리 설정해 주어야 합니다.

▦ MultiCombo
미리 설정된 아이템 리스트에서 여러 개의 아이템을 선택하기 위한 용도로 사용하는 컴포넌트입니다.
edittype 속성을 이용하여 선택한 아이템의 표시 방식을 설정할 수 있습니다.
innerdataset 속성에 아이템의 리스트를 미리 설정해 주어야 합니다.

ListBox
여러 개의 아이템 중에서 한 개 또는 여러 개의 값을 선택하기 위해 사용하는 컴포넌트입니다.
multiselect 속성을 true로 설정하면 [Ctrl] 또는 [Shift] 키로 여러 개의 아이템을 선택할 수 있습니다.
innerdataset 속성에 아이템 리스트를 미리 설정해 주어야 합니다.

Radio
동그란 모양의 여러 개의 아이템 중에서 하나의 값을 선택하기 위해 사용하는 컴포넌트입니다.
innerdataset 속성에 여러 개의 아이템을 미리 설정해 주어야 합니다.

CheckBoxSet
체크박스 모양의 여러 개의 아이템 중에서 한 개 또는 여러 개의 값을 선택하기 위해 사용하는 컴포넌트입니다.
innerdataset 속성에 여러 개의 아이템을 미리 설정해 주어야 합니다.

Menu
메뉴바 형태로 메뉴를 구성하는 컴포넌트입니다.
단계를 가지는 계층적 구조로 메뉴를 구성할 수 있습니다.

PopupMenu
팝업 형태로 메뉴를 구성하는 컴포넌트입니다.
마우스의 오른쪽 버튼을 눌렀을 때 실행되는 팝업 메뉴로 사용합니다.
단계를 가지는 계층적 구조로 메뉴를 구성할 수 있습니다.

4.1.3 목록형 컴포넌트

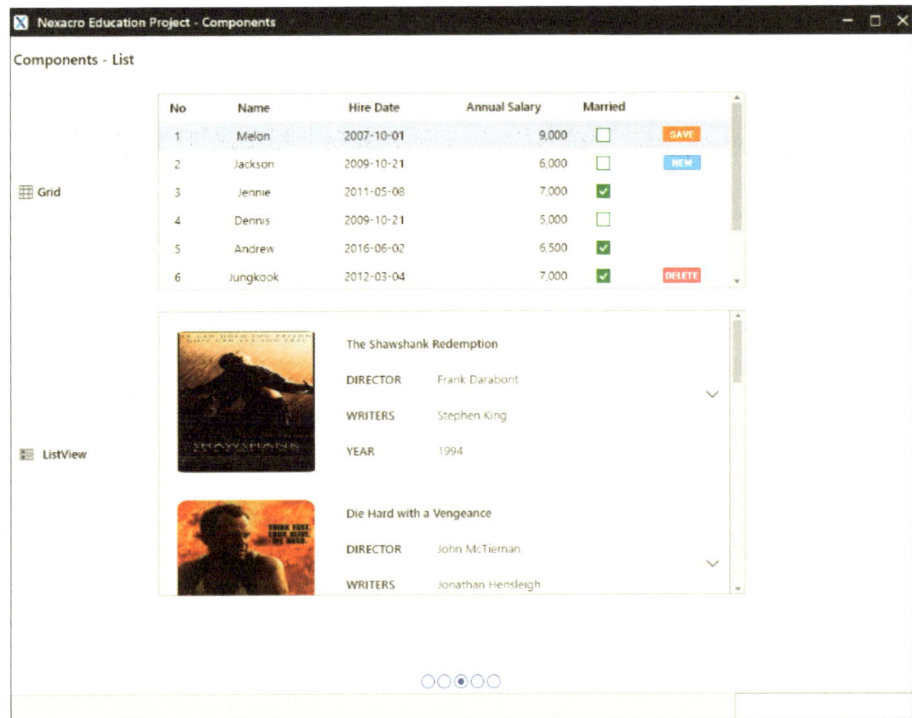

⊞ Grid
2차원 형태의 데이터를 격자 모양으로 표현하는 컴포넌트입니다.
Grid 컴포넌트는 항상 Dataset과 연결하여 사용합니다.
Dataset에 변경 사항이 생기면 Grid에 반영되고, 반대로 Grid에 변경 사항이 생기면 Dataset에 반영됩니다.
head, body, summary 영역의 밴드로 구성되며 각 밴드는 셀(Cell)이라는 기본 단위로 구성됩니다.
셀은 Edit, Combo, Checkbox, Image 등의 컨트롤을 포함할 수 있습니다.

▤ ListView
2차원 데이터를 자유롭게 배치하여 목록 형태로 표현하는 컴포넌트입니다.
body, detail 영역의 밴드로 구성되며, 각 밴드는 셀(Cell)이라는 기본 단위로 구성됩니다.
연결된 Dataset의 칼럼과 셀을 매핑해서 사용할 수 있습니다.
셀은 Edit, Combo, Checkbox, Image 등의 컨트롤을 포함할 수 있어 다양한 디자인 표현과 편집이 가능합니다.

4.1.4 컨테이너 컴포넌트

컴포넌트 하위에 다른 컴포넌트를 가질 수 있는 컨테이너 컴포넌트입니다.

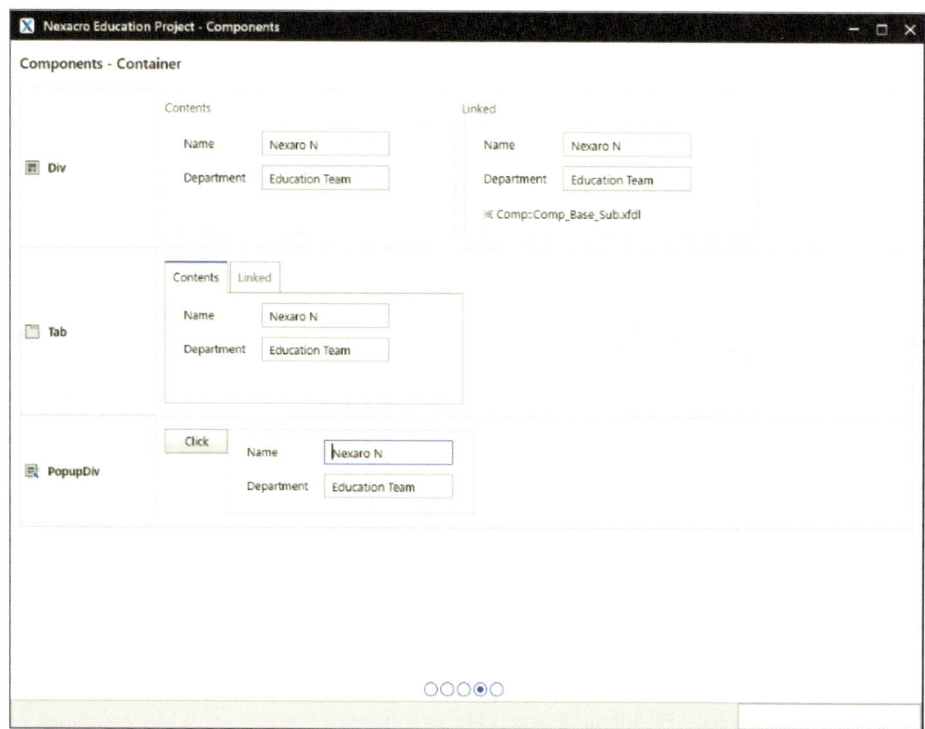

Div
하나의 화면에 여러 개의 부분 화면을 구성할 때 사용하는 컴포넌트입니다.
화면을 분할해서 Form에 대한 재사용성을 높일 수 있습니다.
Div 안에 다른 컴포넌트를 생성하거나 이미 만들어진 화면을 링크하여 사용할 수 있습니다.

Tab
여러 개의 TabPage를 추가해서 보여 주는 컴포넌트입니다.
좁은 화면에 많은 수의 컴포넌트가 배치될 필요가 있을 경우에 사용할 수 있습니다.
Tab 안의 TabPage에 다른 컴포넌트를 생성하거나 이미 만들어진 화면을 링크하여 사용할 수 있습니다.

🗔 PopupDiv

하나의 화면에 여러 개의 부분 화면을 구성할 때 사용하는 컴포넌트입니다.
주 화면과 독립적 또는 연계하여 화면을 구성할 수 있습니다.
Div 컴포넌트와 사용법은 비슷하나 PopupDiv는 포커스를 잃게 되면 자동으로 사라지게 됩니다.

4.1.5 모바일 컴포넌트

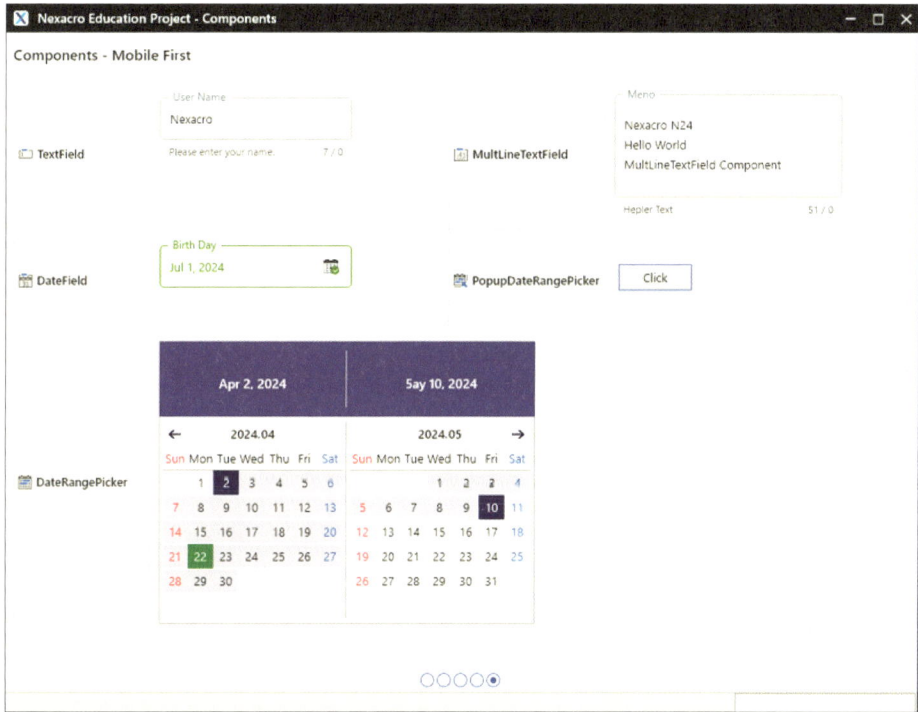

🗔 TextField

한 줄로 된 문자열을 입력하는 컴포넌트입니다.
inputtype이나 pattern 속성값을 설정하여 입력 형식을 지정할 수 있으며, 지정한 형식에 따라 입력값의 유효성을 검사할 수 있습니다.

🗔 MultiLineTextField

여러 줄로 된 문자열을 입력하는 컴포넌트입니다.

DateField
날짜와 시간을 입력받기 위한 컴포넌트입니다.
모바일 환경에서 편집 영역 터치하면 DateTimePicker가 표시되며, 선택한 값을 입력합니다.

DateRangePicker
시작 일자와 종료 일자의 날짜와 시간을 입력받거나 선택하기 위한 컴포넌트입니다.

PopupDateRangePicker
시작 일자와 종료 일자의 날짜와 시간을 입력받거나 선택하기 위해 DateRangePicker를 팝업 창으로 띄우는 컴포넌트입니다.

4.2 넥사크로 오브젝트

4.2.1 데이터 오브젝트

넥사크로에서 데이터를 처리하기 위한 오브젝트입니다.

Dataset
데이터를 2차원 테이블 형태로 저장하는 오브젝트입니다.
Invisible 오브젝트로 직접 화면에 출력할 수 없습니다. 다양한 컴포넌트와 바인딩 기능을 이용하여 데이터를 화면에 출력할 수 있습니다.
컴포넌트를 통해 데이터를 변경하면 Dataset에 반영되며, Dataset의 데이터가 변경되면 컴포넌트에 반영되어 표현됩니다.
서버와 데이터를 주고받는 형식으로 사용합니다.

DataObject
JSON 오브젝트 형태의 데이터를 호출하고 관리하는 오브젝트입니다.
REST API와 같은 외부 API를 호출하여 데이터를 가져와서 DataObject에 저장하고 관리할 수 있습니다.
DataObject를 Dataset과 바인딩하여 Dataset의 2차원 데이터 형태로 전환시킬 수 있습니다.

> 노트
>
> 넥사크로 스튜디오에서 기본으로 제공하는 컴포넌트와 오브젝트 외에 추가로 사용 가능한 컴포넌트와 오브젝트는 TypeDefinition에 추가하여 사용할 수 있습니다.
> 자세한 내용은 넥사크로 스튜디오의 도움말을 참고하시기 바랍니다.

PART 02

누구나 쉽게 넥사크로로 업무 화면 만들기

5

실전! 업무 화면 만들기

넥사크로를 이용하여 사원 관리 화면을 만들어 보면서, 컴포넌트 사용법과 데이터 처리 방식에 대해 알아봅니다.

> Sample
> NexacroN_book\Sample\NexacroN_book\Form\Form_Emp.xfdl

5.1 화면 만들기

5.1.1 화면 예시

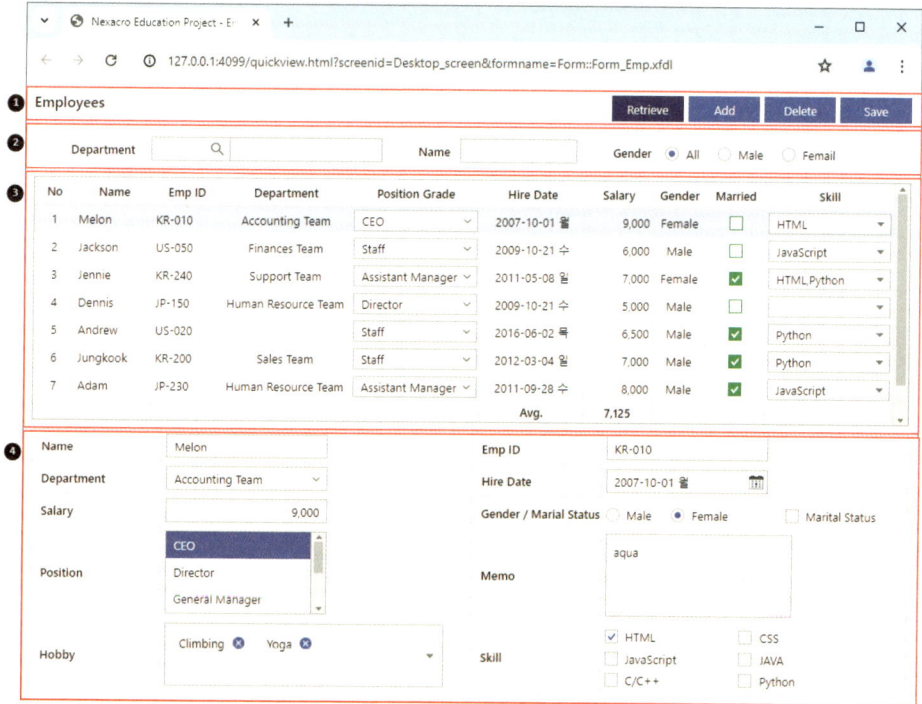

번호	속성	설명
❶	헤더 영역	화면의 타이틀과 조회, 입력, 삭제, 저장 버튼으로 구성합니다.
❷	조회 영역	부서 코드와 성명, 성별을 조회 조건으로 구성합니다. 부서 코드는 팝업 창을 통해서 검색 가능하게 구성하고 성별은 사원 데이터를 필터하여 보여 줍니다.
❸	목록 영역	사원 데이터를 목록 형태로 표현합니다.
❹	상세 영역	목록에서 선택하는 데이터에 대해 상세 정보를 보여 주며, 편집이 가능하게 구성합니다.

● 데이터 구성

사원관리 화면에서 사용하는 데이터는 아래와 같습니다.

칼럼명	타입	설명	비고
EMP_ID	String	사원번호	영문 대문자 2자리, 숫자 3자리로 구성(ex. AB123)
EMP_NAME	String	성명	
DEPT_CODE	String	부서 코드	
POSITION	String	직급 코드	
HIRE_DATE	Date	입사일	
SALARY	Int	연봉	
GENDER	String	성별 코드	M(Male)/F(Female)
MARRIED	String	결혼 여부	true/false
SKILL	String	보유 기술	
HOBBY	String	취미	
MEMO	String	비고 사항	

칼럼명	타입	설명	비고
DEPT_CODE	String	부서 코드	
DEPT_NAME	String	부서명	
DEPT_EMP	String	부서장	

칼럼명	타입	설명	비고
CODE	String	코드	
NAME	String	직급명	

칼럼명	타입	설명	비고
CODE	String	코드	
NAME	String	코드명	

칼럼명	타입	설명	비고
CODE	String	코드	
NAME	String	직급명	

5.1.2 화면 생성, 레이아웃 구성

● 서비스 그룹 생성

먼저 실습 화면을 저장할 폴더를 생성합니다.

프로젝트 설정 파일 TypeDefinition의 Service 항목을 더블 클릭합니다.

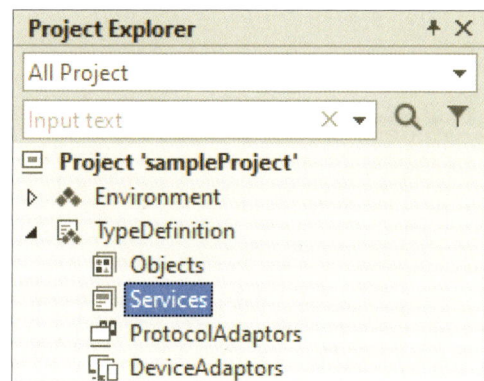

하단 User Service 항목에서 [+] 버튼을 클릭하고 목록에서 'form' 타입을 선택합니다.

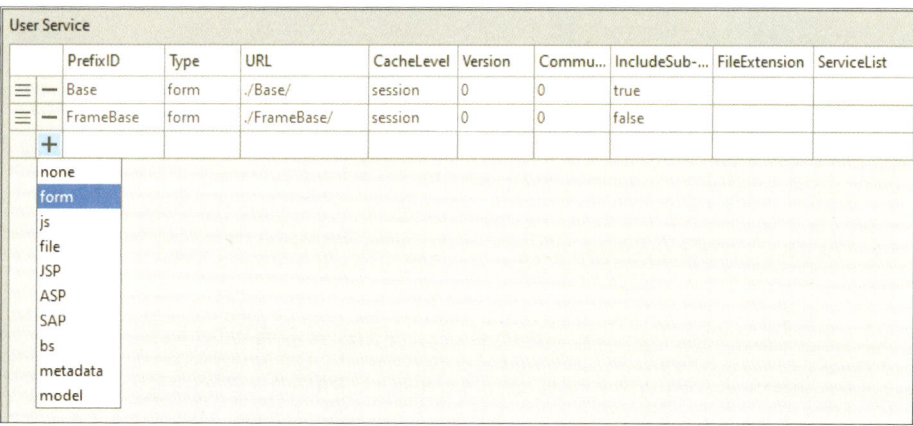

Work라는 이름의 서비스 그룹을 생성합니다.

PrefixID 항목에 'Work'을 입력하면 URL 항목에 동일한 이름으로 설정됩니다.

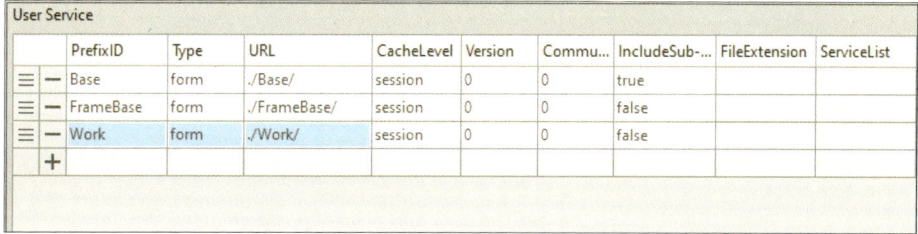

Project Explorer에 생성한 폴더를 확인할 수 있습니다.

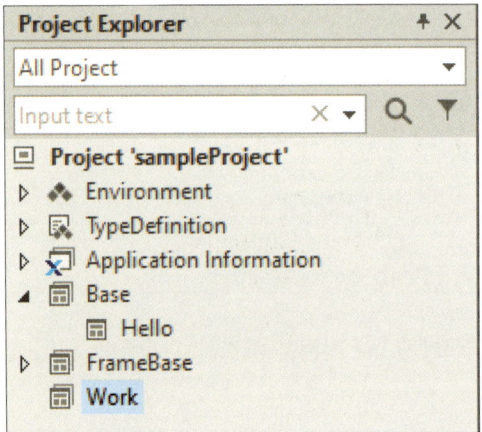

● 화면 생성

새로운 화면을 생성합니다.

| [Menu] File > New > Form (.xfdl)

Name은 생성할 파일명을 의미합니다. 'Form_Emp'로 지정합니다.

Location은 파일을 저장할 경로입니다. 위에서 생성한 'Work' 폴더를 선택합니다.

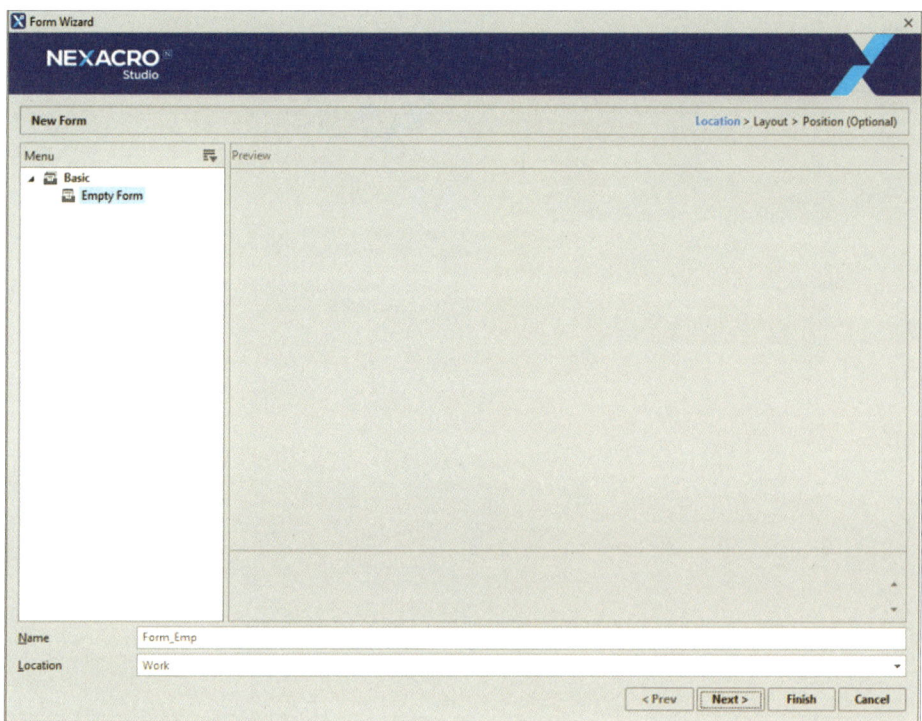

화면의 크기를 지정합니다.

1000×670 픽셀로 지정하고 나머지 설정값은 그대로 유지합니다.

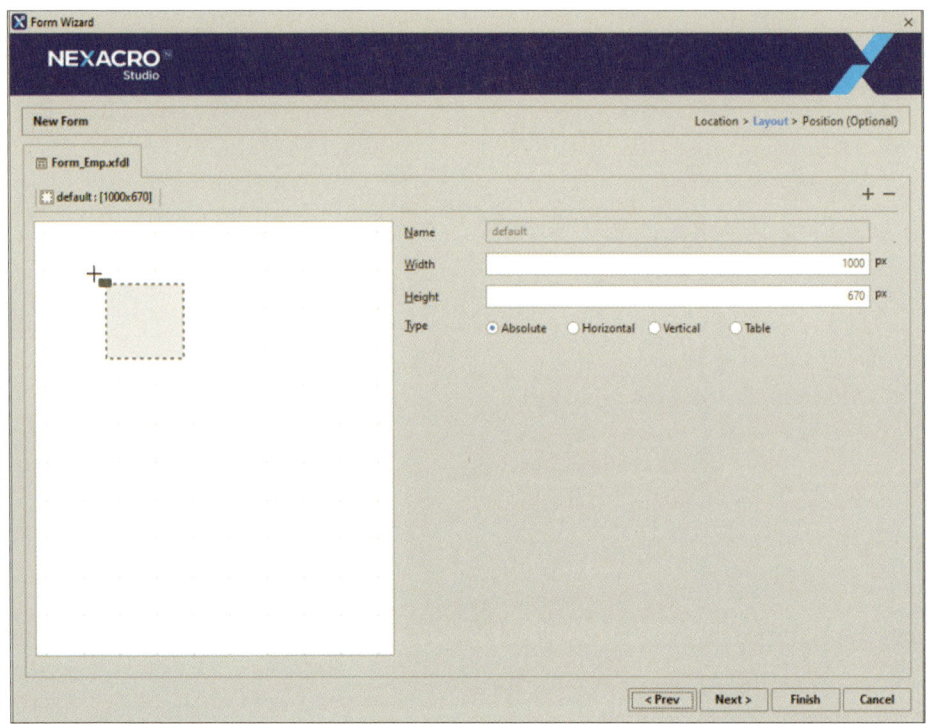

컴포넌트를 생성할 때의 좌표 단위를 설정합니다.

픽셀(px), 퍼센트(%), em, rem 단위를 설정할 수 있습니다.

기본적으로 설정되어 있는 픽셀(px)을 유지하고 [Finish] 버튼을 클릭하여 화면을 생성합니다.

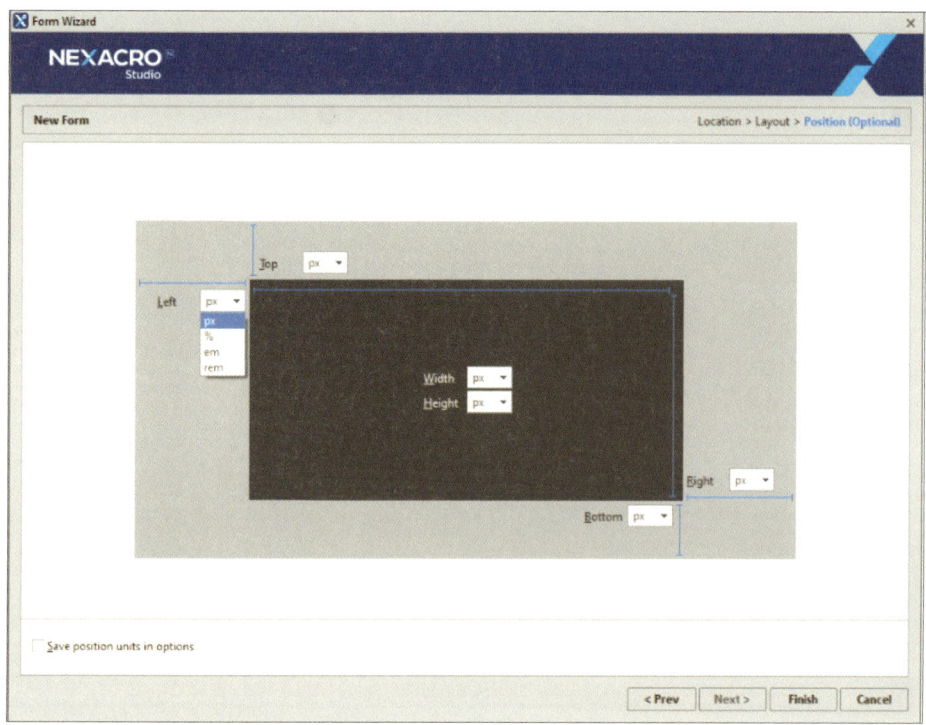

● **화면 레이아웃 구성**

헤더 영역과 화면 레이아웃을 구성할 컴포넌트를 생성하고 아래와 같이 속성을 변경합니다.

컴포넌트		설명	속성그룹	속성	속성값
❶	Static	제목 영역	Information	id	st_title
			Action	text	Employees
❷	Button	조회 버튼	Information	id	btn_retrieve
			Action	text	Retrieve
		입력 버튼	Information	id	btn_add
			Action	text	Add
		삭제 버튼	Information	id	btn_delete
			Action	text	Delete
		저장 버튼	Information	id	btn_save
			Action	text	Save
❸	Div	조회 조건 영역	Information	id	div_search
			Style	border	1px solid #9c9c9c
❹	Grid	데이터 목록 영역	Information	id	grd_emp
❺	Div	상세 영역	Information	id	div_detail
			Style	border	1px solid #9c9c9c

5.1.3 Dataset 생성

Dataset은 화면에서 사용하는 데이터를 테이블 형태로 관리하는 오브젝트입니다.
상단 컴포넌트 툴바에서 ■ 아이콘을 이용하여 만들 수 있으며,
화면 하단의 Invisible Object 창에 생성됩니다.
Dataset을 5개 생성하고 id 속성을 아래와 같이 변경합니다.

id	설명
ds_emp	사원 데이터
ds_dept	부서 코드 데이디
ds_pos	직급 코드 데이터
ds_skill	보유기술 코드 데이터
ds_hobby	취미 코드 데이터

화면 개발 시 임시로 사용할 샘플 데이터를 입력합니다.
Dataset을 더블 클릭하여 Dataset Editor 창을 오픈한 후, 아래와 같은 방법으로 작업합니다.

● **ds_emp 데이터 입력하기**

칼럼과 로우를 직접 입력
Dataset Editor 창에서 Dataset 칼럼과 로우를 직접 입력합니다.

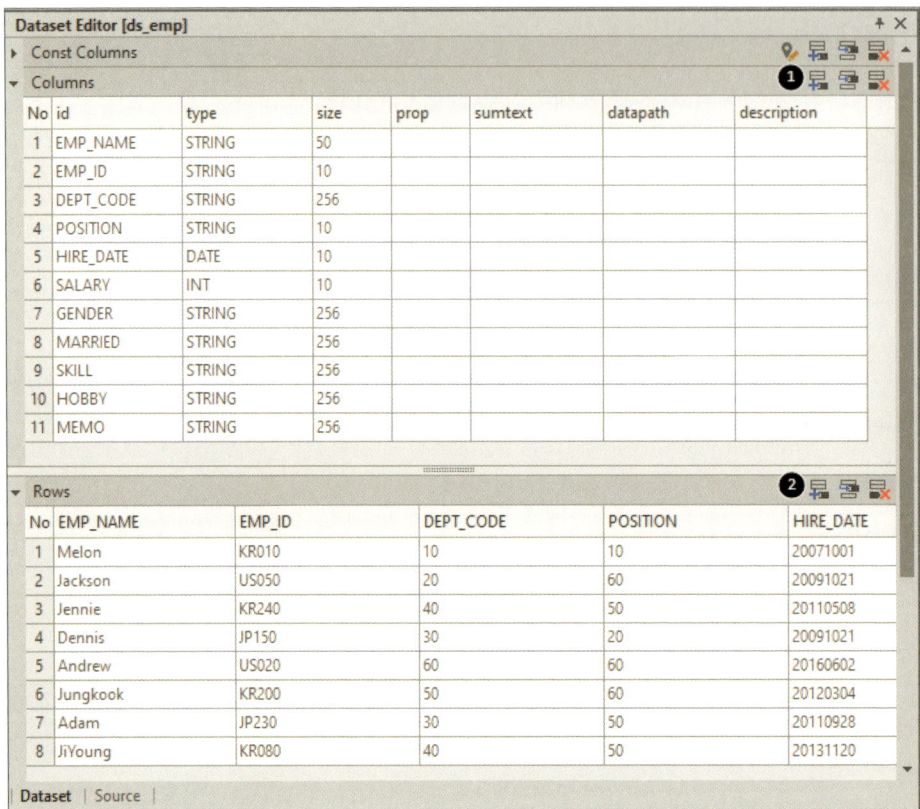

❶ Add Column 아이콘을 클릭하여 칼럼을 추가하고, id, type, size의 정보를 입력합니다.

❷ Add Row 아이콘을 클릭하여 샘플 데이터를 입력합니다.

데이터 소스로 추가
Dataset Editor 창의 하단 [Source] 항목을 선택하여 Dataset Source Editor를 오픈합니다.
XML형식의 샘플 데이터를 복사하여 해당 창에 붙여넣기 후 [OK] 버튼을 클릭하면 샘플 데이터가 추가됩니다.
동일한 샘플 데이터는 하단의 파일에서도 확인 가능합니다.

Sample Data
NexacroN_book\Sample\Sample Data\ds_emp.xml

```
<ColumnInfo>
  <Column id="EMP_NAME" type="STRING" size="50"/>
  <Column id="EMP_ID" type="STRING" size="10"/>
  <Column id="DEPT_CODE" type="STRING" size="256"/>
  <Column id="POSITION" type="STRING" size="10"/>
  <Column id="HIRE_DATE" type="DATE" size="10"/>
  <Column id="SALARY" type="INT" size="10"/>
  <Column id="GENDER" type="STRING" size="256"/>
  <Column id="MARRIED" type="STRING" size="256"/>
  <Column id="SKILL" type="STRING" size="256"/>
  <Column id="HOBBY" type="STRING" size="256"/>
  <Column id="MEMO" type="STRING" size="256"/>
</ColumnInfo>
```

```xml
<Rows>
  <Row>
    <Col id="EMP_NAME">Melon</Col>
    <Col id="EMP_ID">KR010</Col>
    <Col id="POSITION">10</Col>
    <Col id="HIRE_DATE">20071001</Col>
    <Col id="SALARY">9000</Col>
    <Col id="GENDER">F</Col>
    <Col id="MARRIED">false</Col>
    <Col id="SKILL">01,07</Col>
    <Col id="HOBBY">01,05</Col>
    <Col id="DEPT_CODE">10</Col>
    <Col id="MEMO">aqua</Col>
  </Row>
  ...
  <Row>
    <Col id="EMP_NAME">JiYoung</Col>
    <Col id="EMP_ID">KR080</Col>
    <Col id="POSITION">50</Col>
    <Col id="HIRE_DATE">20131120</Col>
    <Col id="SALARY">8500</Col>
    <Col id="GENDER">F</Col>
    <Col id="MARRIED">false</Col>
    <Col id="SKILL">01,07</Col>
    <Col id="HOBBY">05</Col>
    <Col id="DEPT_CODE">40</Col>
    <Col id="MEMO">violet</Col>
  </Row>
</Rows>
```

동일한 방식으로 나머지 Dataset도 샘플 데이터를 생성합니다.

● ds_dept 데이터 입력하기

칼럼과 로우를 직접 입력

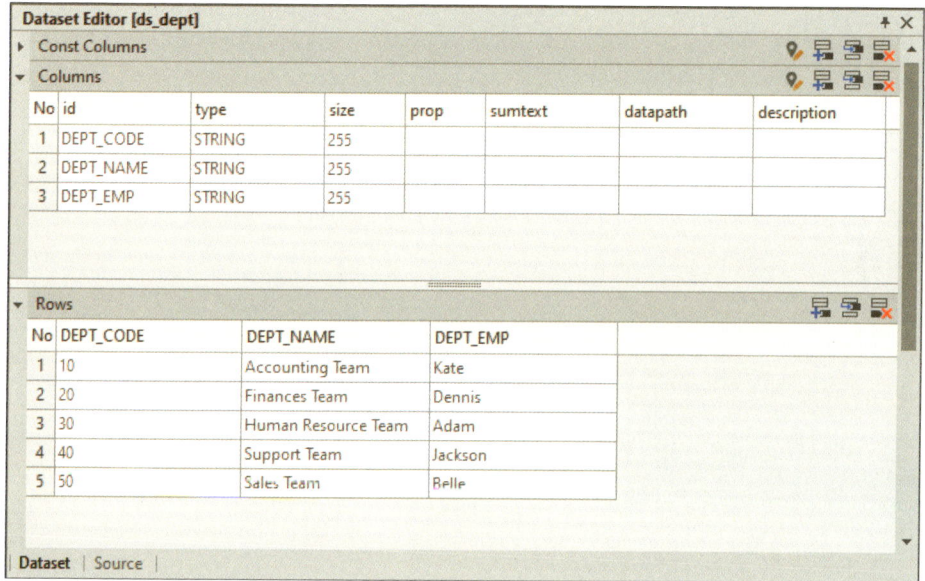

샘플 데이터로 추가

> Sample Data
> NexacroN_book\Sample\Sample Data\ds_dept.xml

```xml
<ColumnInfo>
  <Column id="DEPT_CODE" type="STRING" size="255"/>
  <Column id="DEPT_NAME" type="STRING" size="255"/>
  <Column id="DEPT_EMP" type="STRING" size="255"/>
</ColumnInfo>
<Rows>
  <Row>
    <Col id="DEPT_CODE">10</Col>
    <Col id="DEPT_NAME">Accounting Team</Col>
    <Col id="DEPT_EMP">Kate</Col>
  </Row>
  <Row>
    <Col id="DEPT_CODE">20</Col>
    <Col id="DEPT_NAME">Finances Team</Col>
    <Col id="DEPT_EMP">Dennis</Col>
  </Row>
  <Row>
    <Col id="DEPT_CODE">30</Col>
    <Col id="DEPT_NAME">Human Resource Team</Col>
    <Col id="DEPT_EMP">Adam</Col>
  </Row>
  <Row>
    <Col id="DEPT_CODE">40</Col>
    <Col id="DEPT_NAME">Support Team</Col>
    <Col id="DEPT_EMP">Jackson</Col>
  </Row>
  <Row>
    <Col id="DEPT_CODE">50</Col>
    <Col id="DEPT_NAME">Sales Team</Col>
    <Col id="DEPT_EMP">Belle</Col>
  </Row>
</Rows>
```

● ds_pos 데이터 입력하기

칼럼과 로우를 직접 입력

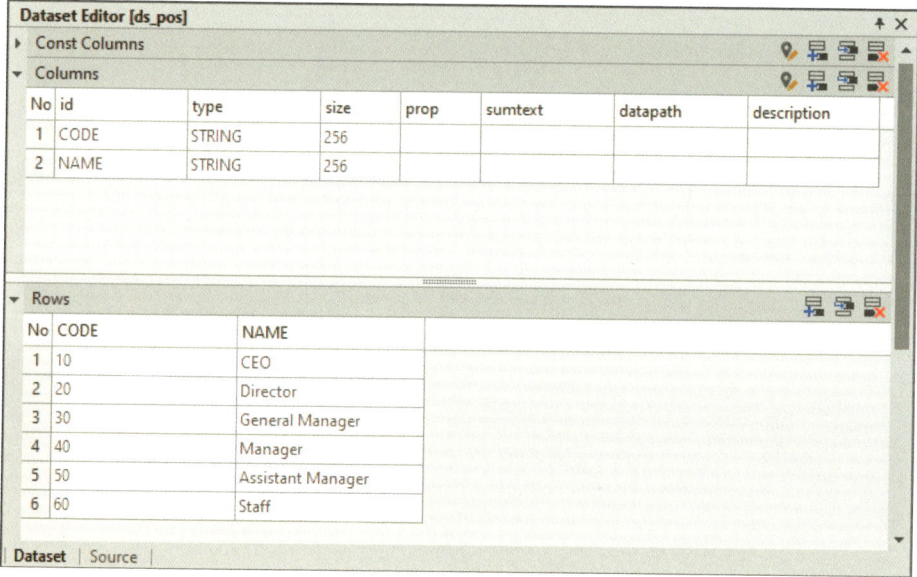

샘플 데이터로 추가

> Sample Data
> NexacroN_book\Sample\Sample Data\ds_pos.xml

```
<ColumnInfo>
  <Column id="CODE" type="STRING" size="256"/>
  <Column id="NAME" type="STRING" size="256"/>
</ColumnInfo>
<Rows>
  <Row>
    <Col id="CODE">10</Col>
    <Col id="NAME">CEO</Col>
  </Row>
  <Row>
    <Col id="CODE">20</Col>
    <Col id="NAME">Director</Col>
  </Row>
```

```
<Row>
   <Col id="CODE">30</Col>
   <Col id="NAME">General Manager</Col>
</Row>
<Row>
   <Col id="CODE">40</Col>
   <Col id="NAME">Manager</Col>
</Row>
<Row>
   <Col id="CODE">50</Col>
   <Col id="NAME">Assistant Manager</Col>
</Row>
<Row>
   <Col id="CODE">60</Col>
   <Col id="NAME">Staff</Col>
</Row>
</Rows>
```

● ds_skill 데이터 입력하기

칼럼과 로우를 직접 입력

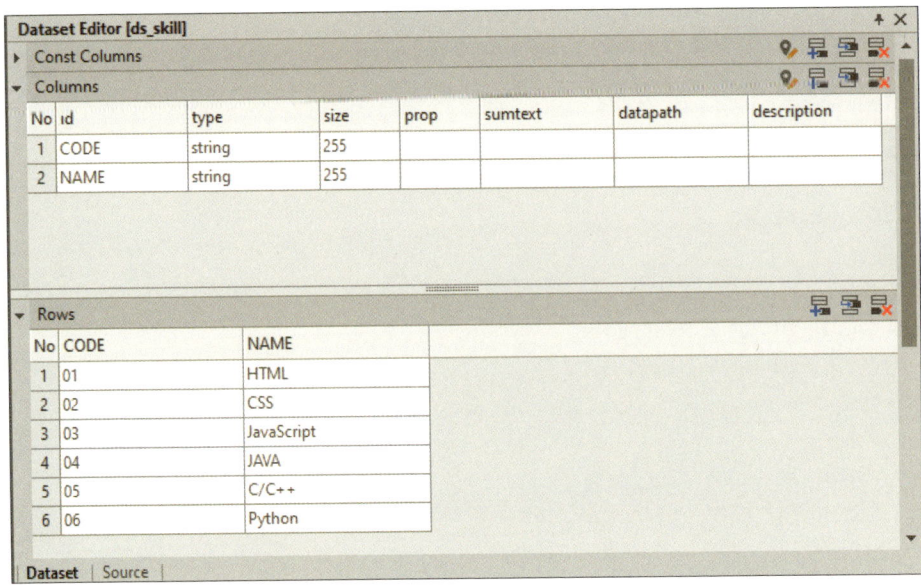

샘플 데이터로 추가

> Sample Data
> NexacroN_book\Sample\Sample Data\ds_skill.xml

```xml
<ColumnInfo>
  <Column id="CODE" type="string" size="255"/>
  <Column id="NAME" type="string" size="255"/>
</ColumnInfo>
<Rows>
  <Row>
    <Col id="CODE">01</Col>
    <Col id="NAME">HTML</Col>
  </Row>
  <Row>
    <Col id="CODE">02</Col>
    <Col id="NAME">CSS</Col>
  </Row>
  <Row>
    <Col id="CODE">03</Col>
    <Col id="NAME">JavaScript</Col>
  </Row>
  <Row>
    <Col id="CODE">04</Col>
    <Col id="NAME">JAVA</Col>
  </Row>
  <Row>
    <Col id="CODE">05</Col>
    <Col id="NAME">C/C++</Col>
  </Row>
  <Row>
    <Col id="CODE">06</Col>
    <Col id="NAME">Python</Col>
  </Row>
</Rows>
```

• ds_hobby 데이터 입력하기

칼럼과 로우를 직접 입력

No	id	type	size	prop	sumtext	datapath	description
1	CODE	STRING	256				
2	NAME	STRING	256				

Rows

No	CODE	NAME
1	01	Climbing
2	02	Running
3	03	Cycling
4	04	Swimming
5	05	Yoga
6	06	Golf
7	07	tennis

샘플 데이터로 추가

> Sample Data
> NexacroN_book\Sample\Sample Data\ds_hobby.xml

```
<ColumnInfo>
  <Column id="CODE" type="STRING" size="256"/>
  <Column id="NAME" type="STRING" size="256"/>
</ColumnInfo>
<Rows>
  <Row>
    <Col id="CODE">01</Col>
    <Col id="NAME">Climbing</Col>
  </Row>
  <Row>
    <Col id="CODE">02</Col>
    <Col id="NAME">Running</Col>
```

```xml
    </Row>
    <Row>
      <Col id="CODE">03</Col>
      <Col id="NAME">Cycling</Col>
    </Row>
    <Row>
      <Col id="CODE">04</Col>
      <Col id="NAME">Swimming</Col>
    </Row>
    <Row>
      <Col id="CODE">05</Col>
      <Col id="NAME">Yoga</Col>
    </Row>
    <Row>
      <Col id="CODE">06</Col>
      <Col id="NAME">Golf</Col>
    </Row>
    <Row>
      <Col id="CODE">07</Col>
      <Col id="NAME">Tennis</Col>
    </Row>
</Rows>
```

5.1.4 화면 디자인

● 조회 조건 영역

조회 조건 영역에 사용할 컴포넌트를 구성합니다.

❶ Department ❷ ❸ Find ❹   ❺ ❻ Name   ❼ Gender ❽ rdo_gender

	컴포넌트	설명	속성그룹	속성	속성값
❶	Static	부서 Label	Action	text	Department
❷	Edit	부서코드	Information	id	edt_deptCode
❸	Button	부서 찾기 버튼	Information	id	btn_findDept
			Action	text	Find

❹	Edit	부서명	Information	id	edt_deptName
			Misc	readonly	true
❺	Static	성명 Label	Action	text	Name
❻	Edit	성명	Information	id	edt_empName
❼	Static	성별 Label	Action	text	Gender
❽	Radio	성별	Information	id	rdo_gender
			Action	index	0
			Binding	innerdataset	설정1 참고
			Appearance	rowcount	1

설정1 - innerdataset 속성 설정하기

Radio 컴포넌트의 아이템 항목을 구성할 성별 코드 데이터를 innerdataset, codecolumn, datacolumn 속성에 설정합니다.

innerdataset 속성 오른쪽의 ... 버튼을 클릭하여 설정 창을 오픈합니다.

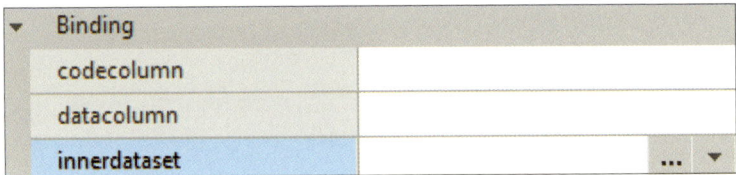

하단의 [추가] 아이콘을 이용하여 로우를 추가하고 codecolumn에, 코드값을, datacolumn에 코드명 값을 입력합니다.

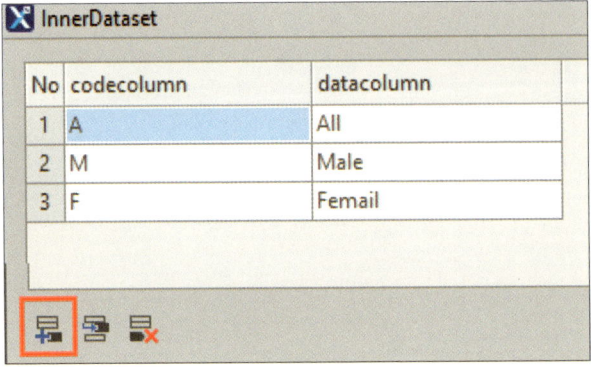

아래와 같이 innerdataset, codecolumn, datacolumn 속성이 설정되며, 입력한 코드, 코드명으로 라디오 컴포넌트의 항목이 설정됩니다.

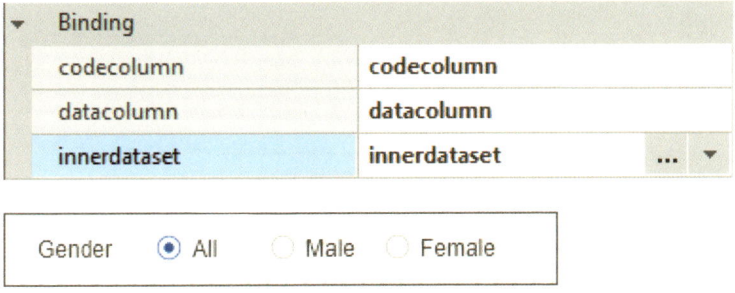

조회 조건 영역 디자인 결과입니다.

● **목록 영역**

Grid 컴포닌드를 통해서 Dataset의 데이터를 목록 형태로 출력합니다.

먼저 Grid에 원하는 형태로 디자인을 해야 합니다.

Grid 컴포넌트를 더블 클릭하여 Grid Contents Editor 창을 오픈합니다.

마우스 우클릭하여 콘텍스트 메뉴를 이용하거나 상단의 아이콘을 통해 Grid를 디자인할 수 있습니다.

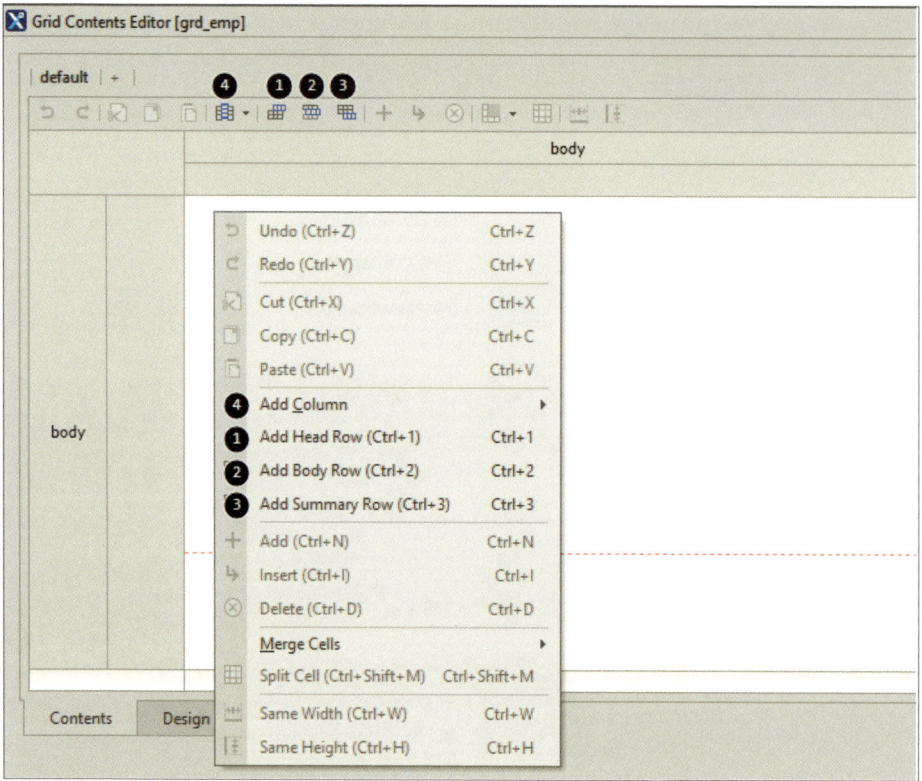

❶ [Add Head Row]를 선택합니다. Grid에서 제목이 표현되는 로우입니다.

❷ [Add Body Row]를 선택합니다. Grid에서 데이터가 표현되는 로우입니다.

❸ [Add Summary Row]를 선택합니다. Grid 하단에 데이터 합계, 평균, 개수 등을 표현하는 로우입니다.

❹ [Add Column > Add Body Column]을 통해 칼럼을 추가합니다.

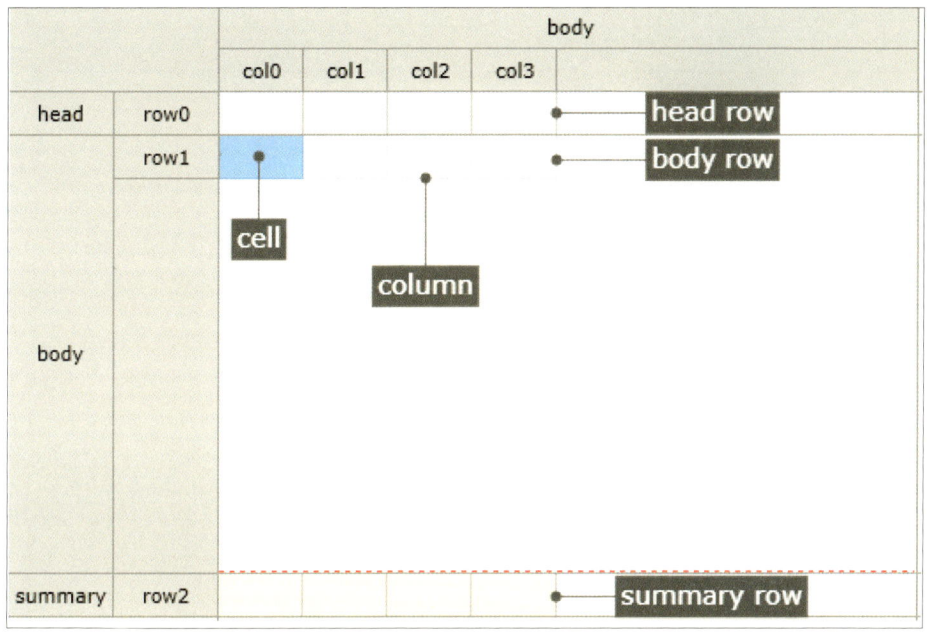

head 로우에서 각각의 셀을 선택하여 표현할 데이터의 제목을 입력합니다. 셀의 text 속성에 적용합니다.

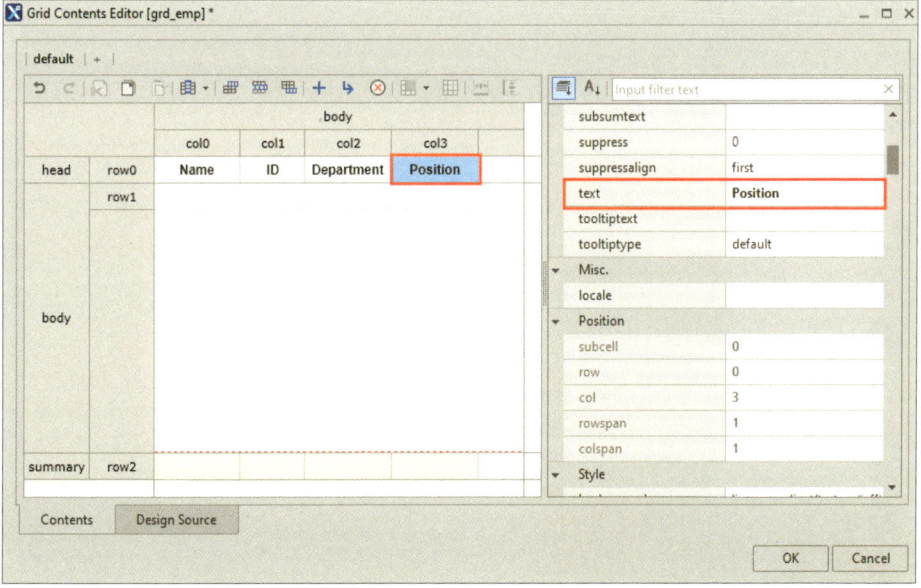

목록 영역 디자인 결과입니다.

● **상세 영역 구성**

상세 데이터를 출력할 영역을 구성합니다.

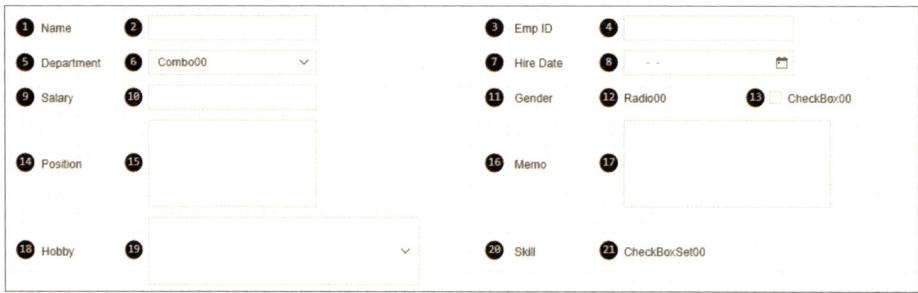

컴포넌트		설명	속성그룹	속성	속성값
Label					
❶		성명			Name
❸		사원번호			Emp ID
❺		부서			Department
❼		입사 일자			Hire Date
❾	Static	급여	Action	text	Salary
⓫		성별			Gender
⓮		직급			Position
⓰		비고 사항			Memo
⓲		취미			Hobby
⓴		보유기술			Skill

데이터 표현 컴포넌트					
❷	Edit	성명	Information	id	edt_name
❹	MaskEdit	사원번호	Information	id	msk_empId
			Action	format	AA-###
				type	string
❻	Combo	부서	Information	id	cbo_dept
			Binding	innerdataset	ds_dept
				codecolumn	DEPT_CODE
				datacolumn	DEPT_NAME
❽	Calendar	입사일자	Information	id	cal_hireDate
❿	MaskEdit	연봉	Information	id	msk_salary
			Action	format	#,#
⓬	Radio	성별	Information	id	rdo_gender
			Binding	innerdataset	조회 영역 설정 참고
			Appearance	rowcount	1
⓭	CheckBox	결혼여부	Information	id	chk_married
			Action	text	Marital Status
⓯	ListBox	직급	Information	id	lst_pos
			Binding	innerdataset	ds_pos
				codecolumn	CODE
				datacolumn	NAME
⓱	TextArea	비고사항	Information	id	txt_memo
⓳	MultiCombo	취미	Information	id	mcbo_hobby
			Binding	innerdataset	ds_hobby
				codecolumn	CODE
				datacolumn	NAME
			Misc	edittype	multitag
㉑	CheckBoxSet	보유기술	Information	id	chks_skill
			Binding	innerdataset	ds_skill
				codecolumn	CODE
				datacolumn	NAME
			Appearance	rowcount	3

● **화면 결과**

전체 화면을 구성한 디자인 결과입니다.

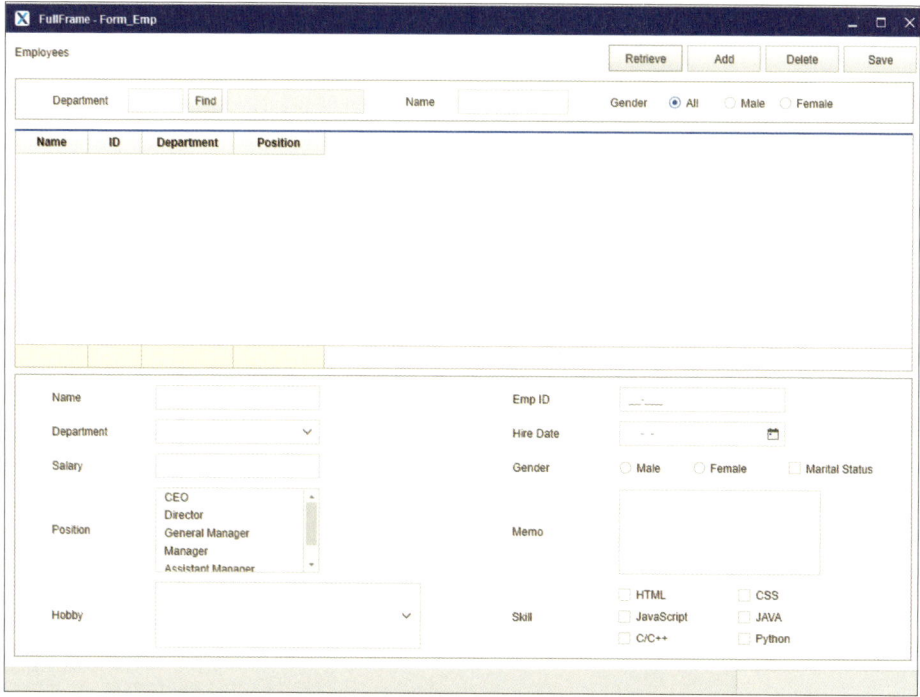

5.2 데이터 바인딩

바인딩(Binding)은 Dataset과 UI 컴포넌트를 스크립트 없이 연결하여 데이터를 입출력하거나 컴포넌트를 동작시키는 방법입니다.

스크립트를 사용하지 않기 때문에 출력 속도가 빠르며, 개발 시간을 단축할 수 있습니다.

5.2.1 목록 영역 바인딩

Dataset과 Grid 컴포넌트와의 바인딩하는 방법을 알아봅니다.

● **방식 1 - Grid에 디자인한 형식을 유지한 데이터 바인딩**

Grid 컴포넌트의 binddataset 속성에 Grid에 표현할 Dataset을 지정합니다.
드롭다운 버튼을 클릭하면 현재 작업하는 화면에서 사용 가능한 Dataset 목록이
표현됩니다.

사원 정보를 가지고 있는 Dataset 'ds_emp'를 선택하겠습니다.

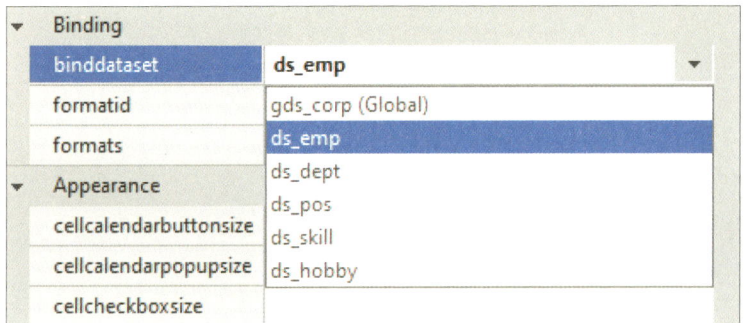

아래와 같이 확인 창이 나옵니다.

이것은 Grid 컴포넌트에 정의한 디자인 형태를 binddataset 속성에 지정한
Dataset 'ds_emp'의 구조로 변경할지 묻는 확인 창입니다.

[No] 버튼을 선택하여 기존에 Grid에 정의한 디자인 형태를 유지하겠습니다.

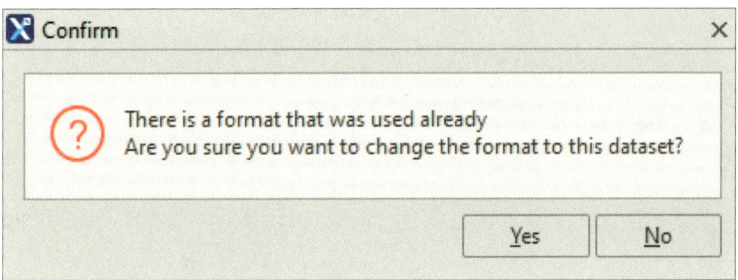

Grid의 body 영역에 'ds_emp'의 샘플 데이터 로우가 표현됩니다.

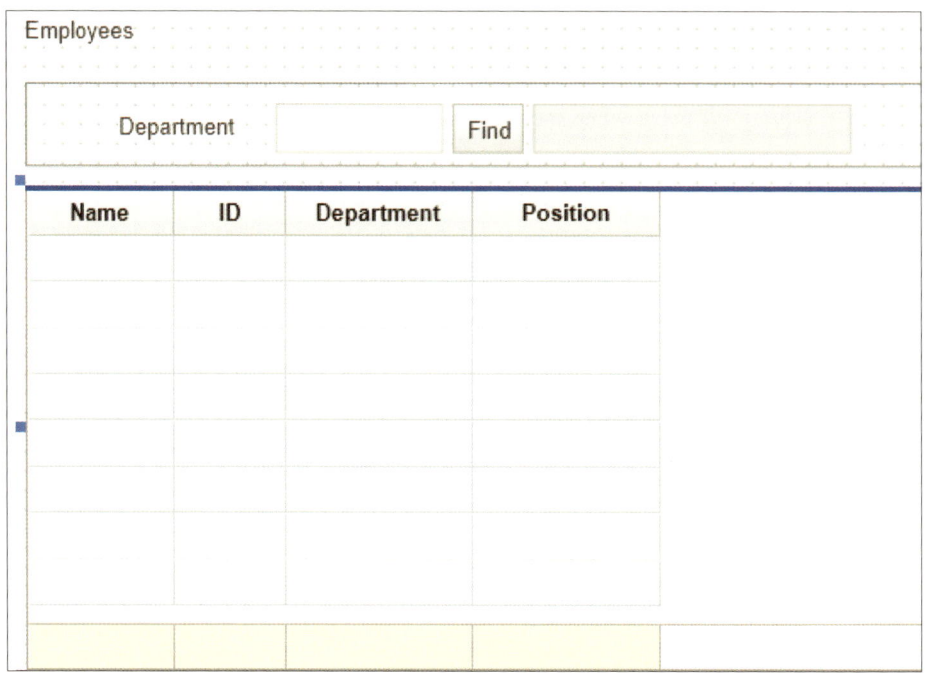

각각의 셀에 데이터가 나오도록 설정하기 위해서 Grid를 더블 클릭하여 편집 창을 오픈합니다.

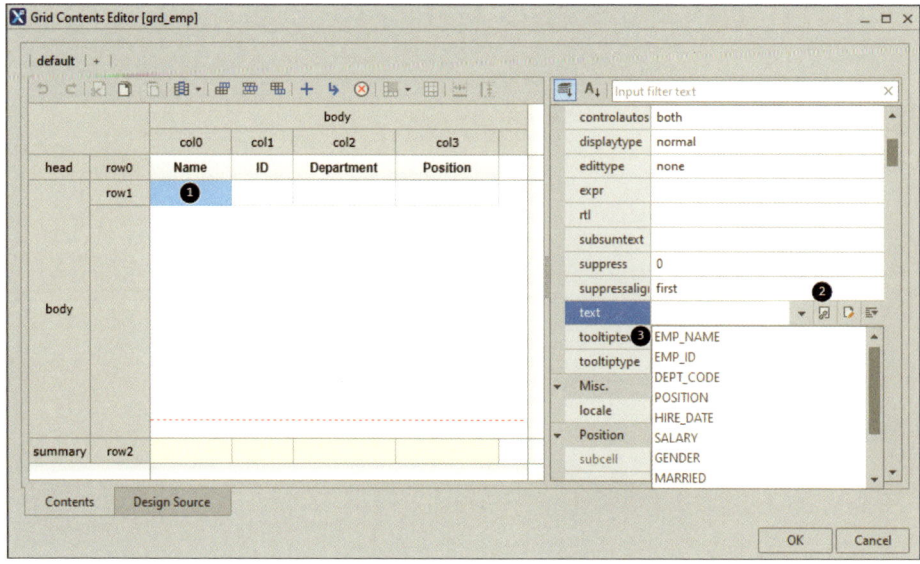

❶ 데이터가 표현되는 body 로우의 첫 번째 셀을 선택합니다.
❷ text 속성의 두 번째 버튼을 클릭하면 Grid의 binddataset 속성에 정의한 ds_emp의 칼럼 목록이 표현됩니다.
❸ 첫 번째 셀에는 성명 데이터가 표현되어야 합니다. 칼럼 목록에서 성명 데이터를 가지고 있는 'EMP_NAME' 칼럼을 선택합니다.

ID, Department, Position 항목도 동일하게 설정하면 아래와 같이 ds_emp의 데이터가 Grid 컴포넌트에 표현됩니다.

Name	ID	Department	Position
Melon	KR010	10	10
Jackson	US050	20	60
Jennie	KR240	40	50
Dennis	JP150	30	20
Andrew	US020	60	60
Jungkook	KR200	50	60
Adam	JP230	30	50
JiYoung	KR080	40	50

● **방식 2 - Grid 디자인 형태를 새로 생성하여 데이터 바인딩**

Project Explorer 창에서 현재 작업 중인 화면 Form_Emp를 찾아서 하위 내용을 확장합니다.
Objects 항목에서 화면의 Dataset 목록을 확인할 수 있습니다.

Dataset ds_emp를 선택하여 Grid에 드래그 앤 드롭합니다. 또는 화면 하단의 Invisible Object 창에 있는 ds_emp를 드래그 앤 드롭하여도 동일한 결과를 얻을 수 있습니다.

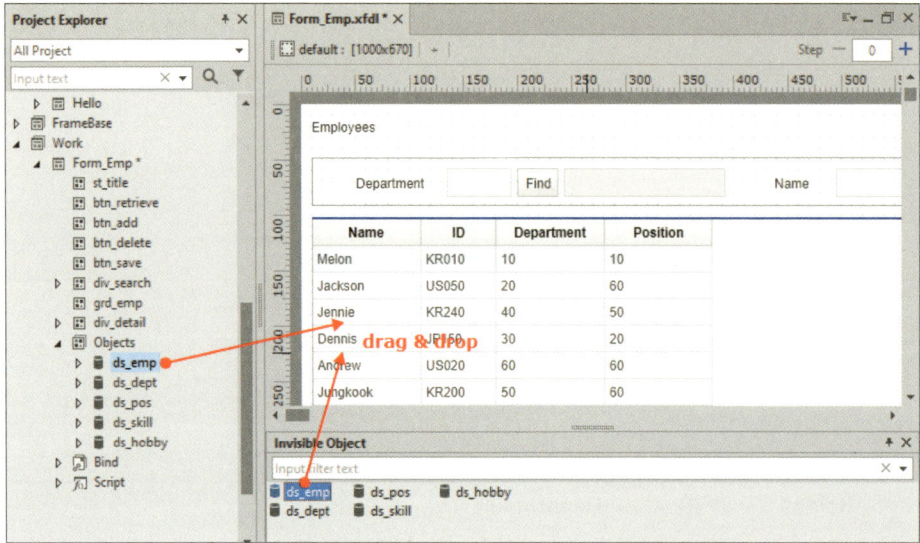

아래와 같은 확인 창에서 [Yes]를 선택하여, Dataset의 칼럼 기준으로 Grid 디자인을 다시 생성합니다.

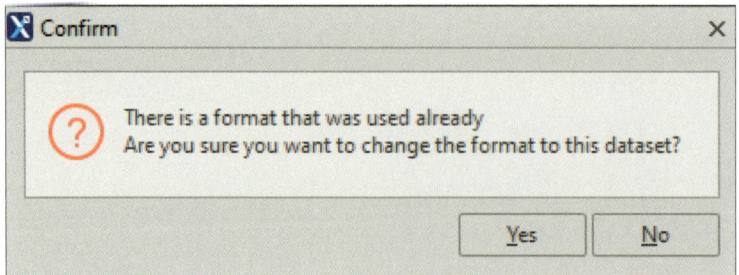

Grid의 head 영역에는 Dataset의 칼럼명을 기준으로 자동 생성됩니다.
Grid 편집기 창에서 head 영역 셀의 text 속성 값을 적절하게 변경합니다.

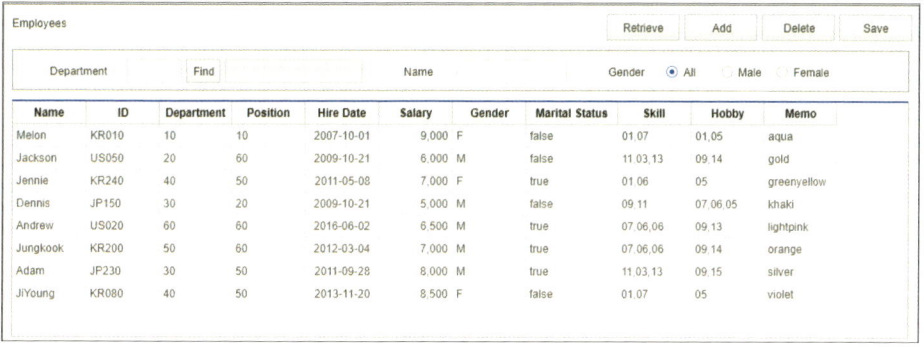

5.2.2 상세 영역 바인딩

화면 하단 상세 영역에 생성한 컴포넌트에 데이터를 표현합니다.

● 방식 1 - 바인딩 속성을 이용한 바인딩

성명을 표현할 Edit 컴포넌트에 성명 데이터를 바인딩합니다.

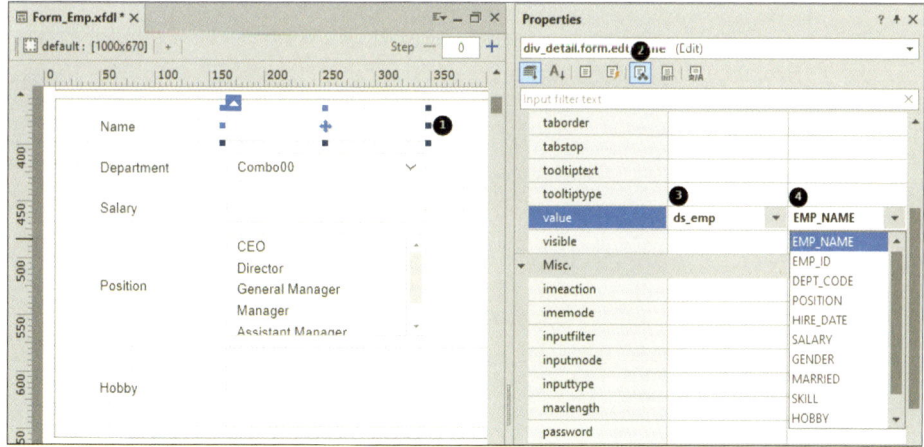

❶ 상세 영역의 Edit 컴포넌트를 선택합니다.
❷ Properties 창의 다섯 번째 Bindable 아이콘을 선택하여 바인딩 속성으로 변경합니다.

속성을 선택하면 값을 선택할 수 있는 항목이 두 개가 나옵니다.

첫 번째는 Dataset을 선택하는 항목이고 두 번째는 Dataset의 칼럼을 선택하는 항목입니다.

❸ value 속성 첫 번째 항목에 'ds_emp'을 선택합니다.

❹ 두 번째 항목에 사원 데이터를 가지고 있는 'EMP_NAME' 칼럼을 지정합니다.

● 방식 2 - 드래그 앤 드롭을 이용한 바인딩

사원번호를 표현할 MaskEdit 컴포넌트에 사원번호 데이터를 바인딩합니다.

사원번호 데이터 형식은 총 5자리로 앞 두 자리는 영문 대문자, 뒤 세 자리는 숫자 형식으로 구성된다고 가정하겠습니다.

Project Explorer 창에서 작업 중인 화면의 Objects 항목에서 ds_emp를 확장하면 Dataset의 칼럼 목록을 확인할 수 있습니다.

사원번호 데이터를 가지는 'EMP_ID' 칼럼을 선택하여 사원번호 데이터를 표현할 MaskEdit 컴포넌트에 드래그 앤 드롭하여 바인딩합니다.

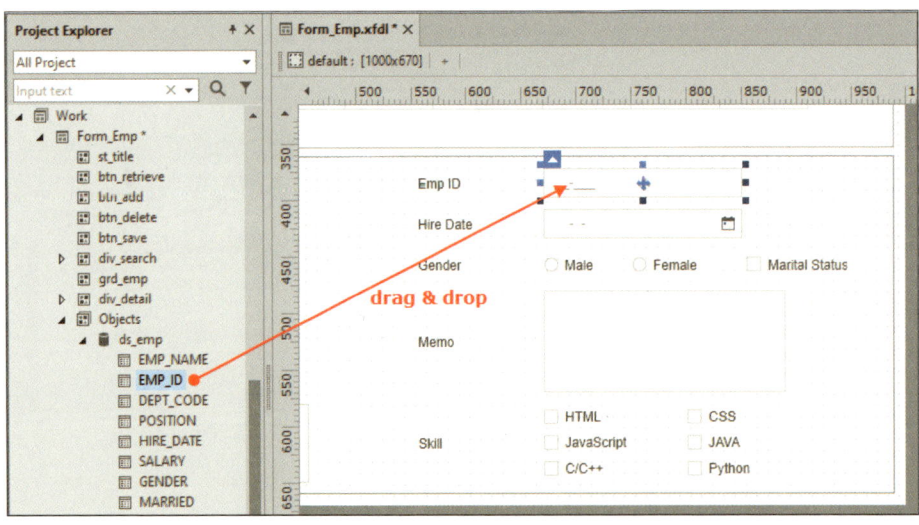

컴포넌트와 Dataset 칼럼과의 바인딩 정보 창이 오픈됩니다.

설정된 내용을 확인하고 [OK] 버튼을 클릭하여 적용합니다.

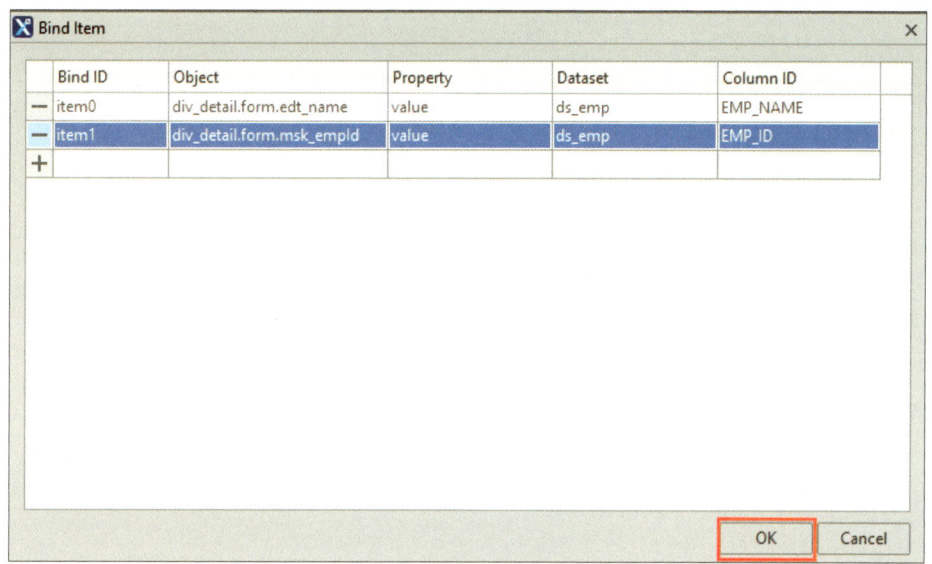

같은 방법으로 나머지 컴포넌트에도 바인딩합니다.

바인딩 설정이 완료되면 다음과 같은 출력 결과를 확인할 수 있습니다.

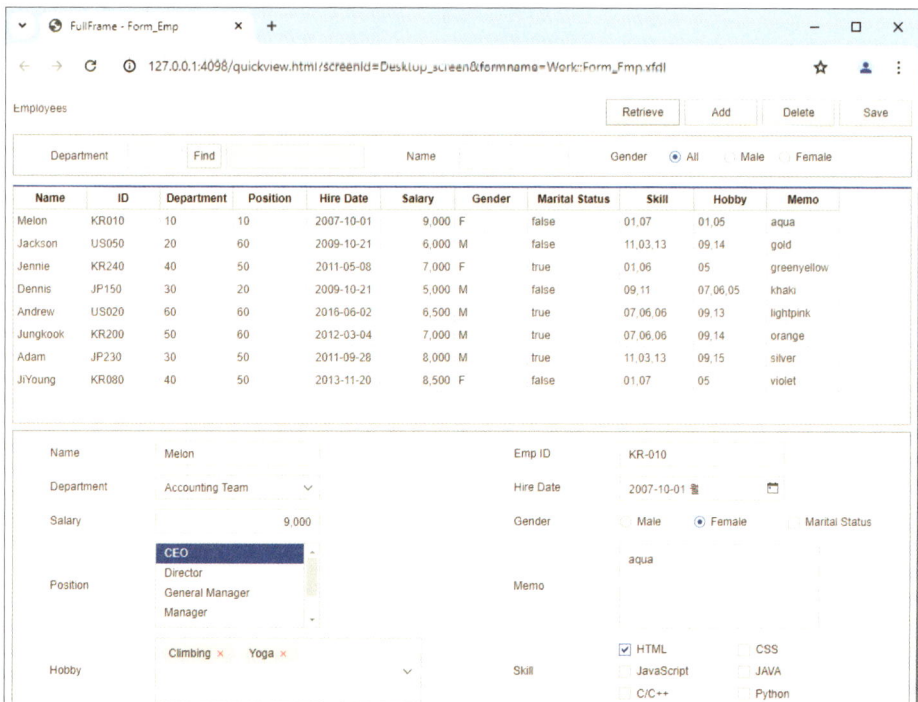

5.3 조회 조건 영역 처리

조회 조건 영역에 부서를 검색하는 팝업 창을 오픈하고 성별 구분값으로 데이터를 필터하여 조회할 수 있도록 처리합니다.

5.3.1 부서 검색 팝업 처리

● 부서 검색 화면 만들기

부서 검색창으로 사용할 화면을 생성합니다.

| [Menu] File 〉 New 〉 Form (.xfdl)

아래와 같이 설정하고 나머지 값은 그대로 유지하여 화면을 만듭니다.

단계	설정	설명	설정값
Form Wizard Step 1	Name	화면의 이름을 지정합니다.	Popup_Dept
	Location	화면 파일을 저장할 위치를 지정합니다.	Work
Form Wizard Step 2	Width	화면의 가로 크기를 지정합니다.	300
	Height	화면의 세로 크기를 지정합니다.	400

생성한 부서 검색 화면에 컴포넌트를 배치합니다.

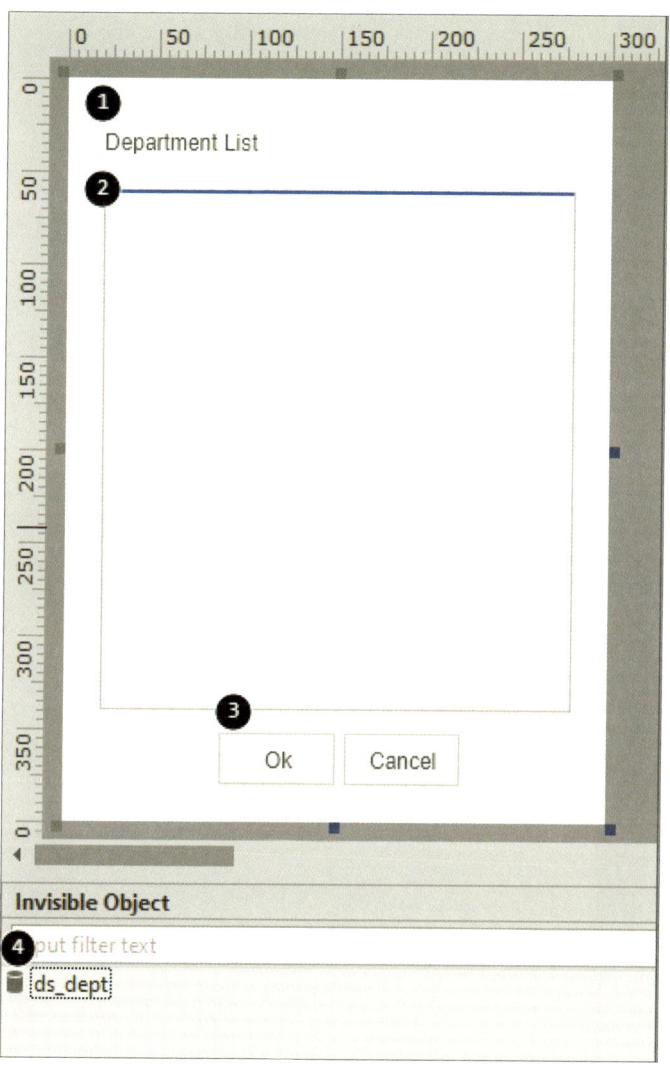

	컴포넌트	설명	속성그룹	속성	속성값
❶	Static	제목 영역	Action	text	Department List
❷	Grid	부서 데이터 목록 영역	Information	id	grd_dept
❸	Button	OK 버튼	Information	id	btn_ok
			Action	text	OK
		Cancel 버튼	Information	id	btn_cancel
			Action	text	Cancel
❹	Dataset	부서코드 데이터	Information	id	ds_dept

ds_dept 데이터 입력하기

본 문서의 화면 만들기 > Dataset 생성을 참고해서 설정합니다.

> Sample Data
> NexacroN_book\Sample\Sample Data\ds_dept.xml

Grid에 바인딩하기

Invisible Object 창에 생성한 ds_dept를 Grid 컴포넌트에 드래그 앤 드롭 방식으로 바인딩하여 데이터를 표현합니다.

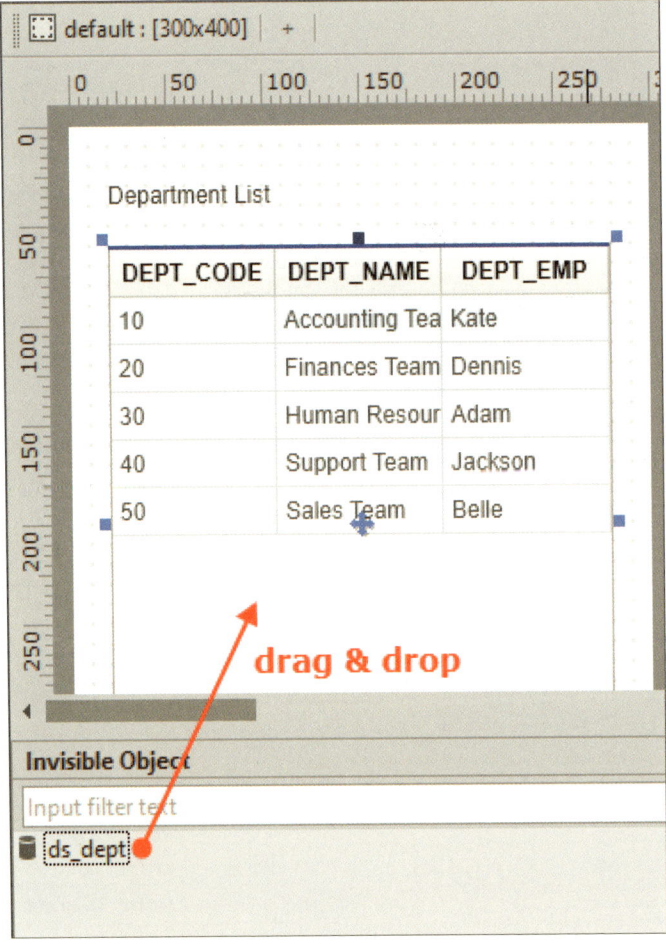

Grid head 영역에서 셀의 text 속성을 변경하여 최종적으로 아래와 같이 팝업 창을 구성합니다.

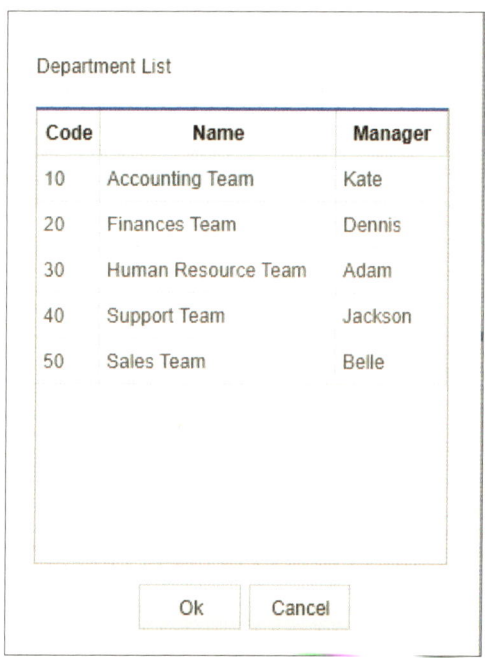

● **부서 검색 팝업 창 띄우기**

사원 관리 화면에서 부서 검색 팝업 창을 띄우는 스크립트를 작성합니다.
조회 조건 영역의 Find 버튼에 onclick 이벤트를 생성합니다.
이벤트에 호출할 함수명을 'fn_openPopupDept'로 지정합니다.

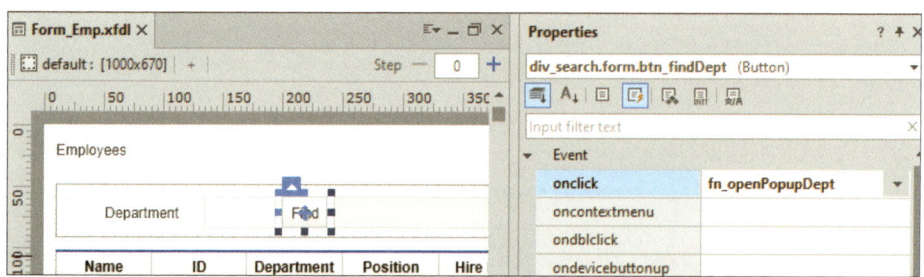

부서 검색 화면을 팝업으로 호출하는 스크립트를 작성합니다.

```
this.fn_openPopupDept = function(obj:nexacro.Button,e:nexacro.ClickEventInfo)
{
    var objChild = new ChildFrame("popupDept", 0, 0, 300, 400);
    objChild.formurl = "Work::Popup_Dept.xfdl";
    objChild.openalign = "center middle";
    objChild.dragmovetype = "all";

    objChild.showModal(this.getOwnerFrame()
                , {}
                , this
                , "fn_callback_popup");
};
```

ChildFrame 오브젝트를 동적 생성합니다. ChildFrame은 화면을 로딩하여 보여주는 오브젝트입니다.
팝업 창의 이름을 'popupDept'로 지정하여 생성합니다.

```
var objChild = new ChildFrame("popupDept", 0, 0, 300, 400);
```

ChildFrame의 formurl 속성에 팝업으로 표시할 화면의 경로를 지정합니다.
경로는 '::'을 구분자로 사용하며, 왼쪽에는 서비스 폴더, 오른쪽에는 호출할 파일명 형태로 지정합니다.

```
objChild.formurl = "Work::Popup_Dept.xfdl";
```

showModal 메서드로 팝업 창을 Modal 형식으로 띄웁니다.

```
objChild.showModal(this.getOwnerFrame()
            , {}
            , this
            , "fn_callback_popup");
```

> **노트**
>
> **showModal**
> 동적으로 생성한 ChildFrame을 Modal 형태로 표시하는 메서드입니다.
> Parameter1: 팝업 창의 부모 Frame
> Parameter2: 팝업 창으로 전달할 값, {변수명 1 : 변숫값 1, 변수명 2 : 변숫값 2} 형식
> Parameter3: 팝업 창 Opener 오브젝트
> Parameter4: 팝업 창에서 리턴값을 받을 콜백 함수

● 리턴값 보내기와 받기

부서 검색 팝업 창에서 리턴값을 보내고 사원 관리 화면에서 그 값을 받는 스크립트를 작성합니다.

부서 검색 화면의 Ok 버튼에 Grid에서 선택한 값을 보내 주는 스크립트를 작성합니다.

onclick 이벤트에 함수명을 'fn_ok'로 지정합니다.

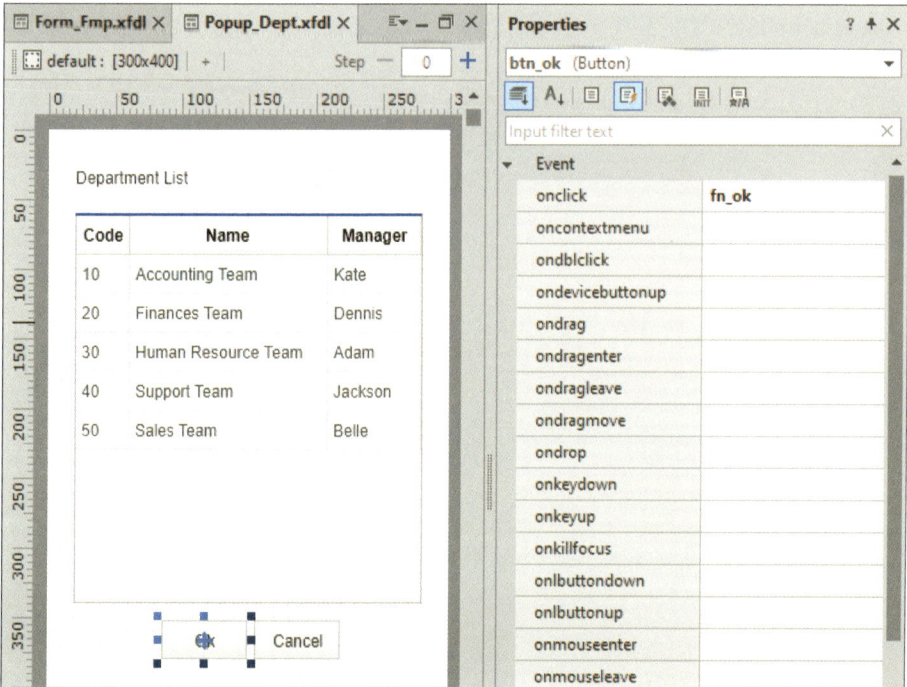

```
this.fn_ok = function(obj:nexacro.Button,e:nexacro.ClickEventInfo)
{
    var sDeptCode = this.ds_dept.getColumn(this.ds_dept.rowposition,
                                        "DEPT_CODE");
    var sDeptName = this.ds_dept.getColumn(this.ds_dept.rowposition,
                                        "DEPT_NAME");
    this.close(sDeptCode + ":" + sDeptName);
};
```

Dataset의 메서드와 속성을 이용하여 현재 선택된 로우의 부서 코드와 부서명을 변수에 할당합니다.

```
var sDeptCode = this.ds_dept.getColumn(this.ds_dept.rowposition,
                                    "DEPT_CODE");
var sDeptName = this.ds_dept.getColumn(this.ds_dept.rowposition,
                                    "DEPT_NAME");
```

getColumn은 지정한 로우의 칼럼값을 가져오는 Dataset 메서드입니다. rowposition은 현재 선택된 데이터의 로우 인덱스를 갖는 Dataset 속성입니다. 실행된 화면을 종료합니다.

```
this.close(sDeptCode + ":" + sDeptName);
```

종료될 때 파라미터로 자신을 호출한 부모 화면에 넘겨줄 값을 문자열로 설정할 수 있습니다.

두 개 이상의 값을 전달하기 위해서는 임의의 구분자를 사용하여 여러 개의 문자열을 하나로 붙여서 전달하는 방법을 사용합니다.

Cancel 버튼에는 함수명을 'fn_cancel'로 지정하여 화면을 종료하는 스크립트를 작성합니다.

```
this.fn_cancel = function(obj:nexacro.Button,e:nexacro.ClickEventInfo)
{
    this.close();
};
```

부서 검색 팝업 창에서 보내 주는 값을 사원관리 화면의 콜백 함수에서 받을 수 있습니다.
팝업 호출 시 지정한 콜백 함수명으로 함수를 생성합니다.

```
this.fn_callback_popup = function(sPopupId, sReturn)
{
    if(sReturn == undefined){
        sReturn = "";
    }
    if(sPopupId == "popupDept")
    {
        if(sReturn.length > 0){
            var arrRtn = sReturn.split(":");
            this.div_search.form.edt_deptCode.value = arrRtn[0];
            this.div_search.form.edt_deptName.value = arrRtn[1];
        }
    }
}
```

콜백 함수는 두 개의 인자를 갖습니다. 첫 번째는 팝업 창의 이름이고,
두 번째는 팝업 창에서 보내 주는 문자열값입니다.

```
this.fn_callback_popup = function(sPopupId, sReturn)
```

팝업 창에서 여러 개의 값을 보내 주기 위해 사용한 구분자 ':'으로 배열로 반환받습니다.
조회 조건 영역의 부서 코드, 부서명을 표현하는 컴포넌트에 값을 지정합니다.

```
var arrRtn = sReturn.split(":");
this.div_search.form.edt_deptCode.value = arrRtn[0];
this.div_search.form.edt_deptName.value = arrRtn[1];
```

결과를 확인합니다.

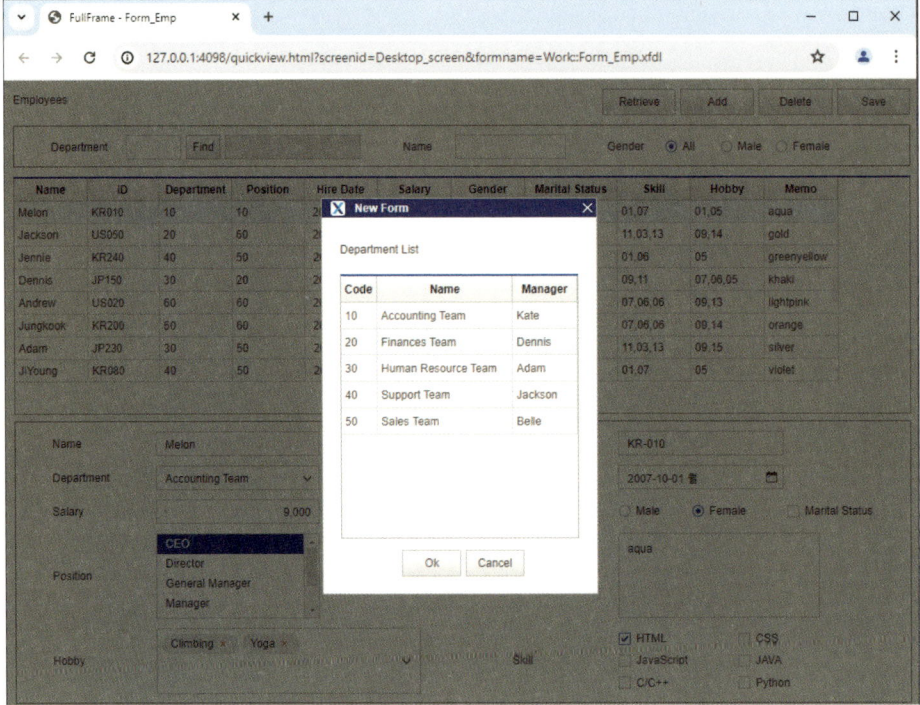

5.3.2 성별 조건 처리

성별을 표현하는 Radio 컴포넌트의 선택한 값이 변경될 때 사원 데이터를 필터링해 보여 줍니다.

Radio 컴포넌트의 onitemchanged 이벤트를 생성하여 스크립트를 작성합니다.

onitemchanged 이벤트는 Radio 컴포넌트의 아이템 선택이 변경된 후 발생하는 이벤트입니다. 더블 클릭하여 기본 생성되는 함수로 생성합니다.

```
this.div_search_rdo_gender_onitemchanged=
function(obj:nexacro.Radio,e:nexacro.ItemChangeEventInfo)
{
    if(e.postvalue == "A"){
        this.ds_emp.filter("");
    }
    else{
        this.ds_emp.filter("GENDER == '" + e.postvalue + "'");
    }
};
```

onitemchanged 이벤트 함수의 두 번째 인자 Event Object에서 변경된 아이템의 value 값을 비교합니다.

성별을 전체(All)를 선택한 경우 Dataset 필터를 초기화합니다. Radio 컴포넌트의 아이템을 구성 시 All의 코드값은 'A'로 지정하였습니다.

```
if(e.postvalue == "A"){
    this.ds_emp.filter("");
}
```

성별을 선택한 코드값으로 Dataset 성별 칼럼을 필터링해 보여 줍니다.

```
else{
    this.ds_emp.filter("GENDER == '" + e.postvalue + "'");
}
```

> 노트
>
> **Dataset.filter(strExpr)**
> Dataset의 데이터를 조건에 만족하는 로우만 보이게 필터링하는 메서드입니다.
> 필터링할 조건을 문자열로 설정합니다. 빈 문자열 설정 시 필터링 조건이 해제됩니다.

5.4 목록 영역 처리

5.4.1 데이터 표현과 편집 처리

Grid에 바인딩한 데이터 형식에 맞게 데이터를 표현하고, 편집을 할 수 있게 설정합니다.

Grid 셀의 displaytype과 edittype 속성에 적용합니다.

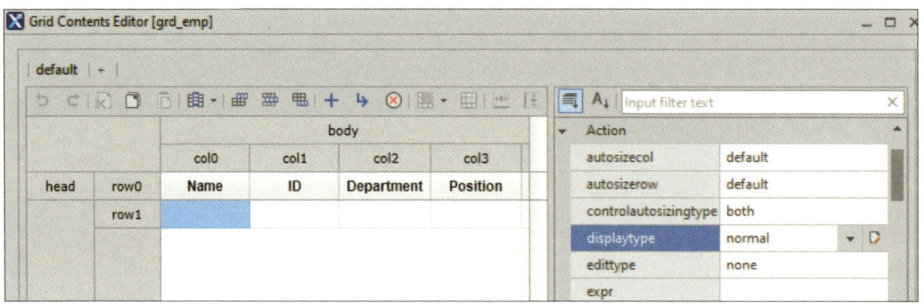

> **노트**
>
> **displaytype**
> 바인드 한 데이터가 Grid 셀에 표시되는 형식을 설정하는 속성입니다.
>
> **edittype**
> Grid 셀에 포커스를 받아 편집할 때의 형식을 설정하는 속성입니다.

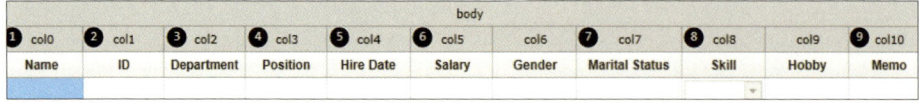

❶ Name(성명)

속성 그룹	속성	속성값	
Action	displaytype	normal	바인드된 데이터 형식에 맞게 자동으로 표시
	edittype	text	Edit 형태로 편집

❷ ID(사원번호)

속성 그룹	속성	속성값	
Action	displaytype	mask	maskeditformat 속성값에 맞게 텍스트로 표시
	edittype	mask	MaskEdit 형태로 편집
CellMaskEdit	maskeditformat	AA-###	입력받을 문자의 형식을 지정
	maskedittype	string	셀에 입력되는 값의 형식을 설정

❸ Department(부서)

속성 그룹	속성	속성값	
Action	displaytype	combotext	Combo 아이템의 값을 텍스트로 표시
	edittype	combo	Combo 형태로 편집
CellCombo	combodataset	ds_dept	셀의 아이템 리스트를 구성할 DataSet
	combocodecol	DEPT_CODE	셀의 아이템 리스트에서 사용할 코드 칼럼
	combodatacol	DEPT_NAME	셀의 아이템 리스트에서 사용할 코드명 칼럼

❹ Position(직급)

속성 그룹	속성	속성값	
Action	displaytype	combotext	Combo 아이템의 값을 Combo 형태로 표시
	edittype	combo	Combo 형태로 편집
CellCombo	combodataset	ds_pos	
	combocodecol	CODE	
	combodatacol	NAME	

❺ Hire Date(입사일)

속성 그룹	속성	속성값	
Action	displaytype	date	날짜 형식에 맞게 표시
	edittype	date	Calendar 형태로 편집

❻ Salary(급여, 연봉)

속성 그룹	속성	속성값	
Action	displaytype	number	숫자 형식으로 표시
	edittype	mask	MaskEdit 형태로 편집
CellMaskEdit	maskeditformat	#,###	

❼ Marital Status(결혼 여부)

속성 그룹	속성	속성값	
Action	displaytype	checkboxcontrol	CheckBox 컨트롤 형태로 표시
	edittype	checkbox	CheckBox 컨트롤 형태로 편집

❽ Skill(보유 기술)

속성 그룹	속성	속성값	
Action	displaytype	multicombocontrol	MultiCombo 형태로 표시
	edittype	multicombo	MultiCombo 형태로 편집
CellMultiCombo	multicombodataset	ds_skill	셀의 아이템 리스트를 구성할 Dataset
	multicombocodecol	CODE	셀의 아이템 리스트에서 사용할 코드 칼럼
	multicombodatacol	NAME	셀의 아이템 리스트에서 사용할 코드명 칼럼

❾ Memo(비고 사항)

속성 그룹	속성	속성값	
Action	displaytype	normal	바인드된 데이터 형식에 맞게 자동으로 표시
	edittype	textarea	TextArea 형태로 편집

5.4.2 Grid 편집 방법

● 칼럼, 로우 크기 변경

head 로우, body 로우를 선택하여 로우의 높이를 조절할 수 있습니다.

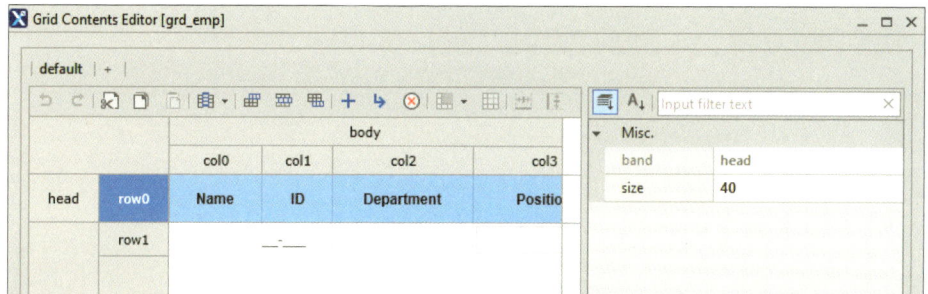

칼럼 인덱스를 선택하여 칼럼의 너비를 조절할 수 있습니다.

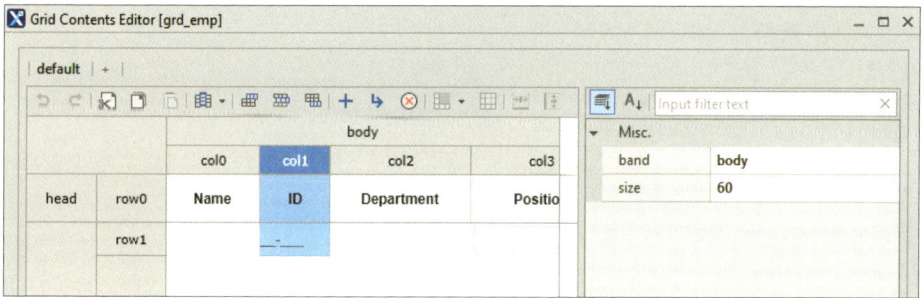

● 칼럼의 위치 변경

칼럼의 순서 변경은 잘라내기 & 붙여넣기 방식으로 변경할 수 있습니다.

Name 칼럼을 Department 칼럼 앞으로 변경하여 봅니다.

Name 칼럼 인덱스를 선택하고 마우스 우클릭 콘텍스트 메뉴 또는 단축키(Ctrl+X)를 이용하여 잘라내기 합니다.

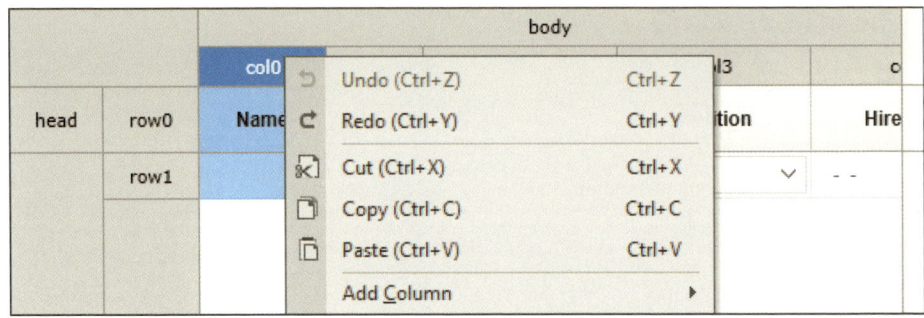

Department 칼럼 인덱스를 선택하고 마우스 우클릭 콘텍스트 메뉴 또는 단축키 (Ctrl+V)를 이용하여 붙여넣기 합니다.

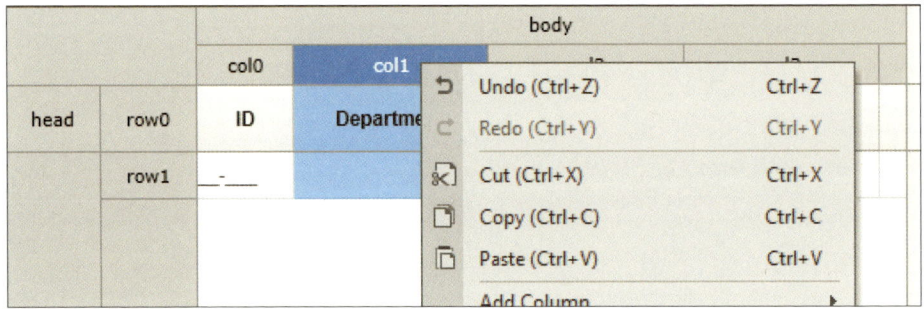

붙여넣기를 하면 아래와 같이 확인 창이 나타납니다.

Append를 선택하면 Grid 칼럼 맨 마지막에 추가됩니다. Insert를 선택하여 선택한 칼럼 앞쪽에 추가합니다.

● 셀 줄바꿈 하기

셀의 텍스트를 줄바꿈해 표현합니다.

text 속성의 맨 앞쪽 ▼ 드롭다운 버튼을 클릭하면 텍스트를 여러 라인으로 편집할 수 표시됩니다. [Ctrl+Enter]로 줄바꿈 처리를 하고 최종 [Enter] 키로 적용합니다.

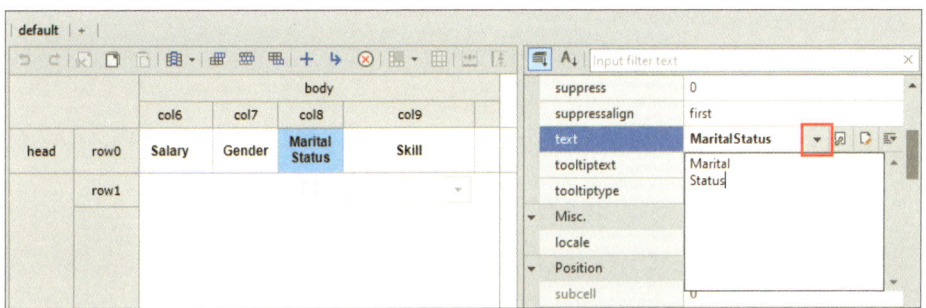

Grid 편집한 결과를 확인합니다.

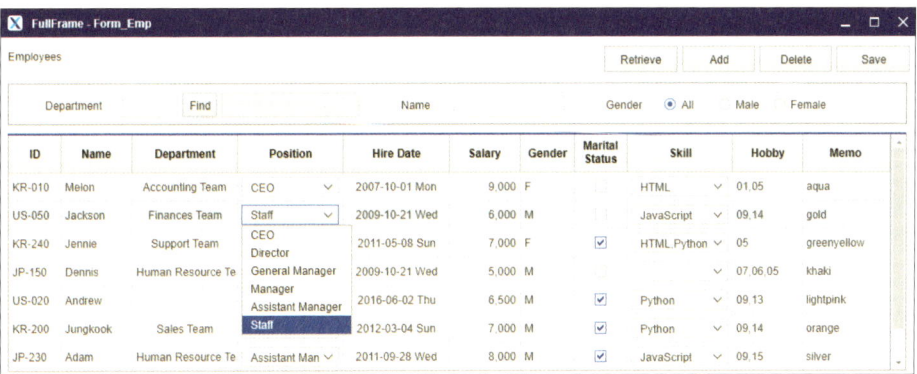

5.4.3 셀 표현식 Expression

Grid 셀에는 표현식(Expression)을 이용하여 기존의 값을 참조하거나, 동적으로 새로운 값 생성하여 표현할 수 있습니다.

대표적인 사용의 예는 Dataset Expression을 사용하는 것입니다.

Dataset Expression은 Grid와 바인딩되어 있는 Dataset의 로우별로 특정한

동작을 수행할 수 있게 합니다.

Expression 설정이 가능한 Grid 셀의 속성에 'expr:' 접두어를 사용하여 정의합니다.
Dataset Expression은 넥사크로 Form 스크립트 문법에 따라 작성합니다.
Form Context를 실행 기반으로 하므로 Form에서 사용 가능한 속성이나 함수를 모두 사용할 수 있습니다.

● **Dataset 예약어**

Dataset의 예약어를 사용할 수 있습니다. 여기서는 예약어 currow를 사용하여 Grid에 순번을 표현해 보겠습니다.

Grid 맨 앞에 칼럼을 하나 추가하고 head의 'text' 속성을 'No'로 지정합니다.
body 셀을 선택하고 text 속성의 세 번째 아이콘을 클릭하면 Expression을 적용할 수 있는 창이 오픈됩니다.
아래와 같이 적용하여 순번을 표현할 수 있습니다.

| currow + 1

currow는 Dataset에서 현재 Expression을 실행하고 있는 로우의 인덱스를 의미합니다. 인덱스 값은 0부터 시작합니다.

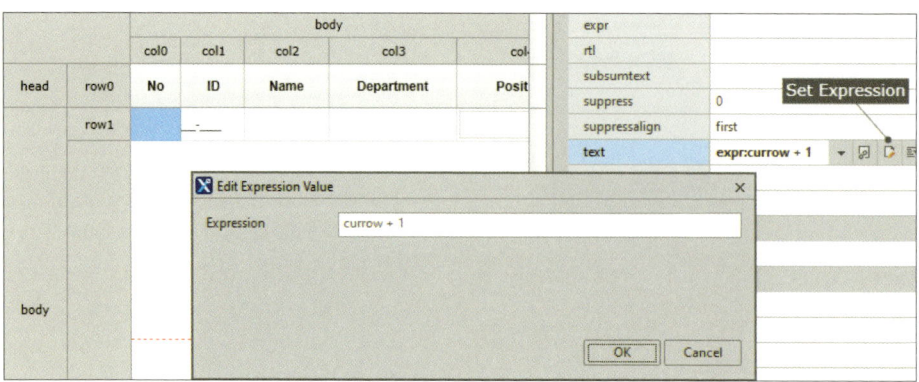

셀의 text 속성에 'expr:currow + 1' 형식으로 지정됩니다.

> 노트
>
> 셀의 expr 속성에도 Expression을 적용할 수 있습니다.
> expr 속성에 Expression을 적용할 때는 'expr:' 접두어를 붙이지 않으며 text 속성과 expr 속성에 둘 다 지정되었을 경우, expr 속성에 적용한 Expression이 우선적으로 표현됩니다.

● **삼항 연산자**

자바스크립트의 삼항 연산자를 이용하여 조건 처리를 할 수 있습니다.
성별을 표현하는 셀에 성별 코드를 조건 처리하여 코드명으로 출력합니다.

| GENDER == "M" ? "Male" : "Female"

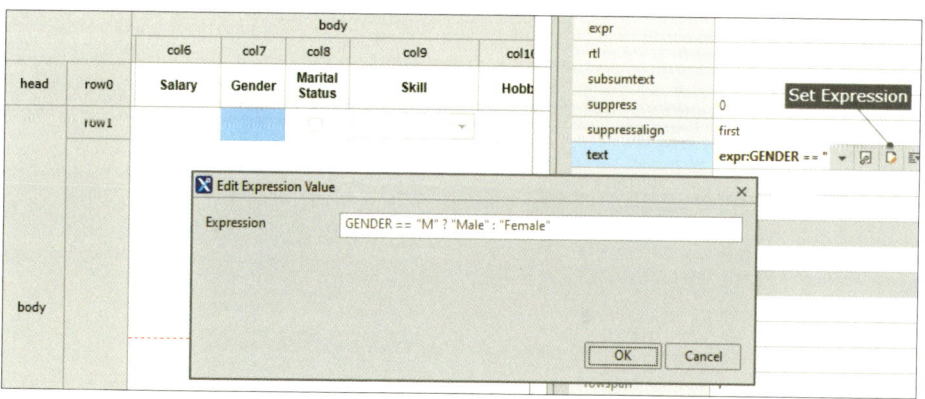

> 노트
>
> 삼항 연산자는 세 개의 피연산자를 입력받는 연산자로 ("조건" ? "true값" : "false값") 형식으로 사용합니다.

● **Dataset의 속성, 메서드**

Dataset의 속성과 메서드를 사용하여 결과를 표현할 수 있습니다.
Grid에 Summary 로우를 추가하여 데이터 로우 개수, 합계 등의 집계 데이터를 출력해 봅니다.
Grid 편집 창에서 마우스 우클릭 콘텍스트 메뉴의 Add Summary Row를 이용하여 Summary 로우를 추가합니다.

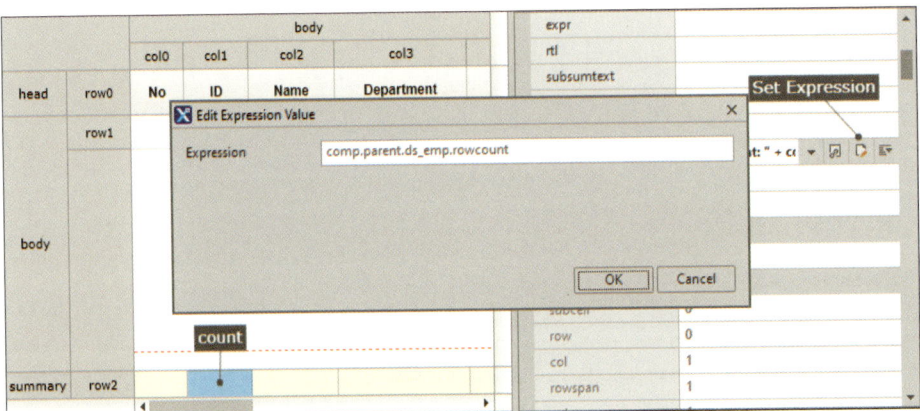

Dataset의 속성을 사용하여 데이터 개수를 표현합니다. rowcount는 데이터 개수를 갖는 속성입니다.

| comp.parent.ds_emp.rowcount

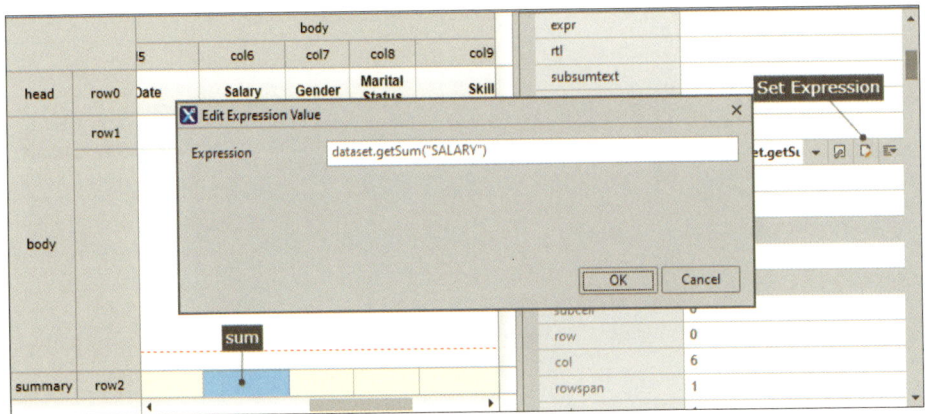

Dataset의 메서드를 호출하여 SALARY 칼럼의 합계를 표현합니다.
getSum은 Dataset 칼럼의 합계를 반환하는 메서드입니다.

```
dataset.getSum("SALARY")
```

Dataset의 속성과 메서드를 아래와 같이 두 가지 방식으로 사용하였습니다.
표현식의 의미를 확인해 봅니다.

```
comp.parent.ds_emp.rowcount
dataset.getSum("SALARY")
```

comp는 Expression을 적용하고 있는 컴포넌트를 의미합니다. 현재 Expression을 Grid에 적용하고 있으므로 comp는 Grid 컴포넌트를 의미합니다.
parent는 Expression을 적용하고 있는 컴포넌트의 부모를 의미합니다.
여기서는 Grid의 부모인 Form을 의미합니다.
표현식으로 작성한 comp.parent.ds_emp.rowcount는 Form 안에 있는 Dataset ds_emp의 rowcount 속성을 사용한다는 의미입니다.

Dataset은 Grid에 바인딩되어 있는 Dataset을 의미합니다. 즉 ds_emp를 의미합니다.
따라서 Dataset의 속성이나 메서드를 사용할 때 comp.parent.ds_emp로 접근하거나 dataset으로 접근하는 방식 모두 사용 가능합니다.

아래의 표현식은 동일한 결과를 반환합니다.

```
comp.parent.ds_emp.rowcount == dataset.rowcount
comp.parent.ds_emp.getSum("SALARY") ==
dataset.getSum("SALARY")
```

Expression을 적용한 결과 화면입니다.

No	ID	Name	Department	Position		Hire Date	Salary	Gender	Marital Status
1	KR-010	Melon	Accounting Team	CEO	∨	2007-10-01 월	9,000	Female	☐
2	US-050	Jackson	Finances Team	Staff	∨	2009-10-21 수	6,000	Male	☐
3	KR-240	Jennie	Support Team	Assistant Mar	∨	2011-05-08 일	7,000	Female	☑
4	JP-150	Dennis	Human Resource T	Director	∨	2009-10-21 수	5,000	Male	☐
5	US-020	Andrew		Staff	∨	2016-06-02 목	6,500	Male	☑
6	KR-200	Jungkook	Sales Team	Staff	∨	2012-03-04 일	7,000	Male	☑
	8						57,000		

● 자주 사용되는 Expression 구문

> Sample
> NexacroN_book\Sample\NexacroN_book\Comp\Comp_Grid_Expr.xfdl

Dataset의 구조가 아래와 같을 때 Grid 셀에 Expression을 사용하는 예시입니다.

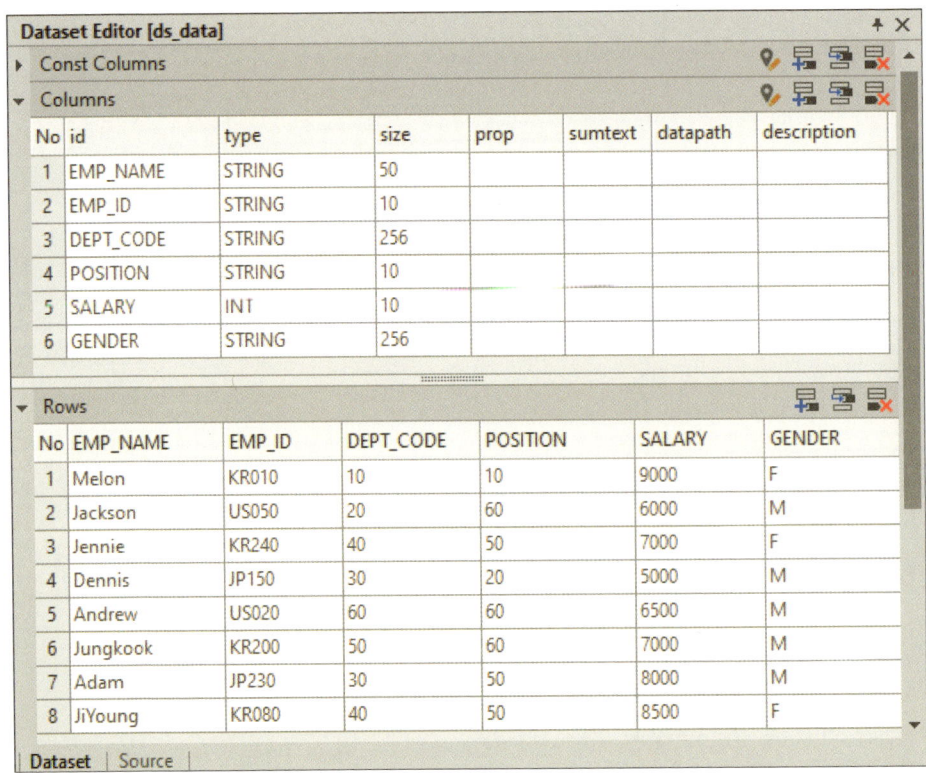

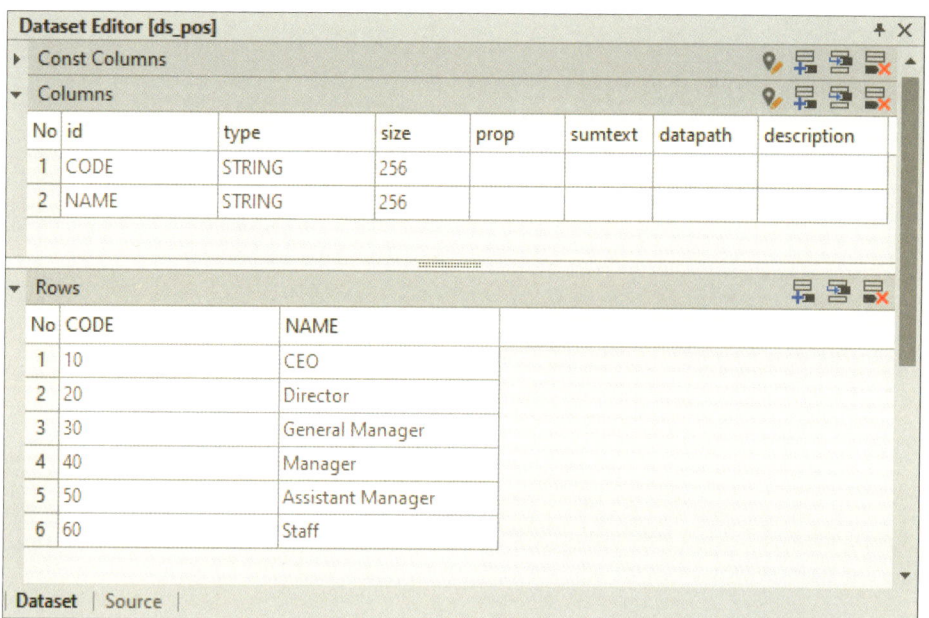

❶ Dataset Expression 예약어

Dataset Expression 예약어를 사용

expr:currow + 1

• **currow property**
Dataset에서 현재 Expression을 실행하고 있는 로우 인덱스

• **this property**
Expression을 보유하는 오브젝트. 셀에 Expression 지정 시 this는 셀 오브젝트를 의미함

❷❹ Dataset 칼럼 연산

Grid에 바인드되어 있는 Dataset 칼럼의 연산 처리

```
expr:EMP_ID + ' ' + EMP_NAME
expr:SALARY / 12
```

> 주의
> Dataset의 칼럼을 사칙연산을 통해 계산할 경우 해당 칼럼의 타입은 반드시 숫자형이어야 합니다.

❸❺ JavaScript API 사용

```
//JavaScript String Object Method
expr:EMP_NAME.substr(0,3).padEnd(EMP_NAME.length, '*')

//JavaScript Math Object Method
expr:Math.round(SALARY / 12)
```

❻ Nexacro API 사용

넥사크로에서 자바스크립트 기능을 확장하여 추가로 제공하는 메서드를 사용

```
//소수점 2자리에서 반올림하기 위해 Nexacro API 사용
expr:nexacro.round(SALARY / 12, 2)
```

❼ 조건 처리

자바스크립트 삼항 연산자를 이용하여 조건 처리

```
expr:GENDER == "M" ? "Male" : "Female"
```

❽ Form 변수 또는 함수 호출

Form에 생성한 변수 또는 함수를 호출하여 리턴값을 출력

```
// Form에 아래와 같이 스크립트 작성
// 1. Form 변수를 선언
this.fv_text = "Hello! ";
```

```
// 2. 직급코드를 인자로 받아 Dataset ds_pos에서 직급명을 찾아 반환하는
//    함수
this.fn_position = function(pCode)
{
    var sName = this.ds_pos.lookup("CODE", pCode, "NAME");
    return " [" + sName + "]";
}
```

```
expr:comp.parent.fv_text + EMP_NAME +
    comp.parent.fn_position(POSITION)
or
expr:dataset.parent.fv_text + EMP_NAME +
    dataset.parent.fn_position(POSITION)
```

주의

호출하는 함수의 수행시간이 길어지는 경우는 Grid 성능저하의 원인이 되므로 권장하지 않습니다. (서버와 통신, 반복문 등)

❾ Dataset의 속성, 메서드 사용

```
expr:comp.parent.ds_data.getAvg("SALARY / 12")
or
expr:dataset.getAvg("SALARY / 12")
```

5.5 서버 설정과 데이터 통신

넥사크로 클라이언트와 서버 단과 데이터를 주고받는 방법에 대해 알아봅니다.

본 장에서 서버는 톰캣 서버 9.0 버전을 기준으로 설명합니다.
톰캣 서버는 'C:\Tomcat 9.0' 경로에 포트는 '8090'으로 설정하였습니다.

> **노트**
> JDK, 톰캣 서버 설치 등의 일반적인 내용은 다루지 않습니다.

5.5.1 X-API 설치

X-API는 넥사크로 클라이언트와 서버 간에 데이터 처리를 위한 API입니다.
데이터 송신, 수신 기능과 단일 데이터와 이차원 형태의 데이터 구조를 정의합니다.
X-API는 자바 기반의 서버 모듈로 제공되며 JDK 1.4 이상 버전이 필요합니다.

● X-API 설치

'NexacroN_XAPI_JAVA_xxxxxx.zip' 형태로 제공되며 아래와 같이 구성되어 있습니다.

Name	Type	Size
docs	File folder	
lib	File folder	
Software_License_Agreement.txt	Text Document	17 KB

docs 폴더에서 Java Doc 형태의 도움말 문서를 확인할 수 있습니다.
lib 폴더에 X-API 모듈이 아래와 같이 제공되며 해당 모듈을 웹 애플리케이션 서버(WAS)의 라이브러리 또는 클래스 경로에 위치시킵니다.

> nexacro-xapi-java-x.x.x.jar
> commons-logging-x.x.x.jar
> json-simple-x.x.x.jar

다음으로 라이선스를 설정합니다. 라이선스는 아래와 같이 두 개의 xml 파일로 제공됩니다.

> NexacroN_server_license.xml
> NexacroN_client_license.xml

'NexacroN_server_license.xml' 파일을 X-API와 같이 디렉터리 또는 정의된 클래스 경로에 위치시킵니다.

본 장에서는 톰캣 서버의 lib 폴더에 X-API 모듈과 라이선스를 지정하였습니다.

Name	Type	Size
catalina-tribes.jar	Executable Jar File	333 KB
commons-logging-1.1.1.jar	Executable Jar File	60 KB
ecj-4.20.jar	Executable Jar File	3,061 KB
el-api.jar	Executable Jar File	88 KB
jasper.jar	Executable Jar File	563 KB
jasper-el.jar	Executable Jar File	170 KB
jaspic-api.jar	Executable Jar File	27 KB
json-simple-1.1.1.jar	Executable Jar File	24 KB
jsp-api.jar	Executable Jar File	73 KB
NexacroN_server_license.xml	XML File	1 KB
nexacro-xapi-java-1.0.1.jar	Executable Jar File	470 KB
servlet-api.jar	Executable Jar File	279 KB

● 설치 확인

X-API가 정상적으로 설치되었는지는 간단하게 서버 페이지 JSP 파일을 작성하여 확인할 수 있습니다.

먼저 서버 페이지를 위치시킬 폴더를 아래와 같이 구성하겠습니다. 데이터를 주고받기 위해 작성하는 서버 페이지를 해당 폴더에서 관리하겠습니다.

| C:\Tomcat 9.0\webapps\myapp\service

아래와 같이 JSP 파일을 작성하여 위에서 생성한 폴더에 "nexacroTest.jsp" 이름으로 생성합니다.

| Source
| NexacroN_book\Sample\JSP\nexacroTest.jsp

```
<%@ page contentType="text/html; charset=UTF-8" %>
<html>
    <head>
        <title>JarInfo</title>
        <style>
        * { font-family: Verdana }
        </style>
    </head>
    <body>
        <pre>
        <%
        new com.nexacro.java.xapi.util.JarInfo().info(out);
        %>
        </pre>
    </body>
</html>
```

톰캣 서버를 시작하고 웹 브라우저에서 서버 페이지 JSP를 호출합니다.
정상적으로 설치하였다면 아래와 같이 X-API 정보와 라이선스 정보가 출력됩니다.

| http://localhost:8090/myapp/service/nexacroTest.jsp

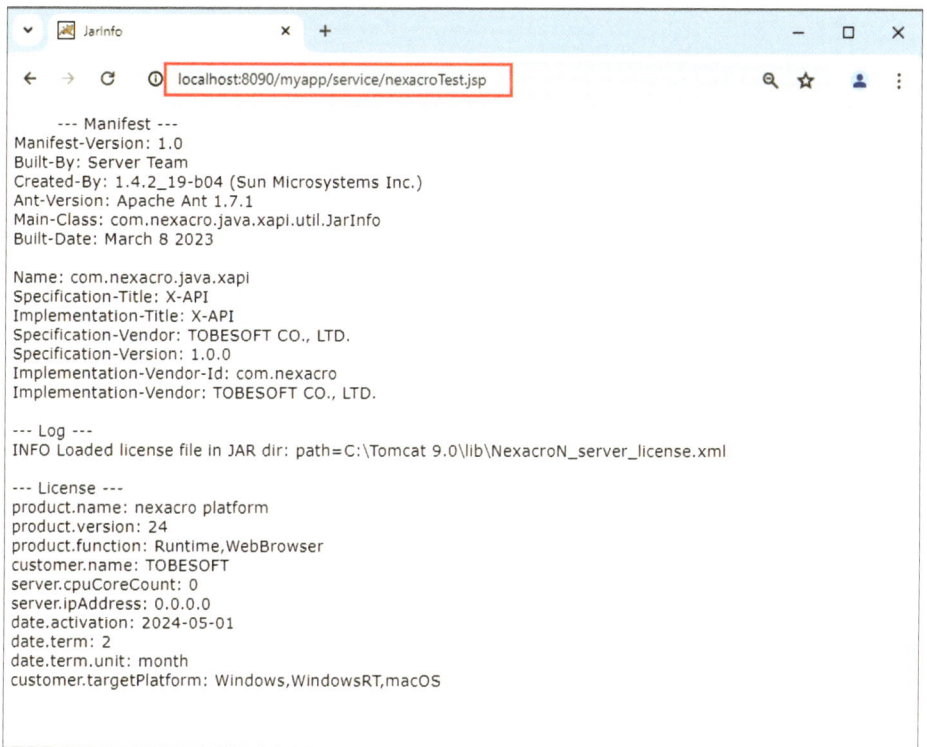

5.5.2 넥사크로 환경 설정

• 서비스 경로 지정

넥사크로 화면에서 서버 페이지를 호출하기 위한 서버의 경로를 지정합니다.

Project Explorer 창에서 TypeDefinition의 Services 항목을 더블 클릭하여 Services 편집 창을 오픈합니다.

➕ 버튼을 이용하여 'JSP' 타입을 선택하고 아래와 같이 서버 페이지가 위치하는 경로를 지정합니다.

Form에서 서버 페이지를 호출할 때 PrefixID 항목에 설정한 'SvcUrl'값으로 사용합니다.

> PrefixID: SvcUrl
> URL: http://localhost:8090/myapp/service

User Service					
	PrefixID	Type	URL	CacheLevel	Version
☰ —	Base	form	./Base/	session	0
☰ —	FrameBase	form	./FrameBase/	session	0
☰ —	Work	form	./Work/	session	0
☰ —	SvcUrl	JSP	http://localhost:8090/myapp/service	session	0
+					

> 팁
>
> 로컬 서버 설정 없이 아래의 경로를 지정하면 데이터 통신 결과를 확인할 수 있습니다.
> 단 넥사크로 런타임 실행 환경에서만 가능합니다.
> https://edu.tobesoft.com/edu/nexacroN24

● 화면 실행 경로 설정

Form을 실행할 때 넥사크로에 내장된 웹서버가 아닌 톰캣 서버를 이용하여 실행되도록 설정합니다.

| [Menu] 〉 Tools 〉 Options

넥사크로 스튜디오 옵션 창에서 Generate Path를 톰캣 서버 경로로 지정합니다.

| C:\Tomcat 9.0\webapps\myapp\sampleProject

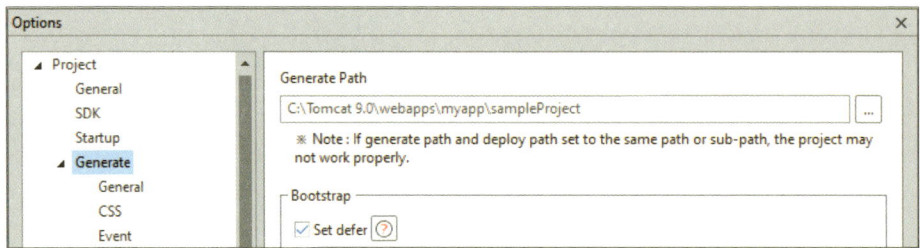

아래와 같은 확인 창에서 [Yes] 버튼을 클릭하면 프로젝트가 reload됩니다.

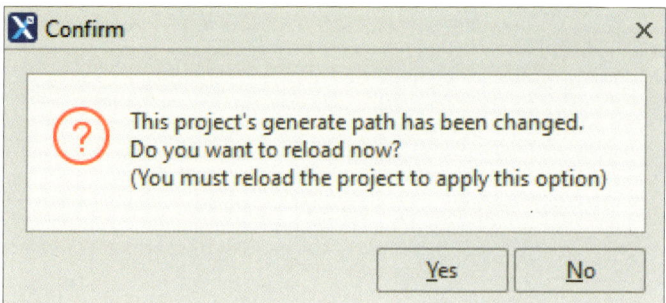

변경한 Generate Path의 톰캣 서버에 작업한 파일을 다시 Generate합니다.

| [Menu] > Generate > Application

Generate Path로 지정한 톰캣 서버에 넥사크로 프로젝트가 Generate됩니다.

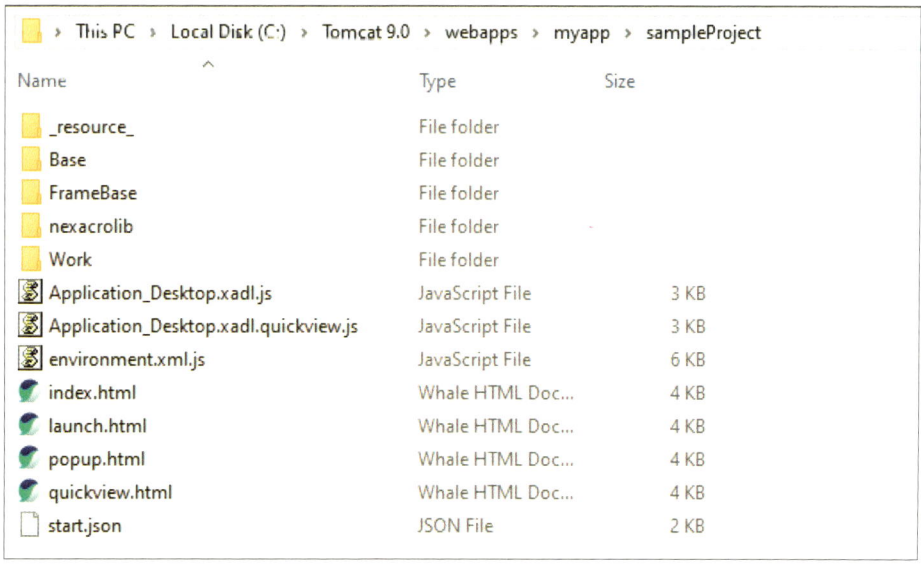

Form을 QuickView로 실행할 때, 실행 유형에서 세 번째 옵션인 'Web Server'를 선택하고 톰캣 서버 경로를 입력합니다.

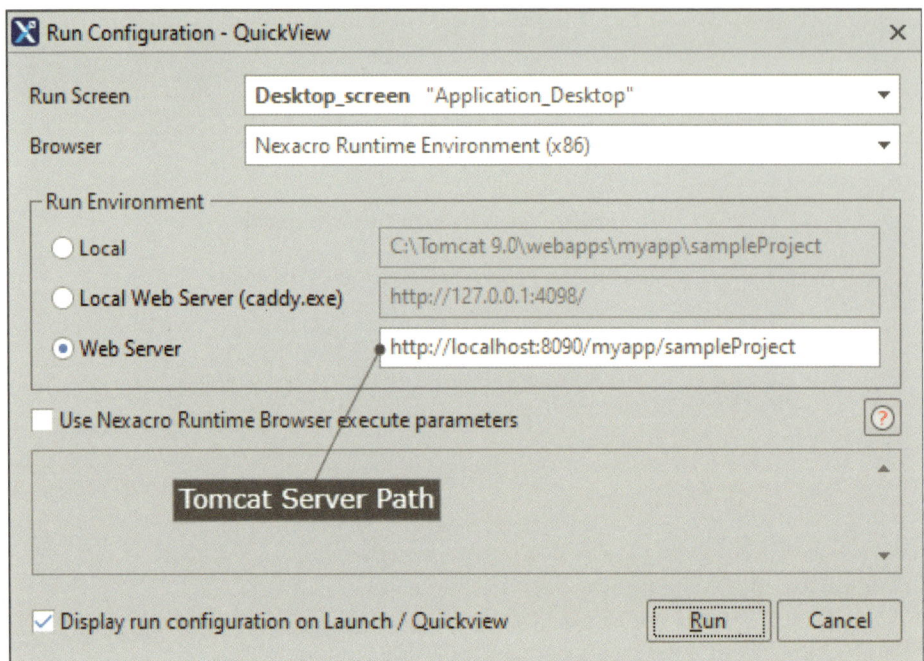

5.5.3 데이터베이스 테이블 생성

● 테이블 생성

데이터베이스에 사원 데이터와 코드 데이터를 입출력할 테이블을 생성합니다.

본 문서에서는 MariaDB를 이용하였으며, 데이터베이스명은 nexacro db로 생성하였습니다.

다른 데이터베이스를 사용하는 경우 아래의 샘플 파일 또는 테이블 스키마를 참고하여 테이블을 생성합니다.

> Sample
> NexacroN_book\Sample\Setting\SQL\Create Table.sql

사원 테이블 TBL_EMPLOYEES
사원 정보를 관리하는 테이블입니다.

```
CREATE TABLE TBL_EMPLOYEES(
    EMP_ID      VARCHAR(5) NOT NULL,    /* 사원번호 */
    EMP_NAME    VARCHAR(50),            /* 성명 */
    DEPT_CODE   VARCHAR(5),             /* 부서코드 */
    POSITION    VARCHAR(5),             /* 직급코드 */
    HIRE_DATE   VARCHAR(10),            /* 입사일자 */
    SALARY      INT,                    /* 급여(연봉) */
    GENDER      VARCHAR(1),             /* 성별 */
    MARRIED     VARCHAR(10),            /* 결혼여부 */
    SKILL       VARCHAR(50),            /* 보유기술 */
    HOBBY       VARCHAR(50),            /* 취미 */
    MEMO        TEXT);                  /* 비고사항 */
```

부서 테이블 TBL_DEPARTMENT
부서 정보를 관리하는 테이블입니다.

```
CREATE TABLE TBL_DEPARTMENT(
    DEPT_CODE VARCHAR(5) NOT NULL,      /* 부서코드 */
    DEPT_NAME VARCHAR(50),              /* 부서명 */
    DEPT_EMP  VARCHAR(50));             /* 부서장 */
```

코드 테이블 TBL_COMMON_CODE
코드 데이터를 관리하는 테이블입니다.

```
CREATE TABLE TBL_COMMON_CODE(
    MST_CODE VARCHAR(10) NOT NULL,      /* 마스터 코드 */
    MST_NAME VARCHAR(50),               /* 마스터 코드명 */
    DET_CODE VARCHAR(10),               /* 디테일 코드 */
    DET_NAME VARCHAR(50),               /* 디테일 코드명 */
    USE_FLAG VARCHAR(2));               /* 사용여부 */
```

샘플 데이터 생성

아래의 SQL 파일을 참고하여 샘플 데이터를 생성합니다.

> Sample
> NexacroN_book\Sample\Setting\SQL\Insert Sample Data.sql

EMP_ID	EMP_NAME	DEPT_CODE	POSITION	HIRE_DATE	SALARY	GENDER	MARRIED	SKILL	HOBBY	MEMO
KR010	Melon	10	10	20071001	9000	F	false	01,07	01,05	olive
US050	Jackson	20	60	20091021	6000	M	false	11,03,13	09,14	lightpink
KR240	Jennie	40	50	20110508	7000	F	true	02,06	05,06	yellowgreen
JP150	Dennis	30	20	20091021	5000	M	false	04,11	07,06,05	gold
US020	Andrew	60	60	20160602	6500	M	true	07,06	09,13	skyblue
KR200	Jungkook	50	60	20120304	7000	M	true	01,04	09,14	violet
JP230	Adam	30	50	20110928	8000	M	true	11,03,13	09,15	lightpink
KR080	JiYoung	40	50	20131120	8500	F	false	01,07	02,03,05	olive
KR140	Kate	30	60	20101109	7300	F	true	01,05	04,08	lightpink
US020	Max	40	30	20160602	3500	M	true	09,12	07,06,04	lime

DEPT_CODE	DEPT_NAME	DEPT_EMP
10	Accounting Team	Kate
20	Finances Team	Dennis
30	Human Resource Team	Adam
40	Support Team	Jackson
50	Sales Team	Belle
60	Consulting Team	Steven
70	Design Team	Kein
80	Mobile Team	Maria
90	Education Team	Donald

MST_CODE	MST_NAME	DET_CODE	DET_NAME	USE_FLAG
POSITION	Position Grade	10	CEO	1
POSITION	Position Grade	20	Director	1
POSITION	Position Grade	30	General Manager	1
POSITION	Position Grade	40	Manager	1
POSITION	Position Grade	50	Assistant Manager	1
POSITION	Position Grade	60	Staff	1
HOBBY	Hobby Code	01	Climbing	1
HOBBY	Hobby Code	02	Running	1
HOBBY	Hobby Code	03	Cycling	1
HOBBY	Hobby Code	04	Swimming	1
HOBBY	Hobby Code	05	Yoga	1

> **팁**
> 데이터베이스를 사용하기 힘든 환경인 경우 SQLITE 데이터베이스를 이용하여 실습할 수 있습니다.
> 아래의 SQLITE 데이터베이스에 테이블과 샘플 데이터가 생성되어 있습니다.
> NexacroN_book\Sample\Setting\DataBase\nexacro_db.sqlite

> **팁**
> SQLITE 데이터베이스의 구조를 확인하기 위해서는 DB Browser(SQLITE), DBeaver 등 별도의 관리 도구를 이용해야 합니다.

● JDBC 설정

서버 페이지 JSP에서 데이터베이스를 접속하기 위해 JDBC 모듈을 톰캣 서버의 lib 폴더에 위치시킵니다.

아래의 파일을 참조하거나 관련 홈페이지에서 다운로드하여 사용하시기 바랍니다.

> NexacroN_book\Sample\Setting\JDBC\mariadb-java-client-2.7.12.jar
> NexacroN_book\Sample\Setting\JDBC\sqlite-jdbc-3.42.0.0.jar

5.5.4 데이터 통신 방법

넥사크로에서는 화면(Form)의 데이터를 서버로 전송하고 서버에서 보내 주는 데이터를 받을 수 있습니다.
이를 위해서 화면(Form)의 transaction 메서드를 사용합니다.

서버 측에서는 넥사크로에서 전달된 데이터를 받아 데이터베이스에 처리하고, 데이터 결과를 다시 넥사크로에 전달할 수 있습니다.
이를 위해서는 서버 측에 서버 페이지가 필요하며, JSP, Servlet, ASP, PHP 등 서버 환경에 따라 다양한 프로그래밍 언어로 작성할 수 있습니다.

본 문서에서는 JSP를 이용하여 서버 페이지를 작성하는 방법을 다룹니다.

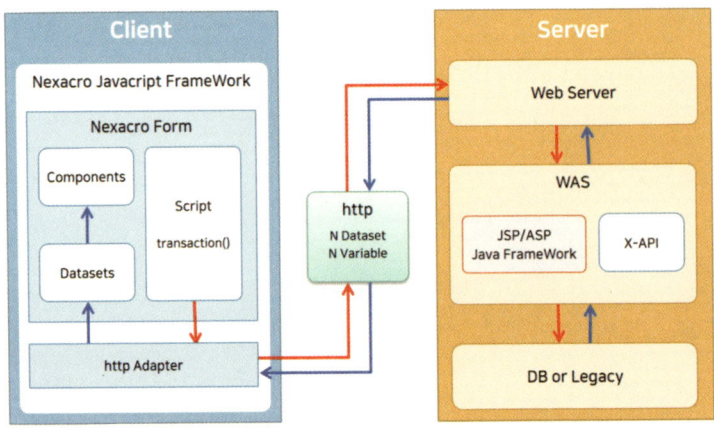

• transaction

넥사크로에서 데이터 처리를 위해 서버 페이지를 호출하는 메서드입니다.
여섯 개의 필수 인자와 세 개의 선택 인자, 총 아홉 개의 인자로 구성되어 있습니다.

> Syntax
> Form.transaction(strSvcID, strURL, strInDatasets, strOutDatasets,
> strArgument, strCallbackFunc [,bAsync [,nDataType [,bCompress]]])

- **strSvcID** - String
트랜잭션을 구분하기 위한 아이디를 중복되지 않게 문자열로 설정합니다.

- **strURL** - String
서버 페이지를 호출할 경로를 지정합니다.
TypeDefinition의 Service 영역에 정의한 PrefixID를 이용하여 설정합니다.

- **strInDatasets** - String
서버 측으로 전송할 Dataset을 지정합니다.
"서버로 전송할 아이디=화면의 Dataset 아이디" 형식의 문자열로 설정합니다.
빈칸으로 구분하여 여러 개의 Dataset을 서버로 전송할 수 있습니다.
ex) "input1=Dataset00 input2=Dataset01"

노트

서버 측으로 Dataset을 전송할 때 '화면의 Dataset 아이디' 뒤에 :U, :A, :N 형식으로 옵션을 지정할 수 있습니다.

:U - 입력, 수정, 삭제한 데이터를 전송합니다.
:A - 모든 데이터를 전송합니다.
:N - 삭제한 데이터를 제외한 데이터를 Normal 상태로 전송합니다.
지정하지 않으면 Normal로 동작합니다.
ex) "input1=Dataset00:U input2=Dataset01:A"

- **strOutDatasets** - String

서버 측에서 보내는 데이터를 받을 DataSet을 지정합니다.
"화면의 Dataset 아이디=서버에서 전송하는 아이디" 형식의 문자열로 설정합니다.
빈칸으로 구분하여 여러 개의 Dataset을 서버에서 전송받을 수 있습니다.
ex) "Dataset00=output0 Dataset01=output1"

- **strArgument** - String

서버 측으로 전송할 단일 데이터(변수)를 지정합니다.
"변수명=변숫값" 형식의 문자열로 설정합니다.
빈칸으로 구분하여 여러 개의 단일 데이터(변수)를 전송할 수 있습니다.
ex) "arg1=Nexacro arg2=TOBESOFT"

주의

서버로 여러 개의 변수를 전달할 때 구분자가 빈칸입니다. 전달할 변숫값에 빈칸이 있다면 문자열 양쪽 끝에 따옴표를 붙이거나 nexacro.wrapQuote() 메서드를 사용하여 전송해야 합니다.
ex) "arg1='Hello World' arg2=" + nexacro.wrapQuote('Nexacro N V24')

- **strCallbackFunc** - String

트랜잭션의 처리 결과를 받을 콜백 함수를 문자열로 지정합니다.
콜백 함수에는 세 개의 인자가 존재해야 하며 다음과 같은 형식으로 작성합니다.
this.fn_callback = function(strSvcID, nErrorCode, strErrorMag) { }

> 노트
>
> this.fn_callback = function(strSvcID, nErrorCode, strErrorMsg) { }
> 콜백 함수의 첫 번째 인자인 strSvcID는 트랜잭션 호출 시 지정한 첫 번째 인자 '트랜잭션
> 아이디'와 동일합니다. 이 값은 화면 측에서 트랜잭션을 구분하기 위해 사용됩니다.
> nErrorCode는 서버 페이지에서 전달해 주는 에러 코드값입니다. 서버에서 에러 코드를
> 음수값으로 전달하면 트랜잭션은 실패로 처리되고, 0 이상이면 성공으로 처리됩니다.
> 화면 측에서는 이 값을 확인하여 트랜잭션의 성공 여부를 판단할 수 있습니다.

- **bAsync** [option] - Boolean
트랜잭션을 이용하여 서버 페이지를 호출할 때의 통신 방식을 설정합니다.
true로 설정하면 비동기 통신을 하고, false로 설정하면 동기 통신으로 처리합니다.
값을 설정하지 않으면 기본값으로 true가 적용됩니다.

- **nDataType** [option] - Number
서버로 전송할 데이터의 형식을 설정합니다.
0 XML 형식, 1 Binary 형식, 2 SSV 형식, 3 JSON 형식으로 전송합니다.
값을 설정하지 않으면 기본값으로 0 XML 형식으로 전송됩니다.

- **bCompress** [option] - Boolean
서버로 데이터를 전송할 때 압축을 할지 여부를 설정합니다.
true로 설정하면 데이터를 압축하여 전송합니다.
값을 설정하지 않으면 기본값으로 false가 적용됩니다.

> 노트
>
> **비동기(Async) 통신 방식**
> 비동기(Async) 통신 방식은 서버와 클라이언트가 서로 독립적으로 작업을 수행하는 방식입니다.
> 서버에서 응답이 오기 전에 클라이언트는 다른 작업을 수행할 수 있습니다.
> 트랜잭션으로 서버 페이지를 호출 후 서버의 응답 여부와 관계없이 다른 서버 페이지를
> 호출할 수 있습니다.
> 여러 개의 서버 페이지를 동시에 호출할 수 있어 효율적이며, 각각의 통신 결과는 콜백
> 함수에서 '트랜잭션 아이디'로 구분하여 사용합니다.

동기(Sync) 통신 방식

동기(Sync) 통신 방식은 서버와 클라이언트가 동시에 작업을 수행하는 방식으로, 서버에서 응답이 올 때까지 클라이언트는 대기해야 합니다.
여러 개의 서버 페이지를 호출할 때 하나의 통신이 완료된 시점에 다음 통신을 수행하기 때문에, 효율적이지 않습니다.
네트워크 지연이나 서버 부하 등으로 응답이 지연될 경우, 전체적인 처리 속도가 느려지는 문제가 발생될 수 있습니다.
따라서, 특수한 경우가 아니면 동기 통신 방식보다는 비동기 통신 방식을 권장합니다.

주의

Form의 onload 이벤트에서 트랜잭션으로 서버 페이지를 호출할 경우 항상 비동기(Async) 통신 방식을 사용합니다.
Form이 로드되는 시점에 동기(Sync) 방식으로 서버 페이지를 호출하면, 통신이 완료될 때까지 Form 드로잉이 정상적으로 이루어지지 않을 수 있습니다.

● X-API 데이터 구조

클라이언트와 서버 간의 송수신하는 데이터는 단일 데이터와 테이블 형식의 2차원 데이터가 있습니다.
이러한 데이터를 송수신 또는 조작하기 위한 X-API의 데이터 구조를 알아봅니다.

- **PlatformData**
PlatformData는 X-API 데이터 구조의 최상위에 위치하고 있으며, 데이터 송수신의 기본 단위로 사용됩니다.
PlatformData는 VariableList와 DatasetList를 가집니다.

- **VariableList**
VariableList는 단일 데이터를 관리합니다.
데이터 형식에 따라 getString(name), getInt(name) 등의 메서드를 이용하여 값을 참조할 수 있습니다.

- **DatasetList**
DatasetList는 2차원 형태의 데이터를 관리합니다.
데이터 형식에 따라 getString((rowIndex, columnIndex), getInt((rowIndex, columnIndex)) 등의 메서드를 이용하여 값을 참조할 수 있습니다.

5.6 화면 스크립트와 서버 페이지 작성

5.6.1 조회 처리

● **화면 조회 스크립트**

작업 중인 사원 관리 프로그램에서 사원 데이터를 가져오는 스크립트를 작성합니다. Retrieve 버튼의 onclick 이벤트에 'fn_retrieve'로 함수를 생성하여 다음과 같이 스크립트를 작성합니다.

```
this.fn_retrieve = function(obj:nexacro.Button,e:nexacro.ClickEventInfo)
{
    var sDeptCode = this.div_search.form.edt_deptCode.value;
    var sEmpName = this.div_search.form.edt_empName.value;
    this.transaction("svcSelectEmp"
                    ,"SvcUrl::select_emp.jsp"
                    ,""
                    ,"ds_emp=out_emp"
                    ,"deptCode="+sDeptCode+" empName=" +
                      nexacro.wrapQuote(sEmpName)
                    ,"fn_callback");
};
this.fn_callback = function(svcId, errCd, errMsg)
{
    if(errCd < 0){
        this.alert("Error: " + errMsg);
        return;
    }
    if(svcId == "svcSelectEmp"){
        this.alert("Success: Select Employees");
    }
}
```

조회 조건 영역의 부서, 성명 데이터를 변수에 할당합니다.

```
var sDeptCode = this.div_search.form.edt_deptCode.value;
var sEmpName = this.div_search.form.edt_empName.value;
```

transaction 메서드를 호출합니다. 트랜잭션 아이디는 'svcSelectEmp'로 지정하였습니다.

```
this.transaction("svcSelectEmp" …
```

TypeDefinition의 Service 영역에 설정한 톰캣 서버 경로의 Prefix를 이용하여 서버 경로를 지정합니다.
'select_emp.jsp'로 지정하고 서버 페이지는 다음 장에서 작성합니다.

```
this.transaction("svcSelectEmp"
                ,"SvcUrl::select_emp.jsp" …
```

서버로 전달할 Dataset이 없으므로 빈 값을 지정합니다.

```
this.transaction("svcSelectEmp"
                ,"SvcUrl::select_emp.jsp"
                ,""    …
```

서버 페이지 select_emp.jsp에서 반환하는 데이터를 화면의 ds_emp에 받습니다. 'out_emp'는 서버 페이지에서 반환하는 데이터의 이름으로, 서버 페이지를 작성할 때 동일한 이름으로 전달합니다.

```
this.transaction("svcSelectEmp"
                ,"SvcUrl::select_emp.jsp"
                ,""
                ,"ds_emp=out_emp"    …
```

조회 조건으로 할당받은 변수를 단일 데이터로 전달합니다.
두 개의 변수를 전달하기 위해 공백으로 구분하였으며, 성명을 할당받은 변수에는 공백이 들어갈 수 있으므로 wrapQuote 메서드를 이용하여 처리했습니다.

```
this.transaction("svcSelectEmp"
            ,"SvcUrl::select_emp.jsp"
            ,""
            ,"ds_emp=out_emp"
            ,"deptCode="+sDeptCode+" empName=" +
              nexacro.wrapQuote(sEmpName)
            …
```

transaction 처리 결과를 받을 콜백 함수를 지정합니다.

```
this.transaction("svcSelectEmp"
            ,"SvcUrl::select_emp.jsp"
            ,""
            ,"ds_emp=out_emp"
            ,"deptCode="+sDeptCode+" empName=" +
              nexacro.wrapQuote(sEmpName)
            ,"fn_callback");
```

지정한 콜백 함수명과 동일하게 Form 함수를 생성합니다. 콜백 함수는 세 개의 인자를 가집니다.

```
this.fn_callback = function(svcId, errCd, errMsg)
{
    …
```

두 번째 인자 에러 코드값으로 에러를 체크합니다.

```
this.fn_callback = function(svcId, errCd, errMsg)
{
    if(errCd < 0){
        this.alert("Error: " + errMsg);
        return;
    }
    …
```

첫 번째 인자와 트랜잭션 호출 시 지정한 아이디를 비교하여 조회 서비스 처리 결과 이후의 스크립트를 작성합니다.

```
this.fn_callback = function(svcId, errCd, errMsg)
{
    if(errCd < 0){
        this.alert("Error: " + errMsg);
        return;
    }
    if(svcId == "svcSelectEmp"){
        this.alert("Success: Select Employees");
    }
}
```

● **조회 서버 페이지 작성**

데이터를 가져오는 서버 페이지를 'select_emp.jsp'로 생성하고 다음과 같이 작성합니다.

여기서는 순수 JSP에 관련된 내용은 다루지 않습니다.

> Source
> NexacroN_book\Sample\JSP\select_emp.jsp

JSP 서비스를 작성하기 위해 필요한 라이브러리를 import합니다.

Nexacro X-API 라이브러리도 포함합니다.

```
<%@ page import = "java.sql.*" %>
<%@ page import = "java.io.*" %>
<%@ page import = "com.nexacro.java.xapi.data.*" %>
<%@ page import = "com.nexacro.java.xapi.tx.*" %>
```

HTTP 요청으로부터 데이터를 수신받아 PlatformData 형태로 반환합니다.

```
HttpPlatformRequest pReq = new HttpPlatformRequest(request);
pReq.receiveData();
PlatformData in_pData = pReq.getData();
```

PlatformData에서 단일 데이터를 관리하는 VariableList를 반환하여 변수를 추출합니다.

```
VariableList in_varList = in_pData.getVariableList();
String deptCode = in_varList.getString("deptCode");
String empName  = in_varList.getString("empName");
```

화면으로 전달할 에러 코드와 에러명을 저장할 변수를 선언하고, 조회된 데이터 결과를 전달할 PlatformData를 생성합니다.

```
int     nErrorCode = 0;
String sErrorMsg  = "";
PlatformData out_pData = new PlatformData();
```

데이터베이스 연결을 설정합니다.

```
// MariaDB Connection
String jdbcDriver = "jdbc:mariadb://localhost:3306/nexacro_db";
String dbUser = "root";
String dbPass = "root";
conn = DriverManager.getConnection(jdbcDriver,dbUser,dbPass);
stmt = conn.createStatement();
```

> **주의**
>
> SQLITE 데이터베이스를 사용할 경우 아래와 같이 연결합니다.
> 데이터베이스 파일 'nexacro_db.sqlite'를 톰캣 서버에 위치시키고, 경로를 지정합니다.
>
> ```
> //SQLITEConnection
> Class.forName("org.sqlite.JDBC");
> conn = DriverManager.getConnection("jdbc:sqlite:webapps\\myapp\\nexacro_db.sqlite");
> stmt = conn.createStatement();
> ```

SELECT 쿼리를 작성하고 실행하여 처리 결과를 ResultSet 객체로 받습니다.

```
String SQL;
SQL = "SELECT EMP_ID          \n" +
      "      ,EMP_NAME         \n" +
…
ResultSet rs = stmt.executeQuery(SQL);
```

조회 결과를 Dataset 형태로 변환합니다.
X-API를 이용하여 서버 페이지에서 Dataset 객체를 생성하고, 칼럼을 추가합니다.
이때 생성한 Dataset 아이디 'out_emp'가 트랜잭션에서 Dataset을 받을 때
사용하는 아이디입니다.
addColumn은 Dataset에 칼럼을 추가하는 X-API Dataset 클래스 메서드입니다.

```
DataSet ds = new DataSet("out_emp");
ds.addColumn("EMP_ID",   DataTypes.STRING, 5);
ds.addColumn("EMP_NAME", DataTypes.STRING, 50);
…
```

ResultSet 결과만큼 반복문을 실행합니다.

생성한 Dataset에 빈 로우를 생성하고 ResultSet의 데이터를 가져와서 Dataset에 할당합니다.

```
while(rs.next())
{
    int row = ds.newRow(); "
    ds.set(row, "EMP_ID"    rs.getString("EMP_ID"));
    ds.set(row, "EMP_NAME", rs.getString("EMP_NAME"));
    …
```

데이터 변환이 된 Dataset을 송수신 단위 PlatformData에 추가합니다.

```
out_pData.addDataSet(ds);
```

PlatformData에 에러를 체크할 변수를 추가합니다.

```
VariableList varList = out_pData.getVariableList();
varList.add("ErrorCode", nErrorCode);
varList.add("ErrorMsg" , sErrorMsg);
```

PlatformData를 넥사크로 화면으로 전송합니다.

```
HttpPlatformResponse pRes = new HttpPlatformResponse(response,
PlatformType.CONTENT_TYPE_XML, "utf-8");
pRes.setData(out_pData);
pRes.sendData();
```

select_emp.jsp의 전체 스크립트입니다.

```jsp
<%@ page import = "java.sql.*" %>
<%@ page import = "java.io.*" %>
<%@ page import = "com.nexacro.java.xapi.data.*" %>
<%@ page import = "com.nexacro.java.xapi.tx.*" %>
<%@ page contentType = "text/xml; charset=UTF-8" %>
<%

HttpPlatformRequest pReq = new HttpPlatformRequest(request);
pReq.receiveData();
PlatformData in_pData = pReq.getData();
VariableList in_varList = in_pData.getVariableList();
String deptCode = in_varList.getString("deptCode");
String empName  = in_varList.getString("empName");

int     nErrorCode = 0;
String sErrorMsg  = "";
PlatformData out_pData = new PlatformData();

try {
    /******* JDBC Connection *******/
    Connection conn = null;
    Statement  stmt = null;

    try {
        // MariaDB Connection
        String jdbcDriver = "jdbc:mariadb://localhost:3306/nexacro_db";
        String dbUser = "root";
        String dbPass = "root";
        conn = DriverManager.getConnection(jdbcDriver,dbUser,dbPass);
        stmt = conn.createStatement();
        /*
        SQLITE Connection
        Class.forName("org.sqlite.JDBC");
        conn =  DriverManager.getConnection(
                    "jdbc:sqlite:webapps\\myapp\\nexacro_db.sqlite");
        stmt = conn.createStatement();
        */
        String SQL;
```

```java
SQL = "SELECT EMP_ID            \n" +
      "     , EMP_NAME          \n" +
      "     , DEPT_CODE         \n" +
      "     , POSITION          \n" +
      "     , GENDER            \n" +
      "     , HIRE_DATE         \n" +
      "     , MARRIED           \n" +
      "     , SALARY            \n" +
      "     , MEMO              \n" +
      "     , SKILL             \n" +
      "     , HOBBY             \n" +
      "  FROM TBL_EMPLOYEES     \n" +
      " WHERE 1=1               \n" ;

if(deptCode != null && deptCode.length() != 0 &&
   !deptCode.equals("undefined"))
{
    SQL += "AND DEPT_CODE = '" + deptCode + "'";
}
if(empName != null && empName.length() != 0 &&
   !empName.equals("undefined"))
{
    SQL += "AND EMP_NAME LIKE '%" + empName + "%'";
}
SQL += " ORDER BY DEPT_CODE, EMP_NAME";

ResultSet rs = stmt.executeQuery(SQL);

DataSet ds = new DataSet("out_emp");
ds.addColumn("EMP_ID",     DataTypes.STRING, 5);
ds.addColumn("EMP_NAME",   DataTypes.STRING, 50);
ds.addColumn("DEPT_CODE",  DataTypes.STRING, 5);
ds.addColumn("POSITION",   DataTypes.STRING, 5);
ds.addColumn("HIRE_DATE",  DataTypes.DATE,   20);
ds.addColumn("SALARY",     DataTypes.INT,    12);
```

```
            ds.addColumn("GENDER",          DataTypes.STRING, 1);
            ds.addColumn("MARRIED",         DataTypes.STRING, 10);
            ds.addColumn("SKILL",           DataTypes.STRING, 50);
            ds.addColumn("HOBBY",           DataTypes.STRING, 50);
            ds.addColumn("MEMO",            DataTypes.STRING, 2000);

            while(rs.next())
            {
                int row = ds.newRow();
                ds.set(row, "EMP_ID",       rs.getString("EMP_ID"));
                ds.set(row, "EMP_NAME",     rs.getString("EMP_NAME"));
                ds.set(row, "DEPT_CODE",    rs.getString("DEPT_CODE"));
                ds.set(row, "POSITION",     rs.getString("POSITION"));
                ds.set(row, "HIRE_DATE",    rs.getString("HIRE_DATE"));
                ds.set(row, "SALARY",       rs.getString("SALARY"));
                ds.set(row, "GENDER",       rs.getString("GENDER"));
                ds.set(row, "MARRIED",      rs.getString("MARRIED"));
                ds.set(row, "SKILL",        rs.getString("SKILL"));
                ds.set(row, "HOBBY",        rs.getString("HOBBY"));
                ds.set(row, "MEMO",         rs.getString("MEMO"));
            }
            out_pData.addDataSet(ds);

            nErrorCode = 0;
            sErrorMsg  = "Success";

    } catch (SQLException e) {
        nErrorCode = -1;
        sErrorMsg  = e.getMessage();
    }

    /******** JDBC Close ********/
    if ( stmt != null ) try { stmt.close(); } catch (Exception e)
        {nErrorCode = -1; sErrorMsg = e.getMessage();}
    if ( conn != null ) try { conn.close(); } catch (Exception e)
        {nErrorCode = -1; sErrorMsg = e.getMessage();}

} catch (Throwable th) {
```

```
        nErrorCode = -1;
        sErrorMsg  = th.getMessage();
}

VariableList varList = out_pData.getVariableList();
varList.add("ErrorCode", nErrorCode);
varList.add("ErrorMsg" , sErrorMsg);


HttpPlatformResponse pRes = new HttpPlatformResponse(response,
                        PlatformType.CONTENT_TYPE_XML, "utf-8");
pRes.setData(out_pData);
pRes.sendData();
%>
```

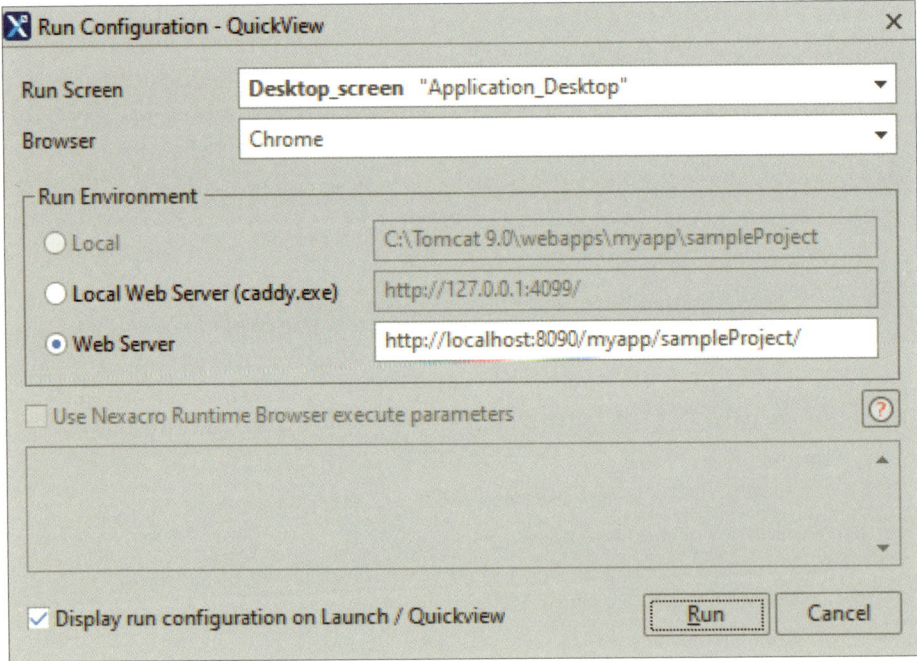

● **결과 확인**

톰캣 서버를 이용하여 결과를 확인합니다.

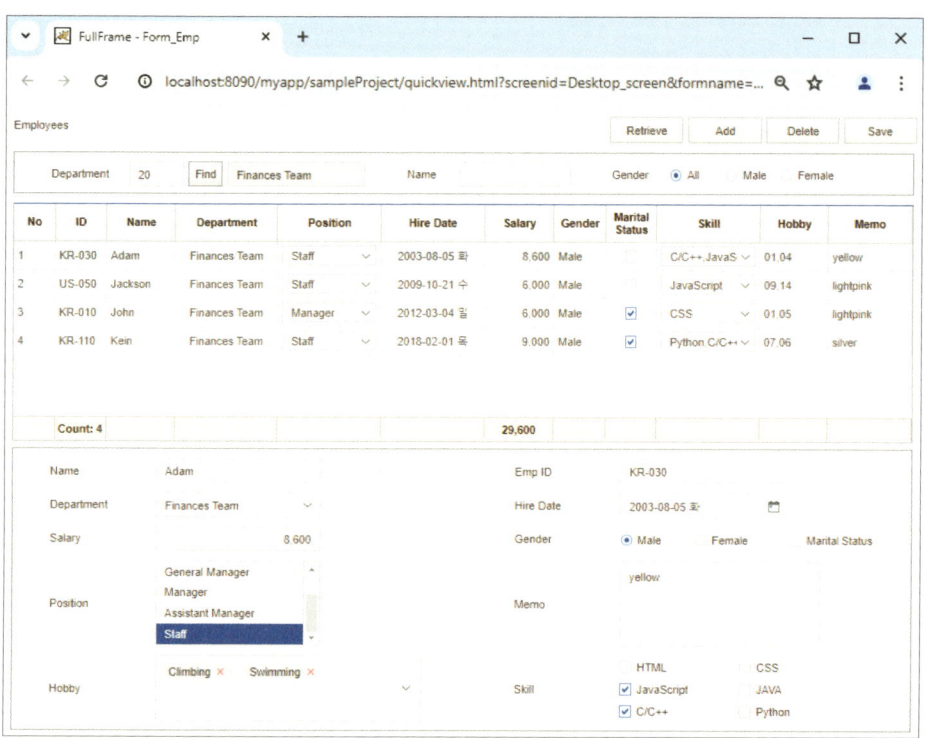

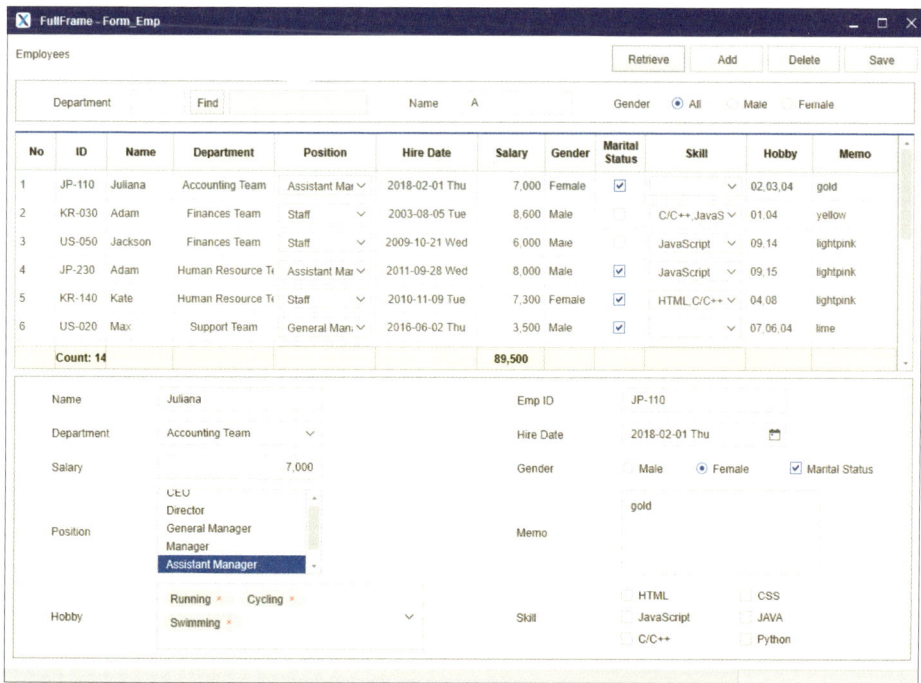

PART 02 누구나 쉽게 넥사크로로 업무 화면 만들기

> 서버 페이지를 호출하는 경우, 동일 출처 정책(Same Origin Policy)이 적용됩니다.
> 동일 출처 정책(Same Origin Policy)은 웹 브라우저에서 보안을 위해 다른 출처의 자원에 접근을 제한하는 정책입니다.
> 웹 브라우저에서 실행할 경우 화면 페이지와 데이터 통신 시 호출하는 서버 페이지의 도메인이 일치해야 합니다.
> 예를 들어, 화면을 로컬 PC의 http://localhost:8090 도메인으로 실행하였다면, 해당 화면에서 호출하는 서버 페이지도 동일한 도메인 http://localhost:8090으로 호출해야 합니다.
> 하지만, 넥사크로 런타임 실행 환경(NRE)으로 실행할 경우에는 동일 출처 정책이 적용되지 않습니다.

5.6.2 입력, 삭제 처리

● 화면 입력 스크립트

Add 버튼의 onclick 이벤트에 'fn_add'로 함수를 생성하고 다음과 같이 스크립트를 작성합니다.

```
this.fn_add = function(obj:nexacro.Button,e:nexacro.ClickEventInfo)
{
    var rowIdx = this.ds_emp.addRow();
    this.ds_emp.setColumn(rowIdx, "HIRE_DATE", this.fn_today());
};

this.fn_today = function()
{
    var objDate = new Date();
    var sToday  = objDate.getFullYear().toString();
    sToday += (objDate.getMonth()+1).toString().padLeft(2, "0")
    sToday += objDate.getDate().toString().padLeft(2, "0");
    return sToday;
}
```

addRow 메서드는 Dataset 로우의 마지막에 빈 로우를 추가하는 메서드입니다.
addRow를 수행하면 추가된 로우의 인덱스를 반환받을 수 있습니다.

```
this.fn_add = function(obj:nexacro.Button,e:nexacro.ClickEventInfo)
{
    var rowIdx = this.ds_emp.addRow();
    …
```

setColumn 메서드는 Dataset의 특정 로우의 칼럼값을 변경하는 메서드입니다. Dataset의 '입사일자' 칼럼에 오늘 날짜를 구하는 함수를 호출하여 기본값으로 넣어 줍니다.

```
this.fn_add = function(obj:nexacro.Button,e:nexacro.ClickEventInfo)
{
    var rowIdx = this.ds_emp.addRow();
    this.ds_emp.setColumn(rowIdx, "HIRE_DATE", this.fn_today());
};
```

노트
Dataset의 원하는 위치에 빈 로우를 삽입하고 싶은 경우에는 insertRow 메서드를 사용합니다.

● **화면 삭제 스크립트**

Delete 버튼의 onclick 이벤트에 'fn_delete'로 함수를 생성하고 다음과 같이 스크립트를 작성합니다.

deleteRow 메서드는 Dataset의 특정 로우를 삭제하는 메서드입니다. 삭제할 로우 인덱스를 설정합니다.

rowposition은 Dataset에 선택되어 있는 로우 인덱스를 갖는 속성입니다.

```
this.fn_delete = function(obj:nexacro.Button,e:nexacro.ClickEventInfo)
{
    this.ds_emp.deleteRow(this.ds_emp.rowposition);
};
```

5.6.3 저장 처리

● 화면 저장 스크립트

Save 버튼의 onclick 이벤트에 'fn_save'로 함수를 생성하고 다음과 같이 스크립트를 작성합니다.

```
this.fn_save = function(obj:nexacro.Button,e:nexacro.ClickEventInfo)
{
        this.transaction("svcSaveEmp"
                        ,"SvcUrl::save_emp.jsp"
                        ,"in_emp=ds_emp:u"
                        ,""
                        ,""
                        ,"fn_callback");
};
```

transaction 아이디를 'svcSaveEmp'로 지정하고 서버 페이지 'save_emp.jsp'를 호출합니다.

화면의 Dataset ds_emp에서 :U 옵션을 지정하여 입력, 수정, 삭제한 데이터를 'in_emp' 이름으로 서버 페이지로 전달합니다. 저장 서버 페이지를 작성할 때 동일한 이름으로 데이터를 받습니다.

```
this.transaction("svcSaveEmp"
            ,"SvcUrl::save_emp.jsp"
            ,"in_emp=ds_emp:u"
            …
```

첫 번째 인자와 트랜잭션 호출 시 지정한 아이디를 비교하여 저장 서비스 처리 결과 이후의 스크립트를 작성합니다.

```
this.fn_callback = function(svcId, errCd, errMsg)
{
    if(errCd < 0){
        this.alert("Error: " + errMsg);
        return;
    }

    if(svcId == "svcSelectEmp"){
        this.alert("Success: Select Employees");
    }
    else if(svcId == "svcSaveEmp"){
        this.alert("Success: Save Employees");
    }
}
```

● **저장 서비스 페이지(JSP) 작성**

데이터를 저장하는 서버 페이지를 'save_emp.jsp'로 생성하고 다음과 같이 작성합니다.

> Source
> NexacroN_book\Sample\JSP\save_emp.jsp

JSP 서비스를 작성하기 위해 필요한 라이브러리를 import합니다.
Nexacro X-API 라이브러리도 포함합니다.

```
<%@ page import = "java.sql.*" %>
<%@ page import = "java.io.*" %>
<%@ page import = "com.nexacro.java.xapi.data.*" %>
<%@ page import = "com.nexacro.java.xapi.tx.*" %>
```

HTTP 요청으로부터 데이터를 수신받아 PlatformData 형태로 반환합니다.

```
HttpPlatformRequest pReq = new HttpPlatformRequest(request);
pReq.receiveData();
PlatformData in_pData = pReq.getData();
```

PlatformData에서 Dataset을 추출합니다. 이때 트랜잭션에서 Dataset을 전송할 때 지정한 아이디 'in_emp'로 추출합니다.

```
PlatformData in_pData = pReq.getData();
DataSet ds = in_pData.getDataSet("in_emp");
```

받은 데이터를 X-API에서 제공하는 Dataset 메서드를 사용하여 데이터를 접근하여 INSERT, UPDATE, DELETE 쿼리를 실행합니다.
먼저 삭제된 데이터를 처리합니다.
삭제된 로우의 개수만큼 반복문을 실행합니다.
getRemovedRowCount는 삭제된 로우의 개수를 반환하는 X-API Dataset 클래스 메서드입니다.

```
for( i = 0; i < ds.getRemovedRowCount(); i++ )
{   …
```

삭제된 칼럼값을 반환받아 DELETE 쿼리를 실행합니다.
getRemovedData는 삭제된 로우의 칼럼값을 반환하는 X-API Dataset 클래스 메서드입니다.

```
for( i = 0; i < ds.getRemovedRowCount(); i++ )
{
    String empID = ds.getRemovedData(i, "EMP_ID").toString();
    SQL = "DELETE FROM TBL_EMPLOYEES WHERE EMP_ID = '" +
          empID + "'";
    stmt.executeUpdate(SQL);
}
```

입력, 수정된 데이터를 처리합니다.

로우의 개수만큼 반복문을 실행합니다.

getRowCount 메서드는 삭제된 로우를 제외한 입력, 수정된 로우의 개수를 반환합니다.

```
for( i = 0; i < ds.getRowCount(); i++ )
{   ...
```

입력된 로우인지 수정된 로우인지 형식을 판단합니다.

gctRowType 메서드로 판단할 수 있으며, 형식이 'DataSet.ROW_TYPE_INSERTED'이면 입력된 로우를 의미하며 'DataSet.ROW_TYPE_UPDATED'이면 수정된 로우를 의미합니다.

로우의 형식을 판단하여 INSERT, UPDATE 쿼리를 실행합니다.

getString, getInt와 같은 메서드를 사용하여 Dataset의 칼럼값을 반환받을 수 있습니다.

수정된 데이터의 경우 getSavedData 메서드로 수정되기 전의 원본값을 반환받을 수 있습니다.

```
for( i = 0; i < ds.getRowCount(); i++ )
{
    int rowType = ds.getRowType(i);
    if( rowType == DataSet.ROW_TYPE_INSERTED )
    {
        SQL = "INSERT INTO TBL_EMPLOYEES            \n" +
              "      ( EMP_ID,                      \n" +
              "        EMP_NAME,                    \n" +
              …
              "  VALUES('" + ds.getString(i, "EMP_ID", "")   + "',\n" +
              "        '" + ds.getString(i, "EMP_NAME", "") + "',\n" +
              …
    }
    else if( rowType == DataSet.ROW_TYPE_UPDATED )
    {
        String orgEmpID = ds.getSavedData(i, "EMP_ID").toString();
        SQL = "UPDATE TBL_EMPLOYEES             \n" +
              "  SET EMP_ID = '" + ds.getString(i, "EMP_ID", "") + "'\n" +
              …
              " WHERE EMP_ID = '" + orgEmpID + "'";
    }
    stmt.executeUpdate(SQL);
}
```

처리 결과를 전송할 PlatformData 생성합니다.

```
PlatformData out_pData = new PlatformData();
```

PlatformData에 에러를 체크할 변수를 추가합니다.

```
VariableList out_varList = out_pData.getVariableList();
out_varList.add("ErrorCode", nErrorCode);
out_varList.add("ErrorMsg" , sErrorMsg);
```

>
>
> PlatformData를 화면에 전송할 때 VariableList에 에러 변수 이외에 다른 변수를 추가하여 전송할 수 있습니다.
> 이렇게 추가하여 전송한 변수는 화면에서 동일한 변수명으로 Form에 선언하여 사용할 수 있습니다.
>
> ```
> // PlatformData VariableList에 변수 추가
> out_varList.add("out_var", "Nexaro N24");
> 
> // 화면에서 Form 변수를 선언해서 사용
> this.out_var
> ```

PlatformData를 클라이언트 화면으로 전송합니다.

```
HttpPlatformResponse pRes = new HttpPlatformResponse(response,
                            PlatformType.CONTENT_TYPE_XML, "UTF-8");
pRes.setData(out_pData);
pRes.sendData();
```

톰캣 서버를 이용하여 실행하고 데이터가 제대로 입력, 수정, 삭제되는지 확인합니다.

5.6.4 코드 데이터 처리

화면에서 사용하는 코드 데이터를 서버에서 받아 옵니다.

● 화면 코드조회 스크립트

Form의 onload 이벤트에 'form_onload'로 함수를 생성합니다.
onload 이벤트는 Form이 로드가 완료된 후 발생되는 이벤트로 해당 이벤트에서 코드 데이터를 받아 오는 스크립트를 작성합니다.
여러 개의 데이터를 받아 오기 위해 빈칸으로 구분하여 Dataset을 지정하였습니다.

```
this.form_onload = function(obj:nexacro.Form,e:nexacro.LoadEventInfo)
{
    this.transaction("svcSelectCode"
                    ,"SvcUrl::select_code.jsp"
                    ,""
                    ,"ds_dept=out_dept ds_pos=out_pos ds_skill=out_skill
                      ds_hobby=out_hobby"
                    ,""
                    ,"fn_callback");
};
```

● 코드조회 서버 페이지(JSP) 작성

코드 데이터를 가져오는 서버 페이지를 'select_code.jsp'로 생성하고 다음과 같이 작성합니다.

> Source
> NexacroN_book\Sample\JSP\select_code.jsp

JSP 서비스를 작성하기 위해 필요한 라이브러리를 import합니다.
Nexacro X-API 라이브러리도 포함합니다.

```
<%@ page import = "java.sql.*" %>
<%@ page import = "java.io.*" %>
<%@ page import = "com.nexacro.java.xapi.data.*" %>
<%@ page import = "com.nexacro.java.xapi.tx.*" %>
```

ResultSet의 데이터를 Dataset 형식으로 변환하는 클래스를 생성합니다.
ResultSet 객체와 Dataset 아이디를 인자로 받습니다.

```
<%!
    // ResultSet ==> Dataset
    public DataSet RsToDs(ResultSet rs, String dsID) throws Exception
    {   ...
```

전달받은 Dataset 아이디로 Dataset을 생성하고 ResultSet의 메타데이터를 가져옵니다.

```
DataSet ds = new DataSet(dsID);
ResultSetMetaData rsmd = rs.getMetaData();
```

ResultSetMetaData에서 칼럼 개수와 칼럼 이름을 가져와서 Dataset에 칼럼으로 생성합니다.

```
iColCnt = rsmd.getColumnCount();
for( i = 1 ; i <= iColCnt ; i++ )
{
    sColName = rsmd.getColumnName(i).toUpperCase();
    sColType = rsmd.getColumnTypeName(i);
    ColType = DataTypes.STRING;
    if(sColType.equals("INTEGER"))  ColType = DataTypes.INT;
    if(sColType.equals("DECIMAL"))  ColType = DataTypes.DECIMAL;
    ds.addColumn(sColName, ColType, ColSize);
}
```

반복문을 이용하여 ResultSet 데이터를 Dataset 형식으로 변환하여 전달합니다.

```
while(rs.next())
{
    int row = ds.newRow();
    for( i = 1 ; i <= iColCnt ; i++ )
    {
        sColName = rsmd.getColumnName(i).toUpperCase();
        ds.set(row, sColName, rsGet(rs, sColName));
    }
}
return ds;
```

ResultSet에서 값을 가져오는 클래스입니다.

```
public String rsGet(ResultSet rs, String id) throws Exception
{
    if( rs.getString(id) == null ){
        return "";
    }
    else {
        return rs.getString(id);
    }
}
```

이처럼 ResultSet 데이터를 Dataset 형식으로 변환하는 클래스를 만들어 사용하면 서버 페이지 작성 시 변환 스크립트를 매번 작성하지 않아도 되므로 개발 시간을 단축할 수 있으며 코드의 가독성을 높이고 유지보수를 용이하게 할 수 있습니다.
조회된 데이터 결과를 전달할 PlatformData를 생성합니다.

```
PlatformData out_pData = new PlatformData();
```

SELECT 쿼리를 작성하고 실행한 ResultSet 데이터를 위에서 생성한 Dataset 형태로 변환하는 클래스를 호출하여 Dataset 형태로 변환하고 PlatformData에 추가합니다.

```
SQL = " SELECT DEPT_CODE, DEPT_NAME, DEPT_EMP "
    + "   FROM TBL_DEPARTMENT ";
rs = stmt.executeQuery(SQL);
out_pData.addDataSet(RsToDs(rs,"out_dept"));

SQL = " SELECT DET_CODE as CODE , DET_NAME as NAME "
    + "   FROM TBL_COMMON_CODE WHERE MST_CODE = 'POSITION' ";
rs = stmt.executeQuery(SQL);
out_pData.addDataSet(RsToDs(rs,"out_pos"));

SQL = " SELECT DET_CODE as CODE , DET_NAME as NAME "
    + "   FROM TBL_COMMON_CODE WHERE MST_CODE = 'HOBBY' ";
rs = stmt.executeQuery(SQL);
out_pData.addDataSet(RsToDs(rs,"out_hobby"));

SQL = " SELECT DET_CODE as CODE , DET_NAME as NAME "
    + "   FROM TBL_COMMON_CODE WHERE MST_CODE = 'SKILL' ";
rs = stmt.executeQuery(SQL);
out_pData.addDataSet(RsToDs(rs,"out_skill"));
```

PlatformData에 에러를 체크할 변수를 추가합니다.

```
VariableList varList = out_pData.getVariableList();
varList.add("ErrorCode", nErrorCode);
varList.add("ErrorMsg" , sErrorMsg);
```

PlatformData를 넥사크로 화면으로 전송합니다.

```
HttpPlatformResponse pRes = new HttpPlatformResponse(response,
                    PlatformType.CONTENT_TYPE_XML, "utf-8");
pRes.setData(out_pData);
pRes.sendData();
```

select_code.jsp의 전체 스크립트입니다.

```jsp
<%@ page import = "java.sql.*" %>
<%@ page import = "java.io.*" %>
<%@ page import = "com.nexacro.java.xapi.data.*" %>
<%@ page import = "com.nexacro.java.xapi.tx.*" %>
<%@ page contentType = "text/xml; charset=UTF-8" %>
<%!
    // ResultSet ==> Dataset
    public DataSet RsToDs(ResultSet rs, String dsID) throws Exception
    {
        int i;
        int iColCnt;
        String sColName;
        String sColType;;
        int ColType = 0;
        int ColSize = 255;

        DataSet ds = new DataSet(dsID);
        ResultSetMetaData rsmd = rs.getMetaData();

        iColCnt = rsmd.getColumnCount();
        for( i = 1 ; i <= iColCnt ; i++ )
        {
            sColName = rsmd.getColumnName(i).toUpperCase();
            sColType = rsmd.getColumnTypeName(i);
            ColType = DataTypes.STRING;
            if(sColType.equals("INTEGER"))  ColType = DataTypes.INT;
            if(sColType.equals("DECIMAL"))  ColType = DataTypes.DECIMAL;
            ds.addColumn(sColName, ColType, ColSize);
        }
        while(rs.next())
        {
            int row = ds.newRow();
            for( i = 1 ; i <= iColCnt ; i++ )
            {
                sColName = rsmd.getColumnName(i).toUpperCase();
                ds.set(row, sColName, rsGet(rs, sColName));
            }
        }
```

```
            return ds;
    }

    public String rsGet(ResultSet rs, String id) throws Exception
    {
        if( rs.getString(id) == null ){
            return "";
        }
        else {
            return rs.getString(id);
        }
    }
%>

<%
    int nErrorCode = 0;
    String sErrorMsg  = "";
    PlatformData out_pData = new PlatformData();

    try {
        /******* JDBC Connection *******/
        Connection conn = null;
        Statement  stmt = null;
        ResultSet  rs   = null;
        try {
            // MariaDB Connection
            String jdbcDriver = "jdbc:mariadb://localhost:3306/nexacro_db";
            String dbUser = "root";
            tring dbPass = "root";
            conn = DriverManager.getConnection(jdbcDriver,dbUser,dbPass);
            stmt = conn.createStatement();

            // SQLITE Connection
            /*
            Class.forName("org.sqlite.JDBC");
            conn =  DriverManager.getConnection(
                    "jdbc:sqlite:webapps\\myapp\\nexacro_db.sqlite");
            stmt = conn.createStatement();
```

```
            */
            String SQL;
            SQL = " SELECT DEPT_CODE, DEPT_NAME, DEPT_EMP "
                + "   FROM TBL_DEPARTMENT ";
            rs = stmt.executeQuery(SQL);
            out_pData.addDataSet(RsToDs(rs,"out_dept"));

            SQL = " SELECT DET_CODE as CODE , DET_NAME as NAME "
                + "   FROM TBL_COMMON_CODE "
                + " WHERE MST_CODE = 'POSITION' ";
            rs = stmt.executeQuery(SQL);
            out_pData.addDataSet(RsToDs(rs,"out_pos"));

            SQL = " SELECT DET_CODE as CODE , DET_NAME as NAME "
                + "   FROM TBL_COMMON_CODE "
                + " WHERE MST_CODE = 'HOBBY' ";
             rs = stmt.executeQuery(SQL);
            out_pData.addDataSet(RsToDs(rs,"out_hobby"));

            SQL = " SELECT DET_CODE as CODE , DET_NAME as NAME "
                + "   FROM TBL_COMMON_CODE "
                + " WHERE MST_CODE = 'SKILL' ";
            rs = stmt.executeQuery(SQL);
            out_pData.addDataSet(RsToDs(rs,"out_skill"));

            nErrorCode = 0;
            sErrorMsg  = "Success";
    }
    catch (SQLException e) {
            nErrorCode = -1;
            sErrorMsg  = e.getMessage();
    }
    /******** JDBC Close ********/
    if ( stmt != null ) try { stmt.close(); } catch (Exception e)
    {nErrorCode = -1; sErrorMsg = e.getMessage();}
    if ( conn != null ) try { conn.close(); } catch (Exception e)
        {nErrorCode = -1; sErrorMsg = e.getMessage();}
```

```
        }
        catch (Throwable th) {
                nErrorCode = -1;
                sErrorMsg  = th.getMessage();
        }

    VariableList varList = out_pData.getVariableList();
    varList.add("ErrorCode", nErrorCode);
    varList.add("ErrorMsg" , sErrorMsg);

    HttpPlatformResponse pRes = new HttpPlatformResponse(response,
                    PlatformType.CONTENT_TYPE_XML, "utf-8");
    pRes.setData(out_pData);
    pRes.sendData();
%>
```

Form을 실행하여 코드 데이터가 제대로 받아 오는지 확인합니다.

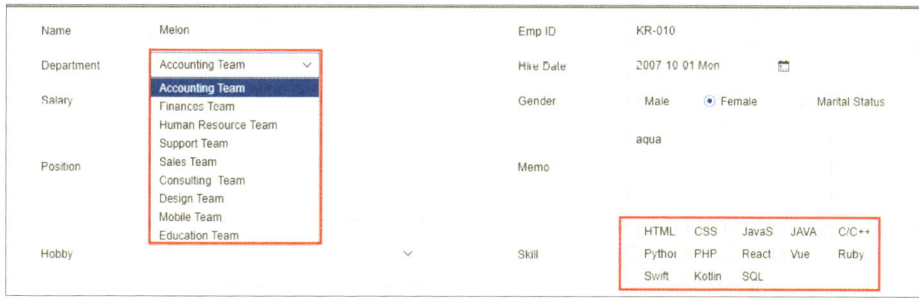

6

간결하고 일하기 편한 UI 디자인하기

6.1 디자인 정보 구성 요소

프로젝트 탐색 창은 Project Explorer 창과 Resource Explorer 창으로 구성되어 있습니다.

프로젝트 정보를 가진 Project Explorer 창은 이미 Chapter 3. Hello World에서 다룬 내용으로 이번 장에서는 디자인 정보를 가지고 있는 Resource Explorer 창에 대해서 알아보겠습니다.

6.1.1 Resource Explorer

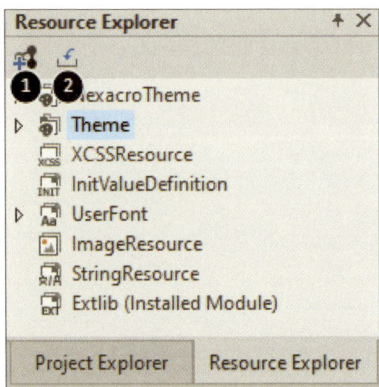

항목	설명
❶ New Resource	새로운 리소스 파일을 생성합니다. Theme Nexacro Style Sheet (.xcss) InitValueDefinition (.xiv) UserFont (.xfont)
❷ Import Resource Files	기존에 생성한 리소스 파일을 프로젝트에 추가하거나 xpackage 파일을 선택하고 Import Wizard를 실행합니다.

NexacroTheme

넥사크로 스튜디오 설치 시 기본 제공되는 테마입니다. 해당 테마는 수정하거나 삭제할 수 없습니다. 해당 테마를 수정하려면 "Theme" 영역으로 옮겨와야 합니다. 드래그를 하거나 더블 클릭하면 사용 여부를 물어보는 대화상자가 표시되고 [Yes] 선택 시 "Theme" 영역 아래로 복사되며 편집 창을 실행합니다.

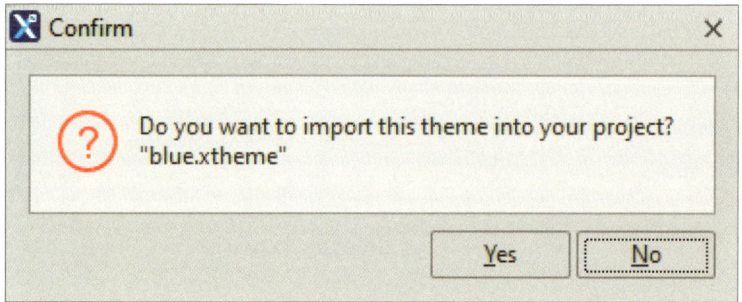

Theme

Theme 파일은 이미지와 XCSS 파일을 포함한 형태를 의미합니다. 기본 테마는 압축된 형태로 제공하지만 프로젝트에서는 테마를 압축이 풀린 형태로 사용합니다. Theme 편집기는 더블 클릭을 하거나 선택 우클릭 후 [Edit] 메뉴를 선택하여 확인할 수 있습니다.

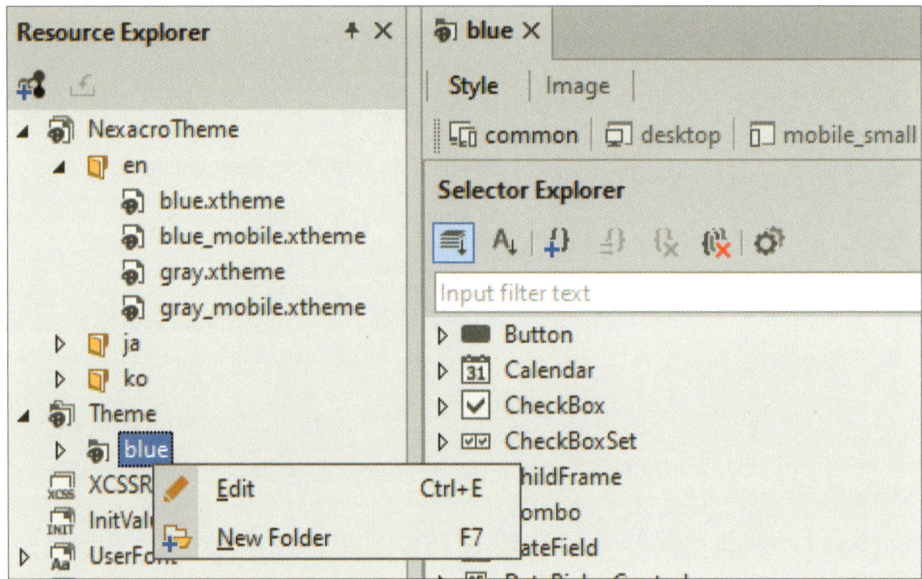

XCSSResource

Resource Explorer > XCSSResource 우클릭 [New Nexacro Style Sheet] 메뉴로 생성하면 지정된 XCSSResource 경로에 생성됩니다. XCSSResource 편집기는 더블 클릭을 하거나 선택 우클릭 후 [Edit] 메뉴를 선택하여 확인할 수 있습니다.

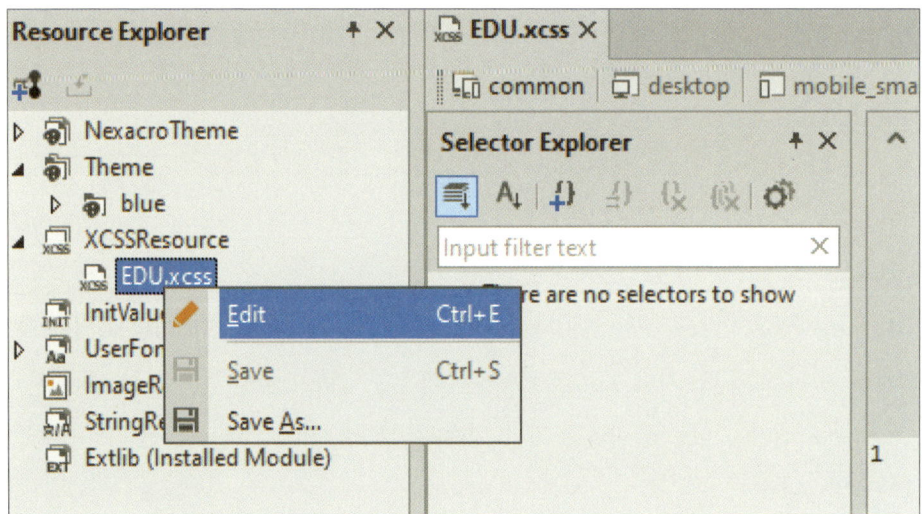

InitValueDefinition
애플리케이션 내에서 오브젝트 속성값에 대한 최초값을 설정합니다.

[Menu] File 〉 New 〉 InitValueDefinition(.xiv) 또는 Resource Explorer 〉 InitValueDefinition 우클릭, New InitValueDefinition으로 실행하면 _resource_〉_initvalue_ 폴더에 "○○○.xiv" 파일로 생성됩니다.

InitValue 파일이 생성되면서 InitValue를 지정할 수 있는 설정 창이 나타납니다. InitValue를 생성할 오브젝트 또는 컴포넌트를 선택하고 마우스 우클릭, Add InitValueDefinition 항목을 선택하거나 상단에서 ➕ 버튼을 선택합니다.

해당 오브젝트 또는 컴포넌트 아래 id가 생성되고 창 오른쪽 속성 창이 활성화됩니다. 생성된 id는 항목을 클릭하면 수정할 수 있습니다.

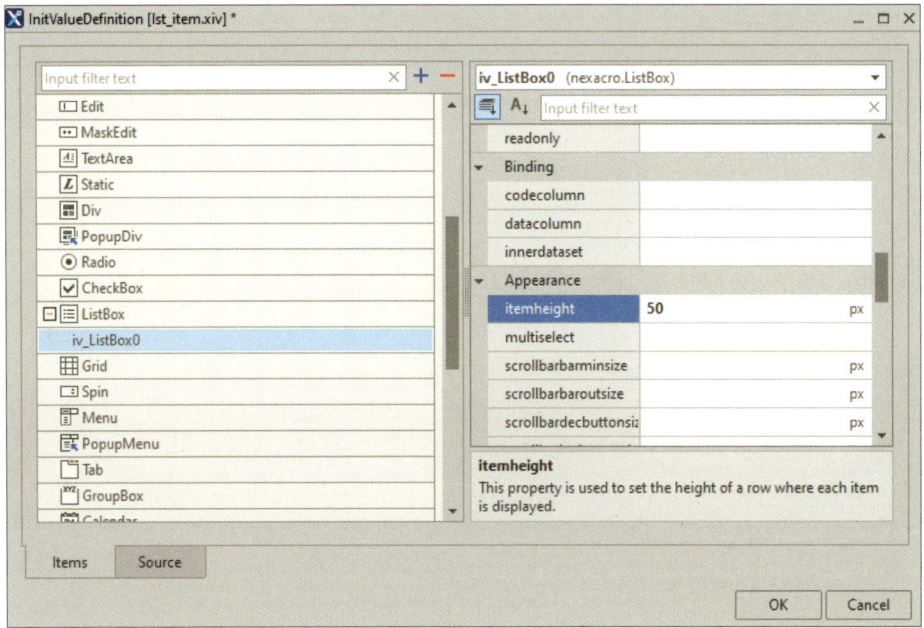

Project Explorer > Environment 속성 Information > initvaluefileid 에서 파일을 지정하여 사용할 수 있습니다.

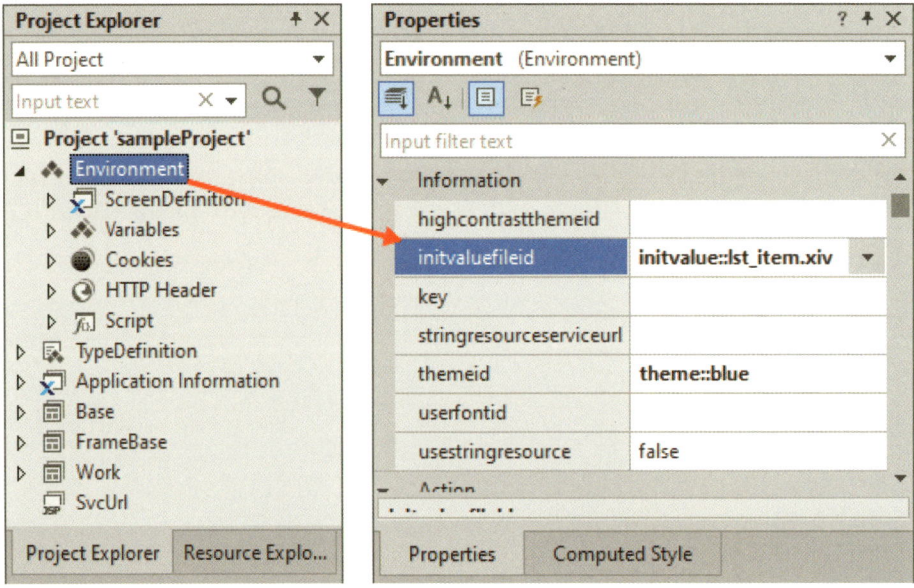

UserFont

시스템에 없는 서체를 지정하여 사용할 수 있는 기능입니다.

[Menu] File 〉 New 〉 UserFont(.xfont) 또는 Resource Explorer 〉 UserFont 우클릭 New UserFont로 실행하면 _resource_〉_font_ 폴더에 "○○○.xfont" 파일로 생성됩니다.

UserFont 파일은 샘플 코드가 포함된 상태로 생성됩니다. 샘플 코드를 원하는 항목으로 수정하고 주석을 제거하면 적용할 수 있습니다. UserFont 파일에 포함된 코드는 Generate 시 index.html의 head에 〈style〉 태그로 추가됩니다.

Project Explorer 〉 Environment 속성 Information 〉 userfontid에서 파일을 지정하여 사용할 수 있습니다.

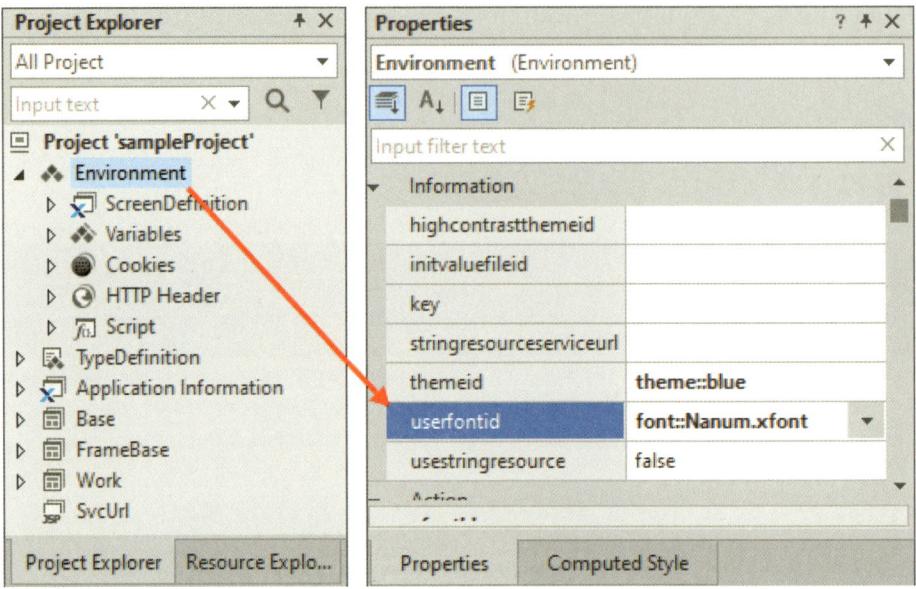

노트

넥사크로 스튜디오 사용 시 운영체제에 설치되지 않은 폰트를 UserFont로 사용하는 경우에는 속성 창에 해당 폰트가 표시되지 않습니다. 속성 창에서 직접 해당 폰트명을 입력해야 합니다.

ImageResource

ImageResource 우클릭 [Import] 메뉴를 이용하여 추가하면 이미지 목록에 등록되어 사용할 수 있습니다. 이미지 경로 팝업 창에서는 Theme 이미지 목록 밑으로 imagerc:: 경로를 확인할 수 있습니다.

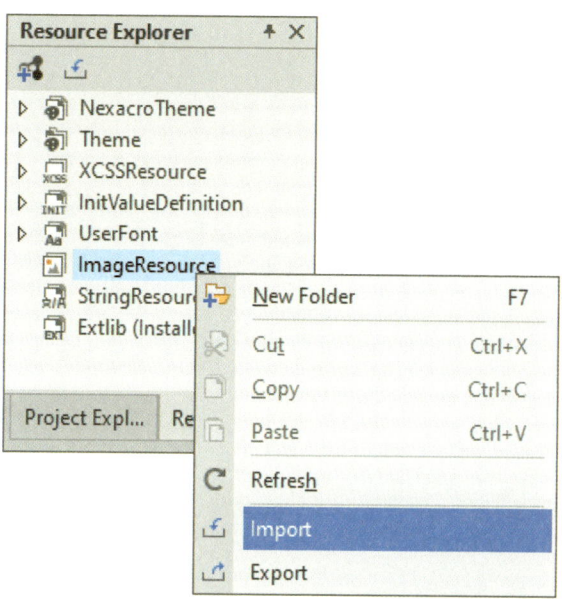

StringResource

다국어를 적용하려는 경우 컴포넌트의 텍스트 관련 속성값을 StringResource에서 참조하도록 설정할 수 있습니다. 다국어 설정을 지원하는 속성 목록만 표시됩니다.

[Menu] File 〉 New 〉 StringResource(.xstring) 또는 Resource Explorer 〉 StringResource 우클릭 New StringResource로 실행하면 _resource_〉_stringrc_ 폴더에 "○○○.xstring" 파일로 생성됩니다.

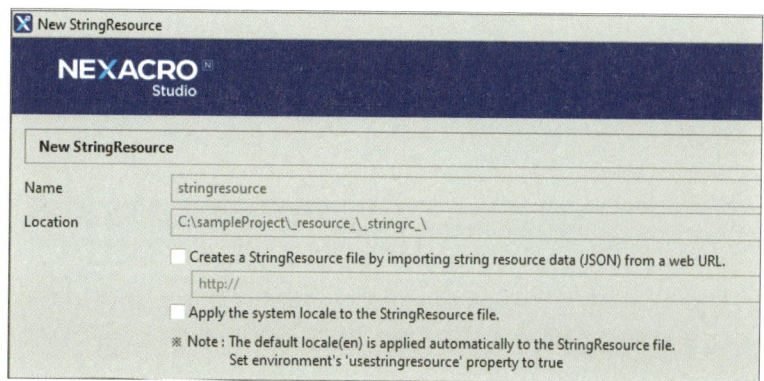

StringResource 파일 생성 시 Environment 〉 usestringresource 속성값이 true로 설정됩니다.

Extlib(Installed Module)
xmodule 파일을 프로젝트에서 가져와 해당 모듈을 등록하고 사용할 수 있습니다. 설치한 모듈을 Resource Explorer 〉 Extlib(Installed Module) 항목에서 확인할 수 있습니다. 모듈 소스 코드를 열어 볼 수 있으며 필요한 경우 소스 코드 편집 후 선택한 모듈만 Generate할 수 있습니다.

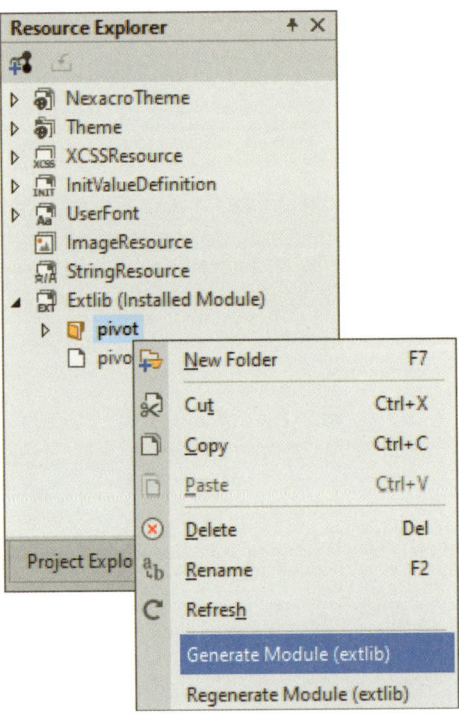

6.2 디자인 적용

넥사크로 스튜디오에서 디자인 확인을 위해 필요한 Theme를 먼저 이해하고 관련 속성에 대해서 알아보겠습니다.

6.2.1 Theme

Theme는 디자인 정보를 보여 줍니다.

Theme 생성

Theme 파일은 이미지와 XCSS 파일을 포함한 형태를 의미합니다.
NexacroTheme에서는 두 정보가 압축된 형태로 제공되지만 Theme 영역에서는 편집이 가능하도록 분리된 형태로 제공됩니다.

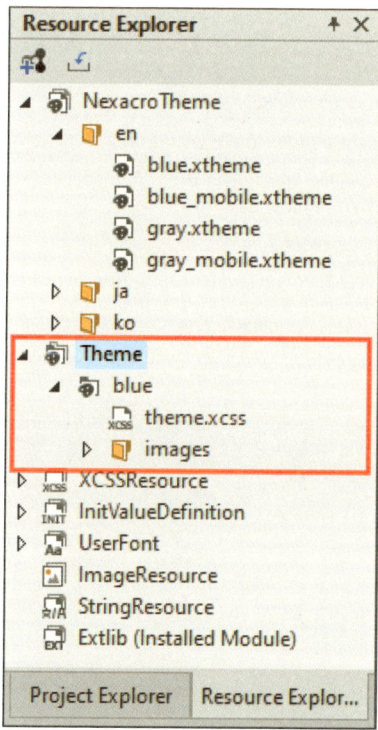

아래 방법으로 "EDU" Theme를 생성합니다.

  [Menu] File > New > Theme
  Icon( ) dropbutton > Theme
  Resource Explorer > Theme 우클릭 New Theme

생성된 파일은 Resource Explorer > Theme에 등록되어 관리됩니다.

Theme 구성 - Style

Theme가 생성되면 해당 편집기를 자동으로 열어 줍니다. Style은 넥사크로 화면을 구성하는 화면 요소들을 디자인하는 기능을 의미합니다. 스타일을 적용할 수 있는 선택자는 컴포넌트, Form, Frame, TitleBar, StatusBar, ScrollBar 등이 있습니다.

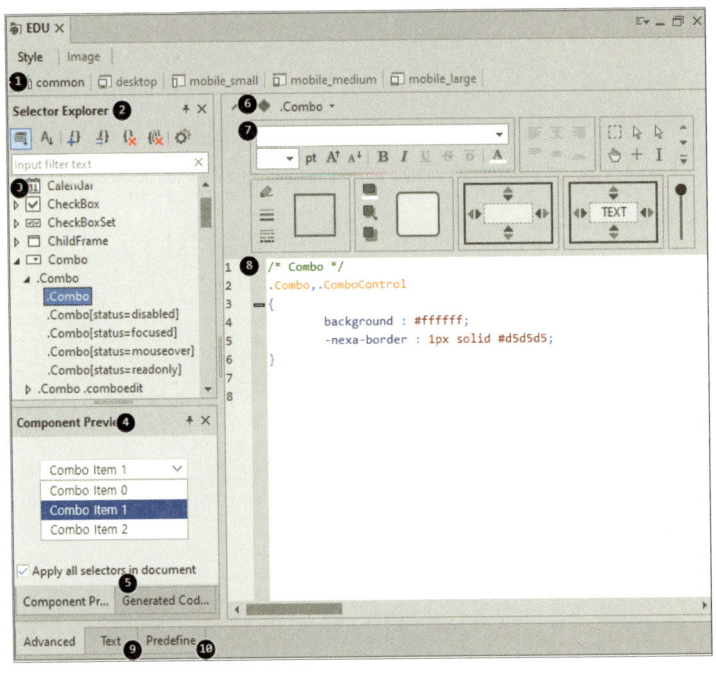

항목		설명
❶ Screen Type		Screen Type을 선택하는 영역
❷	Selector Explorer	선택자에 대한 편집을 쉽게 설정할 수 있는 아이콘들이 있는 영역
	Sort by Group	선택자를 컴포넌트 그룹으로 정렬
	Sort By Alphabet	선택자를 알파벳 순서로 정렬
	Add Selector	선택자 추가
	Add Child Selector	선택자의 자식 선택자 추가
	Delete Selector	선택자 삭제
	Delete All Selector	모든 선택자 삭제
	Options	XCSS Generate할 대상 Browser 선택
❸ Selector Tree		선택자 목록을 트리로 구성
❹ Component Preview		선택한 항목에 대한 미리보기 영역
❺ Generated Code Preview		Nexacro/Web Browser별 변환된 text 형식의 CSS 미리보기
❻ Navigatorbar		원하는 선택자를 순서대로 찾아가거나 추가
❼ Style Quick Editor		자주 변경하는 스타일에 대한 빠른 편집 제공
❽ XCSS Editor		Nexacro Style Sheet 편집기
❾ Text		전체 코드를 수정할 수 있는 영역
❿ Predefine		변수로 선언하고 속성값으로 사용하도록 설정하는 영역

작성한 스크립트에 오류가 있는 경우에는 Error List에서 내용을 확인할 수 있습니다.

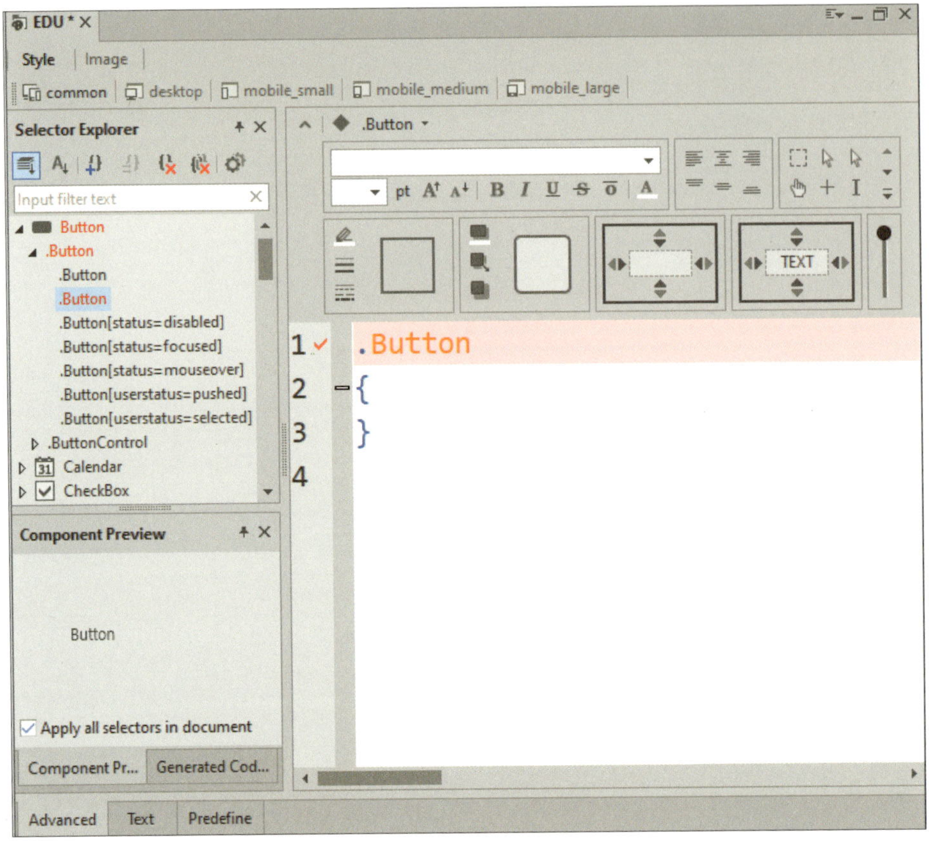

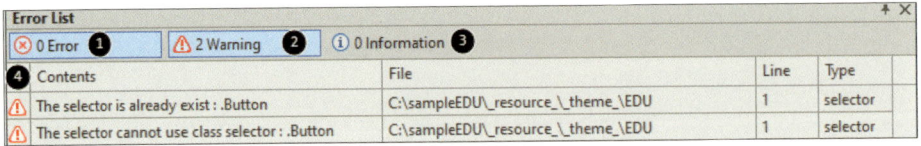

Error List 창은 메뉴 영역 우클릭, [Error List] 메뉴를 선택하거나 [Menu] View > Output > Error List로 불러올 수 있습니다.

항목		설명
❶	Error	오류 메시지 필터링 여부
❷	Warning	경고 메시지 필터링 여부
❸	Information	알림 메시지 필터링 여부
❹	Contents	메시지 목록 및 내용 표시

Theme 구성 - Image

Theme에서 사용된 이미지를 트리 형태로 제공합니다. 이미지는 추가 및 삭제할 수 있으며 이미지를 선택하면 미리보기 화면으로 확인할 수 있습니다.

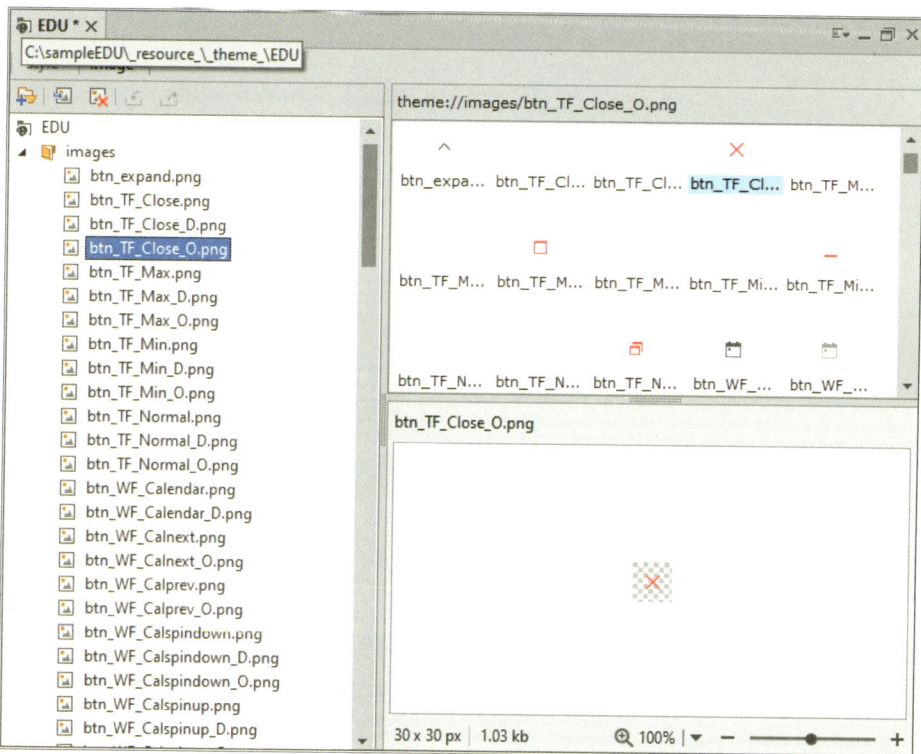

Theme 적용

생성한 프로젝트는 넥사크로 스튜디오 설치 시 제공되는 Resource Explorer 〉 Theme의 blue Theme가 적용되어 있습니다. Theme 생성 후에는 해당 파일을 프로젝트에 적용하여 진행합니다.

Resource Explorer 창에 있는 항목들의 적용은 Project Explorer 〉 Environment 〉 themeid에서 합니다.

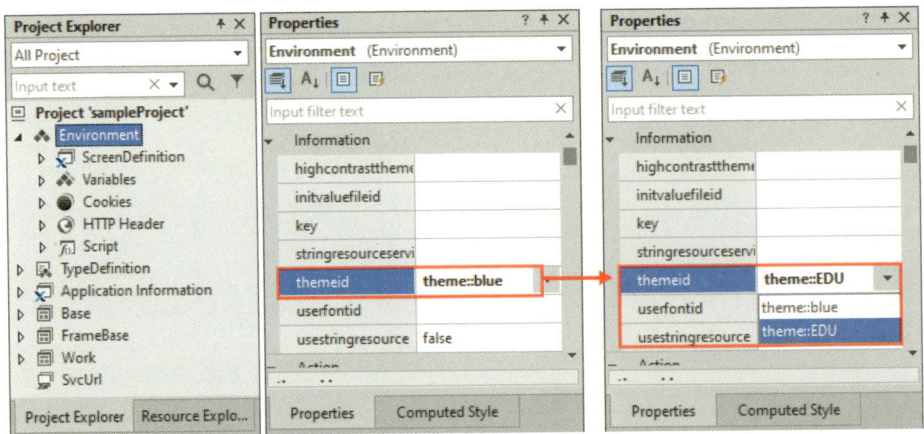

> 노트
>
> Theme는 새로 생성해도 내용이 없는 Theme가 아닌 기본 정보(blue theme 정보)를 가지고 있습니다. 그래서 새로 만든 EDU Theme를 적용해도 화면상 디자인은 같습니다. 이는 다음 장에서 속성을 배운 후 디자인을 변경해 보면 적용 여부의 결과가 정확히 구분됩니다.

6.2.2 XCSS

XCSS는 Theme가 가지고 있는 Style과 Image 중에서 Style 편집만 할 수 있는 파일입니다.

XCSS 생성

아래 방법으로 "EDU" XCSS 파일을 생성합니다.

> [Menu] File 〉 New 〉 Nexacro Style Sheet(.xcss)
> Icon() dropbutton 〉 Nexacro Style Sheet(.xcss)
> Resource Explorer 〉 XCSSResource 우클릭, New Nexacro Style Sheet

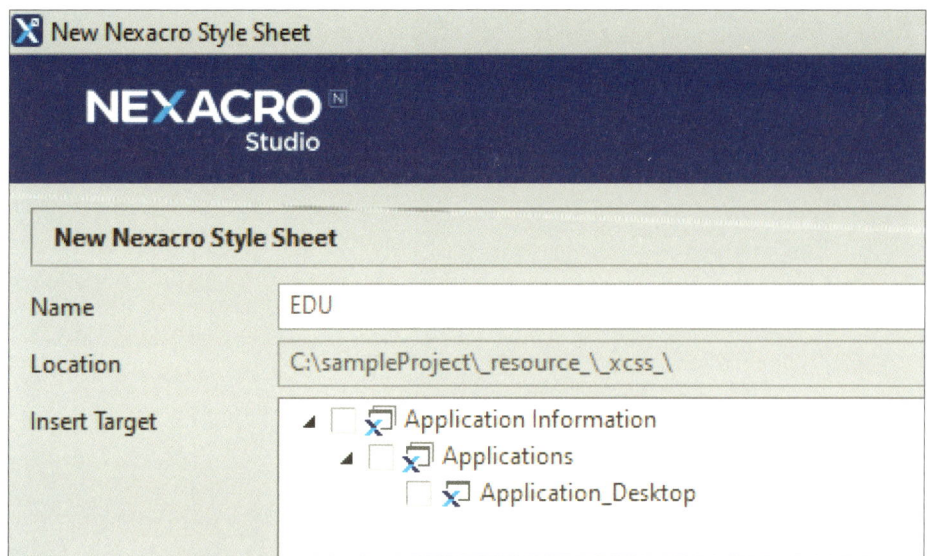

❶ XCSS 파일의 이름을 설정합니다.
❷ XCSS 파일의 경로를 설정합니다. (경로는 수정할 수 없습니다.)
❸ 프로젝트에 적용할지 여부를 선택합니다.

생성된 파일은 Resource Explorer > XCSSResource에 등록되어 관리합니다.

XCSS 적용
생성할 때 Insert Target의 체크박스를 선택하면 바로 적용이 됩니다. 만약 만든 후에 적용을 한다면 Project Explorer > Applications > Application_Desktop 우클릭, [Insert > Style] 메뉴를 선택합니다.

프로젝트에서 적용 결과는 Project Explorer > Applications에서 확인할 수 있습니다.

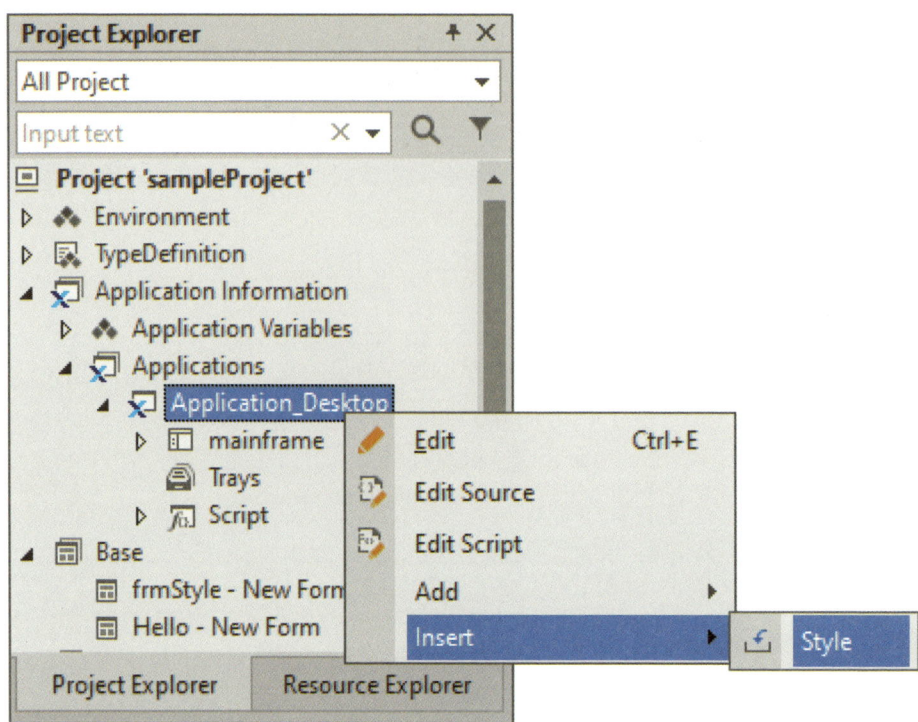

> 노트
>
> 프로젝트에서 Environment > themeid 속성에 Theme, Applications > Application_Desktop에는 XCSS 파일이 연결되어 있다면 디자인 정보를 가진 XCSS 파일이 두 곳에 있습니다.
> 이런 경우 디자인을 먼저 확인하는 곳은 Application에 연결된 XCSS 파일이며 Theme 정보가 그다음에 적용됩니다.
> 예를 들어,
> Theme > style Button 컴포넌트 배경 = 흰색, 테두리 = 검정
> XCSS 파일 Button 컴포넌트 배경 = 노랑으로 작성한다면
> 최종 Button 컴포넌트 디자인은 배경 = 노랑, 테두리 = 검정이 됩니다.

6.3 디자인 속성의 이해

XCSS 편집기에서 선택자를 추가해서 작성한다면 아래처럼 Add Selector 창을 이용할 수 있습니다.

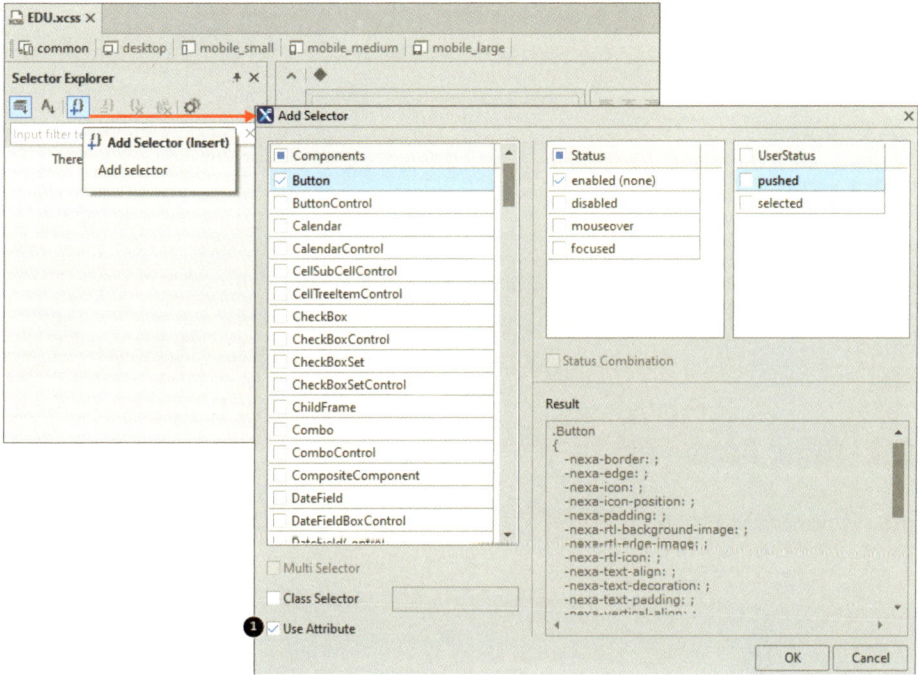

❶ Use Attribute - 선택자에서 사용할 속성을 에디터에 추가할지 여부를 선택합니다. 선택하면 해당 선택자에서 사용할 수 있는 속성 목록을 에디터에 표시합니다.

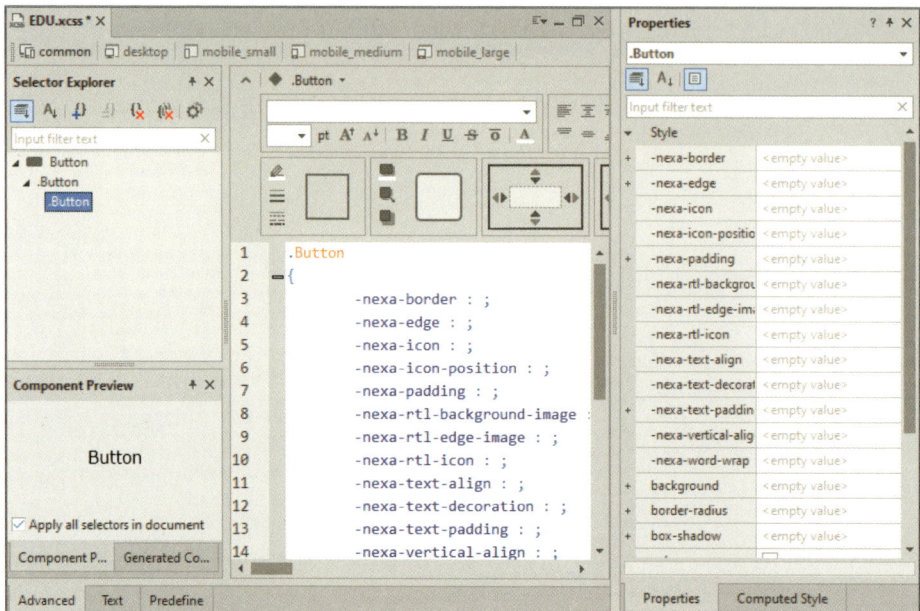

6.3.1 Style Property

아래 속성들은 넥사크로 스튜디오에서 디자인 확인을 위해 반드시 알아야 할 속성들입니다.

속성	설명
-nexa-border	컴포넌트의 테두리를 설정하는 속성
-nexa-edge	컴포넌트 테두리 안쪽에 표시될 edge 이미지를 설정하는 속성
-nexa-icon	텍스트와 함께 표시될 아이콘 이미지를 설정하는 속성
-nexa-icon-position	텍스트와 함께 표시될 아이콘 이미지의 위치를 설정하는 속성
-nexa-padding	컴포넌트 영역의 안쪽 여백을 설정하는 속성
-nexa-rtl-background-image	rtl 속성이 true로 적용될 때 배경에 표시될 이미지를 설정하는 속성
-nexa-rtl-edge-image	rtl 속성이 true로 적용될 때 테두리 안쪽에 표시될 edge 이미지를 설정하는 속성
-nexa-rtl-icon	rtl 속성이 true로 적용될 때 표시될 아이콘 이미지를 설정하는 속성
-nexa-text-align	컴포넌트의 텍스트 또는 콘텐츠의 가로 정렬 방식을 설정하는 속성
-nexa-text-decoration	컴포넌트의 텍스트에 적용할 위, 아래, 취소선의 효과를 설정하는 속성
-nexa-text-padding	컴포넌트에 표시되는 아이콘과 텍스트의 간격을 설정하는 속성
-nexa-vertical-align	컴포넌트의 텍스트 또는 콘텐츠의 세로 정렬 방식을 설정하는 속성

-nexa-word-wrap	컴포넌트에 표시되는 텍스트가 출력 영역보다 길 경우 자동으로 줄바꿈이 되도록 설정하는 속성
background	컴포넌트의 배경 영역을 설정하는 속성
border-radius	컴포넌트의 모서리 모양을 설정하는 속성
box-shadow	컴포넌트에 그림자 효과를 설정하는 속성
color	컴포닌드의 텍스트의 색상을 설정하는 속성
cursor	컴포넌트 영역 내에서 표시될 마우스 포인터의 종류를 설정하는 속성
font	컴포넌트에서 사용하는 폰트를 설정하는 속성
letter-spacing	컴포넌트에 표시되는 문자의 간격을 설정하는 속성
opacity	컴포넌트 영역의 투명도를 설정하는 속성
word-spacing	컴포넌트에 표시되는 텍스트의 단어의 간격을 설정하는 속성

> 노트
>
> **-nexa-**
> 넥사크로에서는 웹 CSS3 표준을 준수하고 화면 성능 향상을 위한 스타일 처리 방식을 사용합니다. 속성명도 CSS3에서 사용하는 명칭과 개념으로 대부분 표현됩니다.
> 하지만 완벽하게 일치하지 않기 때문에 Nexacro Style Sheet에서만 표현되는 속성은 vendor prefix property로 처리되어 "-nexa-"라는 문구로 속성을 구별하였습니다.
>
> [-nexa-가 붙어 처리되는 속성의 경우]
> • 표준에는 존재하지 않으나 컴포넌트 스타일에 필요한 속성
> • CSS 표준과 유사하나 사용자 편의를 위해 문법을 확장한 경우
> • Generate 시 컴포넌트 기능 구현을 위해 하위에 생성한 내부 노드에 적용되는 스타일

● **-nexa-border**

컴포넌트의 테두리를 설정하는 속성

속성	값	설명
-nexa-border		⟨line-width⟩'px'⟨line-style⟩⟨color⟩
	border-top	테두리 위쪽을 설정하는 속성 line-width, line-style, color 각각 선 두께, 스타일, 색을 설정
	border-right	테두리 오른쪽을 설정하는 속성
	border-bottom	테두리 아래쪽을 설정하는 속성
	border-left	테두리 왼쪽을 설정하는 속성
	1번 입력	top/right/bottom/left 모두 적용
	2번 입력	top/bottom, right/left에 첫 번째 값부터 적용
	3번 입력	top, right/left, bottom에 첫 번째 값부터 적용
	4번 입력	top, right, bottom, left에 첫 번째 값부터 적용

값	세부사항	설명
line-style	none	테두리가 표시되지 않음
	hidden	테두리가 표시되지 않음
	dotted	테두리가 점선으로 표시됨
	dashed	테두리가 파선으로 표시됨
	solid	테두리가 실선으로 표시됨
	double	테두리가 두 줄로 표시됨
	groove	테두리가 들어간 것처럼 보이게 입체적으로 표시됨
	ridge	테두리가 올라온 것처럼 보이게 입체적으로 표시됨
	insert	컴포넌트가 들어간 것처럼 보이게 테두리가 입체적으로 표시됨
	outset	컴포넌트가 올라온 것처럼 보이게 테두리가 입체적으로 표시됨

Properties 창의 Border 편집기

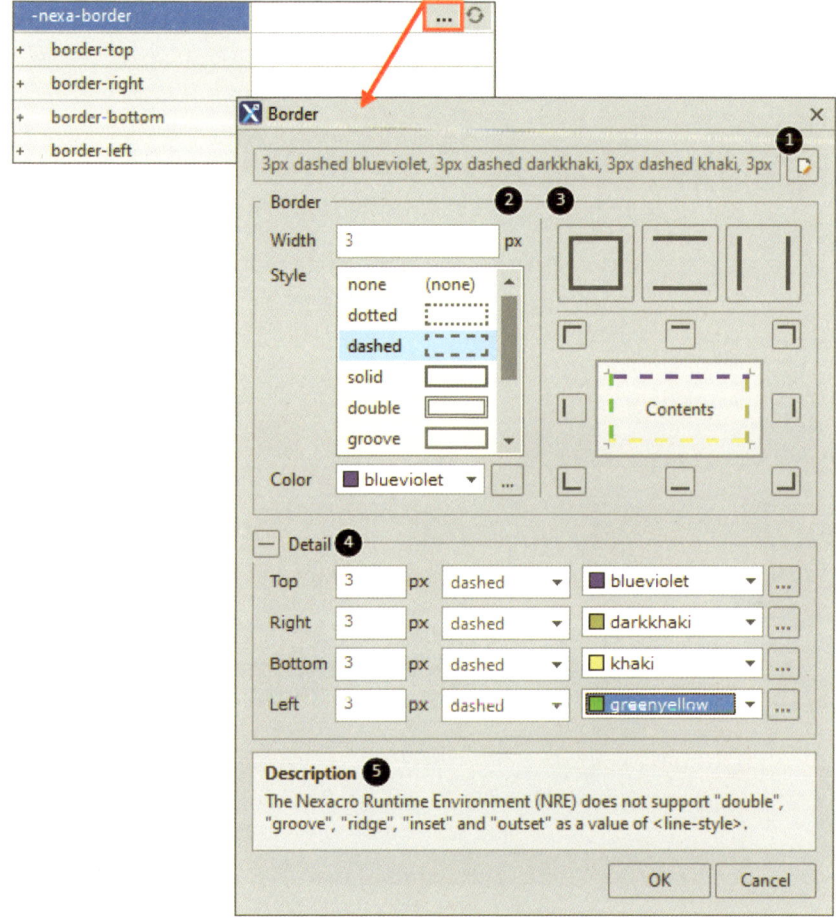

	항목	설명
❶	Border value	작성된 Border 속성값을 확인하거나 직접 수정합니다.
❷	Border	적용할 Border 속성의 세부 항목을 설정합니다.
❸	Preview	설정된 Border 속성을 확인합니다. Preset 버튼을 사용해 Border 항목에서 설정한 속성값을 원하는 부분에 설정할 수 있습니다.
❹	Detail	하위 Border 속성값을 설정합니다. 해당 항목은 접거나 펼칠 수 있습니다.
❺	Description	Border 속성 관련 제약사항을 표시합니다.

> **[Nexacro Runtime Environment(NRE) 제약]**
> Nexacro Runtime Environment(NRE)에서는 line-style에 double, groove, ridge, inset, outset 값을 설정해도 적용되지 않습니다.

Properties 창의 Color Picker 편집기

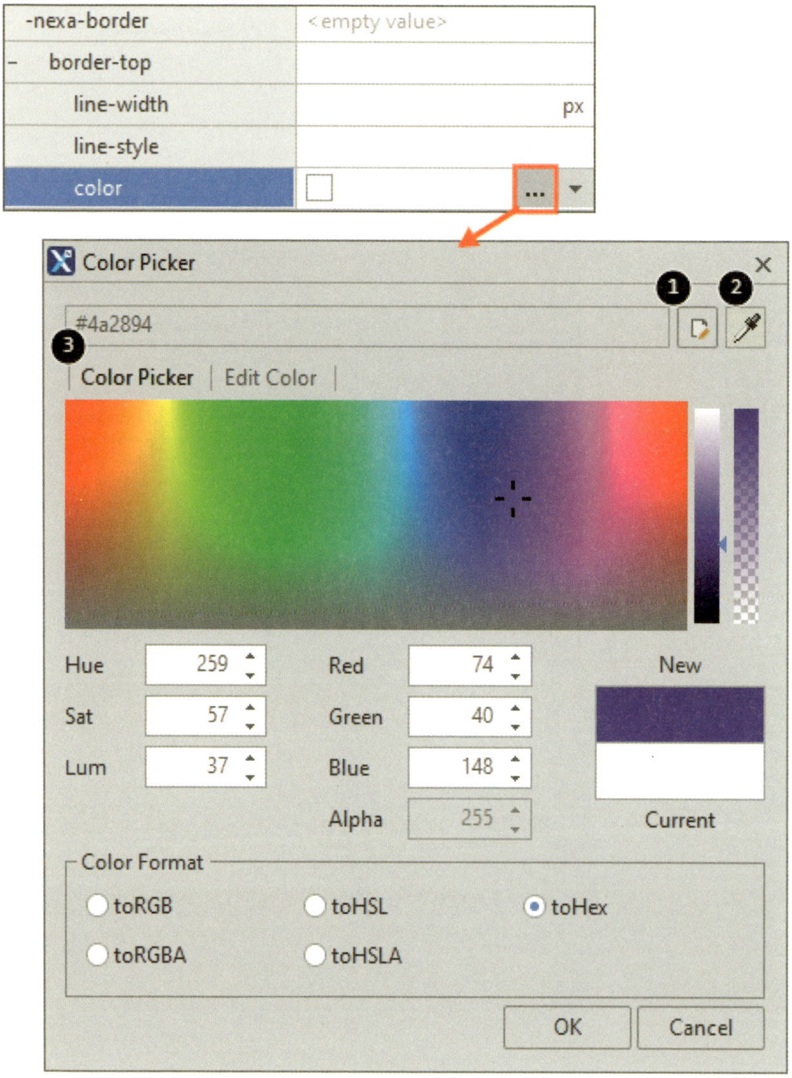

	항목	설명
❶	Color value	작성된 Color 속성값을 확인하거나 직접 수정합니다.
❷	Eyedropper	색상값을 직접 선택하여 지정합니다.
❸	Color Picker	다양한 형식으로 색상값을 지정합니다.

● -nexa-edge

컴포넌트 테두리 안쪽에 표시될 edge 이미지를 설정하는 속성

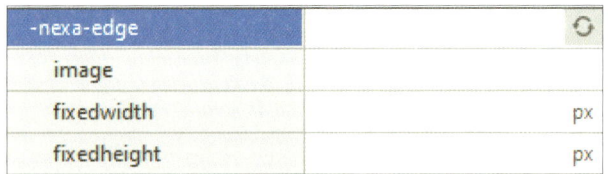

속성	값	설명
-nexa-edge		'〈image〉〈fixedwidth〉'px'〈fixedheight〉'px'
	image	URL(" ")와 같은 형식으로 이미지를 설정
	fixedwidth	이미지가 고정될 가로 길이를 지정
	fixedheight	이미지가 고정될 세로 길이를 지정

> 노트
>
> fixedwidth, height 값을 설정하지 않으면 0px로 적용되며, 0px 설정은 영역을 고정하지 않습니다.
> background 속성에 bg-image 또는 background-color가 설정되어 있어도 -nexa-edge 속성에 설정된 이미지가 제일 위에 표시됩니다.

● -nexa-icon

텍스트와 함께 표시될 아이콘 이미지를 설정하는 속성

속성	값	설명
-nexa-icon		〈image〉
	이미지 값	URL(" ")와 같은 형식으로 이미지를 설정

● -nexa-icon-position

텍스트와 함께 표시될 아이콘 이미지의 위치를 설정하는 속성

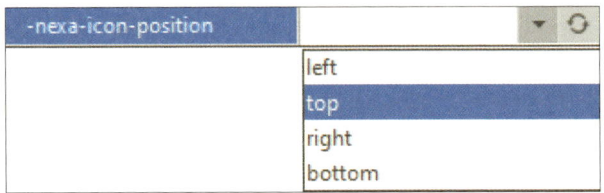

속성	값	설명
-nexa-icon-position		left	top	right	bottom
	left	아이콘을 텍스트의 왼쪽에 표시
	top	아이콘을 텍스트의 위쪽에 표시
	right	아이콘을 텍스트의 오른쪽에 표시
	bottom	아이콘을 텍스트의 아래쪽에 표시

● -nexa-padding

컴포넌트 영역의 안쪽 여백을 설정하는 속성

-nexa-padding		
padding-top		px
padding-right		px
padding-bottom		px
padding-left		px

속성	값	설명
-nexa-padding		⟨n⟩'px' ⟨n⟩'px' ⟨n⟩'px' ⟨n⟩'px'
	padding-top	영역의 위쪽 여백을 설정하는 속성
	padding-right	영역의 오른쪽 여백을 설정하는 속성
	padding-bottom	영역의 아래쪽 여백을 설정하는 속성
	padding-left	영역의 왼쪽 여백을 설정하는 속성
	1번 입력 : 5px	top/right/bottom/left 모두 적용
	2번 입력 : 5px 3px	top/bottom, right/left에 첫 번째 값부터 적용
	3번 입력 : 5px 3px 5px	top, right/left, bottom에 첫 번째 값부터 적용
	4번 입력 : 5px 3px 1px 5px	top, right, bottom, left에 첫 번째 값부터 적용

> 노트
>
> 'px' 단위를 생략할 수 없습니다.

• -nexa-text-align

컴포넌트의 텍스트 또는 콘텐츠의 가로 정렬 방식을 설정하는 속성

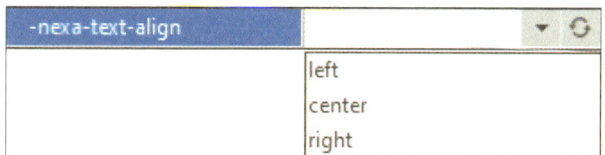

속성	값	설명
-nexa-text-align		left	center	right
	left	텍스트 또는 콘텐츠를 왼쪽으로 정렬
	center	텍스트 또는 콘텐츠를 가운데로 정렬
	right	텍스트 또는 콘텐츠를 오른쪽으로 정렬

• -nexa-text-decoration

컴포넌트의 텍스트에 적용할 위, 아래, 취소선의 효과를 설정하는 속성

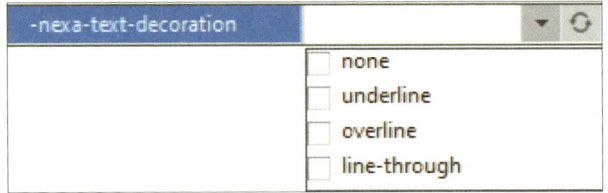

속성	값	설명
-nexa-text-decoration		none | line-through | overline | underline
	none	텍스트에 효과를 지정하지 않는다.
	line-through	텍스트에 취소선 효과를 적용
	overline	텍스트에 윗줄 효과를 적용
	underline	텍스트에 밑줄 효과를 적용

> 노트
> 각 효과는 공백(" ")을 구분자로 사용하여 여러 번 설정할 수 있습니다.

• -nexa-text-padding

컴포넌트에 표시되는 아이콘과 텍스트의 간격을 설정하는 속성

-nexa-text-padding		
padding-top		px
padding-right		px
padding-bottom		px
padding-left		px

속성	값	설명
-nexa-text-padding		⟨n⟩'px' ⟨n⟩'px' ⟨n⟩'px' ⟨n⟩'px'
	padding-top	영역의 위쪽 여백을 설정하는 속성
	padding-right	영역의 오른쪽 여백을 설정하는 속성
	padding-bottom	영역의 아래쪽 여백을 설정하는 속성
	padding-left	영역의 왼쪽 여백을 설정하는 속성
	1번 입력: 5px	top/right/bottom/left 모두 적용
	2번 입력: 5px 3px	top/bottom, right/left에 첫 번째 값부터 적용
	3번 입력: 5px 3px 5px	top, right/left, bottom에 첫 번째 값부터 적용
	4번 입력: 5px 3px 1px 5px	top, right, bottom, left에 첫 번째 값부터 적용

노트

컴포넌트에 표시되는 아이콘이 없을 경우 -nexa-text-padding 속성값은 무시됩니다.

• -nexa-vertical-align

컴포넌트의 텍스트 또는 콘텐츠의 세로 정렬 방식을 설정하는 속성

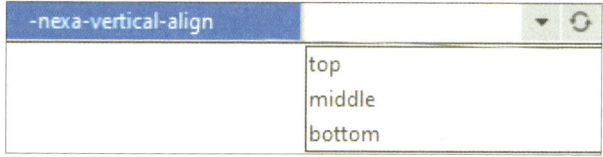

속성	값	설명
-nexa-vertical-align		top | middle | bottom
	top	텍스트 또는 콘텐츠를 위쪽으로 정렬
	middle	텍스트 또는 콘텐츠를 가운데로 정렬
	bottom	텍스트 또는 콘텐츠를 아래쪽으로 정렬

● -nexa-word-wrap

컴포넌트에 표시되는 텍스트가 출력 영역보다 길 경우 자동으로 줄바꿈 되도록 설정하는 속성

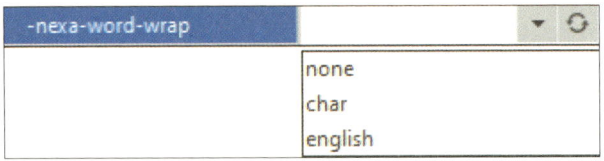

속성	값	설명
-nexa-word-wrap		none | char | english
	none	자동으로 줄바꿈을 수행하지 않음
	char	글자 단위로 줄바꿈을 자동 수행
	english	영문자일 경우 단어 단위로 줄바꿈을 자동 수행 영문자 이외의 문자는 글자 단위로 줄바꿈을 자동 수행

> 노트
>
> "english"로 설정 시 한 단어는 공백(space, tab 등)으로 구분합니다.

● background

컴포넌트의 배경 영역을 설정하는 속성

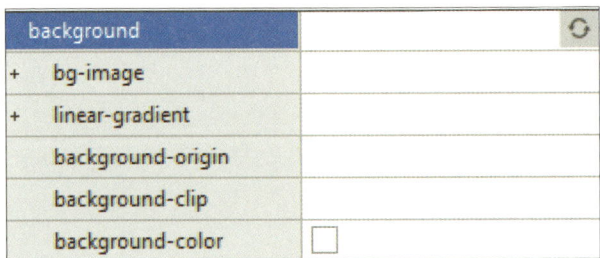

속성	값	설명
background	bg-image	배경에 표시될 이미지를 설정
	linear-gradient	배경에 표시될 그러데이션을 설정
	background-origin	배경으로 처리될 기준 영역 설정
	background-clip	배경이 실제로 표시될 영역 설정
	background-color	배경에 표시될 색을 설정

세부 속성		값	설명
bg-image	imageurl		URL(" ") 형식으로 설정
	repeat-style	no-repeat	이미지가 반복표시되지 않음
		repeat	이미지가 가로, 세로 방향으로 모두 반복
		repeat-x	이미지가 가로 방향으로 반복
		repeat-y	이미지가 세로 방향으로 반복
	position	horizontal-position	이미지의 가로 위치 설정 - left, center, right, ⟨percentage⟩
		vertical-position	이미지의 세로 위치 설정 - top, center, bottom, ⟨percentage⟩
		background-size	이미지의 크기를 설정 - auto, cover, contain, ⟨length⟩|⟨percentage⟩

노트

bg-image 〉 repeat-style값을 설정하지 않으면 "repeat"으로 적용됩니다.
bg-image 〉 position값을 모두 설정하지 않으면 "left"로 적용되므로 이미지를 중앙에 놓으려면 "center" 또는 "center center"로 설정해야 합니다.
bg-image 〉 position의 percentage값 설정 시 % 단위를 생략할 수 없습니다.
background의 image와 color가 모두 설정되어 있을 경우 배경색 위에 이미지가 표시됩니다.

background 〉 bg-image 〉 position 〉 background-size
배경에 표시될 이미지의 크기를 설정

세부속성		값	설명
bg-image > position	background -size	auto	원본 이미지 크기를 유지
		cover	이미지 비율을 유지하는 한도 내에서 배경에 빈 공간이 없도록 가장 크게 설정
		contain	이미지가 잘리지 않고 비율을 유지하는 한도 내에서 가장 크게 설정
		〈length〉|〈percentage〉	이미지의 width, height 크기 또는 컴포넌트 대비 비율을 설정 width값만 설정할 경우 원본 이미지 비율에 따라 height 크기를 자동으로 설정

속성	값		설명
linear-gradient			배경에 표시될 그러데이션을 설정 (방향, Start color %, End color %)
	angle		그러데이션의 표시 방향을 설정
	startcolor-stop	color, percentage	percentage-angle값에 의해 결정된 시작점이 0% 끝점이 100%로 적용
	endcolor-stop	color, percentage	
	listcolor-stop		그러데이션의 중간점 색을 설정 ","로 구분하여 여러 개 설정할 수 있습니다.

Properties 창의 Gradient 편집기

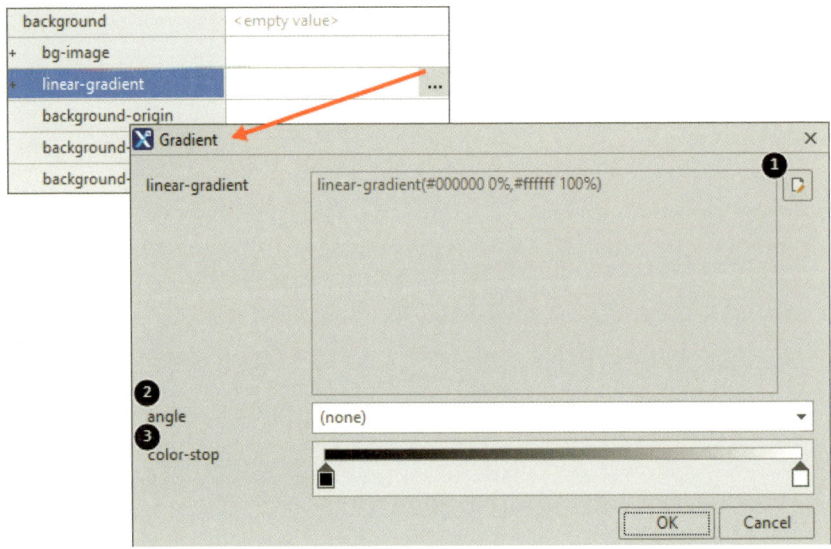

항목		설명
❶	Gradient value	작성된 Gradient 속성값을 확인하거나 직접 수정합니다.
❷	angle	그러데이션을 적용할 방향을 지정합니다.
❸	color-stop	그러데이션 색상을 지정합니다. 색상지정은 해당 항목을 더블 클릭하여 Color Picker를 사용합니다.

background 〉 linear-gradient 〉 color-stop

항목의 각 색상을 마우스 오른쪽 버튼으로 클릭하면 값을 편집하거나 해당 색상 항목을 삭제할 수 있습니다.

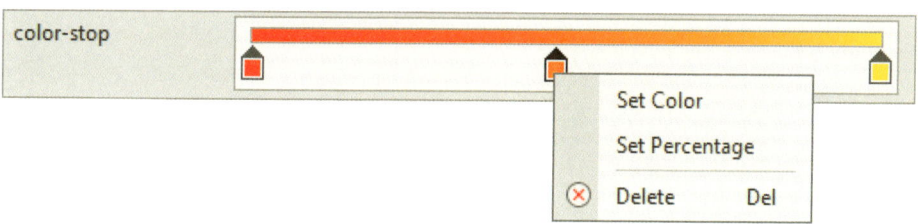

노트

linear-gradient 〉 angle값을 설정하지 않으면 "to bottom"으로 적용됩니다.
start, end의 퍼센트(%)를 설정하지 않으면,
background : linear-gradient(to bottom,blue,green) ;
위와 같은 형태로 보입니다. 여기에 중간점 색을 50% 지점에 red로 설정한다면,
background : linear-gradient(to bottom,blue,red 50%,green) ; 이처럼 값 또한 그 위치에 들어가게 됩니다.

속성	값	설명
background-origin/ background-clip		배경으로 처리될 기준 영역을 설정
	border-box	테두리를 포함한 영역이 배경 영역으로 처리됩니다.
	padding-box	테두리의 안쪽 영역이 배경 영역으로 처리됩니다.

노트

background-origin의 값을 설정하지 않으면 "padding-box"로 적용됩니다.
background-clip의 값을 설정하지 않으면 'background-origin'에 설정한 값이 동일하게 적용됩니다.
만약 'background-origin'의 값도 설정하지 않았을 경우 "border-box"로 적용됩니다.

속성	값	설명
background-color	색상 이름 또는 색상 코드	색상 이름 – 'red', 'blue' 같은 문자열로 해당 색상을 설정 색상 코드 – #기호로 시작하는 6자리 hexadecimal값 또는 r, g, b 값을 인자로 하는 rgb( ) 메서드 예) #FF00FF, rgb(255, 0, 255)

주의

background의 image와 gradient를 동시에 설정할 수 없습니다.
두 값을 동시에 설정 시 오동작이 발생할 수 있습니다.

• border-radius
컴포넌트의 모서리 모양을 설정하는 속성

border-radius		
− border-top-left-radius		
horizontal-radius		px
vertical-radius		px
+ border-top-right-radius		
+ border-bottom-right-radius		
+ border-bottom-left-radius		

속성	값	설명
border-radius		〈nhorizontal〉{4} / 〈nvertical〉{4} - 10px - 5px 10px / 5px 10px
	border-top-left-radius	모서리의 왼쪽 상단의 모양을 설정하는 속성
	border-top-right-radius	모서리의 오른쪽 상단의 모양을 설정하는 속성
	border-bottom-right-radius	모서리의 오른쪽 하단의 모양을 설정하는 속성
	border-bottom-left-radius	모서리의 왼쪽 하단의 모양을 설정하는 속성
	1번 입력	전체 모서리에 저장됨
	2번 입력	top-left/bottom-right, top-right/bottom-left에 첫 번째 값부터 적용
	3번 입력	top-left, top-right/bottom-left, bottom-right에 첫 번째 값부터 적용
	4번 입력	top-left, top-right, bottom-right, bottom-left에 첫 번째 값부터 적용
horizontal-radius		모서리를 둥글게 표시하기 위한 가로 크기를 설정
vertical-radius		모서리를 둥글게 표시하기 위한 세로 크기를 설정

● **box-shadow**

컴포넌트에 그림자 효과를 설정하는 속성

속성	값	설명
box-shadow	inset	〈hoffset〉'px'〈voffset〉'px'〈blur〉'px'〈color〉 그림자 효과를 컴포넌트 안쪽에 표시 생략 시에는 outset으로 동작
	offset	그림자가 표시되는 위치를 설정 - horizontal vertical 음수로 설정 시 컴포넌트 왼쪽에 효과가 표시

속성	값	설명
box-shadow	blur	그림자의 흐림 효과 값을 설정
	spread	그림자를 확장하거나 축소 양수로 설정 시 그림자 확장, 음수로 설정 시 그림자 축소
	color	그림자의 색을 지정

> 노트
>
> offset과 blur값 모두 'px' 단위는 생략할 수 없습니다.
> inset과 spread는 NRE 환경에서는 지원하지 않습니다.
> **넥사크로 스튜디오 디자인 창에서도 속성값 설정 시 변경된 디자인을 확인할 수 없습니다.**

● color

컴포넌트 텍스트의 색상을 설정하는 속성

속성	값	설명
color		⟨Named Color⟩	⟨Numeric Color⟩
	색상 이름	'red', 'blue' 같은 문자열로 해당 색상을 설정
	색상 코드	#기호로 시작하는 6자리 hexadecimal값 - 예) #FF00FF r, g, b 값을 인자로 하는 rgb( ) 메서드 - 예) rgb(255, 0, 255)

● cursor

컴포넌트 영역 내에서 표시될 마우스 포인터의 종류를 설정하는 속성

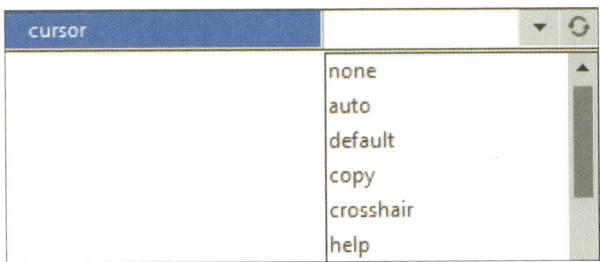

auto		copy		crosshair		default	
	e-resize		help		move		ne-resize
none		not-allowed		n-resize		nw-resize	
	pointer		progress		se-resize		s-resize
	sw-resize		text		wait		w-resize

속성	값	설명
cursor		값 지정
	none, auto, pointer ……	컴포넌트 특성에 맞는 마우스 포인터의 종류를 설정

● font

컴포넌트에서 사용하는 폰트를 설정하는 속성

font	
font style	
font-weight	
font-size	pt
line-height	
font-family	

속성	값	설명
font		⟨style⟩⟨weight⟩⟨size⟩/⟨line-height⟩⟨family⟩ – italic bold 18px/20px "Aria","Verdana"
	font-style	텍스트의 기울임 스타일을 설정 – italic, normal
	font-weight	텍스트의 두께를 설정 – bold, normal
	font-size	텍스트의 크기 단위에 따라 정수 또는 소수로 설정 • "pt", "px": 정수 • "em", "rem": 정수 또는 소수
	line-height	텍스트가 여러 줄로 표시되는 경우 줄 사이의 간격을 설정
	font-family	콤마(,)로 구분하여 텍스트 서체 설정 – "Aria","Verdana"

속성	값	설명
line-height	normal	줄 사이의 간격을 설정하지 않습니다.
	number	〈nValue〉 폰트 크기에 곱할 값을 설정
	length	〈nPixel〉 줄 사이의 간격을 pixel 단위의 숫자로 설정
	percentage	〈nPercent〉 폰트 크기에 곱한 비율값을 설정

Properties 창의 Font 편집기

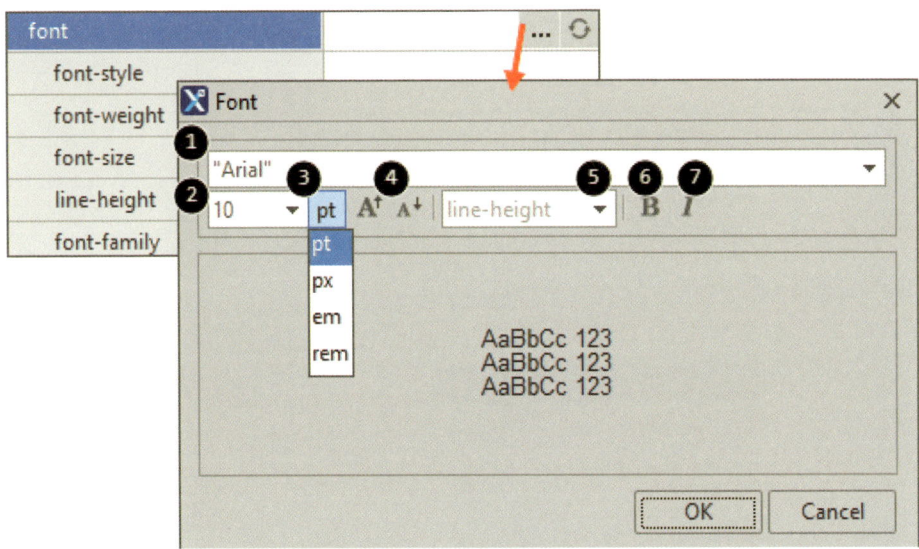

	항목	설명
❶	Face	글꼴을 직접 입력하거나 드롭버튼을 눌러 리스트를 체크하여 지정합니다.
❷	Size	크기를 직접 입력하거나 드롭버튼으로 지정합니다.
❸	Size Unit	크기의 단위를 지정합니다. [pt ǀ px ǀ em ǀ rem] 절대 길이 단위 : pixel("px"), point("pt") 상대 길이 단위 : "em", "rem" • 상대 길이 단위 설정 시 폰트 크기 계산 → em : 상위 컴포넌트 font-size 기준으로 크기를 설정 → rem : Main Frame font-size 기준으로 크기를 설정
❹	Size Up/Down	크기를 올리거나 내릴 수 있습니다.
❺	line-height	줄 사이의 간격을 지정합니다.
❻	Bold	폰트의 굵기를 지정합니다.
❼	Italic	폰트의 기울기를 지정합니다.

노트

line-height
normal 설정 시 Nexacro Runtime Environment는 폰트 크기에 곱할 값이 "1.15"일 때와 동일하게 동작합니다.
⟨length⟩, ⟨percentage⟩ 모두 단위는 생략할 수 없습니다.
font-weight
수치로 설정 시 "400" 값이 일반적인 굵기로 적용되고, "700" 값이 bold로 적용됩니다.

● letter-spacing

컴포넌트에 표시되는 문자의 간격을 설정하는 속성

속성	값	설명
letter-spacing	⟨n⟩'px'	양수: 값만큼 간격을 띄어 줍니다. 음수: 값만큼 간격을 좁혀 줍니다.

● opacity

컴포넌트 영역의 투명도를 설정하는 속성

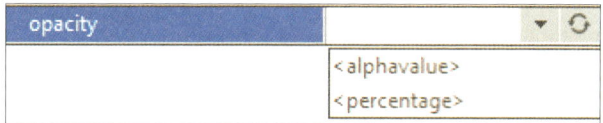

속성	값	설명
opacity		⟨alphavalue⟩, ⟨percentage⟩
	alphavalue: 0.0~1.0 사이의 값 지정	0 – 완전투명 1 – 완전 불투명
	percentage: 0%~100% 사이의 값 지정	0% – 완전투명 100% – 완전 불투명

• **word-spacing**

컴포넌트에 표시되는 텍스트 단어의 간격을 설정하는 속성

속성	값	설명
word-spacing	'⟨n⟩'px'	양수 : 값만큼 간격을 띄어 줍니다. 음수 : 값만큼 간격을 좁혀 줍니다.

6.3.2 RTL

내부 콘텐츠 또는 컴포넌트의 표시 기준을 설정하는 속성

아랍권같이 화면의 표시 기준이 오른쪽인 환경에서 콘텐츠 표시 기준을 변경하기 위해 설정하는 속성

분류	속성	값	설명
Action	rtl	undefined	• 사용자가 rtl 속성값을 설정하지 않거나 삭제했을 경우 설정 • 설정 시 상위 컴포넌트의 rtl 속성값 적용
		true	• 내부 콘텐츠 또는 컴포넌트 표시되는 기준을 오른쪽으로 설정 • 내부 좌표계의 기준을 오른쪽으로 설정 • 텍스트 표시 기준을 오른쪽으로 설정 • 수직 스크롤바가 있을 경우 왼쪽으로 표시
		false	• 내부 콘텐츠 또는 컴포넌트 표시되는 기준을 왼쪽으로 설정 • 내부 좌표계의 기준을 왼쪽으로 설정 • 텍스트 표시 기준을 왼쪽으로 설정 • 수직 스크롤바가 있을 경우 오른쪽에 표시

노트

컴포넌트부터 Environment까지 상위의 모든 rtl 속성값이 undefined면 Environment의 locale 속성에 설정된 국가 및 언어 설정값을 기준으로 rtl 속성이 적용됩니다. Environment의 locale 속성값을 설정하지 않았을 경우 시스템의 국가 및 언어 설정값이 적용됩니다.

● 특징

- 프로젝트가 실행 중일 때는 값을 변경할 수 없습니다.
- RTL 관련 속성은 미설정 시 부모 설정값을 상속받습니다.
- RTL 적용 시 좌표 기준이 오른쪽으로 변경되며 좌푯값도 변경됩니다.
- RTL 적용 시 좌우 구분이 있는 Style 관련 속성도 오른쪽 기준으로 변경됩니다.

● 스타일 속성

RTL 속성이 true로 설정할 때 적용할 이미지를 설정하는 속성들입니다.

속성	값	설명
-nexa-rtl-background-image	URL(" ")	배경에 표시될 이미지를 설정하는 속성
-nexa-rtl-edge-image	URL(" ")	테두리 안쪽에 표시될 이미지를 설정하는 속성
-nexa-rtl-icon	URL(" ")	표시될 아이콘 이미지를 설정하는 속성

노트

- rtl 속성에 의해 표시 기준이 변경되면 반전된 이미지를 적용하려 할 때 사용하는 속성입니다.
- XCSS에서만 설정할 수 있는 속성이며 스크립트로 값을 변경할 수 없습니다.
- 해당 속성값을 설정하지 않으면 원래 속성에 해당하는 이미지가 적용됩니다.

● 스타일 적용

RTL 기능이 적용된 코드를 Generate를 하려면 넥사크로 스튜디오의 옵션값을 설정해야 합니다.

| Tools 〉 Options 〉 Generate 〉 CSS

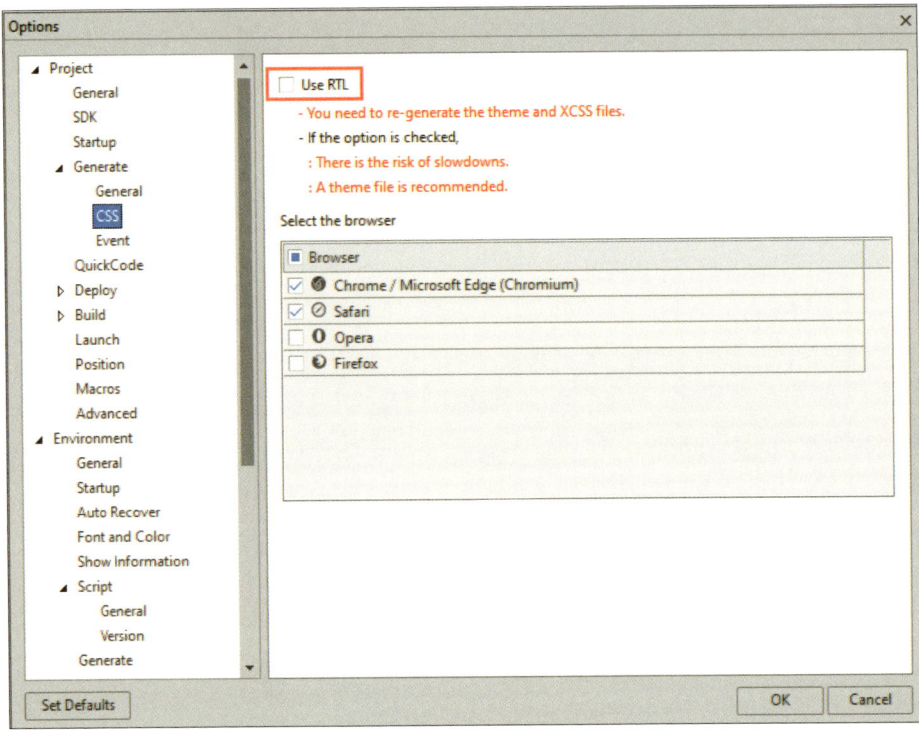

6.4 선택자의 이해

Add Selector를 클릭하여 선택자를 추가할 수 있습니다.

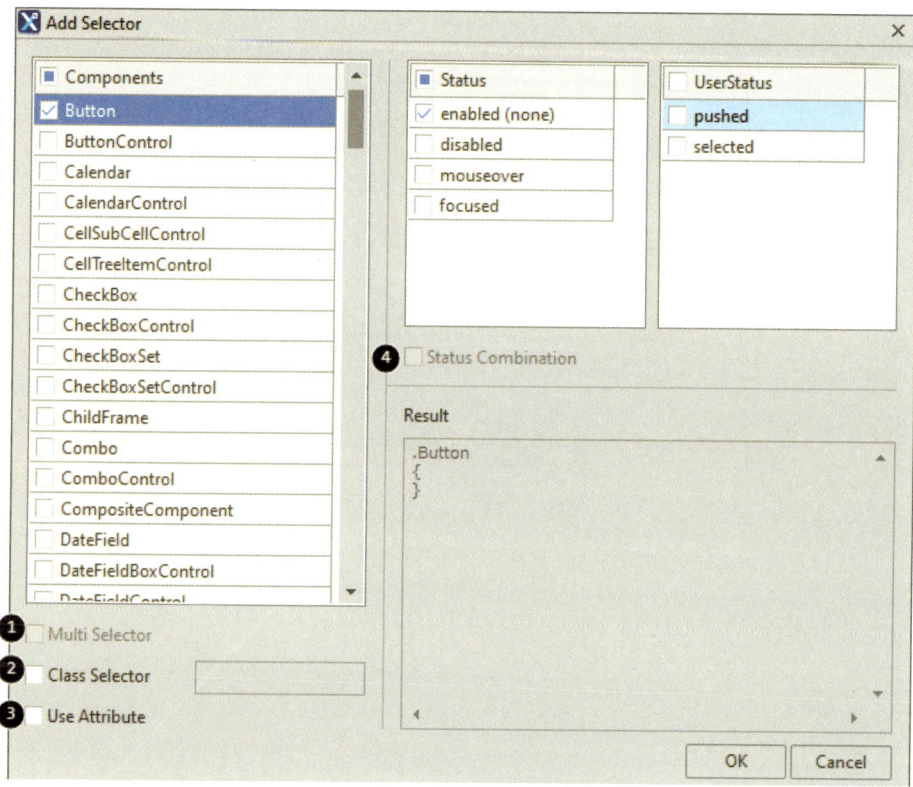

	이름	설명
❶	Multi Selector	같은 값을 가지는 여러 개 선택자를 묶어서 한 번에 지정합니다. 2개 이상의 컴포넌트를 선택하거나 Status를 2개 이상 선택한 경우 체크박스 영역이 활성화되며 체크하는 경우 Multi Selector로 처리합니다.
❷	Class Selector	특정 클래스를 지정하고 현재 선택자의 설정을 반영합니다.
❸	Use Attribute	선택자에서 사용할 속성을 에디터에 추가할지 여부를 선택합니다. 해당 항목을 체크하면 해당 선택자에서 사용할 수 있는 속성 목록이 에디터에 표시됩니다.
❹	Status Combination	Status 항목과 UserStatus 항목을 모두 선택한 경우 묶어서 한 번에 지정합니다.

6.4.1 Multi Selector

같은 값을 가지는 여러 개의 선택자를 묶어서 한 번에 지정합니다.

Status/UserStatus

컴포넌트의 상태값을 지정합니다. enabled 상태는 기본값으로 처리되어 별도로 상태값을 지정하지 않습니다. Status는 두 그룹 Status와 UserStatus로 정의합니다.

구분	의미	예
Status	시스템에서 지원하는 상태	disabled, mouseover, focused, enabled, readonly 등
UserStatus	사용자가 추가 정의하는 상태	pushed, blinked, selected 등

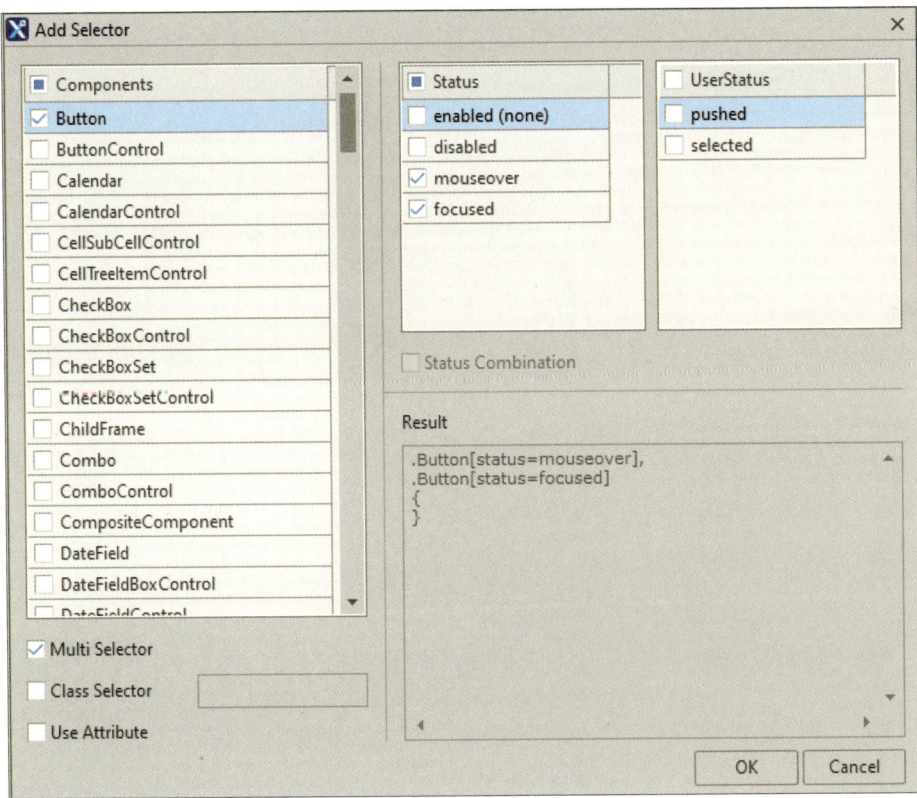

XCSS 편집기에서는 아래와 같은 결과로 확인됩니다.

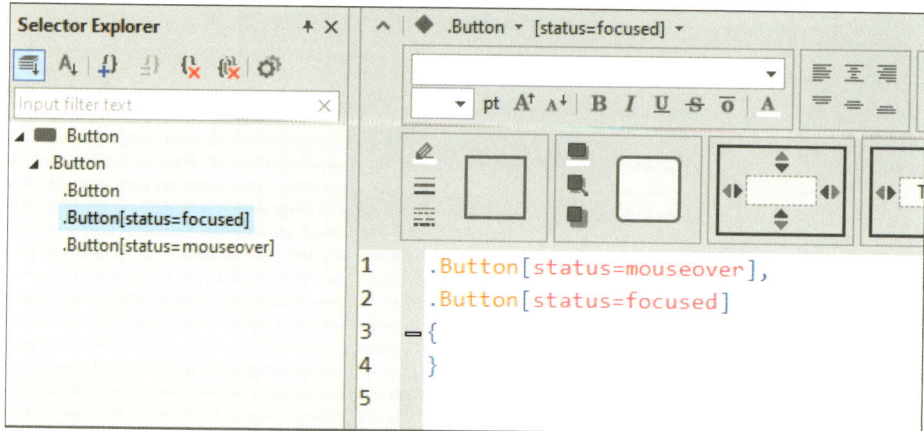

● **실습하기**

작업했던 화면 Work 〉 Form_Emp.xfdl을 열어서 상단의 Button 컴포넌트 디자인을 확인합니다.

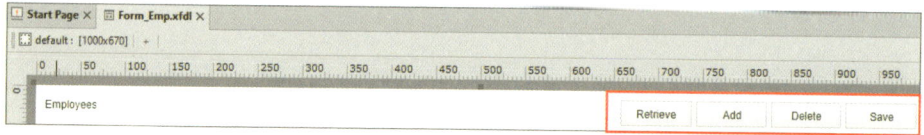

스타일 속성과 선택자를 활용해서 EDU theme의 현재 디자인을 변경해 봅니다.

단계 1. Resource Explorer > Theme에서 EDU를 더블 클릭합니다.

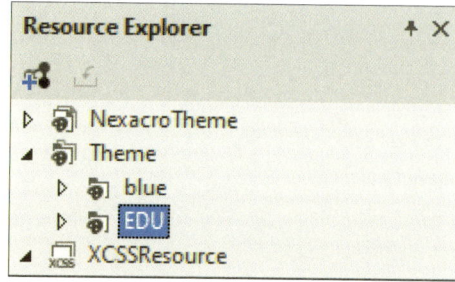

단계 2. 열린 Theme에서 Button 컴포넌트를 선택합니다.

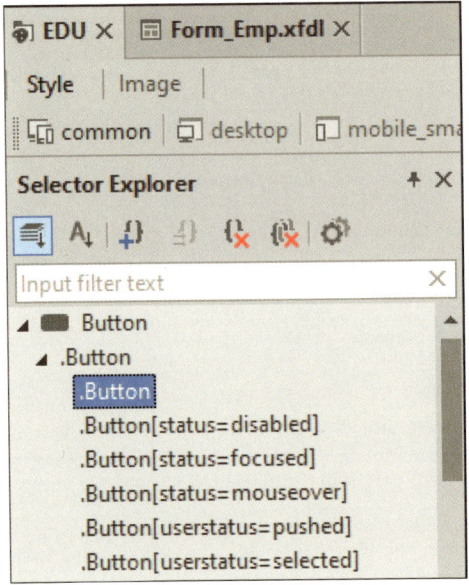

단계 3. 현재 정보를 아래 소스와 같이 변경합니다.

```
.Button
{
    background : #406ff;
    -nexa-border : 1px solid #406ff;
    color : #ffffff;
}
.Button[status=mouseover],
.Button[status=focused]
{
    background : #243e91;
    -nexa-border : 1px solid #243e91;
    color : #ffffff;
}
.Button[userstatus=pushed],
.Button[userstatus=selected]
{
```

```
        background : #7b68ee;
        -nexa-border : 1px solid #7b68ee;
        color : #ffffff;
}
.Button[status=disabled]
{
    color : #a9a9a9;
    background : #f9f9f9;
    -nexa-border : 1px solid #e6e6e6;
}
```

EDU Theme에서는 실제 Button 컴포넌트가 다른 컴포넌트와 그룹핑된 상태로 작성이 되어 있습니다. Button 컴포넌트 디자인 확인을 위하여 소스를 참고하여 내용을 수정합니다.

변경 후 결과

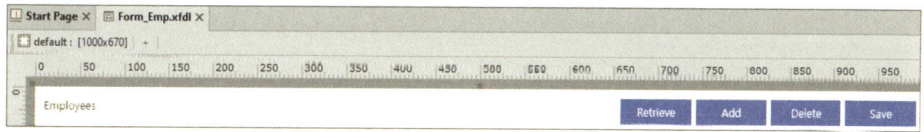

Status Combination

같은 그룹의 목록은 두 번 정의할 수 없지만 서로 다른 그룹의 값은 한 번씩 정의하여 또 다른 상태의 값으로 표현할 수 있습니다. Status Combination 체크박스는 해당 부분을 쉽게 지정할 수 있는 역할을 합니다.

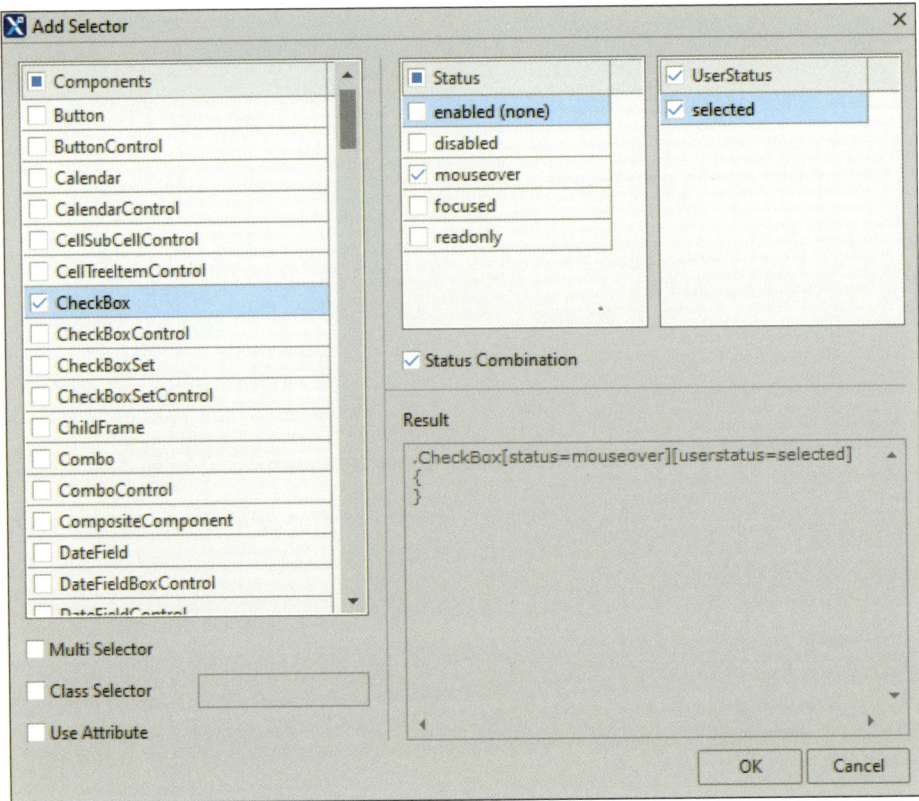

XCSS 편집기에서는 아래와 같은 결과로 확인됩니다.

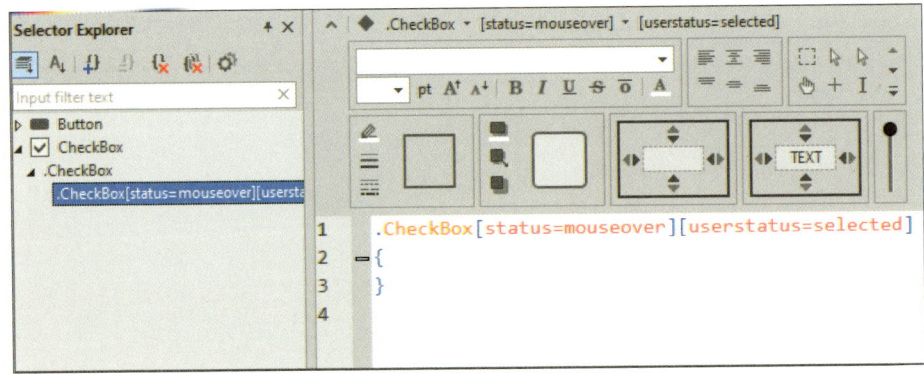

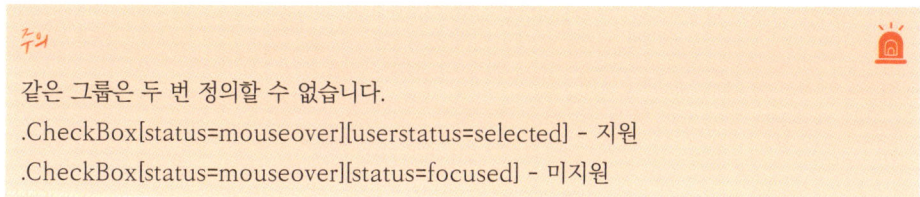

6.4.2 Class Selector

클래스를 적용하여 같은 컴포넌트의 다양한 디자인을 확인할 수 있습니다.

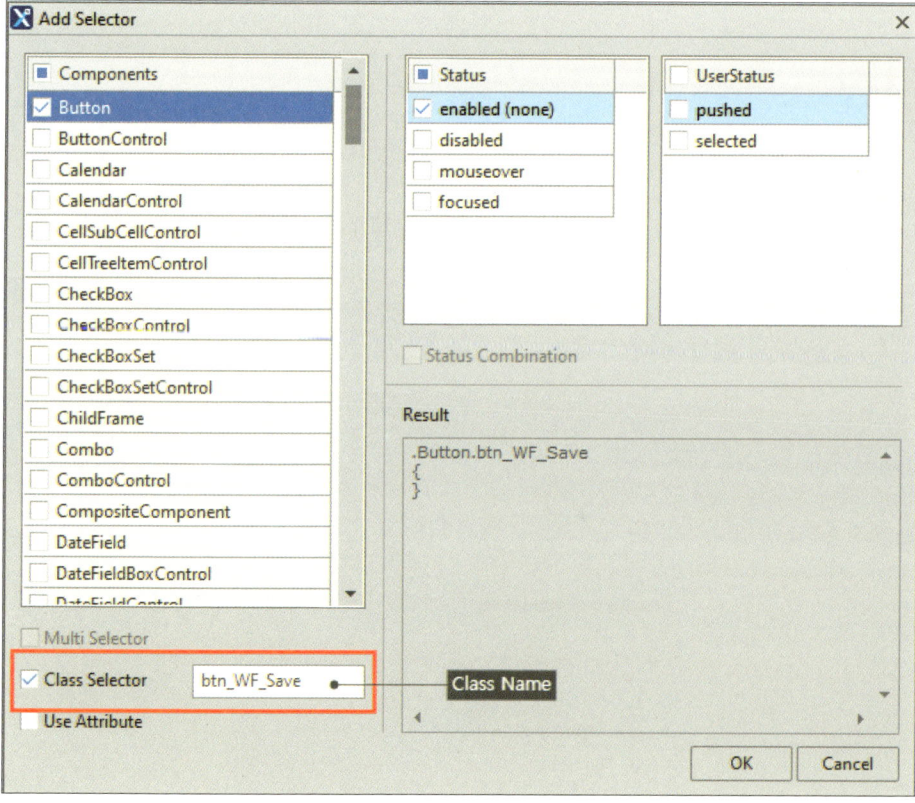

XCSS 편집기에서는 아래와 같은 결과로 확인됩니다.

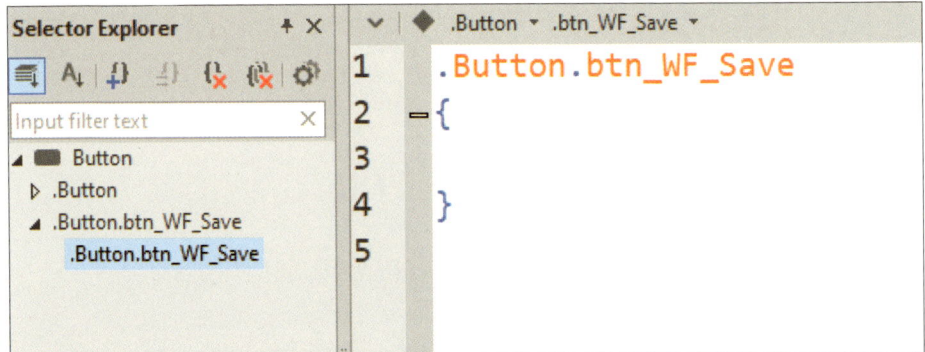

● **실습하기**

작업했던 화면 Work > Form_Emp.xfdl 상단의 Static 컴포넌트 디자인을
확인합니다.

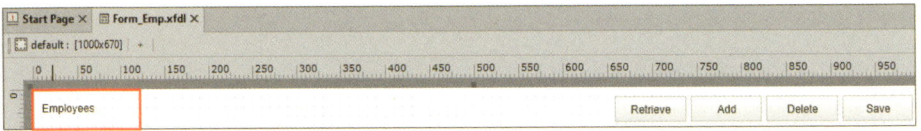

Class Selector를 활용해서 EDU theme에 디자인을 추가해 봅니다.

단계 I. Resource Explorer > Theme에서 EDU를 더블 클릭합니다.

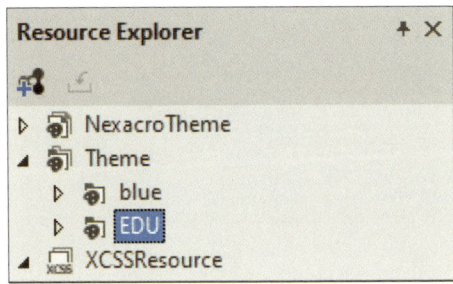

단계 2. 열린 Theme에서 Add Selector 아이콘을 클릭합니다.

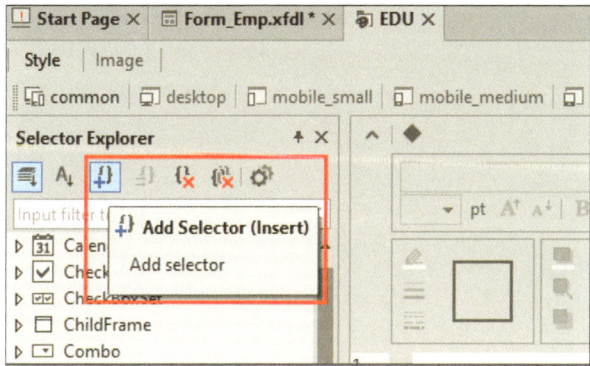

단계 3. 컴포넌트에서 Static을 선택하고 Class Selector 체크박스 선택 후 클래스명 "sta_WF_Title"을 입력합니다.

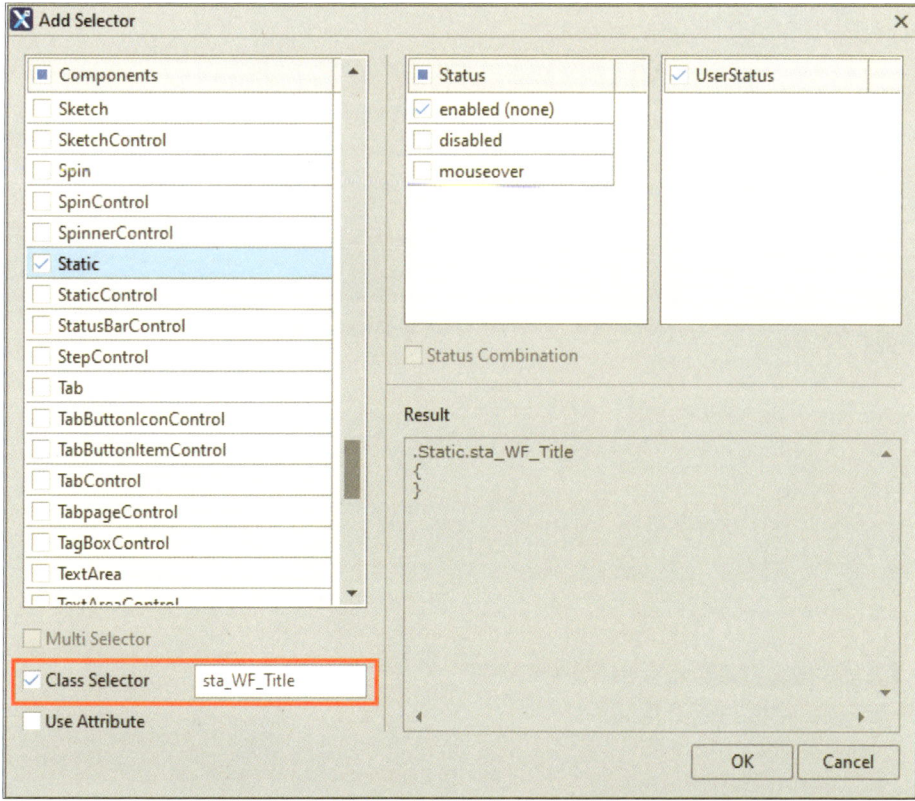

단계 4. 편집기에 아래와 같이 작성해 봅니다.

```
.Static.sta_WF_Title
{
    font : bold 16px "Malgun Gothic" ;
    color : #222222;
}
```

클래스 선택자의 적용

컴포넌트 선택 후 Information > cssclass 속성에 Class Name만 입력합니다.

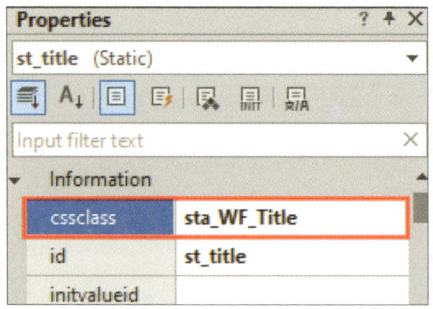

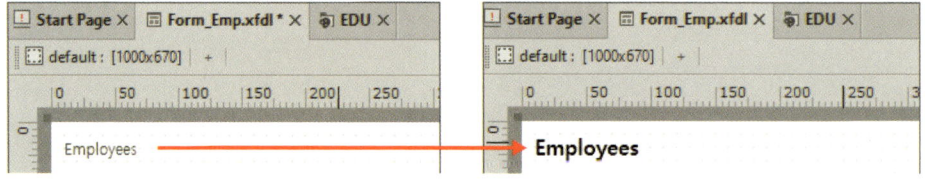

Class Name

CSS Class 작성 시 클래스명은 원활한 의사소통과 유지보수를 위해 정해진 규칙으로 작성하기를 권합니다. 현재 작성한 규칙은 아래와 같습니다.

component_LOCATION_Caption

컴포넌트 약어, 프레임 약어 간단 설명
- 컴포넌트 약어는 소문자입니다.
- 프레임 약어는 대문자입니다.
- 간단 설명 첫 글자는 대문자입니다.

6.4.3 Child Selector

지금까지 본 Button 컴포넌트는 버튼 영역 이외에 다른 구조를 가지고 있지 않습니다. 하지만 이제 확인할 Combo 컴포넌트는 해당 영역 안에 편집 영역, 버튼 영역, 목록 영역으로 이루어진 구조를 보여 주고 있습니다. 컴포넌트는 다른 구조를 가지고 있지 않은 단일 컴포넌트와 여러 구조로 이루어진 복합 컴포넌트로 구분할 수 있습니다.

복합 컴포넌트의 디자인은 CSS 편집기에서 Add Selector와 Add Child Selector를 이용하여 확인합니다.

Combo 컴포넌트를 이용하여 Child Selector 추가 후 구성을 확인합니다.

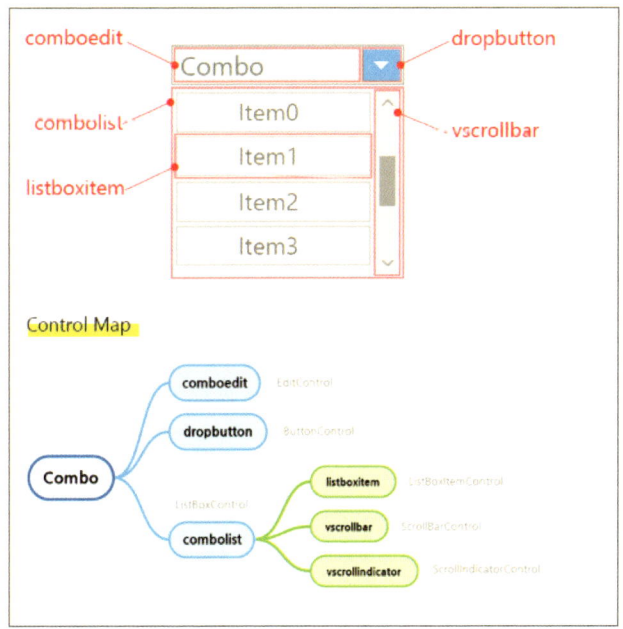

해당 선택자를 트리에서 선택하고 툴바의 Add Child Selector 아이콘(🔁)을 클릭하면 자식 선택자를 추가할 수 있습니다.

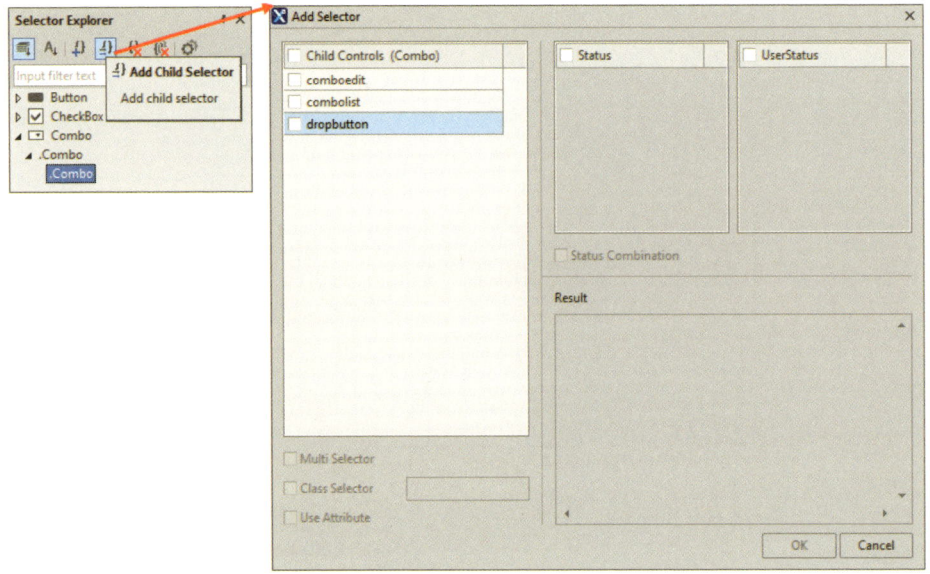

XCSS 편집기에서는 아래와 같은 결과로 확인됩니다.

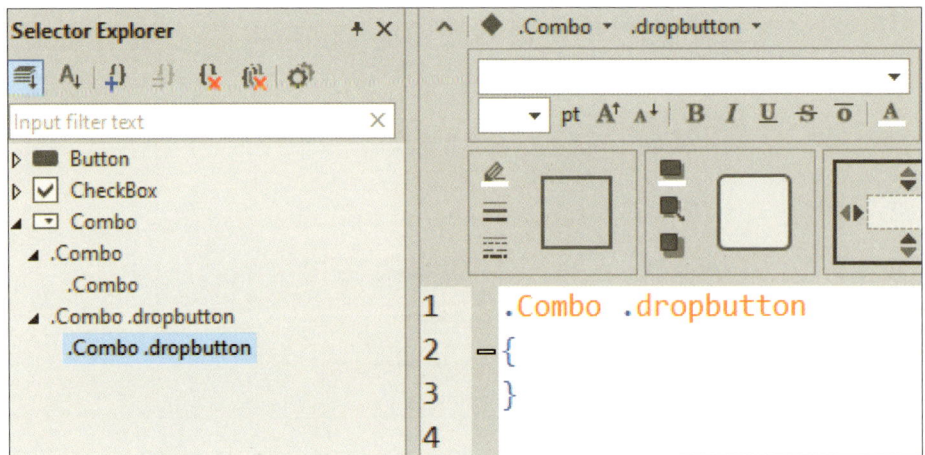

● **실습하기**

작업했던 화면 Work 〉 Form_Emp.xfdl 하단의 Combo 컴포넌트 디자인을 확인합니다.

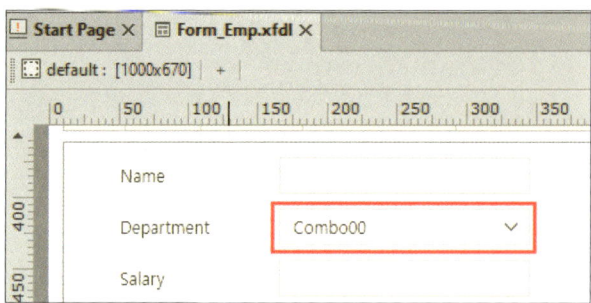

Child Selector를 활용해서 EDU theme에서 Combo 컴포넌트 dropbutton의 디자인을 변경해 봅니다.

단계 1. Resource Explorer > Theme에서 EDU를 더블 클릭합니다.

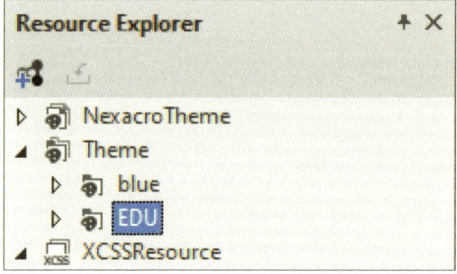

단계 2. 열린 Theme에서 Combo 컴포넌트 Child Selector dropbutton을 선택합니다.

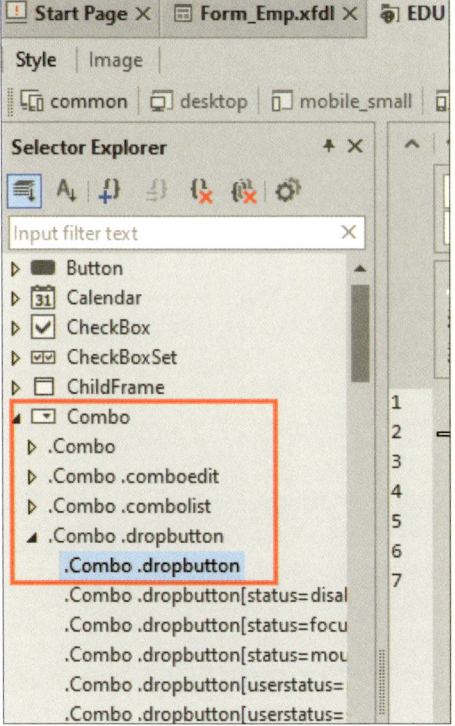

단계 3. 편집기에 아래와 같이 -nexa-padding 속성을 삭제하고 background 속성을 추가해 봅니다.

```
.Combo .dropbutton,.ComboControl .dropbutton
{
    -nexa-icon : URL('theme://images/cmb_WF_Drop.png');
    background : #e6e6e6;
}
```

변경 후 결과

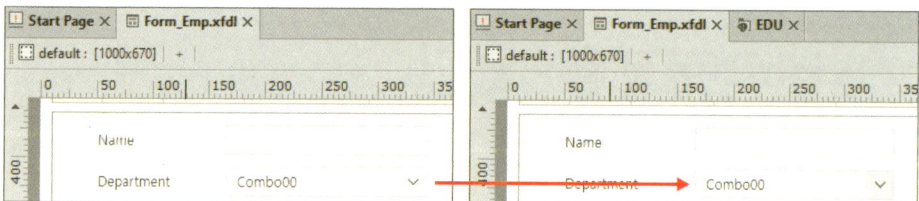

넥사크로에서 사용하는 자식 선택자라는 표현은 CSS의 자식 선택자와는 다릅니다.
형식은 하위선택자(Descendant selectors)와 유사합니다.

7

복잡한 업무를 팝업 창으로 깔끔하게 처리하기

넥사크로에서 팝업 형태로 화면을 띄우고 파라미터를 전달하고 받는 방법에 대해 알아봅니다.

> Sample
> NexacroN_book\Sample\NexacroN_book\Form\Form_Popup.xfdl
> NexacroN_book\Sample\NexacroN_book\Form\Form_PopupSub.xfdl

7.1 모달(Modal) 팝업 띄우기

모달 팝업은 팝업 화면이 오픈되고 해당 팝업 화면이 닫히기 전까지 다른 작업을 할 수 없습니다. 사용자에게 중요 정보를 제공하거나, 작업을 완료하기 전에 확인을 받아야 할 때 사용합니다.

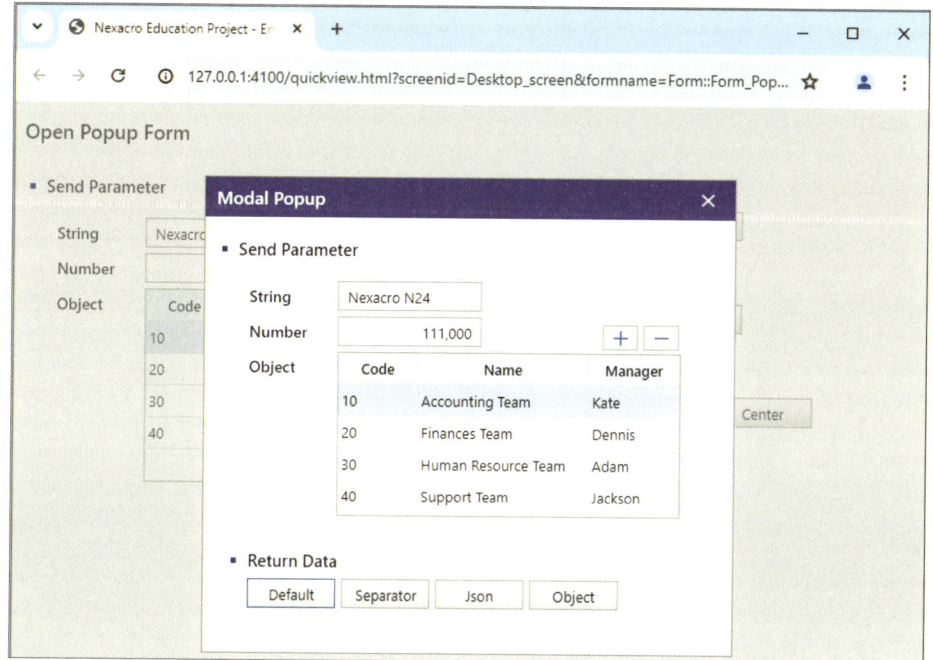

7.1.1 모달 팝업 오픈

부모 화면에서는 ❶❷ 컴포넌트를 통해 입력받은 값과 ❸ 데이터 오브젝트 Dataset을 파라미터로 전달하여 ❹ 팝업 화면을 오픈합니다.

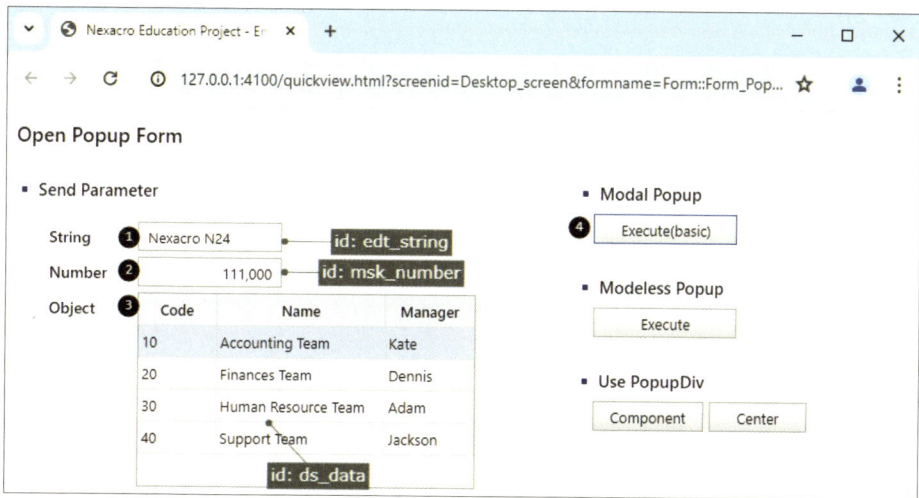

```
var objChildFrame = new ChildFrame("popupModal", 0, 0, 480, 420);
objChildFrame.formurl = "Form::Form_PopupSub.xfdl";
objChildFrame.dragmovetype = "all";
objChildFrame.showtitlebar = false;
objChildFrame.openalign = "center middle";
objChildFrame.overlaycolor = "RGBA(196,196,196,0.5)";

var objParam = { param_title : "Modal Popup",
                 param_string : this.edt_string.value,
                 param_number : this.msk_number.value,
                 param_object : this.ds_data};
objChildFrame.showModal(this.getOwnerFrame(),
                 objParam,
                 this,
                 "fn_popupCallback");
```

Form을 로딩하여 보여 주는 Frame 오브젝트인 ChildFrame을 'popupModal' 이름으로 동적 생성합니다.

```
var objChildFrame = new ChildFrame("popupModal", 0, 0, 480, 420);
```

ChildFrame에 보여 줄 Form의 경로를 formurl 속성에 지정합니다.

```
objChildFrame.formurl = "Form::Form_PopupSub.xfdl";
```

팝업 화면을 마우스 드래그로 이동 시 드래그가 가능한 영역을 설정합니다.

```
objChildFrame.dragmovetype = "all";
```

팝업 화면으로 실행할 때의 위치를 지정합니다. 가로, 세로 위치를 중앙에 표시합니다.

```
objChildFrame.openalign = "center middle";
```

모달로 팝업 화면을 실행한 경우 부모 Frame에 적용할 색을 설정합니다. 모달로 실행되면 부모 Frame을 사용할 수 없다는 의미로 사용합니다. RGBA를 이용하여 투명 색상을 지정할 수 있습니다.

```
objChildFrame.overlaycolor = "RGBA(196,196,196,0.5)";
```

팝업 화면에 전송할 파라미터를 {변수명:변수 값, 변수명:변수 값} 형식으로 설정합니다. 이때 설정한 변수명으로 팝업 화면에서 데이터를 받을 수 있습니다.
부모 창의 Edit 컴포넌트, MaskEdit에 입력한 값과 Dataset을 파라미터로 전송합니다.

```
var objParam = { param_title : "Modal Popup",
                 param_string : this.edt_string.value,
                 param_number : this.msk_number.value,
                 param_object : this.ds_data};
```

동적으로 생성한 ChildFrame을 모달 형태로 표시하는 showModal 메서드를 실행합니다.
첫 번째 인자는 팝업 화면의 부모 Frame 오브젝트를 지정합니다.
getOwnerFrame()은 ChildFrame이 소속된 부모 Frame을 반환합니다.
두 번째 인자는 팝업 화면으로 전달할 값, 세 번째 인자는 팝업 화면의 Opener 오브젝트를 의미합니다.
네 번째 인자는 팝업 화면에서 리턴값을 받을 콜백 함수입니다.

```
objChildFrame.showModal(this.getOwnerFrame(),
                        objParam,
                        this,
                        "fn_popupCallback");
```

> 주의
>
> showModal 메서드로 모달 팝업을 띄우면 사용자는 팝업을 닫기 전까지 다른 작업을 할 수 없지만 내부에서 작성된 스크립트는 정상적으로 실행됩니다. 즉 showModal 메서드 아래에 작성된 스크립트는 모달 팝업이 표시된 상태에서도 실행되고 해당 함수는 종료됩니다.
> 따라서 팝업 화면에서 리턴값을 받을 때는 콜백 함수를 선언해서 받을 수 있습니다.
> 콜백 함수는 모달 팝업이 닫힐 때 자동으로 호출됩니다.

팝업 화면에서 반환하는 값을 받기 위해, 콜백 함수를 작성합니다.

```
this.fn_popupCallback = function(strPopupID, strReturn)
{
    if(strReturn == undefined){
        return;
    }
    if(strPopupID == "popupModal"){
        this.alert("Return Value: " + strReturn);
    }
};
```

콜백 함수는 두 개의 인자를 가지며, 첫 번째 인자는 팝업 화면의 아이디를 의미하고, 두 번째 인자는 팝업 화면에서 반환받는 값입니다. 값은 String 형식만 가능합니다.

```
this.fn_popupCallback = function(strPopupID, strReturn)
{    …
```

팝업 화면을 띄우기 위해 생성한 ChildFrame 오브젝트의 아이디로 비교하여 이후의 스크립트를 작성합니다.

```
if(strPopupID == "popupModal"){
    this.alert("Return Value: " + strReturn);
}
```

7.1.2 팝업 화면 처리
● 파라미터 받기

부모 화면에서 전달된 값을 받아 ❶ 제목 영역과 ❷❸ 컴포넌트에 값을 표현하고 ❹ Grid 컴포넌트에 바인딩되어 있는 Dataset에 전달된 데이터를 표현합니다.

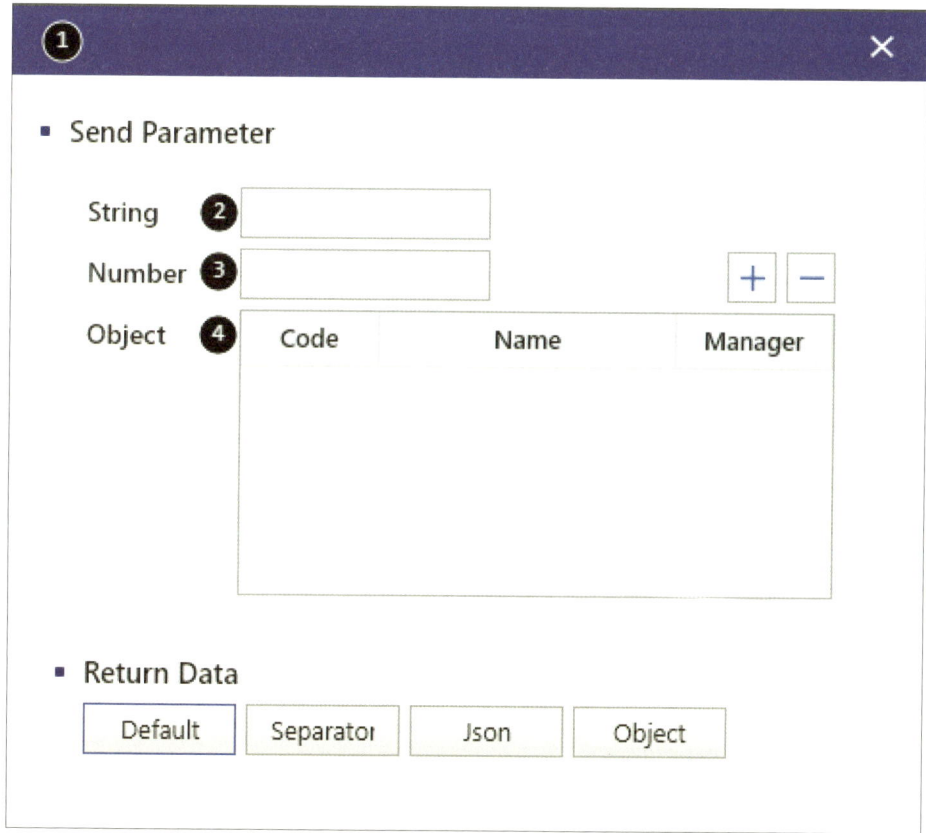

팝업 화면의 onload 이벤트에 지정합니다.
'this.parent.변수명' 형식으로 파라미터를 받아 컴포넌트에 지정합니다.
setBindDataset은 Grid에 Dataset 오브젝트를 지정하여 바인딩하는 Grid 속성입니다.

```
this.form_onload = function(obj:nexacro.Form,e:nexacro.LoadEventInfo)
{
    this.st_title.text = this.parent.param_title;
    this.edt_string.value = this.parent.param_string;
    this.msk_number.value = this.parent.param_number;
    this.ds_child.copyData(this.parent.param_object);
};
```

'this.parent.변수명' 형식으로 파라미터를 받아 컴포넌트에 지정합니다.

```
this.st_title.text = this.parent.param_title;
this.edt_string.value = this.parent.param_string;
this.msk_number.value = this.parent.param_number;
```

팝업 화면의 Grid 컴포넌트에 바인딩되어 있는 ds_child 데이터셋에 전달된 Dataset을 복사합니다.

copyData는 현재 Dataset에 지정한 Dataset의 데이터를 복사하는 메서드입니다.

```
this.ds_child.copyData(this.parent.param_object);
```

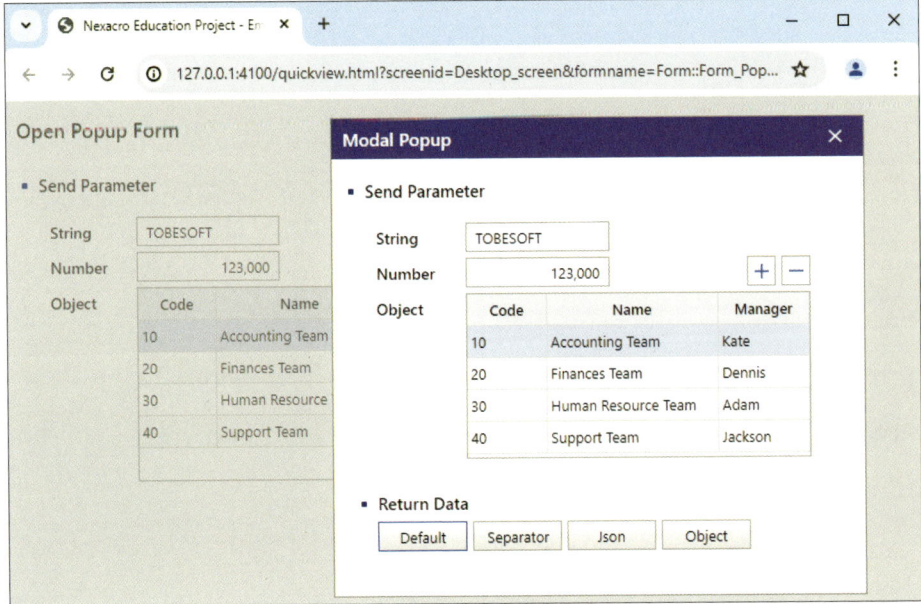

● **리턴값 전달하기**

팝업 화면에서 ❶❷ 컴포넌트를 통해서 값을 변경하고 ❸ Dataset 데이터 추가, 삭제 변경하여 ❹ 부모 화면으로 전달합니다.

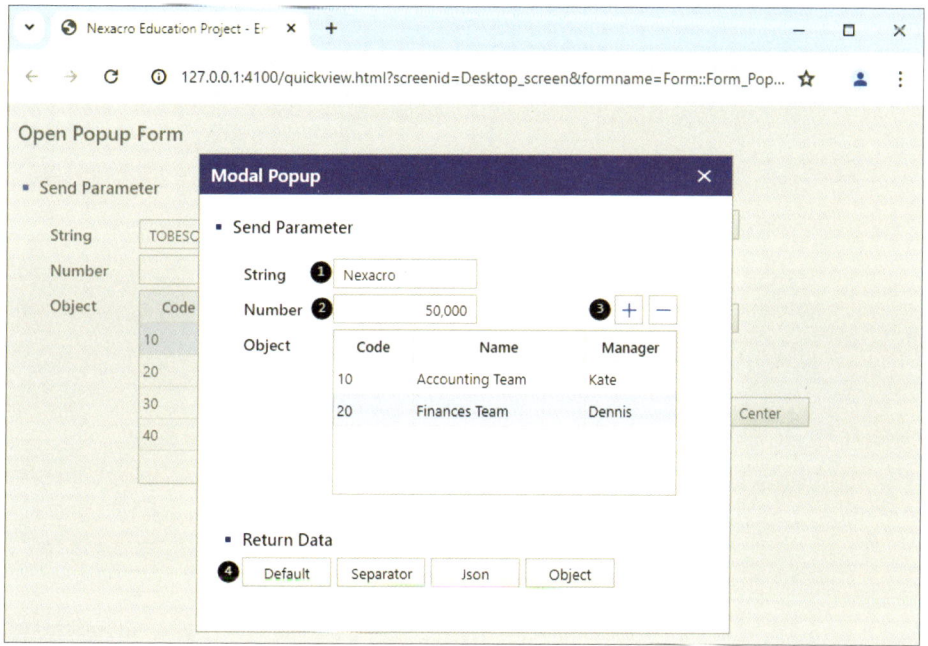

기본 방법

실행된 폼을 종료하는 close 메서드에 부모 화면에 넘겨줄 값을 문자열로 설정합니다. 이 값은 부모 화면에서 선언한 콜백 함수의 두 번째 인자에서 받습니다.

```
var rtn = this.edt_string.value;
this.close(rtn);
```

여러 개의 값 전달 - 구분자 사용

close 메서드에는 하나의 String값만 전달할 수 있습니다. 여러 개의 값을 전달하기 위해서는 전달할 값들을 임의의 구분자를 사용하여 하나의 문자열로 묶어서 전달할 수 있습니다.

```
var rtn1 = this.edt_string.value;
var rtn2 = this.msk_number.value;
this.close(rtn1 + "¦¦" + rtn2);
```

부모 화면의 콜백 함수에서는 아래처럼 사용합니다.

```
this.fn_popupCallback = function(strPopupID, strReturn)
{
    if(strPopupID == "popupModal"){
        var rtn1 = strReturn.split("¦¦")[0];
        var rtn2 = strReturn.split("¦¦")[1];
    }
}
```

여러 개의 값 전달 - JSON 형식

여러 개의 값을 JSON 오브젝트로 만들고 JSON 문자열로 변환하여 전달할 수 있습니다.

```
var objRtn = { rtn1 : this.edt_string.value,
               rtn2 : this.msk_number.value  }
this.close(JSON.stringify(objRtn));
```

부모 화면의 콜백 함수에서는 JSON 문자열을 객체로 생성하여 사용합니다.

```
this.fn_popupCallback = function(strPopupID, strReturn)
{
    if(strPopupID == "popupModal"){
        var objJson = JSON.parse(strReturn);
        var rtn1 = objJson.rtn1;
        var rtn2 = objJson.rtn2;
    }
}
```

오브젝트 전달

close 메서드에 인자로 오브젝트를 전달할 수 없습니다. String 형식이 아닌 Array, JSON 등의 오브젝트를 전달해야 하는 경우 부모 화면의 함수를 직접 호출하여 오브젝트를 전달할 수 있습니다.

부모 화면에 팝업 화면에서 오브젝트를 전달받을 특정 함수를 생성합니다. 아래의 함수는 Dataset을 인자로 받아 부모 화면의 ds_data에 데이터를 복사하도록 작성하였습니다.

```
this.fn_return = function(pObj)
{
    this.ds_data.copyData(pObj);
};
```

팝업 화면에서는 부모 화면에 있는 특정 함수를 호출하여 필요한 오브젝트를 전달하고, close 메서드를 사용하여 화면을 종료합니다. 'opener'를 이용하여 부모 객체를 접근할 수 있습니다.

```
this.opener.fn_return(this.ds_child);
this.close();
```

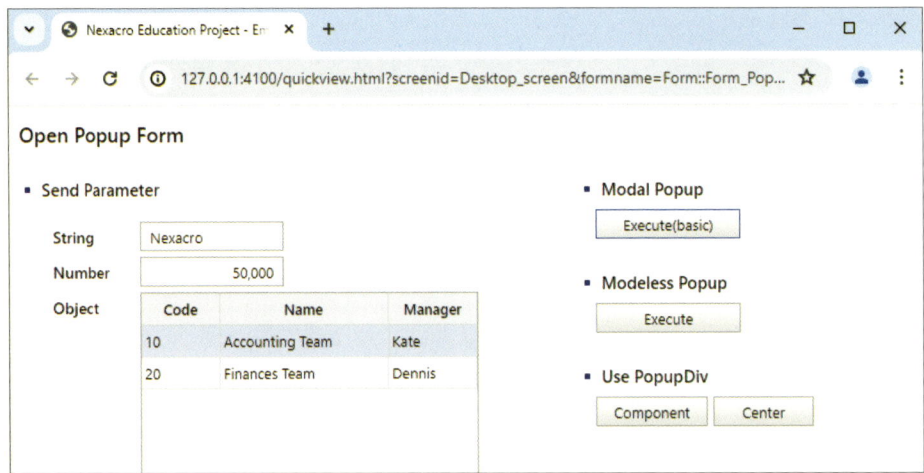

7.2 모달리스(Modeless) 팝업 띄우기

모달리스 팝업 화면은 사용자가 팝업 화면을 닫지 않고 다른 작업을 계속할 수 있습니다. 기존 화면과 독립적으로 동작하기 때문에, 사용자가 자유롭게 이동할 수 있습니다.

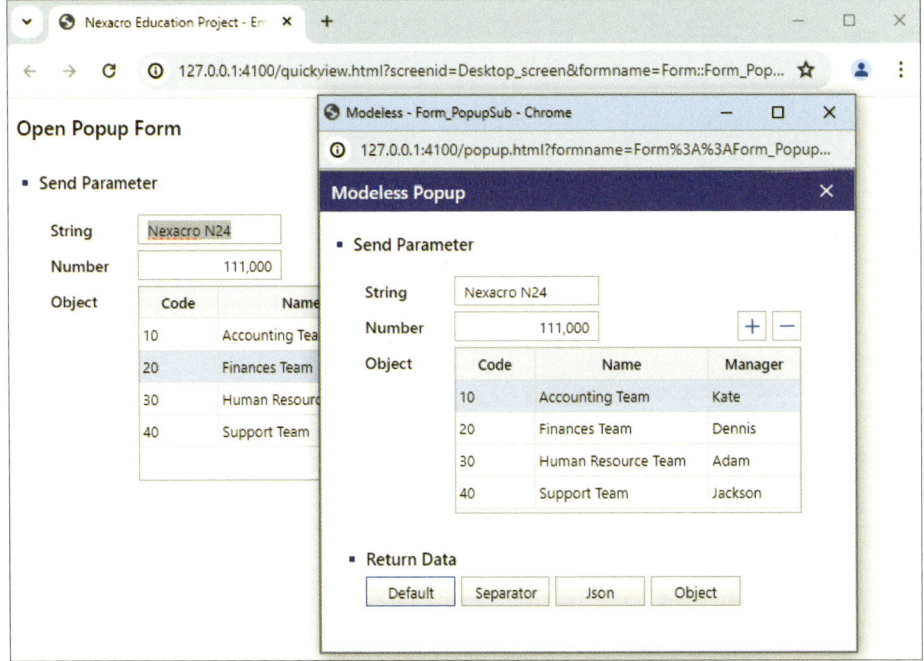

모달리스 팝업을 실행하는 방식에 대해 알아봅니다.

7.2.1 모달리스 팝업 오픈

무보 화면에서는 ❶❷ 컴포넌트를 통해 입력받은 값과 ❸ 데이터 오브젝트 Dataset을 파라미터로 전달하여 ❹ 팝업 화면을 오픈합니다.

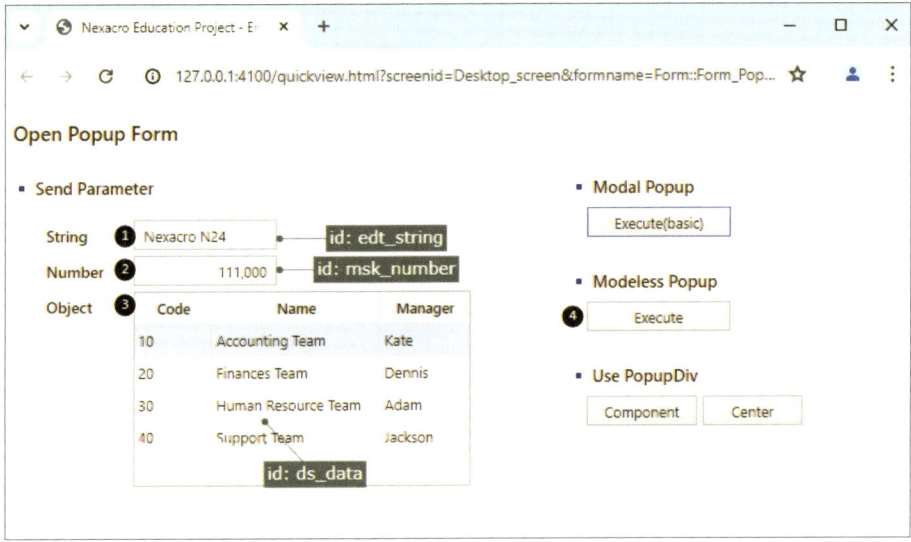

```
var nWidth   = 480;
var nHeight  = 420;
var objApp = nexacro.getApplication();
var nLeft  = (objApp.mainframe.width  / 2) - Math.round(nWidth  / 2);
var nTop   = (objApp.mainframe.height / 2) - Math.round(nHeight / 2) ;
nLeft = system.clientToScreenX(this, nLeft);
nTop  = system.clientToScreenY(this, nTop);

var sOpenStyle = "dragmovetype=all"
              + " openalign='center middle'"
              + " resizable=false"
              + " autosize=true"
```

```
                    + " titletext=Modeless Popup"
                    + " showtitlebar=true"
                    + " showstatusbar=false";

var objParam = { param_title : "Modeless Popup",
                 param_string : this.edt_string.value,
                 param_number : this.msk_number.value,
                 param_object : this.ds_data};
nexacro.open(   "popupModeless",
                "Form::Form_PopupSub.xfdl",
                this.getOwnerFrame(),
                objParam,
                sOpenStyle,
                nLeft,
                nTop,
                nWidth,
                nHeight,
                this);
```

팝업 화면의 크기를 지정합니다.

```
var nWidth  = 480;
var nHeight = 420;
```

팝업 화면을 애플리케이션의 중앙에 띄우기 위해 좌표를 계산합니다.

```
var objApp = nexacro.getApplication();
var nLeft = (objApp.mainframe.width  / 2) - Math.round(nWidth  / 2);
var nTop  = (objApp.mainframe.height / 2) - Math.round(nHeight / 2) ;
nLeft = system.clientToScreenX(this, nLeft);
nTop  = system.clientToScreenY(this, nTop);
```

팝업 화면으로 표시되는 ChildFrame에 적용될 속성값을 "속성명1=속성값1 속성명2=속성값2" 형식으로 설정합니다. 각 속성은 빈칸으로 구분합니다.

```
var objParam = { param_title : "Modeless Popup",
                 param_string : this.edt_string.value,
                 param_number : this.msk_number.value,
                 param_object : this.ds_data };
```

팝업 화면에 전달할 파라미터를 설정합니다.

```
var sOpenStyle = "dragmovetype=all"
        + " openalign='center middle'"
        + " resizable=false"
        + " autosize=true"
        + " titletext=Modeless Popup"
        + " showtitlebar=true"
        + " showstatusbar=false";
```

모달리스 팝업을 표시하는 open 메서드를 실행합니다.

```
nexacro.open( "popupModeless",
            "Form::Form_PopupSub.xfdl",
            this.getOwnerFrame(),
            objParam,
            sOpenStyle,
            nLeft,
            nTop,
            nWidth,
            nHeight,
            this);
```

7.3 PopupDiv 컴포넌트를 이용한 팝업 처리

PopupDiv 컴포넌트는 하위에 다른 컴포넌트를 가질 수 있어, 여러 개의 부분 화면을 구성할 때 사용하는 컴포넌트로 포커스를 잃게 되면 자동으로 사라지는 컴포넌트입니다.

이러한 특성을 이용하여 팝업 화면 처리와 비슷한 방식으로 구성할 수 있습니다.

7.3.1 PopupDiv 오픈

Form에 PopupDiv 컴포넌트를 생성하고 그 안에 다양한 컴포넌트를 이용하여 PopupDiv를 구성합니다.

PopupDiv		
Code	Name	Manager
10	Accounting Team	Kate
20	Finances Team	Dennis
30	Human Resource Team	Adam
40	Support Team	Jackson

화면을 실행하여 확인해 보면 PopupDiv 컴포넌트는 표현되지 않습니다. PopupDiv를 띄우기 위해 스크립트 처리합니다.

● **컴포넌트 기준으로 띄우기**

특정한 컴포넌트 기준으로 PopupDiv를 표시하는 스크립트입니다. trackPopupByComponent 메서드는 인수로 전달된 컴포넌트를 기준으로 PopupDiv를 표시합니다.

```
this.PopupDiv00.trackPopupByComponent(this.Button00, 0, this.Button00.height)
```

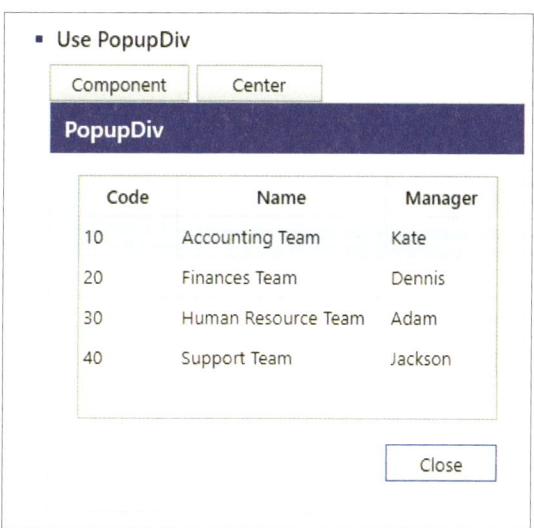

● **애플리케이션의 중앙에 띄우기**

애플리케이션의 중앙에 띄우기 위해 좌표를 계산합니다. trackPopup 메서드로 PopupDiv를 표시합니다.

```
var objApp = nexacro.getApplication();
var nLeft = (objApp.mainframe.width  / 2) -
            Math.round(this.PopupDiv00.width  / 2);
var nTop  = (objApp.mainframe.height / 2) -
            Math.round(this.PopupDiv00.height / 2) ;
this.PopupDiv00.trackPopup(nLeft, nTop);
```

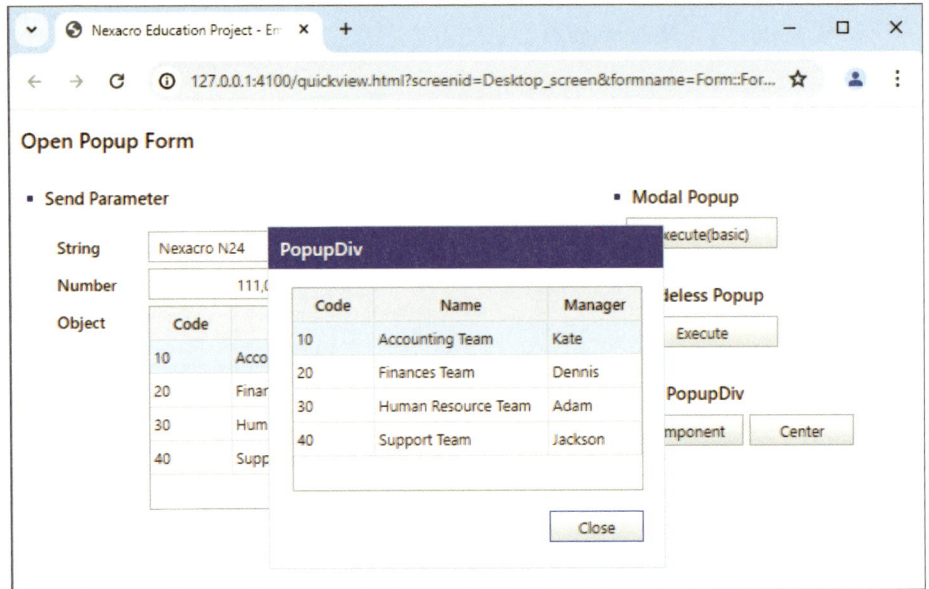

7.4 실습하기

기존에 실습한 사원 관리 화면을 수정하여 팝업 화면으로 상세 정보를 띄우는 작업을 해 봅니다.

7.4.1 화면 구성

사원관리 화면을 Save As 또는 Project Explorer 창에서 Copy & Paste 하여 새로운 화면으로 복사합니다.

| [Menu] File 〉 Save As 〉 File

파일명을 'Form_EmpList'로 지정하고 화면을 아래와 같이 수정합니다.

❶ 화면 타이틀을 변경합니다.
❷ Grid 컴포넌트에서 주요 항목만 남기고 나머지 항목은 삭제합니다.

❸ PopupDiv 컴포넌트를 생성하고 추가로 보여 줄 항목을 구성합니다.

❹ Grid 셀에 확장 버튼을 추가합니다. 셀의 expandshow 속성을 'true'로 지정하면 셀에 확장 버튼이 생성됩니다. 확장 버튼을 클릭하여 PopupDiv의 내용을 확인하도록 구성합니다.

> 노트
>
> PopupDiv를 생성하면 기본 디자인이 투명한 배경에 테두리가 없이 생성되므로 background 속성에 '#ffffff'를, border 속성에 '1px solid #9c9c9c'로 설정하였습니다.

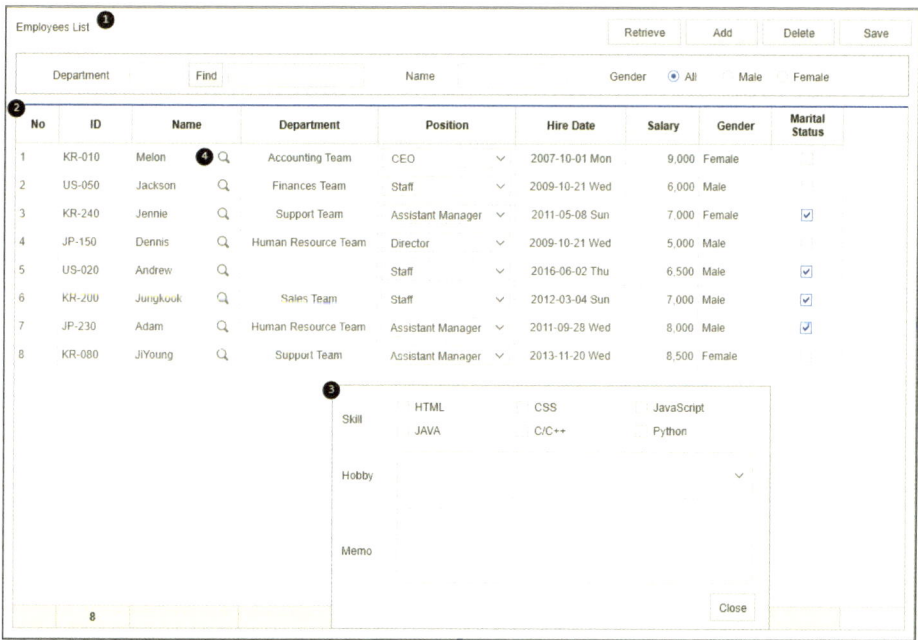

Form_EmpList 화면에서 Grid를 더블 클릭하면 상세 정보를 팝업 화면으로 띄우도록 구성합니다. 동일한 방법으로 기존 화면을 'Form_EmpDetail'로 복사하고 하단의 상세 영역만 표시하도록 수정합니다.

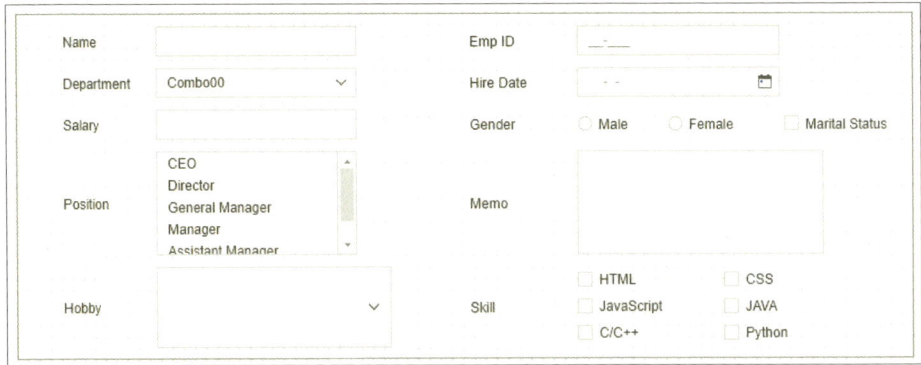

7.4.2 스크립트 작성
● PopupDiv 적용

Form_EmpList에서 셀의 확장 버튼 클릭하면 PopupDiv를 보이게 처리합니다. Grid 컴포넌트의 onexpandup 이벤트에 작성합니다.

```
this.grd_emp_onexpandup =
function(obj:nexacro.Grid,e:nexacro.GridMouseEventInfo)
{
    var objRect = obj.getCellRect(e.row, e.cell);
    var nX = objRect.left;
    var nY = objRect.bottom;
    this.PopupDiv00.trackPopupByComponent(obj, nX, nY);
};
```

Grid 컴포넌트의 getCellRect 메서드를 이용하여 선택한 셀의 Rect 오브젝트 정보를 얻습니다. Rect 오브젝트는 left, top, right, bottom, width, height 속성을 갖습니다.

```
var objRect = obj.getCellRect(e.row, e.cell);
```

left와 bottom 좌푯값을 이용하여 선택한 셀의 하단에 PopupDiv를 표시합니다.

```
var nX = objRect.left;
var nY = objRect.bottom;
this.PopupDiv00.trackPopupByComponent(obj, nX, nY);
```

PopupDiv의 Close 버튼에 PopuDiv를 닫는 스크립트를 작성합니다.

```
this.PopupDiv00.closePopup();
```

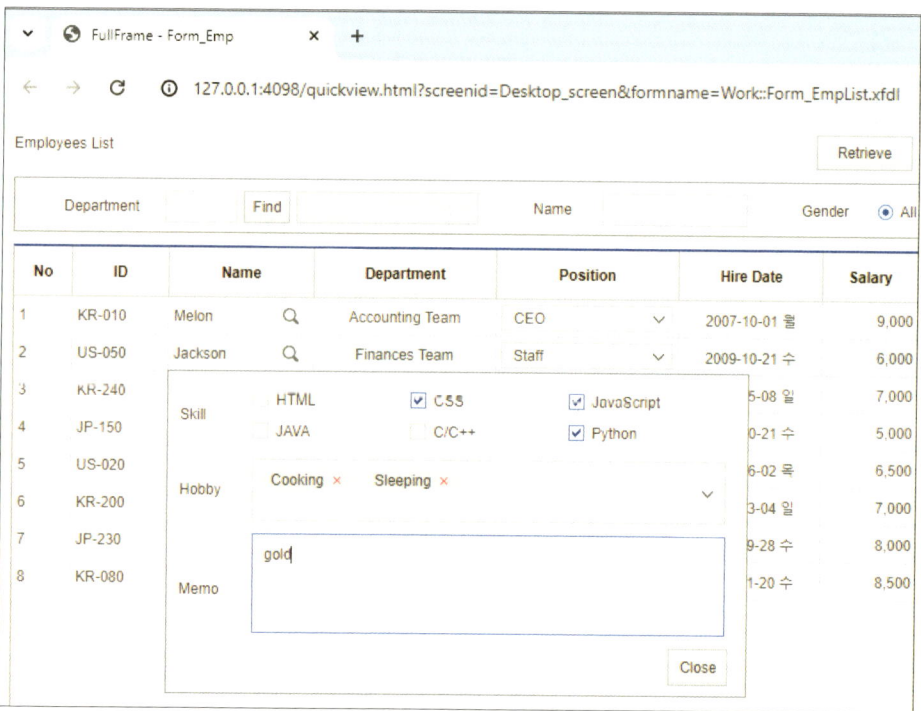

● **팝업 화면 적용**

Form_EmpList에서 Grid 로우를 더블 클릭하면 상세 화면을 띄웁니다.
Grid 컴포넌트의 oncelldblclick 이벤트에 작성합니다.
팝업 화면을 띄우면서 사원번호를 파라미터로 전달합니다.

```
this.grd_emp_oncelldblclick = 
function(obj:nexacro.Grid,e:nexacro.GridClickEventInfo)
{
    var objChildFrame = new ChildFrame("popupDetail", 0, 0, 820, 320);
    objChildFrame.formurl = "Work::Form_EmpDetail.xfdl";
    objChildFrame.dragmovetype = "all";
    objChildFrame.showtitlebar = true;
    objChildFrame.titletext = "Employee Detail Information";
    objChildFrame.openalign = "center middle";
    objChildFrame.overlaycolor = "RGBA(196,196,196,0.5)";
    var objParam = { sEmpId : this.ds_emp.getColumn(e.row, "EMP_ID") };
    objChildFrame.showModal(this.getOwnerFrame(),
                            objParam,
                            this,
                            "fn_popupCallback");
};
```

Form_EmpDetail에 스크립트를 작성합니다.

먼저, 기존에 작성한 스크립트 중에서 onload 이벤트 함수를 제외하고 나머지 스크립트는 삭제합니다.

Form 변수를 선언하고, onload 이벤트 함수에서 전달된 사원번호를 할당합니다.

```
this.fv_cmpid = "";
this.form_onload = function(obj:nexacro.Form,e:nexacro.LoadEventInfo)
{
    this.fv_empid = this.parent.sEmpId;
    …
```

사원번호를 전송하여 해당 사원 데이터만 가져오는 함수를 작성합니다.

```
this.fn_getEmpInfo = function()
{
    this.transaction("svcSelectEmp"
                    ,"SvcUrl::select_emp.jsp"
                    ,""
                    ,"ds_emp=out_emp"
                    ,"empId=" + this.fv_empid
                    ,"fn_callback");
}
```

노트

기존에 작성한 조회 서버 페이지를 사원번호까지 조건 처리가 되도록 수정하여 사용합니다.

PlatformData in_pData = pReq.getData();
VariableList in_varList = in_pData.getVariableList();
String deptCode = in_varList.getString("deptCode");
String empName = in_varList.getString("empName");
String empId = in_varList.getString("empId");

onload 이벤트에서 코드 데이터 조회가 완료되면 사원 데이터를 가져오는 함수를 호출합니다.

```
this.fn_callback = function(svcId, errCd, errMSg)
{
    if(errCd < 0){
        this.alert("Error: " + errMSg);
        return;
    }

    if(svcId == "svcSelectCode"){
        this.fn_getEmpInfo();
    }
}
```

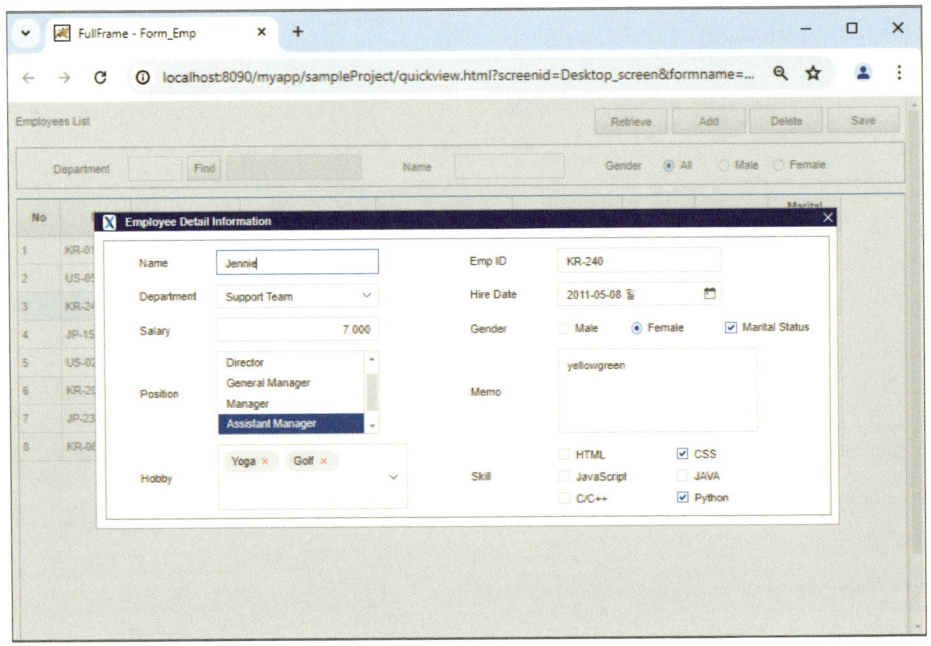

8

업무, 환경에 따라 화면 레이아웃 바꾸어 보기

컴포넌트의 크기와 좌표 설정, 레이아웃, 배치 타입을 통해서 사용 환경에 따라 적절한 방식으로 컴포넌트의 크기를 조정하고 위치를 재배치하는 방법에 대해 알아봅니다.

8.1 Position

컴포넌트 크기(width, height)와 좌표(left, top, right, bottom)는 아래처럼 구성되며, 픽셀, 퍼센트, em, rem 단위로 설정할 수 있습니다.

픽셀(px)은 고정된 단위로 화면의 크기와 상관없이 일정한 크기를 유지합니다.
퍼센트(%)는 화면의 크기에 따라 상대적인 단위를 지정합니다.
em은 부모 요소 Form 또는 Div의 폰트 크기를 기준으로 상대적인 단위를 지정합니다.
rem은 루트 요소 메인 화면의 폰트 크기를 기준으로 지정합니다.

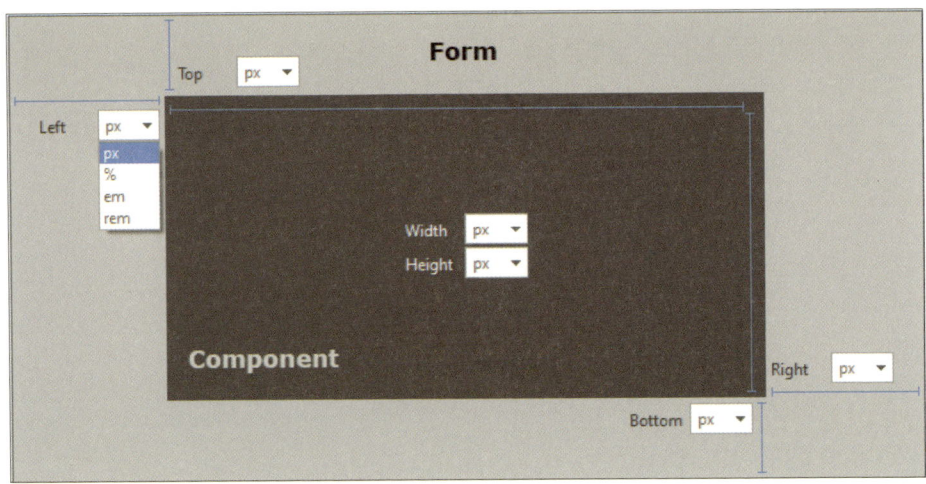

8.1.1 상대좌표 설정

컴포넌트의 좌표를 Form 기준으로 설정하는 것이 아니라 특정 컴포넌트와의 좌표를 지정하는 기능입니다.

특정 컴포넌트의 위치나 크기가 변화시키면 상대좌표로 설정된 컴포넌트의 위치와 크기가 같이 변경됩니다.

컴포넌트를 선택하고 가운데 플러스 모양을 특정 컴포넌트에 드래그합니다. 특정 컴포넌트 기준으로 설정할 값을 입력하고 [Enter] 키로 적용합니다.

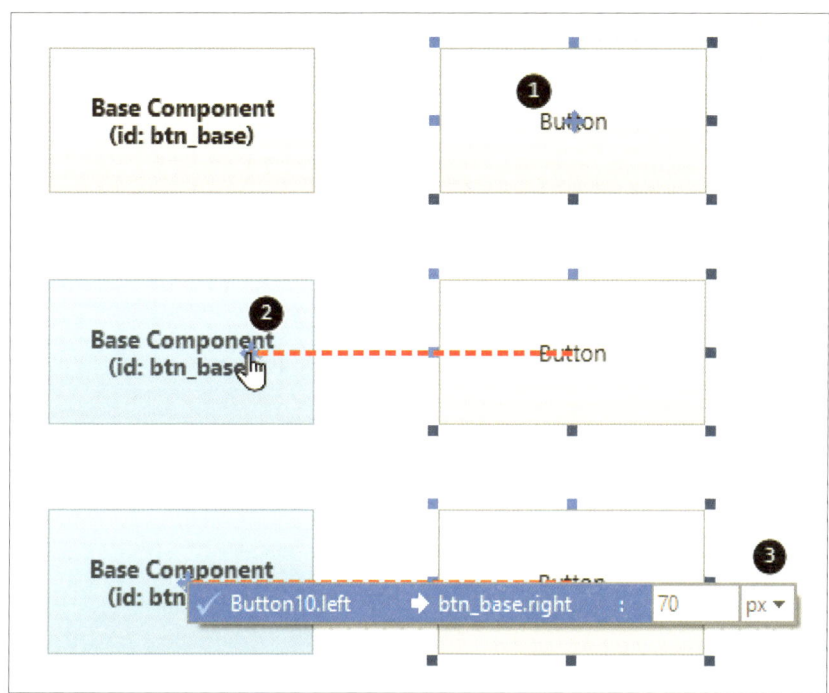

컴포넌트의 left 속성에 아래와 같이 지정되며, 속성 창에서 직접 선택하거나 입력할 수도 있습니다.

left	70	px	btn_base
top	480	px	
width	150	px	
height	80	px	
right		px	
bottom		px	

사용자 동작 패턴을 적용하여 필요한 좌표만 설정할 수 있습니다. 좌 상단으로 드래그하면 left, top 좌표를 지정할 수 있게 표현됩니다.

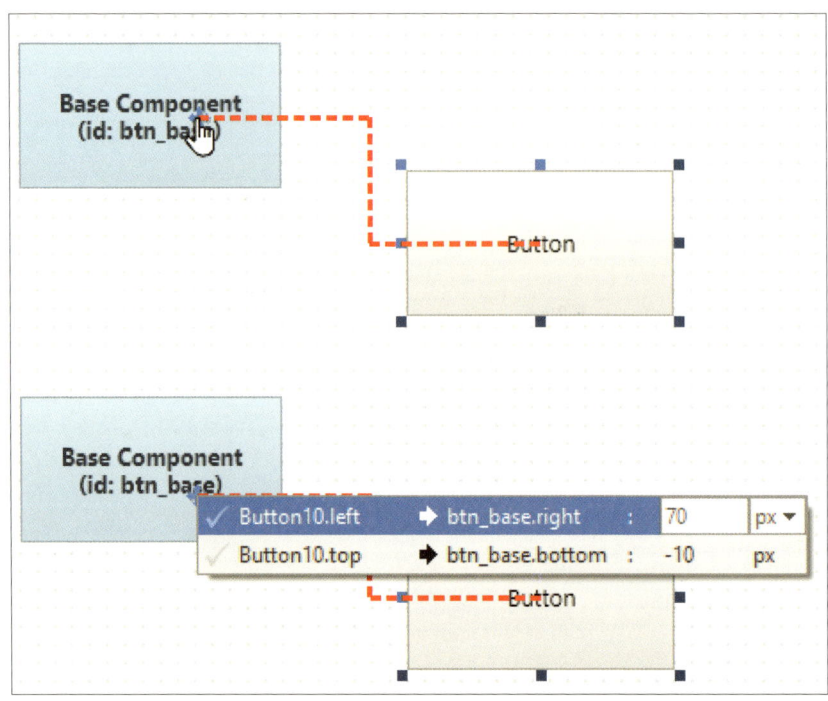

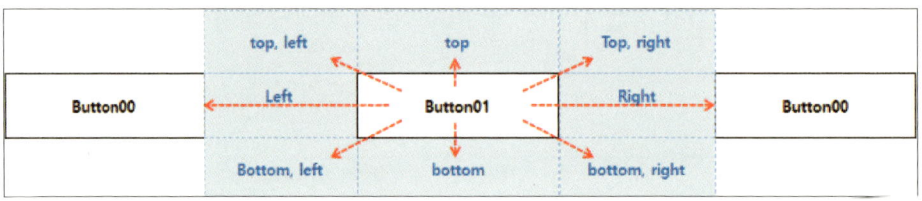

8.1.2 Position 적용

| Sample
| NexacroN_book\Sample\NexacroN_book\Form\Form_Position.xfdl

컴포넌트의 크기와 좌표를 다양한 방식으로 설정하여 컴포넌트의 이동과 리사이즈 형태를 확인합니다.

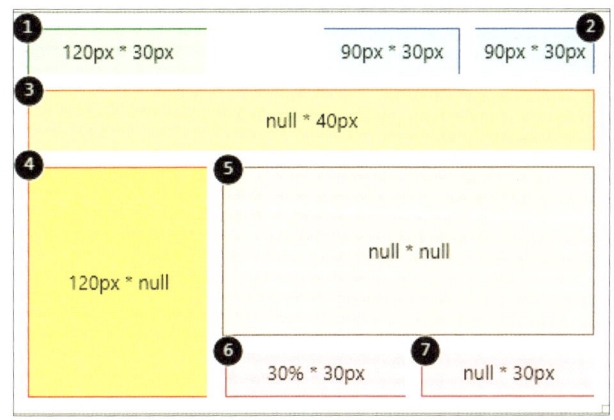

좌표	❶	❷	❸	❹	❺	❻	❼
left	10px		10px	10px	140px	140px	Static06:10px
top	10px	10px	50px	100px	100p		
width	120px	800px		120px		30%	
height	30px	30px	40px			30px	30px
right		10px	10px		10px		10px
bottom				10px	50px	10px	10px

노트

❼ 컴포넌트의 left 좌표는 ❻ 컴포넌트(Static06) 기준으로 상대좌표를 설정함

브라우저의 사이즈를 변경하면 설정한 좌표 속성값에 따라 컴포넌트가 이동, 리사이즈되는 것을 화면에서 확인할 수 있습니다.

8.1.3 Fit to Contents

| Sample
| NexacroN_book\Sample\NexacroN_book\Form\Form_Position.xfdl

컴포넌트 내부 콘텐츠 내용에 맞게 컴포넌트의 크기를 자동으로 맞춰 주는 기능입니다.

이 기능은 내부 콘텐츠가 가변적으로 변경되거나, 다국어 처리를 할 때 한글과 영어에 따라 텍스트 길이가 달라지는 경우 등에 유용하게 사용할 수 있습니다.

예제로 사용한 Dataset의 구조입니다. 아이디는 'ds_language'로 지정하였습니다.

버튼 컴포넌트를 생성하고 데이터를 바인딩하여 표현합니다.

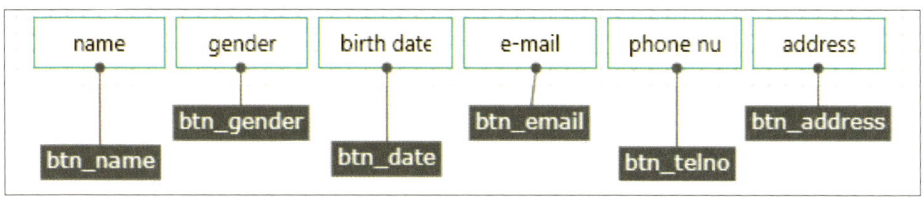

텍스트 길이에 맞게 버튼 컴포넌트의 사이즈를 변경합니다.

넥사크로 스튜디오에서 상단 메뉴의 'Design > Fit to Contents' 메뉴를 선택하거나, 상단의 Align 툴바 또는 마우스 우클릭 콘텍스트 메뉴에서 아이콘을 이용하여 자동으로 설정할 수 있습니다.

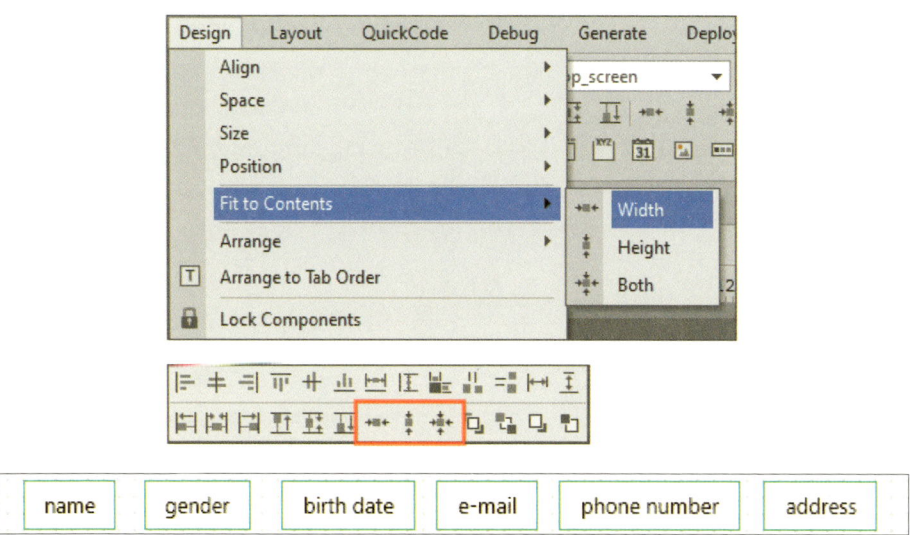

앞에 있는 컴포넌트를 기준으로 각각 상대좌표를 설정합니다.

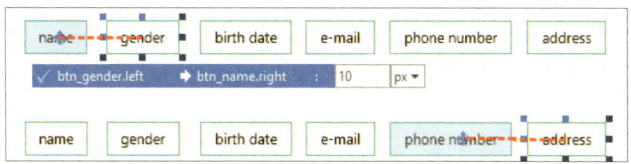

Dataset과 Button 컴포넌트를 바인딩하면 Dataset의 로우가 변경될 때 Button 컴포넌트의 텍스트도 변경됩니다. 이때 텍스트 길이에 맞게 Button 컴포넌트의 크기를 자동으로 조정하기 위해 fittocontents 속성을 지정합니다. fittocontents는 콘텐츠 내용에 맞게 자동으로 크기를 조정하는 영역을 설정하는 속성입니다. Grid에 바인딩되어 있는 Dataset의 onrowposchanged 이벤트에 적용합니다. onrowposchanged 이벤트는 Dataset의 로우가 변경된 후 발생하는 이벤트입니다.

```
this.ds_language_onrowposchanged = 
function(obj:nexacro.NormalDataset,e:nexacro.DSRowPosChangeEventInfo)
{
    this.btn_name.fittocontents = "width";
    this.btn_gender.fittocontents = "width";
    this.btn_date.fittocontents = "width";
    this.btn_email.fittocontents = "width";
    this.btn_telno.fittocontents = "width";
    this.btn_address.fittocontents = "width";
};
```

컴포넌트의 콘텐츠가 바인딩으로 변경되어 내부 콘텐츠 영역의 크기가 다시 조정되어야 할 때는 Form의 onbindingvaluechanged 이벤트에서 resetScroll 메서드를 호출하여 크기를 재조정해야 합니다.

```
this.form_onbindingvaluechanged = 
function(obj:nexacro.Form,e:nexacro.BindingValueChangedEventInfo)
{
    this.resetScroll();
};
```

노트

fittocontents 속성은 Button, CheckBox, CheckBoxSet, Div, FileDownload, ImageViewer, Menu, Radio, Static 컴포넌트에서 사용할 수 있습니다.

8.2 MLM

넥사크로는 PC, 태블릿, 스마트폰 등 다양한 크기를 가지는 화면 배치를 손쉽게 구현할 수 있도록 MLM(Multi Layout Manager) 기능을 제공합니다. 어려운 설정 없이 레이아웃을 추가하고 기본 디자인에서 컴포넌트의 위치나 크기를 화면 크기와 사용자 경험에 맞게 변경해 최적화된 UI를 지원할 수 있습니다. 또한 모바일 디바이스처럼 작은 크기의 화면에서는 스텝 기능을 활용하면 복잡한 화면 구성을 단계별로 단순화해서 따라갈 수 있게 구성할 수 있습니다.

8.2.1 레이아웃

레이아웃은 화면 내에서 컴포넌트를 어떻게 배치할지 정하는 것이라고 할 수 있습니다. 다루어야 하는 화면의 크기가 여러 개인 경우 레이아웃을 추가하고 각 화면 크기에 따라 컴포넌트의 크기와 배치를 조정할 수 있습니다.

Form은 기본적으로 "default"라는 이름의 레이아웃을 가집니다. Form을 만들 때 레이아웃을 추가할 수 있으며 생성 후에는 오른쪽 마우스 클릭 후 나타나는 메뉴에서 레이아웃을 추가하거나 삭제할 수 있습니다.

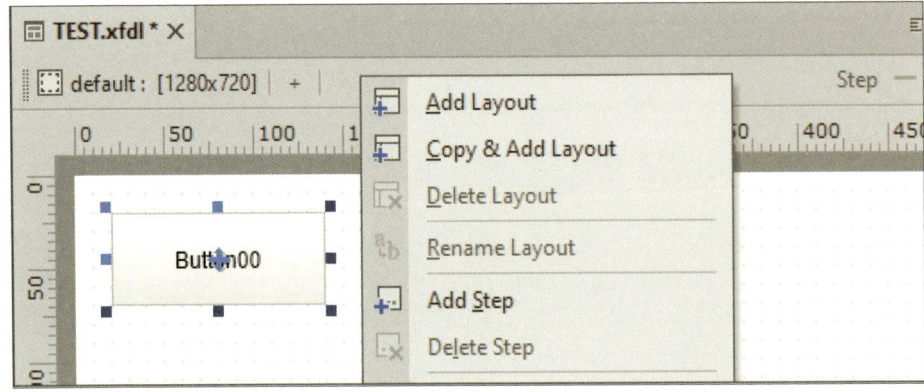

레이아웃을 추가할 때는 너비(Width)와 높이(Height)를 지정합니다. 앱 실행 시 화면 너비, 높이에 따라 적용할 레이아웃이 정해집니다. 화면 크기에 따른 화면 디자인을 새로 하는 것이 아니라 default 레이아웃에 있는 컴포넌트의 배치와 크기만 변경해서 적용하는 경우에 유용합니다. 추가한 레이아웃에 새로운 컴포넌트를 넣을 수는 없습니다.

예를 들어 PC 화면에서는 검색창을 가로 방향으로 길게 나열하고 모바일 화면에서는 검색 항목을 세로 방향으로 나열하고 화면 가로 너비에 꽉 차게 표시할 수 있습니다.

추가한 레이아웃에서 수정한 값은 속성 창에서 파란색으로 표시됩니다. 코드 내에서는 레이아웃에 따라 달라지는 값만 관리하기 때문에 레이아웃이 많아져도 전체 코드 길이가 크게 늘어나지는 않습니다.

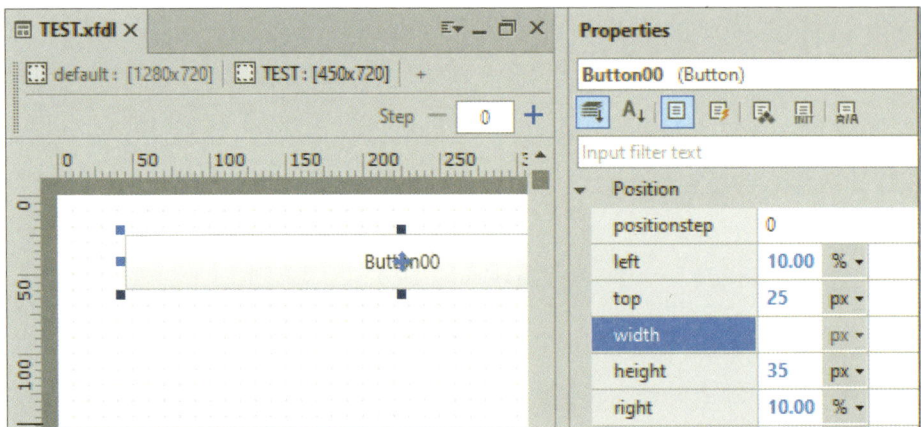

Fluid Layout 기능을 사용하면 컴포넌트의 위치나 크기를 직접 지정하지 않고 Type만 지정해서 레이아웃을 바꿀 수 있습니다.

예를 들어 PC 화면에서는 검색창 영역의 Type을 horizontal로 설정하고 모바일 화면에서는 검색창 영역의 Type을 vertical로 설정하면 자동으로 각 컴포넌트의 배치가 레이아웃에 따라 바뀌어 적용됩니다.

8.2.2 스텝

스텝(Step)이란 여러 단계로 이루어진 페이지를 하나의 레이아웃에서 만들 수 있는 기능입니다. 스텝은 디자인 화면 상단에 있는 Step 항목 숫자를 변경하거나 메뉴에서 Add Step 항목을 선택해 사용할 수 있습니다.

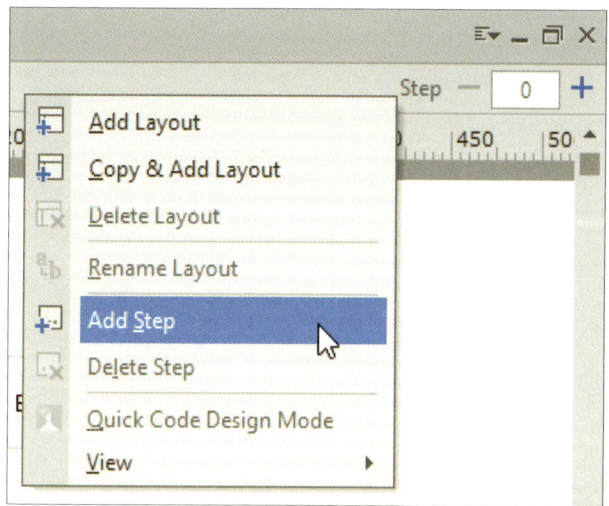

스텝으로 설정한 숫자만큼 화면이 구분되어 표시됩니다. 기본 레이아웃에서는 하나의 화면에 모여 있는 컴포넌트를 모바일 레이아웃에서는 여러 스텝 화면으로 나눌 수 있습니다. 스마트폰에서 실행했을 때는 스와이프 동작으로 다음 화면으로 이동할 수 있습니다.

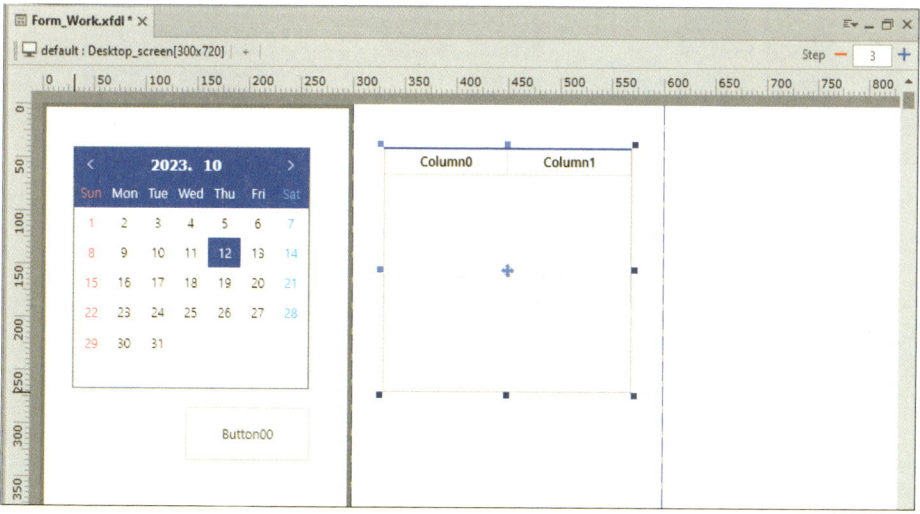

8.3 Fluid Layout

화면에 배치되는 컴포넌트의 위치를 직접 설정하지 않고 규칙에 따라 자동으로 배치되도록 할 수 있습니다. 동적으로 컴포넌트를 추가하는 기능을 구현하거나 화면 크기에 따라 컴포넌트 배치 방식을 자동으로 변경하고자 할 경우에 활용할 수 있습니다.

8.3.1 화면 배치 타입

3가지 방식 중 하나를 선택할 수 있습니다.

- horizontal: 수평축을 기준으로 컴포넌트 배치
- vertical: 수직축을 기준으로 컴포넌트 배치
- table: 가상의 그리드 구조를 만들고 컴포넌트 배치

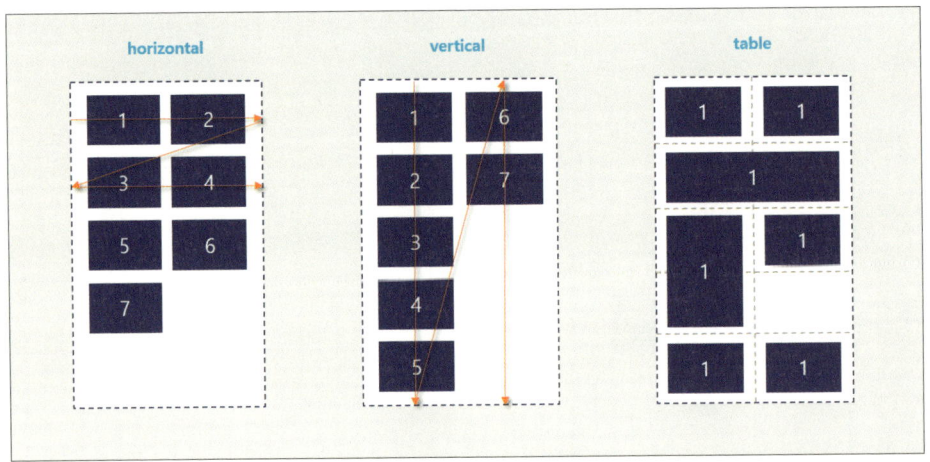

세부적인 속성값을 설정해 배치되는 컴포넌트의 간격, 순서 등을 설정할 수 있습니다.

8.3.2 컴포넌트 배치하기
• horizontal, vertical

type 속성값을 "vertical"로 설정한 Div 컴포넌트를 예를 들어 설명합니다.

배치할 컴포넌트를 선택하고 Div 컴포넌트 영역 위로 가져가면 디자인 화면에 현재 선택된 type 속성 정보를 표시하며 컴포넌트가 배치될 위치를 파란색으로 보여 줍니다. 이미 배치된 컴포넌트 중간에 배치할 수 있고 배치된 컴포넌트의 위치를 변경할 수 있습니다.

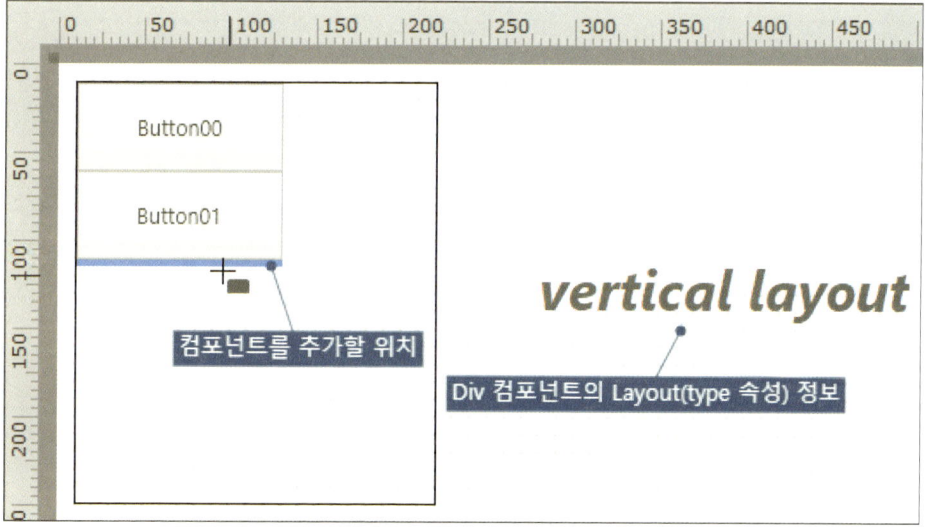

• table

type 속성값을 "table"로 설정한 Div 컴포넌트를 예를 들어 설명합니다.

type 속성값을 "table"로 설정하면 tabletemplate 속성 기본값(Column 1개, Row 1개)이 적용된 상태로 편집 창이 표시됩니다.

편집 창 왼쪽 상단 표 모양 아이콘을 클릭하면 Column, Row 숫자를 변경할 수 있는 Reset Table 창이 표시됩니다.

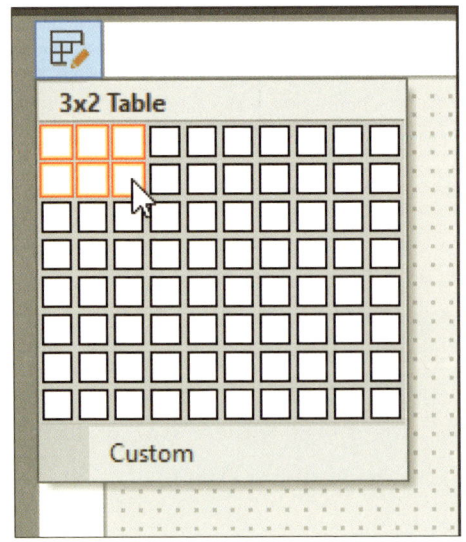

Column, Row 숫자를 변경한 후 배치할 컴포넌트를 선택하고 Div 컴포넌트에 가져갔을 때 가상의 Table Cell 영역이 표시되며 원하는 Cell 영역에 배치할 수 있습니다.

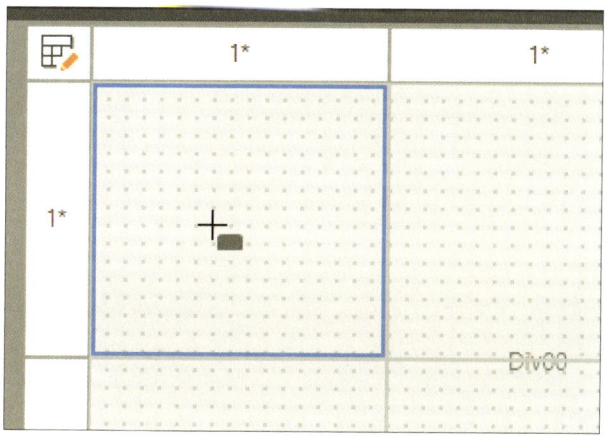

Button 컴포넌트 배치 시 2개 이상의 Cell 영역을 걸치도록 크기를 조정하면 2개 이상의 Cell 영역이 병합된 것처럼 컴포넌트를 배치할 수 있습니다.

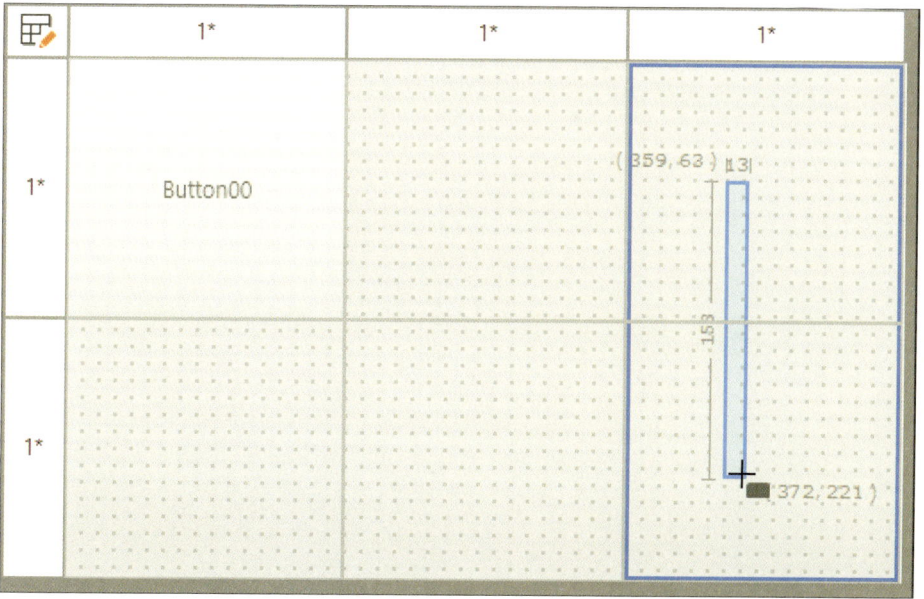

8.3.3 컴포넌트 배치 기준, 간격 설정하기

화면에서 컴포넌트를 배치할 때 시작 위치부터 배치하는 것은 아닙니다. 기능 버튼의 경우에는 화면 오른쪽 위치에 배치하고 일정한 간격을 주어 사용자가 버튼을 쉽게 인지할 수 있도록 도와줍니다.

다양한 속성으로 레이아웃 내 컴포넌트 배치 기준, 간격, 줄바꿈을 원하는 형식으로 처리할 수 있습니다.

컴포넌트 배치 기준
- flexcrossaxisalign, flexcrossaxiswrapalign, flexmainaxisalign, tabledirection
- 컴포넌트 배치 간격
- spacing, horizontalgap, verticalgap, flexmainaxisalign, tablecellalign, tablecellincompalign
- 컴포넌트 배치 줄바꿈
- flexwrap

배치 방식에 따라 컴포넌트의 크기를 조정할지 여부를 설정할 수 있습니다.

컴포넌트 크기 조정
- flexgrow, flexshrink, fittocontents

9

사용자 맞춤 기능 설정하기

9.1 Frame 오브젝트

Frame 오브젝트는 넥사크로 애플리케이션의 메인 화면을 구성할 때 사용하는 오브젝트입니다. Frame 오브젝트를 이용하여 애플리케이션의 전체적인 구조를 정의할 수 있으며, 이를 통해 다양한 형태의 애플리케이션을 구현할 수 있습니다.

9.1.1 ChildFrame

ChildFrame은 Frame 오브젝트 하위에 배치할 수 있는 최하위 프레임으로 Form을 실행하여 보여 줄 수 있는 프레임입니다. ChildFrame의 formurl 속성에 Form의 경로를 지정하여 Form을 실행합니다.

상단에 titlebar와 하단에 statusbar로 구성되어 있습니다.

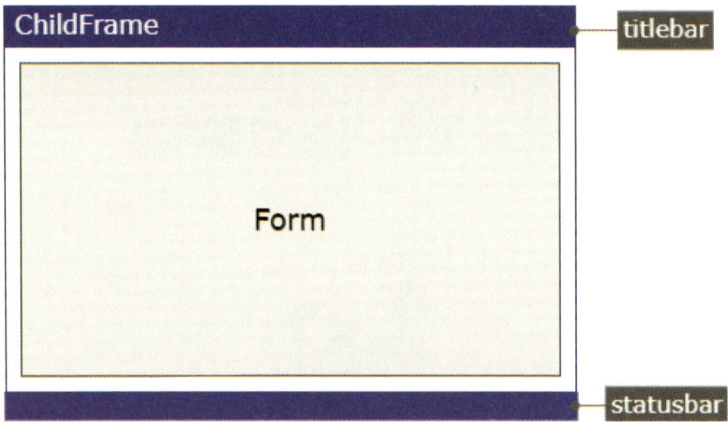

9.1.2 FrameSet, VFrameSet, HFrameSet, TileFrameSet

애플리케이션 메인 화면의 배열을 위한 프레임입니다. 하위에 Frame 오브젝트를 반복적으로 가질 수 있습니다.

상단에 titlebar와 하단에 statusbar로 구성되어 있습니다.

FrameSet

FrameSet은 하위 프레임을 자유롭게 배열할 수 있는 프레임입니다.

FrameSet 하위에 FrameSet, HFrameSet, VFrameSet, TileFrameSet, ChildFrame을 반복적으로 가질 수 있습니다.

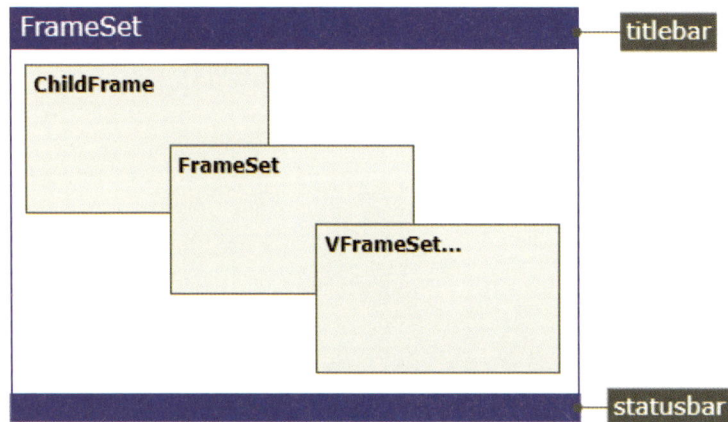

VFrameSet

VFrameSet은 하위 프레임을 수직 방향으로 배열할 수 있는 프레임입니다. VFrameSet 하위에 FrameSet, HFrameSet, VFrameSet, TileFrameSet, ChildFrame을 반복적으로 가질 수 있습니다.

HFrameSet

HFrameSet은 하위 프레임을 수평 방향으로 배열할 수 있는 프레임입니다. HFrameSet 하위에 FrameSet, HFrameSet, VFrameSet, TileFrameSet, ChildFrame을 반복적으로 가질 수 있습니다.

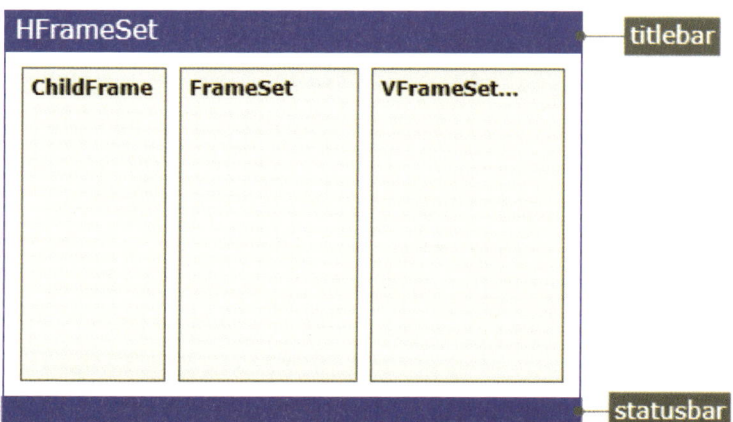

TileFrameSet

TileFrameSet은 하위 프레임을 수평 수직 방향으로 배열할 수 있는 프레임입니다. TileFrameSet 하위에 FrameSet, HFrameSet, VFrameSet, TileFrameSet, ChildFrame을 반복적으로 가질 수 있습니다.

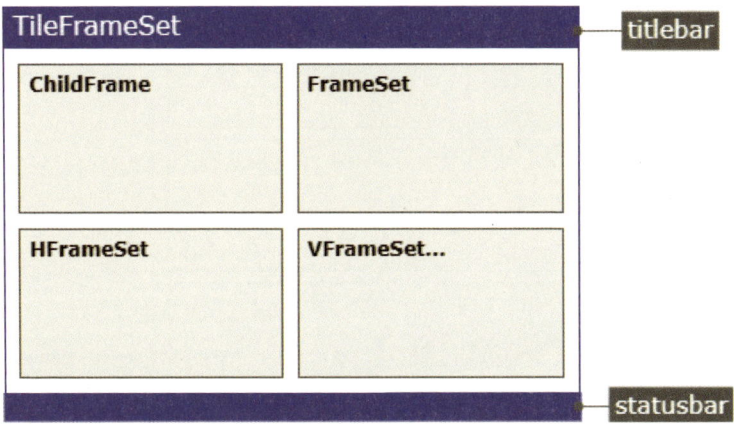

9.1.3 MainFrame

애플리케이션을 구성하는 최상위 프레임입니다.

MainFrame 하위에는 FrameSet, HFrameSet, VFrameSet, TileFrameSet, ChildFrame 중 하나의 프레임만 가질 수 있습니다.

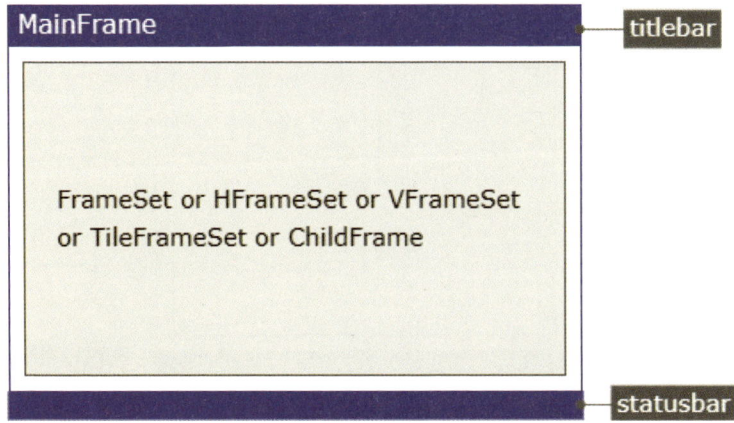

9.1.4 Frame Template

넥사크로 스튜디오에서 프로젝트를 생성할 때, Frame Template 단계에서 메인 화면의 유형을 선택할 수 있습니다.

이러한 프레임 템플릿을 이용하여 넥사크로 애플리케이션의 메인 화면을 구성할 수 있습니다. 프레임 템플릿 유형별 프레임의 구조를 살펴봅니다.

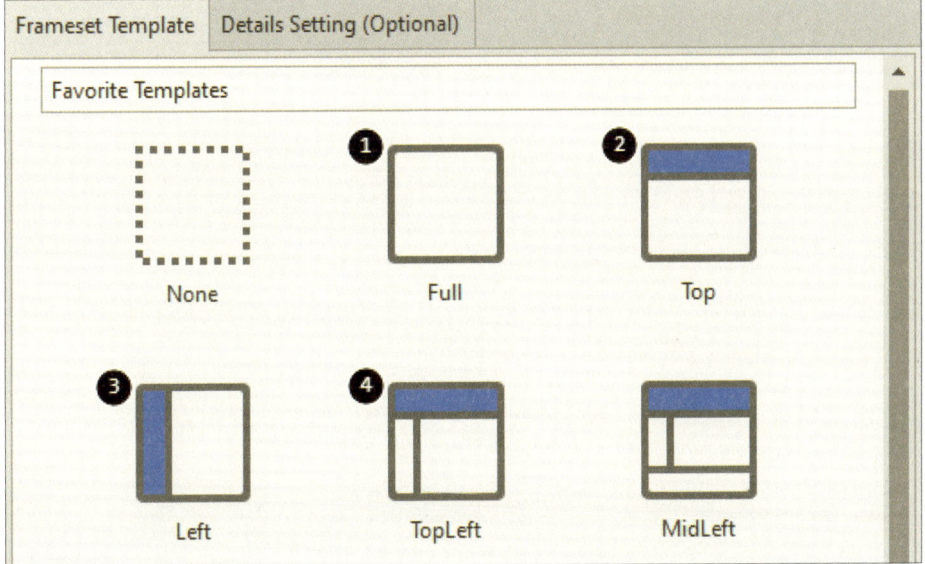

❶ Full

메인 화면을 프레임을 나누지 않고 하나의 화면으로 구성합니다.

MainFrame 하위에 ChildFrame을 추가하고 formurl 속성에 메인 화면으로 사용할 Form을 지정합니다.

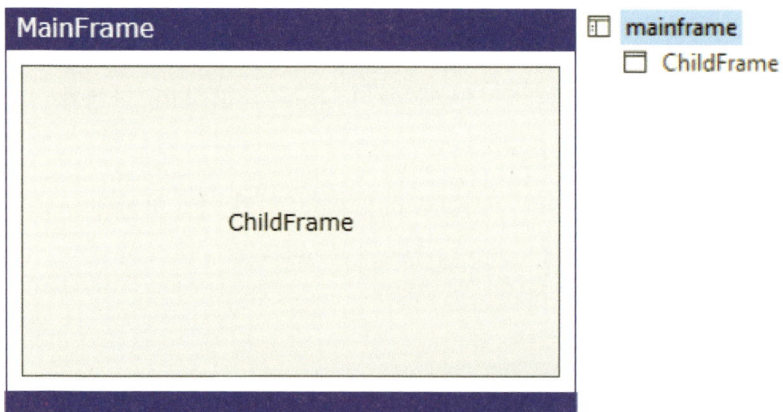

❷ Top

메인 화면을 상단에는 업무 메뉴를 표현하고, 하단에는 업무 화면이 나오는 형태로 구성하고자 할 때 사용할 수 있습니다.

MainFrame 하위에 수직 방향으로 배열을 할 수 있는 VFrameSet을 추가합니다. VFrameSet 하위에 ChildFrame을 만들어서 상단에는 메뉴 기능이 있는 Form을 지정하고 하단 ChildFrame에 선택한 메뉴 화면이 나오도록 구현합니다.

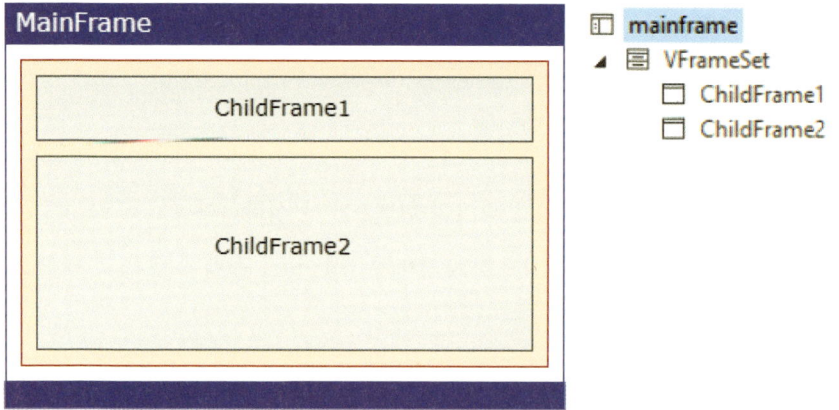

❸ Left

메인 화면을 좌측에는 업무 메뉴를 표현하고, 우측에는 업무 화면이 나오는 형태로 구성하고자 할 때 사용할 수 있습니다.

MainFrame 하위에 수평 방향으로 배열을 할 수 있는 HFrameSet을 추가합니다. HFrameSet 하위에 ChildFrame을 만들어서 좌측에는 메뉴 기능이 있는 Form을 지정하고 우측 ChildFrame에 선택한 메뉴 화면이 나오도록 구현합니다.

❹ TopLeft

메인 화면의 상단에는 주요 메뉴를 위치하고, 그 아래 왼쪽에는 하위 메뉴, 오른쪽에는 업무 화면이 나오는 형태로 구합니다. 위의 Top과 Left 구조를 합친 형태입니다. MainFrame 하위에 수직 방향으로 배열을 할 수 있는 VFrameSet을 추가합니다. VFrameSet 하위에는 주요 메뉴를 표현할 ChildFrame, 하단에는 수평 방향으로 배열할 수 있는 HFrameSet을 생성하여 구성할 수 있습니다.

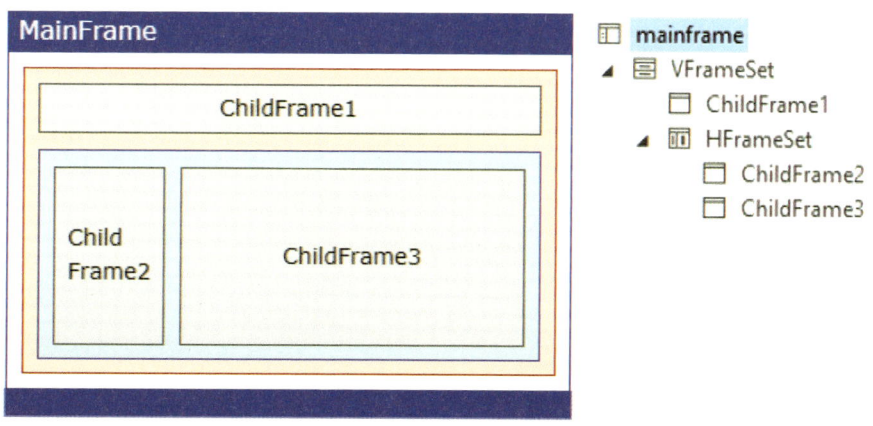

프레임 템플릿을 이용해서 생성한 프레임 구조는 넥사크로 스튜디오에서 편집이 가능합니다. Frame 오브젝트를 추가하거나 기존 프레임의 속성을 변경해서 사용합니다. 이러한 방법으로 프레임 안에 새로운 Frame 오브젝트를 추가하면서 메인 화면을 다양한 유형으로 구현할 수 있습니다.

9.2 메인 화면 구성

사용자가 애플리케이션을 접속했을 때 가장 먼저 나타나는 화면을 구성합니다.

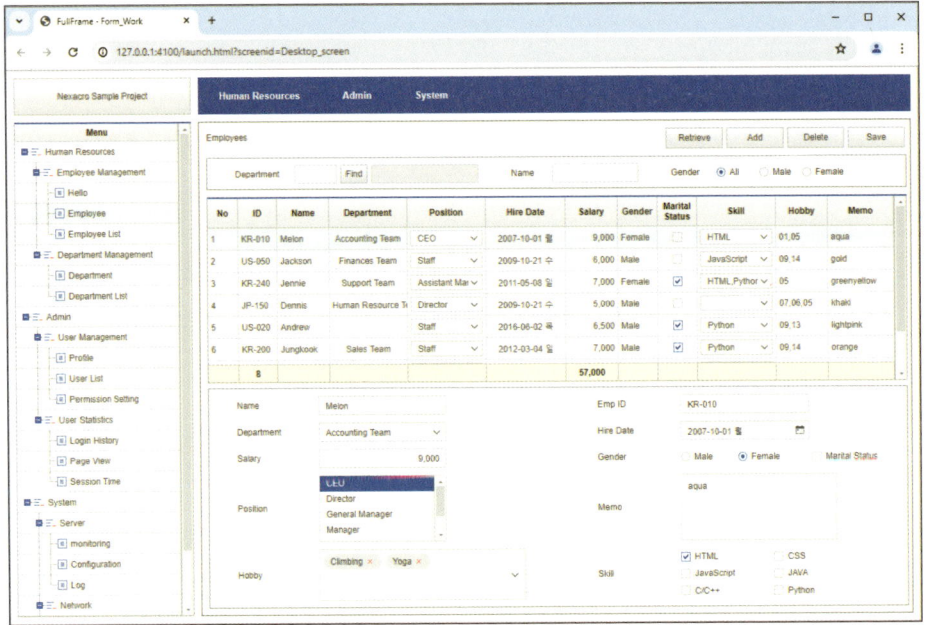

9.2.1 기초 작업

메인 화면에서 사용할 메뉴 데이터를 구성합니다.

메뉴 데이터는 데이터베이스에서 관리되며, 서버 페이지를 통해 사용자 권한에 맞는 메뉴 데이터를 가져와 Dataset에 담아 사용합니다. 일반적으로 전역 Dataset에 할당하여 애플리케이션의 모든 화면에서 사용하도록 구성합니다.

본 문서에서는 전역 Dataset에 샘플 데이터를 생성하여 메뉴를 표현합니다.

Top Level	Middle Level	Lower Level	실행할 화면
10 Human Resources			
	10 Employee Management		
		10 Hello	Base::Hello.xfdl
		20 Employee	Work::Form_Emp.xfdl
		30 Employee List	Work::Form_EmpList.xfdl
	20 Department Management		
		10 Department	
		20 Department List	
20 Admin			
	10 User Management		
		10 Profile	
		20 User List	
		30 Permission Setting	
	20 User Statistics		
		10 Login History	
		20 Page View	
		30 Session Time	
30 System			
	10 Server		
		10 Monitoring	
		20 Configuration	
		30 Log	
	20 Network		
		10 Monitoring	
		20 Configuration	
	30 Setting		

● **전역 Dataset 생성**

Project Explorer 창에서 Application Information 〉 Application Variables에 전역 Dataset을 추가하고 아이디를 gds_menu로 변경합니다.

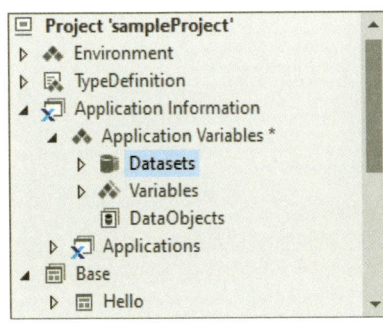 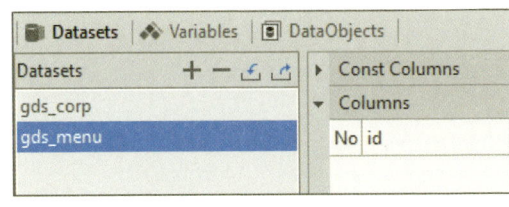

메뉴를 표현하기 위해서는 다음과 같은 데이터가 최소한으로 필요합니다.

칼럼 ID	칼럼명	설명
MENU_ID	메뉴 아이디	
MENU_NAME	메뉴 이름	
MENU_LEVEL	메뉴 레벨	상위 메뉴와 하위 메뉴의 레벨을 0부터 시작하는 값으로 지정
FORM_URL	화면 경로	메뉴를 선택하면 보여 줄 화면의 경로를 지정

메뉴에 필요한 칼럼과 데이터는 직접 입력하거나 아래의 샘플 데이터를 이용합니다.

> Sample
> NexacroN_book\Sample\Sample Data\gds_menu.xml

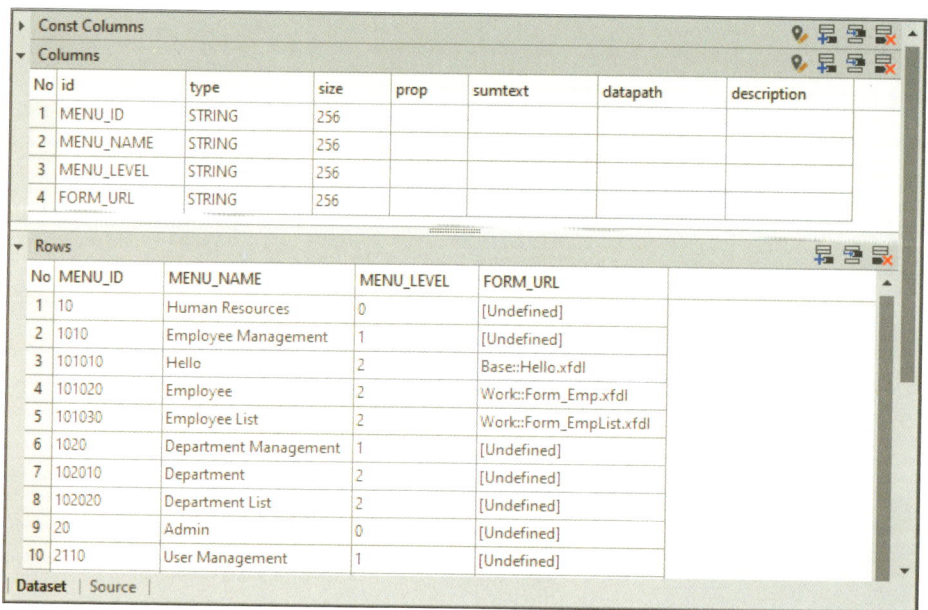

노트

본 문서에서 실습할 때 생성한 화면의 경로를 FORM_URL 칼럼에 지정하였으며, 나머지 메뉴는 지정하지 않았습니다.

```
<ColumnInfo>
  <Column id="MENU_ID" type="STRING" size="256"/>
  <Column id="MENU_NAME" type="STRING" size="256"/>
  <Column id="MENU_LEVEL" type="STRING" size="256"/>
  <Column id="FORM_URL" type="STRING" size="256"/>
</ColumnInfo>
<Rows>
  <Row>
    <Col id="MENU_ID">10</Col>
    <Col id="MENU_NAME">Human Resources</Col>
    <Col id="MENU_LEVEL">0</Col>
  </Row>
  …
  <Row>
    <Col id="MENU_ID">3830</Col>
    <Col id="MENU_NAME">Setting</Col>
    <Col id="MENU_LEVEL">1</Col>
  </Row>
</Rows>
```

9.2.2 메인 화면 - SDI

메인 화면을 SDI 형태로 구성합니다.
SDI(Single Document Interface)는 하나의 애플리케이션에 하나의 화면이 표현되는 형태입니다.

● 메인 화면 구성

별도로 프레임을 구성하지 않고 최초 프로젝트 생성할 때 선택한 프레임 템플릿 'Full' 형태를 그대로 이용합니다.
Project Explorer 창에서 아래의 항목을 더블 클릭하여 프레임 구조를 확인합니다.

> Application Information 〉 Applications 〉 Application_Desktop 〉 mainframe

mainframe 하위에 'WorkFrame'이라는 이름의 ChildFrame이 하나 생성되어 있습니다. 이 ChildFrame에 표시할 화면의 경로가 formurl 속성에 'FrameBase::Form_Work.xfdl'로 지정되어 있으며, 해당 파일은 서비스 폴더 FrameBase에 위치해 있습니다.

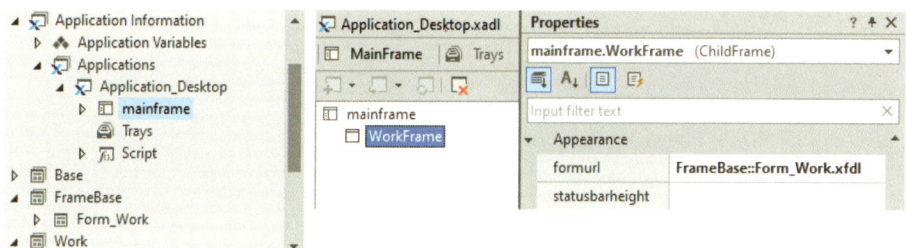

Form_Work 파일을 메인 화면으로 구성합니다.

❶ 애플리케이션 이름이나 회사 로고 등을 표시하는 영역으로, ImageViewer 컴포넌트나 Button 컴포넌트를 이용합니다. 주로 'Home' 버튼으로 사용되며, 클릭하면 Home 화면으로 이동합니다.

❷ 상단 메뉴를 구성하는 영역으로 Menu 컴포넌트를 사용하여 메뉴바 형태로 표현합니다.

속성 카테고리	속성	속성값	설명
Information	id	mnu_top	
Position	left	270	
	top	10	
	height	50	
	right	10	
Binding	innerdataset	gds_menu	메뉴를 표현할 Dataset
	idcolumn	MENU_ID	메뉴 아이디 칼럼 지정
	captioncolumn	MENU_NAME	메뉴 이름 칼럼 지정
	levelcolumn	MENU_LEVEL	메뉴 레벨 칼럼 지정

❸ 좌측 메뉴를 구성하는 영역으로 Grid 컴포넌트를 사용하여 트리 형태로 표현합니다.

Grid 컴포넌트를 생성하고 gds_menu를 바인딩합니다. Grid 셀에는 메뉴명 칼럼만 나오도록 편집합니다.

속성 카테고리	속성	속성값	설명
Information	id	grd_left	
Position	left	10	
	top	70	
	width	250	
	bottom	10	
Binding	binddataset	gds_menu	메뉴를 표현할 Dataset

셀의 속성을 변경하여 트리 형태로 표현합니다.

속성 카테고리	속성	속성값	설명
Action	displaytype	treeitemcontrol	셀을 트리로 표현
	edittype	tree	트리를 접었다 펼쳤다 할 수 있도록 지정
CellTreeItem	treelevel	bind:MENU_LEVEL	메뉴 레벨 칼럼을 지정

Grid의 속성을 변경하여 트리 형태를 완성합니다.

속성 카테고리	속성	속성값	설명
Action	autofittype	col	Grid 크기에 맞게 칼럼 크기를 자동 조절
CellTreeItem	treeinitstatus	expand,all	트리를 펼쳐진 상태로 표현
CellTreeItem	treeusecheckbox	false	트리에 체크박스 표시 사용 안 함

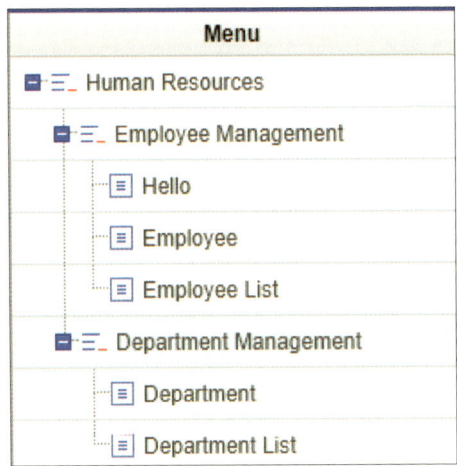

❹ 상단 메뉴 또는 좌측 메뉴를 클릭할 때 해당 메뉴의 화면을 표현할 Div 컴포넌트를 생성합니다.

속성 카테고리	속성	속성값	설명
Information	id	div_work	
Position	left	270	
	top	70	
	right	10	
	bottom	10	

● **스크립트 작성**

먼저 화면을 오픈하는 함수를 작성합니다.

```
this.fn_openForm = function(sMenuId)
{
    var objApp = nexacro.getApplication();
    var rowidx = objApp.gds_menu.findRow("MENU_ID", sMenuId);
    var sFormUrl = objApp.gds_menu.getColumn(rowidx, "FORM_URL");
    if(typeof sFormUrl == "undefined" || sFormUrl == null ||
       sFormUrl == "")
    {
        return;
    }
    this.div_work.url = sFormUrl;
}
```

함수는 선택한 메뉴의 아이디를 인자로 받습니다.

```
this.fn_openForm = function(sMenuId)
{
```

Application 영역에 있는 gds_menu에 접근하기 위해 Application 오브젝트를 얻습니다.

```
var objApp = nexacro.getApplication();
```

Dataset의 findRow 메서드를 사용하여, 인자로 받은 값과 Dataset의 MENU_ID 칼럼값이 일치하는 로우를 찾고, 해당 로우의 FORM_URL 칼럼값을 얻습니다.

```
var objApp = nexacro.getApplication();
var rowidx = objApp.gds_menu.findRow("MENU_ID", sMenuId);
var sFormUrl = objApp.gds_menu.getColumn(rowidx, "FORM_URL");
```

FORM_URL 값이 없는 경우, 이후 스크립트는 진행하지 않으며, 값이 지정되어 있으면 Div 컴포넌트의 url 속성에 해당 값을 지정합니다.

```
if(typeof sFormUrl == "undefined" || sFormUrl == null || sFormUrl == "")
{
    return;
}
this.div_work.url = sFormUrl;
```

상단 Menu 컴포넌트 onmenuclick 이벤트와 좌측 Grid 컴포넌트의 oncelldblclick 이벤트에서 fn_openForm 함수를 호출합니다.
Menu 컴포넌트 onmenuclick 이벤트에서 EventInfo 오브젝트를 통해 Menu 컴포넌트에 연결된 Dataset의 메뉴 id값을 얻을 수 있습니다.

```
this.mnu_top_onmenuclick =
function(obj:nexacro.Menu,e:nexacro.MenuClickEventInfo)
{
    this.fn_openForm(e.id);
};
```

Application 오브젝트를 이용하여 전역 Dataset을 접근하고 Dataset의 메서드를 이용하여 MENU_ID 칼럼 값을 얻습니다.

```
this.grd_left_oncelldblclick =
function(obj:nexacro.Grid,e:nexacro.GridClickEventInfo)
{
    var objApp = nexacro.getApplication();
    var sMenuId = objApp.gds_menu.getColumn(e.row, "MENU_ID");
    this.fn_openForm(sMenuId);
};
```

● 결과 확인

전체 애플리케이션을 실행하는 Launch(Ctrl+F5)를 이용하여 결과를 확인합니다.

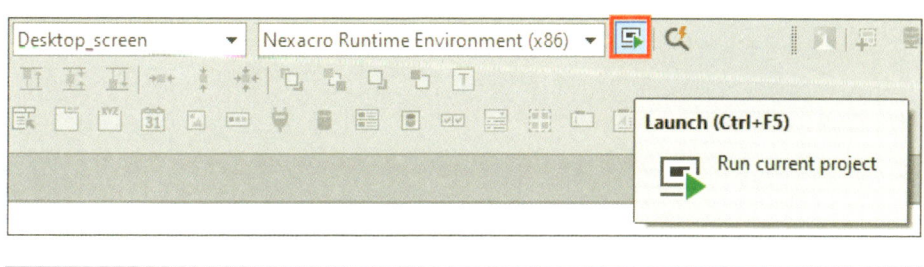

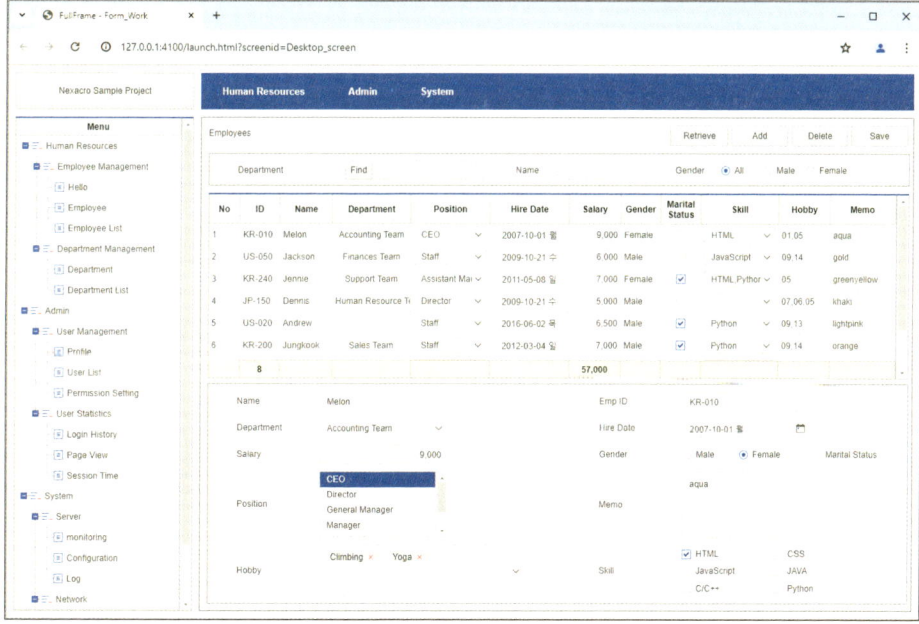

9.2.3 메인 화면 - MDI

메인 화면을 MDI 형태로 구성합니다.

MDI(Multi Document Interface)는 하나의 애플리케이션에 여러 개의 화면이 표현되는 형태입니다.

● **Application 생성**

새로운 애플리케이션을 만들어서 MDI 형태의 메인 화면을 구성합니다.

| [Menu] File > New > Application

하나의 프로젝트에서 스크린 유형에 따라 여러 개의 애플리케이션을 구성할 수 있습니다. desktop 스크린을 1280×840 사이즈로 추가합니다.

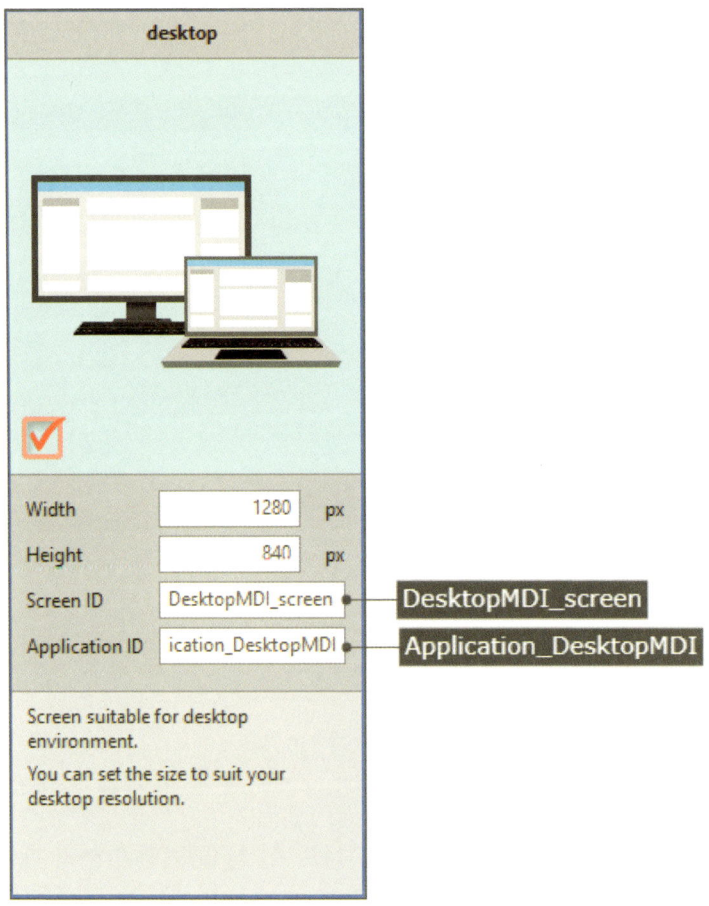

다음 프레임 템플릿 선택하는 단계에서 'None' 형태를 선택하고 [Finish] 버튼을 클릭하여 Application을 추가합니다.

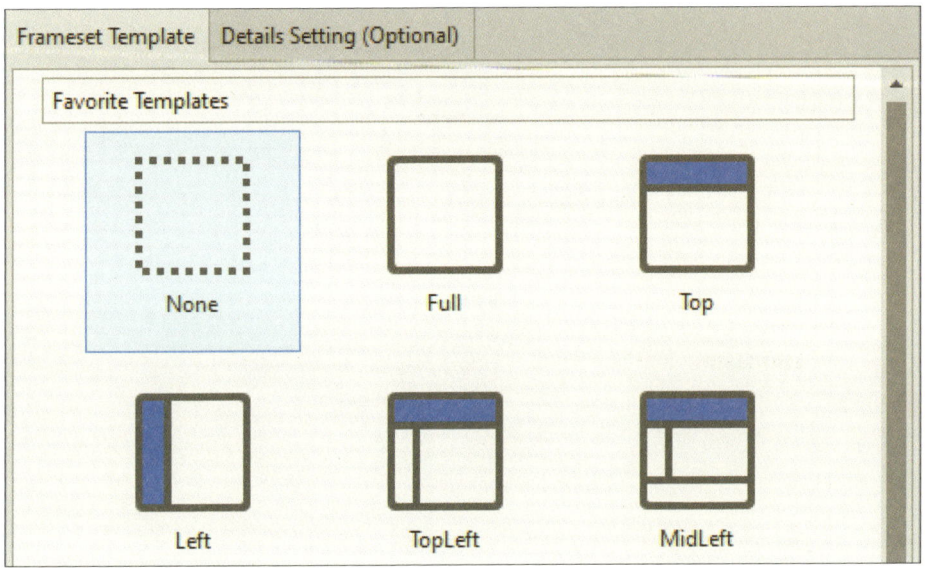

Project Explorer 창에서 Screen 항목에 'DesktopMDI_screen'과 Application 항목에 'Application_DesktopMDI'가 추가됩니다.

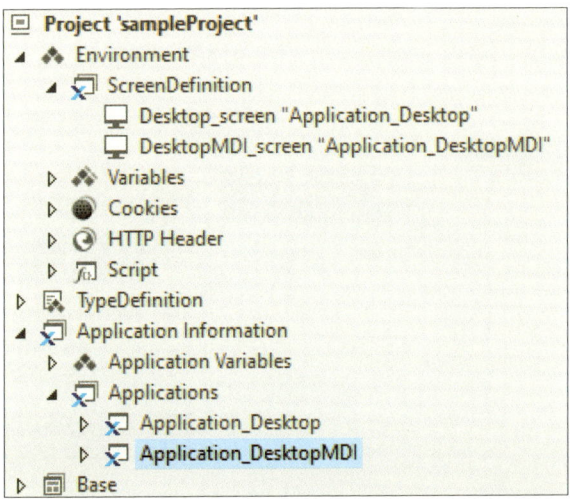

● **메인 화면 구성**

추가한 Application에 메인 화면의 프레임을 구성합니다. 아래와 같이 상단 메뉴와 좌측 메뉴를 구성하고 업무 화면은 여러 개 띄울 수 있도록 설정합니다.

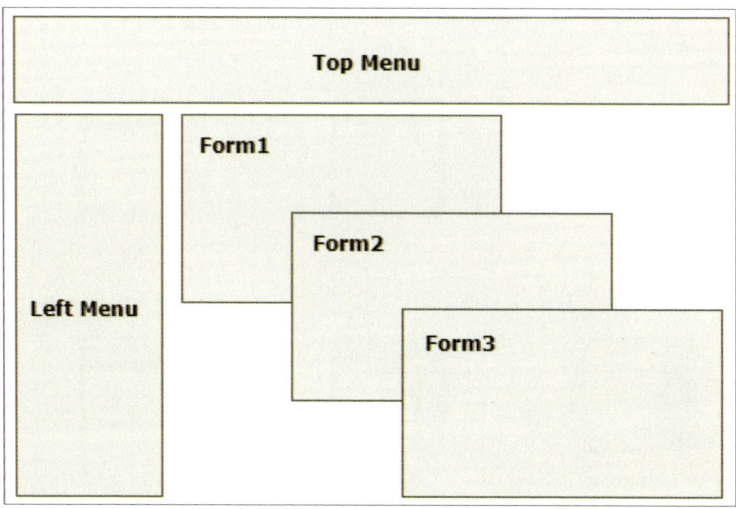

Project Explorer 창에서 아래의 항목을 더블 클릭하여 프레임을 구성합니다.

| Application Information 〉 Applications 〉 Application_DesktopMDI 〉 mainframe

단계 1. mainframe을 마우스 우클릭하여 수직 방향으로 배열할 수 있는 VFrameSet을 추가합니다.

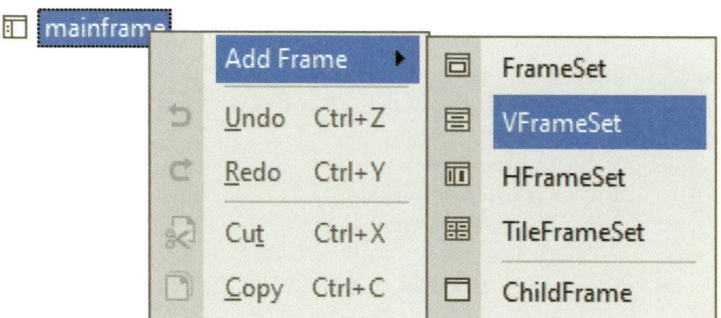

단계 2. 추가한 VFrameSet을 선택하고 상단 메뉴를 표현할 ChildFrame을 추가하고 id 속성을 'TopFrame'으로 변경합니다.

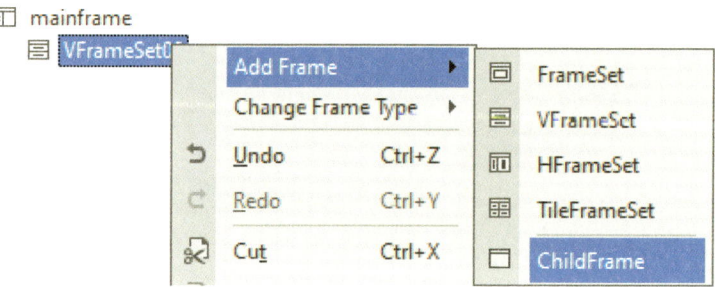

단계 3. 다시 VFrameSet을 선택하고 하단에는 수평 방향으로 배열할 수 있는 HFrameSet을 추가합니다.

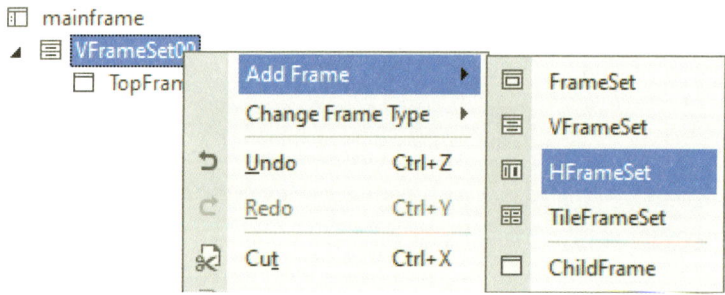

단계 4. 추가한 HFrameSet을 선택하고 좌측 메뉴를 표현할 ChildFrame을 추가하고 id 속성을 'LeftFrame'으로 변경합니다.

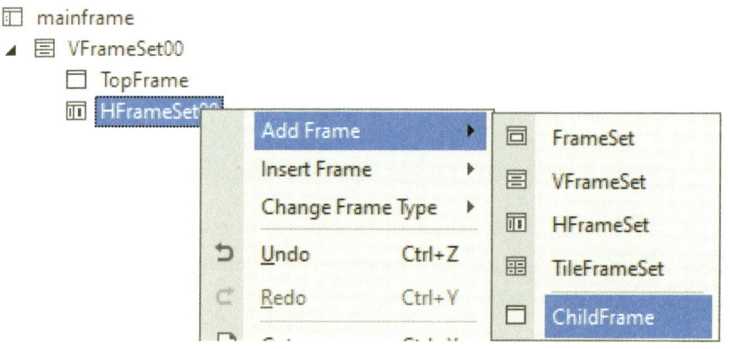

단계 5. 다시 HFrameSet을 선택하고 우측에는 프레임을 자유롭게 배열할 수 있는 FrameSet을 추가합니다.

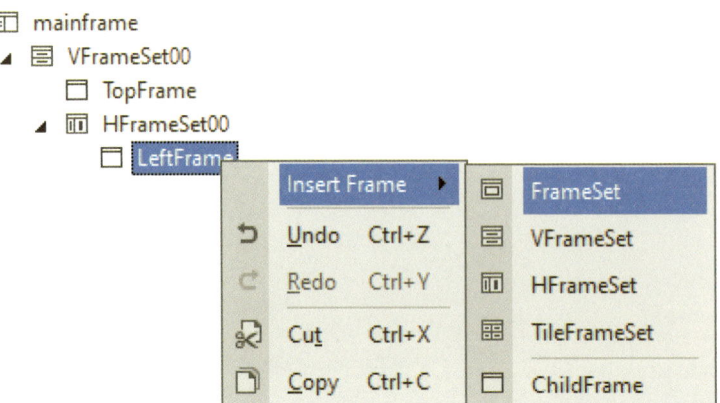

단계 6. 아래와 같아 프레임이 구성됩니다.

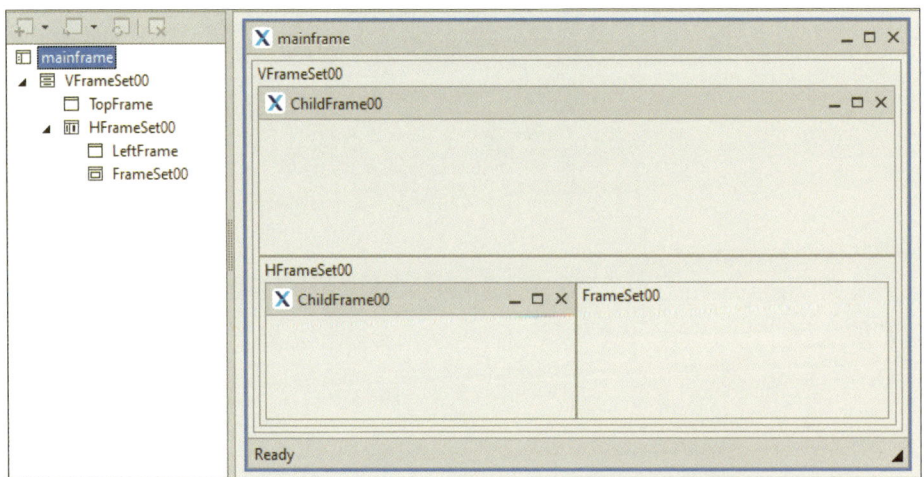

단계 7. 상단 영역과 좌측 영역에 배치할 Form을 FrameBase 서비스 폴더 안에 생성합니다.

상단 영역에 위치할 Form의 이름은 'Form_Top'으로 지정하고, 크기는 1280×70으로 생성합니다. '메인 화면 - SDI' 내용을 참고하여 화면을 구성합니다.

좌측 영역에 위치할 Form의 이름은 'Form_Left'로 지정하고 크기는 270×770으로 생성합니다. '메인 화면 - SDI' 내용을 참고하여 화면을 구성합니다.

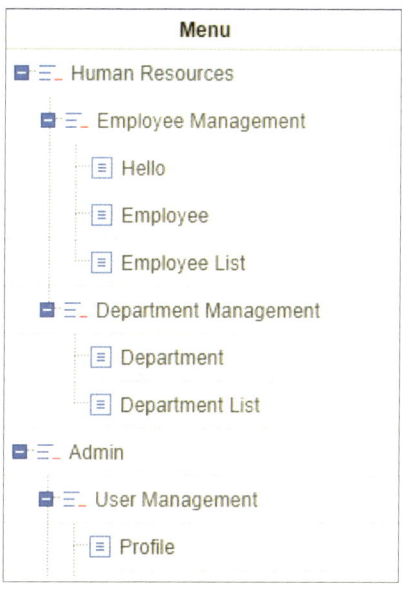

단계 8. 프레임의 속성을 설정하여 프레임 구성을 완료합니다.

- mainframe > VFrameSet00에 하위 프레임의 크기를 지정합니다. separatesize 속성에서 설정할 수 있습니다. '70, *'로 지정하면 상단 메뉴가 표시되는 영역은 70px 크기로, 나머지 영역은 전체 크기로 설정됩니다.

- mainframe > VFrameSet00 > HFrameSet00에 하위 프레임의 크기를 설정합니다. separatesize 속성을 '270, *'로 지정하여 좌측 메뉴가 표시되는 영역은 270px 크기로, 나머지 영역은 전체 크기로 설정합니다.

- mainframe > VFrameSet00 > TopFrame에 상단 영역에 표현할 화면의 경로를 설정합니다. formurl 속성에 'FrameBase::Form_Top.xfdl'을 지정합니다. ChildFrame의 타이틀바는 보이지 않게 showtitlebar 속성을 'false'로 설정합니다.

- mainframe 〉 VFrameSet00 〉 LeftFrame에 좌측 영역에 표현할 화면의 경로를 설정합니다. formurl 속성에 'FrameBase::Form_Left.xfdl'을 지정하고 showtitlebar 속성을 'false'로 설정합니다.

● 프레임 구성 확인

Launch(Ctrl+F5)를 이용하여 메인 화면 구성을 확인합니다.

하나의 프로젝트에 여러 개의 Application을 구성한 경우 실행할 Application이 설정된 Screen 정보를 먼저 선택하고 실행해야 합니다.
'DesktopMDI_screen'을 선택하고 실행하여 구성을 확인합니다.

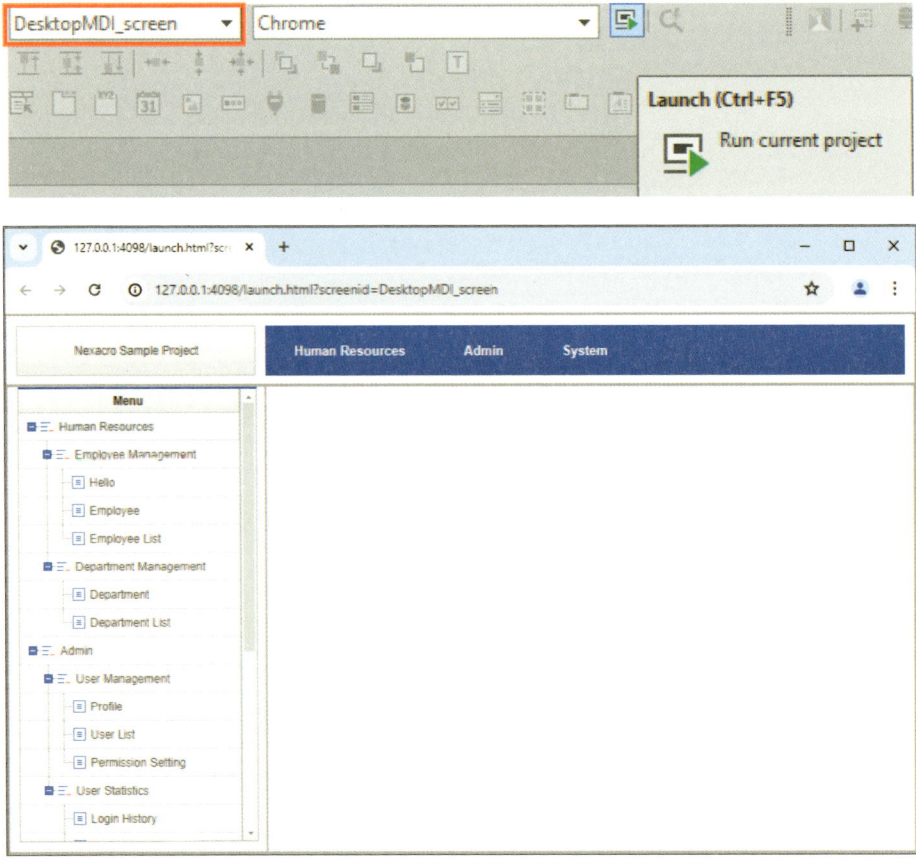

● **스크립트 작성**

화면을 오픈하는 함수 작성

Form_Left에서 화면을 오픈하는 함수를 작성합니다.

```
this.fn_openForm = function(sMenuId)
{
    var objApp = nexacro.getApplication();
    var rowidx = objApp.gds_menu.findRow("MENU_ID", sMenuId);
    var sFormUrl = objApp.gds_menu.getColumn(rowidx, "FORM_URL");

    if(typeof sFormUrl == "undefined"  || sFormUrl == null
        || sFormUrl == "")    return;

    var arrObj = objApp.mainframe.VFrameSet00.HFrameSet00.FrameSet00.all;
    for(var i=0; i<arrObj.length; i++)
    {
        if(arrObj[i].name == sMenuId){
            arrObj[i].setFocus();
            return;
        }
    }

    var objChildFrame = new ChildFrame(sMenuId, 0, 0, 800, 600);
    objChildFrame.formurl = sFormUrl
    objChildFrame.resizable = true;
    objChildFrame.openstatus = "normal";

    objApp.mainframe.VFrameSet00.HFrameSet00.FrameSet00.addChild(
        sMenuId, objChildFrame);
    objChildFrame.show();
}
```

함수는 선택한 메뉴의 아이디를 인자로 받습니다.

```
this.fn_openForm = function(sMenuId)
{
```

Application 영역에 있는 gds_menu에 접근하기 위해 Application 오브젝트를 얻습니다.

```
var objApp = nexacro.getApplication();
```

Dataset의 findRow 메서드를 사용하여, 인자로 받은 값과 Dataset의 MENU_ID 칼럼값이 일치하는 로우를 찾고, 해당 로우의 FORM_URL 칼럼값을 얻습니다.

```
var objApp = nexacro.getApplication();
var rowidx = objApp.gds_menu.findRow("MENU_ID", sMenuId);
var sFormUrl = objApp.gds_menu.getColumn(rowidx, "FORM_URL");
```

FORM_URL 값이 없는 경우, 이후 스크립트는 진행하지 않습니다.

```
if(typeof sFormUrl == "undefined" || sFormUrl == null || sFormUrl == "")
{
    return;
}
```

화면이 오픈되는 FrameSet00 영역에 오픈된 화면의 정보를 얻습니다.

```
var arrObj = objApp.mainframe.VFrameSet00.HFrameSet00.FrameSet00.all;
```

선택한 메뉴에 해당하는 화면이 이미 열려 있다면 해당 화면을 활성화합니다.

```
for(var i=0; i<arrObj.length; i++)
{
    if(arrObj[i].name == sMenuId){
        arrObj[i].setFocus();
        return;
    }
}
```

화면을 보여 주는 ChildFrame을 동적으로 생성하고 formurl 속성에 화면의 경로를 지정합니다.

```
var objChildFrame = new ChildFrame(sMenuId, 0, 0, 800, 600);
objChildFrame.formurl = sFormUrl
objChildFrame.resizable = true;
objChildFrame.openstatus = "normal";
```

화면이 오픈되는 FrameSet00 영역에 동적으로 생성한 ChildFrame을 자식으로 추가하고 화면에 표시합니다.

```
objApp.mainframe.VFrameSet00.HFrameSet00.FrameSet00.addChild(sMenuId, ob-
jChildFrame);
objChildFrame.show();
```

화면을 오픈하는 함수 호출

Form_Left의 Grid 컴포넌트에서 화면을 오픈하는 함수를 호출합니다.
oncelldblclick 이벤트에 적용합니다.

```
this.grd_left_oncelldblclick =
function(obj:nexacro.Grid,e:nexacro.GridClickEventInfo)
{
    var objApp = nexacro.getApplication();
    var sMenuId = objApp.gds_menu.getColumn(e.row, "MENU_ID");
    this.fn_openForm(sMenuId);
};
```

Form_Top에서 화면을 오픈하는 함수를 호출합니다.
Menu 컴포넌트의 onmenuclick 이벤트에서 Form_Left 화면에 생성한
fn_openForm 함수를 호출합니다.

```
this.mnu_top_onmenuclick =
function(obj:nexacro.Menu,e:nexacro.MenuClickEventInfo)
{
    var objApp = nexacro.getApplication();
    objApp.mainframe.VFrameSet00.HFrameSet00.LeftFrame.form.
    fn_openForm(e.id);
};
```

● 결과 확인

'DesktopMDI_screen'을 선택하고 Launch(Ctrl+F5)를 이용하여 결과를 확인합니다.

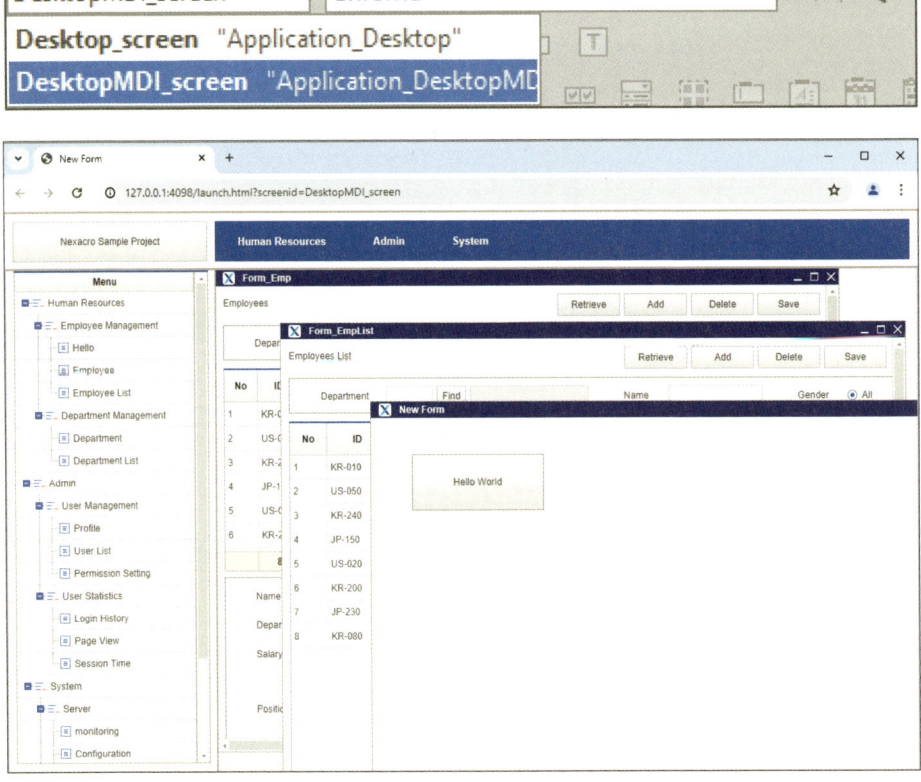

memo

PART 03

넥사크로 활용 능력 끌어올리기

10

컴포넌트, 오브젝트 자유롭게 활용하기

넥사크로에서 제공하는 주요 컴포넌트와 오브젝트의 기능을 이해합니다.

10.1 Dataset

Dataset은 넥사크로에서 데이터를 다루는 기본 단위로, 내부적으로 데이터를 관리하거나 서버와 통신할 때 주고받는 데이터 형식으로 사용됩니다. 데이터를 추가, 수정, 삭제하거나 연산하는 메서드를 제공하며, 다른 Dataset과 병합, 복사하는 등의 기능을 제공합니다.
일반적으로 Dataset은 독자적으로 사용하지 않고 데이터를 시각적으로 표현하는 컴포넌트와 바인딩하여 사용합니다.
이러한 Dataset을 활용하여 넥사크로에서는 데이터를 효율적으로 관리하고, 다양한 기능을 구현할 수 있습니다.

● 샘플 데이터

Dataset의 주요 기능을 살펴보기 위해 Dataset을 생성하여 샘플 데이터를 입력하였습니다. Dataset의 아이디는 'ds_data'로 지정하였습니다.

Dataset Editor [ds_data]							
▶ Const Columns							
▼ Columns							
No	id	type	size	prop	sumtext	datapath	description
1	CORP_CODE	STRING	256				
2	EMP_ID	STRING	256				
3	EMP_NAME	STRING	256				
4	DEPT_CODE	STRING	256				
5	HIRE_DATE	STRING	256				
6	SALARY	INT	256				
7	BONUS	INT	256				

▼ Rows							
No	CORP_CODE	EMP_ID	EMP_NAME	DEPT_CODE	HIRE_DATE	SALARY	BONUS
1	KR	KR010	Melon	10	20071001	8000	4000
2	US	US050	Jackson	20	20091021	4000	2000
3	KR	KR240	Jennie	40	20110508	6000	3000
4	JP	JP150	Dennis	30	[Undefined]	[Undefined]	[Undefined]
5	US	US020	Andrew	40	20160602	4000	1000
6	KR	KR200	Jungkook	40	[Undefined]	[Undefined]	[Undefined]

rowidx	CORP_CODE	EMP_ID	EMP_NAME	DEPT_CODE	HIRE_DATE	SALARY	BONUS
0	KR	KR010	Melon	10	20071001	8,000	4,000
1	US	US050	Jackson	20	20091021	4,000	2,000
2	KR	KR240	Jennie	40	20110508	6,000	3,000
3	JP	JP150	Dennis	30			
4	US	US020	Andrew	40	20160602	4,000	1,000
5	KR	KR200	Jungkook	40			

10.1.1 Dataset 구조

rowposition

Dataset에서 현재 선택한 데이터의 로우 인덱스를 갖는 속성입니다.

첫 번째 로우의 인덱스는 0부터 시작하며, 데이터가 없을 경우 -1 값을 갖습니다.

colcount

Dataset에 정의된 칼럼의 개수를 갖는 읽기 전용 속성입니다.

getColCount
Dataset에서 칼럼의 개수를 구하는 메서드입니다.

| Dataset.getColCount()

colcount 속성과 getColCount() 메서드는 동일한 결과를 반환합니다.

```
var nCnt1 = this.ds_data.colcount;
var nCnt2 = this.ds_data.getColCount();
```

rowcount
Dataset의 로우 개수를 갖는 읽기 전용 속성입니다. 필터링되거나 삭제한 데이터는 제외합니다.

getRowCount

| Dataset.getRowCount()

Dataset 로우의 개수를 반환하는 메서드입니다. 필터링되거나 삭제한 데이터는 제외합니다.

getCount
특정 칼럼에 데이터가 있는 로우의 개수를 반환하는 메서드입니다.

| Dataset.getCount([strColID [,nStartIdx [,nEndIdx]]])

파라미터	타입	설명
strColID	String	데이터 유무를 확인할 칼럼의 아이디 또는 인덱스를 설정합니다.
nStartIdx	Number	시작할 로우의 인덱스를 설정합니다. 음수로 지정하거나 설정하지 않을 경우 0으로 적용되어 첫 번째 로우부터 시작합니다.
nEndIdx	Number	종료할 로우의 인덱스를 설정합니다. 음수로 지정하거나 설정하지 않을 경우 -1로 적용되어 마지막 로우까지 적용합니다.

rowcount 속성과 getRowCount() 메서드는 동일한 결과를 반환합니다. getCount() 메서드는 입사일자(HIRE_DATE) 칼럼에 데이터가 있는 로우의 개수를 반환합니다.

```
var nCnt1 = this.ds_data.rowcount;                    // 6
var nCnt2 = this.ds_data.getRowCount();               // 6
var nCnt3 = this.ds_data.getCount("HIRE_DATE");       // 4
```

getColID
Dataset에서 전달된 인덱스에 해당하는 칼럼의 아이디를 반환하는 메서드입니다.

| Dataset.getColID(nColIdx)

파라미터	타입	설명
nColIdx	Number	아이디를 구하려는 칼럼의 인덱스를 설정합니다.

Dataset의 5번째 칼럼 인덱스의 아이디를 구합니다.

```
var sColID = this.ds_data.getColID(5);                // SALARY
```

getColumnInfo
Dataset에서 지정한 칼럼의 ColumnInfo 객체를 반환하는 메서드입니다.

Dataset.getColumnInfo(nColIdx)
Dataset.getColumnInfo(strColName)

파라미터	타입	설명
nColIdx	Number	칼럼의 인덱스를 설정합니다.
strColName	String	칼럼의 아이디를 설정합니다.

☞ Dataset의 SALARY 칼럼의 타입을 확인합니다.

SALARY 칼럼의 ColumnInfo 객체를 통해서 얻을 수 있습니다.

```
var objColInfo = this.ds_data.getColumnInfo(5);
var sID    = objColInfo.id;        // SALARY
var sType  = objColInfo.type;      // INT
var sSize  = objColInfo.size;      // 256
```

addColumn

Dataset에 칼럼을 추가하는 메서드입니다.

추가된 칼럼의 인덱스를 반환하며, 추가에 실패하면 -1을 반환합니다.

Dataset.addColumn(strColID, strColType [,nColSize [, strDatapath]])

파라미터	타입	설명
strColID	String	추가할 칼럼의 아이디를 문자열로 설정합니다.
strColType	String	추가할 칼럼의 타입을 설정합니다.
nColSize	Number	추가할 칼럼의 사이즈를 설정합니다.
strDatapath	String	DataObject에서 칼럼으로 가져올 datapath를 설정합니다.

☞ Dataset에 'MEMO' 칼럼을 'STRING' 타입으로 추가합니다.

```
var idx = this.ds_data.addColumn("MEMO", "STRING");
if(idx < 0){
    trace("failure");
}
else{
    trace("success");
}
```

deleteColumn

Dataset에서 지정한 칼럼을 삭제하는 메서드입니다.

삭제에 성공하면 true를 반환하고, 실패하면 false를 반환합니다.

| Dataset.deleteColumn(nCol)
| Dataset.deleteColumn(strColID)

파라미터	타입	설명
nCol	Number	삭제할 칼럼의 인덱스를 설정합니다.
strColID	String	삭제할 칼럼의 아이디를 설정합니다.

addRow

Dataset의 마지막 로우에 새로운 로우를 추가하는 메서드입니다.

추가된 로우의 인덱스를 반환하며, 추가에 실패하면 -1을 반환합니다.

| Dataset.addRow()

insertRow

Dataset의 지정한 로우에 새로운 로우를 삽입하는 메서드입니다.

추가된 로우의 인덱스를 반환하며, 추가에 실패하면 -1을 반환합니다.

| Dataset.insertRow(nRow)

파라미터	타입	설명
nRow	Number	삽입할 로우의 인덱스를 설정합니다.

deleteRow

Dataset의 지정한 로우를 삭제하는 메서드입니다.

삭제에 성공하면 true를 반환하고, 실패하면 false를 반환합니다.

| Dataset.deleteRow(nRow)

파라미터	타입	설명
nRow	Number	삭제할 로우의 인덱스를 설정합니다.

deleteMultiRows

삭제할 로우의 인덱스를 배열로 받아 여러 로우를 한 번에 삭제하는 메서드입니다.

| Dataset.deleteMultiRows(arrRowlist);

파라미터	타입	설명
arrRowlist	Array	삭제할 로우의 인덱스를 배열로 설정합니다.

deleteAll

Dataset의 모든 로우를 삭제하는 메서드입니다.

| Dataset.deleteAll()

10.1.2 데이터 찾기

getColumn

지정한 로우와 칼럼의 현재 값을 반환하는 메서드입니다.

지정한 로우와 칼럼이 존재하지 않으면 undefined를 반환합니다.

```
Dataset.getColumn( nRow, nColIdx )
Dataset.getColumn( nRow, strColID )
```

파라미터	타입	설명
nRow	Number	값을 구하려는 로우의 인덱스를 설정합니다.
nColIdx	Number	값을 구하려는 칼럼의 인덱스를 설정합니다.
strColID	String	값을 구하려는 칼럼의 아이디를 설정합니다.

setColumn

지정한 로우와 칼럼의 값을 변경하는 메서드입니다. 변경에 성공하면 true, 실패하면 false를 반환합니다.

```
Dataset.setColumn( nRow, nColIdx, varVal )
Dataset.setColumn( nRow, strColID, varVal )
```

파라미터	타입	설명
nRow	Number	값을 변경하려는 로우의 인덱스를 설정합니다.
nColIdx	Number	값을 변경하려는 칼럼의 인덱스를 설정합니다.
strColID	String	값을 변경하려는 칼럼의 아이디를 설정합니다.
varVal	Variant	변경하려는 값을 설정합니다.

findRow

Dataset 칼럼값이 전달된 값과 일치하는 첫 번째 로우의 인덱스를 반환하는 메서드입니다. 일치하는 데이터가 없을 경우 -1을 반환합니다.

```
Dataset.findRow( strColID, strVal [ ,nStartIdx [ ,nEndIdx ] ] )
```

파라미터	타입	설명
strColID	String	검색 대상이 되는 칼럼의 아이디 또는 인덱스를 설정합니다.
strVal	String	검색할 값을 설정합니다.
nStartIdx	Number	검색을 시작할 로우의 인덱스를 설정합니다. 음수로 지정하거나 설정하지 않을 경우 0으로 적용되어 첫 번째 로우부터 검색합니다.
nEndIdx	Number	검색을 종료할 로우의 인덱스를 설정합니다. 음수로 지정하거나 설정하지 않을 경우 -1로 적용되어 마지막 로우까지 검색합니다.

lookup

특정 칼럼의 데이터가 전달된 값과 일치하는 첫 번째 로우에서, 다른 칼럼의 값을 반환하는 메서드입니다.

일치하는 데이터가 없을 경우 undefined를 반환합니다.

| Dataset.lookup(varCol, varCmpVal, strOutputColID [,arrArgs])

파라미터	타입	설명
varCol	String	검색 대상이 되는 칼럼의 아이디 또는 인덱스를 설정합니다. '$숫자' 형식의 치환문을 사용할 수 있습니다.
varCmpVal	String	검색할 값을 설정합니다.
strOutputColID	String	검색 대상 칼럼과 검색 값이 일치하는 로우에서 값을 가져올 칼럼의 아이디를 설정합니다.
arrArgs	Array	varCol에 정의한 치환문에 치환될 값을 배열 형태로 설정합니다.

☞ 사원번호(EMP_ID) 칼럼값이 'KR240'인 사원의 이름을 구합니다.

- findRow 메서드 이용

```
var rowidx = this.ds_data.findRow("EMP_ID", "KR240");
if(rowidx < 0){
    trace("No data found");
}
else{
    var sName = this.ds_data.getColumn(rowidx, "EMP_NAME");
    trace(sName);     //Jennie
}
```

- lookup 메서드 이용

```
var sName = this.ds_data.lookup("EMP_ID", "KR240", "EMP_NAME");
if(typeof sName == "undefined" ){
    trace("No data found.");
}
else{
    trace(sName);     //Jennie
}
```

findRowExpr

지정한 조건 표현식에 만족하는 첫 번째 로우의 인덱스를 반환하는 메서드입니다. 일치하는 데이터가 없을 경우 -1을 반환합니다.

| Dataset.findRowExpr(strExpr [,nStartIdx [,nEndIdx [,arrArgs]]])

파라미터	타입	설명
strExpr	String	검색할 조건 표현식을 설정합니다. '$숫자' 형식의 치환문을 사용할 수 있습니다.
nStartIdx	Number	검색을 시작할 로우의 인덱스를 설정합니다. 음수로 지정하거나 설정하지 않을 경우 0으로 적용되어 첫 번째 로우부터 검색합니다.
nEndIdx	Number	검색을 종료할 로우의 인덱스를 설정합니다. 음수로 지정하거나 설정하지 않을 경우 -1로 적용되어 마지막 로우까지 검색합니다.
arrArgs	Number	strExpr에 정의한 치환문에 치환될 값을 배열 형태로 설정합니다.

☞ 법인코드(CORP_CODE)가 'KR'이고 부서코드(DEPT_CDE)가 '40'인 사원의 이름을 구합니다.

• 기본 사용법

```
var rowidx = this.ds_data.findRowExpr("CORP_CODE == 'KR' &&
                                       DEPT_CODE == '40'");
var sName = this.ds_data.getColumn(rowidx, "EMP_NAME");
trace(sName);    //Jennie
```

• 치환식 이용

```
var arrArgs = ['KR', '40'];
var rowidx = this.ds_data.findRowExpr("CORP_CODE == $0 &&
                                       DEPT_CODE == $1", 0, -1, arrArgs);
var sName = this.ds_data.getColumn(rowidx, "EMP_NAME");
trace(sName);    //Jennie
```

extractRows

지정한 조건 표현식을 만족하는 로우의 인덱스를 배열로 반환하는 메서드입니다.

| Dataset.extractRows(strExpr [,nStartIdx [,nEndIdx [,arrArgs]]])

파라미터	타입	설명
strExpr	String	검색할 조건 표현식을 설정합니다. '$숫자' 형식의 치환문을 사용할 수 있습니다.
nStartIdx	Number	검색을 시작할 로우의 인덱스를 설정합니다. 음수로 지정하거나 설정하지 않을 경우 0으로 적용되어 첫 번째 로우부터 검색합니다.
nEndIdx	Number	검색을 종료할 로우의 인덱스를 설정합니다. 음수로 지정하거나 설정하지 않을 경우 -1로 적용되어 마지막 로우까지 검색합니다.
arrArgs	Number	strExpr에 정의한 치환문에 치환될 값을 배열 형태로 설정합니다.

☞ 부서코드(DEPT_CDE)가 '40'인 사원의 이름을 모두 구합니다.

```
var arrRows = this.ds_data.extractRows("DEPT_CODE == '40'");
var arrName = [];
for(var i=0; i<arrRows.length; i++){
    arrName.push(this.ds_data.getColumn(arrRows[i], "EMP_NAME"));
}
trace(arrName);           // Jennie,Andrew,Jungkook
```

10.1.3 데이터 정렬, 필터

keystring

데이터를 그룹화하거나 정렬할 기준이 되는 조건식을 설정하는 속성입니다.

'G:칼럼아이디' 형태로 값을 지정하면 데이터를 그룹화하고 'S:칼럼아이디' 형태로 지정하면 데이터를 정렬합니다.

'+', '-'를 지정하여 오름차순, 내림차순을 설정합니다.

그룹화는 지정한 Dataset 칼럼을 기준으로 데이터를 그룹 하여 소계, 평균 등을 계산하는 기능입니다. Grid 기능을 이용하여 그룹화된 데이터의 소계, 평균 등의 계산 결과를 표시할 수 있습니다.

☞ 법인코드(CORP_CODE)를 내림차순으로 부서코드(DEPT_CODE)는 오름차순으로 정렬합니다.

```
this.ds_data.keystring = "S:-CORP_CODE+DEPT_CODE";
```

filter

지정한 조건에 만족하는 데이터만 필터링하여 보여 주는 메서드입니다.

| Dataset.filter([strFilterExpr])

파라미터	타입	설명
strFilterExpr	String	데이터를 필터링할 조건을 설정합니다. 빈 문자열("") 설정하면 필터 조건이 해제됩니다.

필터링 이후 Dataset의 rowposition 속성은 필터링 이전의 값에 해당하는 위치로 이동하며, 해당 값이 없을 경우 -1로 설정됩니다.

☞ 부서코드(DEPT_CODE)가 '40'인 데이터만 필터링하여 표현합니다.

```
this.ds_data.filter("DEPT_CODE == '40'");
```

☞ 필터를 초기화합니다.

```
this.ds_data.filter("");
```

filterRow

특정 로우를 보이지 않게 필터링하는 메서드입니다.

| Dataset.filterRow(nRow)

파라미터	타입	설명
nRow	Number	보이지 않게 처리할 로우의 인덱스를 설정합니다.

getRowCountNF

| Dataset.getRowCountNF()

필터링되어 보이지 않는 로우를 포함한 전체 개수를 반환하는 메서드입니다.

☞ 부서코드(DEPT_CODE)가 '40'인 데이터를 필터링하고, 필터링한 데이터의 로우 개수와 원본 데이터의 로우 개수를 비교해 봅니다.

```
this.ds_data.filter("DEPT_CODE == '40'");
var nCnt   = this.ds_data.getRowCount();      // 3건
var nCntNF = this.ds_data.getRowCountNF();    // 6건
```

주의

Dataset의 메서드 사용할 때 필터링되어 보이지 않는 로우를 포함해야 할 경우에는 메서드명 뒤에 'NF'로 정의된 메서드를 사용해야 합니다.

☞ Dataset의 성명(EMP_NAME) 칼럼값이 'e'가 포함된 데이터를 필터링합니다.

SQL문의 like 연산처럼 특정 문자열이 포함된 데이터만 필터링하기 위해서는 자바스크립트의 indexOf() 메서드를 활용하여 구현할 수 있습니다.
indexOf() 메서드는 String 객체에서 주어진 값과 일치하는 첫 번째 인덱스를 반환합니다. 일치하는 값이 없으면 -1을 반환합니다.

```
var sText = "e";
this.ds_data.filter("String(EMP_NAME).indexOf('" + sText + "') > -1");
```

indexOf() 메서드는 대소문자를 구분하므로, 대소문자를 구분하지 않고 검색하려면 toLowerCase() 또는 toUpperCase() 메서드를 사용하여 칼럼값과 문자열을 모두 소문자 또는 대문자로 변환한 후 비교해야 합니다.

```
var sText = "e";
this.ds_data.filter("String(EMP_NAME).toUpperCase().indexOf('" +
                    sText.toUpperCase() + "') > -1");
```

10.1.4 데이터 계산

getAvg
지정한 영역의 칼럼값 또는 계산값의 평균을 반환하는 메서드입니다.

> Dataset.getAvg(strExpr [,nStartIdx [,nEndIdx [,bExcludeNaN [,arrArgs]]]])

파라미터	타입	설명
strExpr	String	평균을 구할 칼럼의 아이디 또는 계산식을 설정합니다. "$ + 숫자" 형식의 치환문을 사용할 수 있습니다.
nStartIdx	Number	계산을 시작할 로우의 인덱스를 설정합니다. 음수로 지정하거나 설정하지 않을 경우 0으로 적용되어 첫 번째 로우부터 계산합니다.
nEndIdx	Number	계산을 종료할 로우의 인덱스를 설정합니다. 음수로 지정하거나 설정하지 않을 경우 -1로 적용되어 마지막 로우까지 계산합니다.
bExcludeNaN	Boolean	칼럼값 또는 계산값이 null, undefined, "(Empty String), NaN일 때 평균값 계산에서 제외할지 여부를 설정합니다. 기본값은 true이며 평균값 계산에서 제외합니다. false 설정 시 계산에 포함합니다.
arrArgs	Array	치환문에 치환될 값을 배열 형태로 설정합니다.

☞ 급여(SALARY) 칼럼의 평균을 구합니다. 해당 칼럼에 데이터가 없는 경우 평균 계산에서 제외합니다.

```
var nAvg1 = this.ds_data.getAvg("SALARY"); // 5,500
```

☞ 급여(SALARY) 칼럼의 평균을 구합니다. 해당 칼럼에 데이터가 없어도 평균 계산에 포함합니다.

```
var nAvg2 = this.ds_data.getAvg("SALARY", 0, -1, false); // 3,666.666
```

☞ 급여(SALARY)와 보너스(BONUS)를 합친 값의 평균 구합니다.

```
var nAvg = this.ds_data.getAvg("SALARY+BONUS"); // 8,000
```

getSum
지정한 영역의 칼럼값 또는 계산값의 합계를 반환하는 메서드입니다.

| Dataset.getSum(strExpr [,nStartIdx [,nEndIdx [,arrArgs]]])

getMax
지정한 영역의 칼럼값 또는 계산값의 최댓값을 반환하는 메서드입니다.

| Dataset.getMax(strExpr [,nStartIdx [,nEndIdx [,arrArgs]]])

getMin
지정한 영역의 칼럼값 또는 계산값의 최솟값을 반환하는 메서드입니다.

| Dataset.getMax(strExpr [,nStartIdx [,nEndIdx [,arrArgs]]])

getCaseAvg
지정한 영역에서 조건을 만족하는 로우의 칼럼값 또는 계산값의 평균을 반환하는 메서드입니다.

| Dataset.getCaseAvg(strCmpExpr, strValExpr [,nStartIdx [,nEndIdx [,bExcludeNaN [,arrCmpArgs [,arrValArgs]]]]])

파라미터	타입	설명
strCmpExpr	String	Dataset 로우의 조건 표현식을 설정합니다. '$숫자' 형식의 치환문을 사용할 수 있습니다.
strValExpr	String	평균을 구할 칼럼의 아이디 또는 계산식을 설정합니다. '$숫자' 형식의 치환문을 사용할 수 있습니다.
nStartIdx	Number	계산을 시작할 로우의 인덱스를 설정합니다. 음수로 지정하거나 설정하지 않을 경우 0으로 적용되어 첫 번째 로우부터 계산합니다.
nEndIdx	Number	계산을 종료할 로우의 인덱스를 설정합니다. 음수로 지정하거나 설정하지 않을 경우 -1로 적용되어 마지막 로우까지 계산합니다.
bExcludeNaN	Boolean	칼럼값 또는 계산값이 null, undefined, "(Empty String), NaN일 때 평균값 계산에서 제외할지 여부를 설정합니다. 기본값은 true이며 평균값 계산에서 제외합니다. false 설정 시 계산에 포함합니다.
arrCmpArgs	Array	strCmpExpr 치환문에 치환될 값을 배열 형태로 설정합니다.
arrValArgs	Array	strValExpr 치환문에 치환될 값을 배열 형태로 설정합니다.

☞ 법인코드(CORP_CODE)가 'KR'인 사원의 평균 급여(SALARY)를 구합니다.

```
var nAvg1 = this.ds_data.getCaseAvg("CORP_CODE == 'KR'", "SALARY");
// 7,000
var nAvg2 = this.ds_data.getCaseAvg("CORP_CODE == 'KR'", "SALARY",
                                    0, -1, false);
//4,666.666
```

노트

특정 조건에 부합하는 로우에 대해 평균, 개수, 최대, 최소, 합계를 구하는 경우에 getCaseAvg, getCaseCount, getCaseMax, getCaseMin, getCaseSum 메서드를 이용합니다.

주의

위와 같은 메서드를 사용하여 Dataset의 칼럼을 계산할 경우 해당 칼럼의 타입은 반드시 INT, FLOAT, BIGDECIMAL 타입이어야 합니다.

10.1.5 데이터 로우 타입

updatecontrol
Dataset의 데이터가 입력, 수정, 삭제되었을 때 로우 타입을 자동으로 변경할지 여부를 설정하는 속성입니다.
true 설정 시 Dataset에 데이터가 입력, 수정, 삭제될 때마다 로우 타입을 자동으로 변경합니다.
false 설정 시 Dataset에 데이터가 입력, 수정, 삭제되어도 로우 타입을 자동으로 변경하지 않습니다.

getRowType
지정된 로우의 타입을 반환하는 메서드입니다.

| Dataset.getRowType(nRow)

로우의 타입은 다음과 같습니다.

Row Type	Value	Description
Dataset.ROWTYPE_EMPTY	0	존재하지 않는 행의 상태
Dataset.ROWTYPE_NORMAL	1	초기 행의 상태
Dataset.ROWTYPE_INSERT	2	추가된 행의 상태
Dataset.ROWTYPE_UPDATE	4	수정된 행의 상태
Dataset.ROWTYPE_DELETE	8	삭제된 행의 상태
Dataset.ROWTYPE_GROUP	16	그룹 정보 행의 상태

setRowType
지정된 로우의 타입을 변경하는 메서드입니다. updatecontrol 속성값이 false일 때만 동작합니다.

| Dataset.setRowType(nRow, nRowType)
| Dataset.setRowType(nRow, strRowType)

파라미터	타입	설명
nRow	Number	타입을 변경할 로우의 인덱스를 설정합니다.
nRowType	Number	변경할 로우의 타입을 숫자로 설정합니다.
strRowType	String	변경할 로우의 타입을 문자로 설정합니다. 'i', 'I' 설정 시 Dataset.ROWTYPE_INSERT로 적용됩니다. 'u', 'U' 설정 시 Dataset.ROWTYPE_UPDATE로 적용됩니다. 'd', 'D' 설정 시 Dataset.ROWTYPE_DELETE로 적용됩니다.

getOrgColumn
지정된 로우와 칼럼의 초깃값을 반환하는 메서드입니다.

> Dataset.getOrgColumn(nRow ,nColIdx)
> Dataset.getOrgColumn(nRow ,strColID)

파라미터	타입	설명
nRow	Number	초깃값을 구하려는 로우의 인덱스를 설정합니다.
nColIdx	Number	초깃값을 구하려는 칼럼의 인덱스를 설정합니다.
strColID	String	초깃값을 구하려는 칼럼의 아이디를 설정합니다.

☞ 변경하기 전의 데이터 초깃값을 확인합니다.

```
// 1. 초기 데이터
var sText = "";
sText = this.ds_data.getColumn(0, "EMP_NAME");
trace(sText); // Melon

// 2. 데이터 변경
this.ds_data.setColumn(0, "EMP_NAME", "NEXACRO");
sText = this.ds_data.getColumn(0, "EMP_NAME");
trace(sText); // NEXACRO

// 3. 초기 데이터
sText = this.ds_data.getOrgColumn(0, "EMP_NAME");
trace(sText); // Melon
```

getDeletedRowCount

삭제된 로우의 개수를 반환하는 메서드입니다.

| Dataset.getDeletedRowCount()

파라미터	타입	설명
nRow	Number	초깃값을 구하려는 로우의 인덱스를 설정합니다.
nColIdx	Number	초깃값을 구하려는 칼럼의 인덱스를 설정합니다.
strColID	String	초깃값을 구하려는 칼럼의 아이디를 설정합니다.

getDeletedColumn

삭제된 로우에서 지정한 로우의 칼럼값을 반환하는 메서드입니다.

| Dataset.getDeletedColumn(nRow,nColIdx)
| Dataset.getDeletedColumn(nRow,strColID)

파라미터	타입	설명
nRow	Number	삭제된 로우에서 값을 구하려는 로우의 인덱스를 설정합니다.
nColIdx	Number	삭제된 로우에서 값을 구하려는 칼럼의 인덱스를 설정합니다.
strColID	String	삭제된 로우에서 값을 구하려는 칼럼의 아이디를 설정합니다.

☞ 삭제된 데이터의 성명 데이터를 알아봅니다.

Dataset의 로우 인덱스가 0, 2, 3인 'Melon', 'Jennie', 'Dennis' 데이터를 삭제합니다.

rowidx	CORP_CODE	EMP_ID	EMP_NAME	DEPT_CODE	HIRE_DATE	SALARY	BONUS
0	KR	KR010	Melon	10	20071001	8,000	4,000
1	US	US050	Jackson	20	20091021	4,000	2,000
2	KR	KR240	Jennie	40	20110508	6,000	3,000
3	JP	JP150	Dennis	30			
4	US	US020	Andrew	40	20160602	4,000	1,000
5	KR	KR200	Jungkook	40			

```
var arrIdx = [0, 2, 3];
this.ds_data.deleteMultiRows(arrIdx);
```

rowidx	CORP_CODE	EMP_ID	EMP_NAME	DEPT_CODE	HIRE_DATE	SALARY	BONUS
0	US	US050	Jackson	20	20091021	4,000	2,000
1	US	US020	Andrew	40	20160602	4,000	1,000
2	KR	KR200	Jungkook	40			

삭제된 로우 개수와 성명 칼럼값을 구합니다.

```
for(var i=0; i<this.ds_data.getDeletedRowCount(); i++){
    var sText = this.ds_data.getDeletedColumn(i, "EMP_NAME");
    trace(sText);
}
```

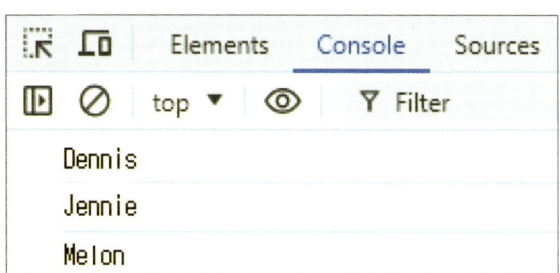

반복문을 이용하여 특정 데이터를 삭제할 때, 낮은 인덱스에서 높은 인덱스 순서대로 삭제하면 삭제에 누락되는 데이터가 있을 수 있습니다. 이러한 경우 높은 인덱스에서 낮은 인덱스 순서대로 삭제하는 방식으로 스크립트를 작성해야 합니다.

Dataset의 deleteMultiRows 메서드를 이용하여 'Melon', 'Jennie', 'Dennis' 데이터를 삭제할 때, 내부적으로 'Dennis', 'Jennie', 'Melon' 순서로 삭제되기 때문에 가장 먼저 삭제된 데이터는 'Dennis'를 가져오게 됩니다.

getDeletedRowset
삭제한 로우와 칼럼 데이터를 배열로 반환하는 메서드입니다.
반환 값은 [RowIndex][ColumnIndex] 형식의 2차원 배열입니다.

| Dataset.getDeletedRowset()

☞ 첫 번째로 삭제된 로우의 성명 데이터를 구합니다.

```
var arrIdx = [0, 2, 3];
this.ds_data.deleteMultiRows(arrIdx);
var arrDel = this.ds_data.getDeletedRowset();
trace(arrDel[0][2]);    // Dennis
```

☞ Dataset에 변경된 데이터가 있는지 확인하는 기능을 구현해 봅니다.

Dataset의 로우 타입과 getDeletedRowCount() 메서드를 이용하여 데이터 변경 여부를 확인하는 기능을 구현할 수 있습니다.

```
this.Button00_onclick = function(obj:nexacro.Button,e:nexacro.ClickEventIn-
fo)
{
    var rtn = this.fn_checkData(this.ds_data);
    this.alert(rtn);
};
this.fn_checkData = function(objDs)
{
    // DELETE
    if(objDs.getDeletedRowCount() > 0){
        return true;
    }
    // INSERT-2 & UPDATE-4
    for(var i=0;  i<objDs.rowcount; i++)    {
        var nRowType = objDs.getRowType(i);
```

```
        if(nRowType == 2 || nRowType == 4){
            return true;
        }
    }
    return false;
};
```

applyChange

Dataset의 로우 타입을 Dataset.ROWTYPE_NORMAL로 변경하는 메서드입니다.

| Dataset.applyChange()

데이터를 변경하고 삭제하여 로우 타입과 삭제한 로우 개수를 알아봅니다. 로우 타입은 Dataset.ROWTYPE_UPDATE으로, 삭제한 로우 개수는 1건을 가져옵니다.

```
this.ds_data.setColumn(0, "EMP_NAME", "NEXACRO");
this.ds_data.deleteRow(1);
trace(this.ds_data.getRowType(0));           //4:Dataset.ROWTYPE_UPDATE
trace(this.ds_data.getDeletedRowCount());    // 1건
```

applyChange 메서드를 실행하면 로우 타입은 Dataset.ROWTYPE_NORMAL 으로 변경되며 삭제한 로우 개수는 없습니다.

```
this.ds_data.applyChange();
trace(this.ds_data.getRowType(0));           // 1:Dataset.ROWTYPE_NORMAL
trace(this.ds_data.getDeletedRowCount());    // 0건
```

reset

Dataset의 데이터를 마지막 저장 상태로 복구하는 메서드입니다.

Dataset.reset()

데이터를 입력, 수정, 삭제하고 다시 원본 데이터로 복구해 봅니다.

데이터를 입력, 수정, 삭제합니다.

```
this.ds_data.insertRow(0);
this.ds_data.setColumn(1, "EMP_NAME", "NEXACRO");
this.ds_data.deleteRow(2);
```

rowidx	CORP_CODE	EMP_ID	EMP_NAME	DEPT_CODE	HIRE_DATE	SALARY	BONUS
0							
1	KR	KR010	NEXACRO	10	20071001	8,000	4,000
2	KR	KR240	Jennie	40	20110508	6,000	3,000
3	JP	JP150	Dennis	30			
4	US	US020	Andrew	40	20160602	4,000	1,000
5	KR	KR200	Jungkook	40			

reset 메서드를 실행하면 초기 데이터로 복구됩니다.

```
this.ds_data.reset();
```

rowidx	CORP_CODE	EMP_ID	EMP_NAME	DEPT_CODE	HIRE_DATE	SALARY	BONUS
0	KR	KR010	Melon	10	20071001	8,000	4,000
1	US	US050	Jackson	20	20091021	4,000	2,000
2	KR	KR240	Jennie	40	20110508	6,000	3,000
3	JP	JP150	Dennis	30			
4	US	US020	Andrew	40	20160602	4,000	1,000
5	KR	KR200	Jungkook	40			

주의

applyChange() 메서드가 수행된 후에 데이터 변경 작업이 이루어졌을 때, reset() 메서드를 호출하면 초기 로드되었던 Dataset의 상태로 되돌리는 것이 아니라 applyChange() 메서드를 통해 적용된 Dataset의 최종 상태로 되돌립니다.

clearData
Dataset의 칼럼 정보를 제외한 모든 로우를 제거하는 메서드입니다.

| Dataset.clearData()

clearData() 메서드는 Dataset의 모든 데이터를 제거하는 메서드로, reset() 메서드를 수행하여도 복구할 수 없습니다. 만약 reset() 메서드로 데이터 복구가 필요한 경우에는 deleteAll() 메서드를 사용하여야 합니다.

clear
Dataset의 로우와 칼럼 정보를 모두 제거하는 메서드입니다.

| Dataset.clear()

clear() 메서드는 Dataset의 모든 칼럼과 로우를 제거하며 clearData() 메서드는 Dataset의 칼럼 정보는 그대로 유지하고, 로우만 제거합니다.

10.1.6 데이터 복사

copyData
현재 Dataset에 지정한 Dataset의 칼럼과 로우를 복사하는 메서드입니다.

| Dataset.copyData(objDataset [, bFilteredOnly])

파라미터	타입	설명
objDataset	Object	복사할 Dataset을 오브젝트로 설정합니다.
bFilteredOnly	Boolean	필터 된 데이터를 복사할지 여부를 설정합니다. true 설정 시 필터 된 데이터만 복사합니다. false 설정 시 필터 여부와 관계없이 모든 데이터를 복사합니다.

copyData() 메서드를 수행하면 현재 Dataset의 모든 로우와 칼럼 정보는 삭제되고 지정한 Dataset의 구조와 데이터를 그대로 복사합니다.

삭제한 로우는 복사하지 않으며 모든 로우 타입은 ROWTYPE_NORMAL로 적용됩니다.

☞ ds_data를 ds_temp에 복사합니다.

```
this.ds_temp.copyData(this.ds_data);
```

assign
현재 Dataset에 지정한 Dataset의 칼럼 구조와 모든 데이터를 부여하는 메서드입니다.

| Dataset.assign(objDataset)

파라미터	타입	설명
objDataset	Object	Dataset 구조와 모든 데이터를 가져올 Dataset을 오브젝트로 설정합니다.

copyData() 메서드를 수행하면 현재 Dataset의 모든 로우와 칼럼 정보는 삭제되고 지정한 Dataset의 구조와 데이터를 그대로 복사합니다.

지정한 Dataset의 로우 타입, 삭제한 데이터 등 모든 데이터가 복사됩니다.

☞ ds_data의 모든 데이터를 ds_temp에 복사합니다.

```
// 데이터 입력, 수정, 삭제
this.ds_data.insertRow(0);
this.ds_data.setColumn(1, "EMP_NAME", "NEXACRO");
this.ds_data.deleteRow(2);

// 모든 데이터 복사
this.ds_temp.assign(this.ds_data);

// 로우 타입, 원본 데이터 확인
var nRowType1 = this.ds_temp.getRowType(0);   // 2:Dataset.ROWTYPE_INSERT
var nRowType2 = this.ds_temp.getRowType(1);   // 4:Dataset.ROWTYPE_UPDATE
var sOrgName = this.ds_temp.getOrgColumn(1, "EMP_NAME");      // Melon
var nDelCnt = this.ds_temp.getDeletedRowCount();               // 1건

var sDelName = this.ds_temp.getDeletedColumn(0, "EMP_NAME");  // Jackson
```

appendData

현재 Dataset의 마지막 로우 다음에 지정한 Dataset의 데이터를 추가하는 메서드입니다.

| Dataset.appendData(objDataset [,bCheckCol [,bUpdateConstCol]])

파라미터	타입	설명
objDataset	Object	추가할 데이터를 가지고 있는 Dataset을 오브젝트로 설정합니다.
bCheckCol	Boolean	true 설정 시 동일한 칼럼 아이디에 데이터가 추가됩니다. fasle 설정 시 칼럼 순서에 맞게 데이터가 추가됩니다.
bUpdateConstCol	Boolean	true 설정 시 동일한 Const 칼럼에 상숫값을 수정합니다. fasel 설정 시 동일한 Const 칼럼에 상숫값을 수정하지 않습니다.

copyRow

현재 Dataset의 특정 로우에 지정한 Dataset의 로우로 갱신하는 메서드입니다.

| Dataset.copyRow(nToRow, objDataset, nFromRow [,strColInfo])

파라미터	타입	설명
nToRow	Object	복사될 현재 Dataset의 로우 인덱스를 설정합니다.
objDataset	Object	복사할 Dataset을 오브젝트로 설정합니다.
nFromRow	Boolean	복사할 Dataset의 로우 인덱스를 설정합니다.
strColInfo	String	복사할 칼럼 아이디가 서로 다를 경우 또는 특정한 칼럼만 복사할 경우 복사할 칼럼을 설정합니다. 'ToColumnID=FromColumnID,ToColumnID1=FromColumnID1' 형식으로 지정합니다.

현재 Dataset에 특정 로우의 데이터를 추가하기 위해서는 addRow() 메서드를 이용하여 새로운 로우를 추가한 후 copyRow() 메서드를 수행해야 합니다.

☞ ds_data에서 사원번호(EMP_ID) 데이터가 'KR240'인 로우를 찾아서 ds_temp의 사원번호(col_id)와 성명(col_name) 칼럼에 로우 데이터를 복사하기

```
this.ds_temp.addColumn("col_id", "STRING");
this.ds_temp.addColumn("col_name", "STRING");

var nFromRow = this.ds_data.findRow("EMP_ID", "KR240");
var nToRow = this.ds_temp.addRow();
var sCol = "col_id=EMP_ID, col_name=EMP_NAME";
this.ds_temp.copyRow(nToRow, this.ds_data, nFromRow, sCol);
trace(this.ds_temp.saveXML());
```

```
<Dataset id="ds_temp">
    <ColumnInfo>
        <Column id="col_id" type="STRING" size="256" />
        <Column id="col_name" type="STRING" size="256" />
    </ColumnInfo>
    <Rows>
        <Row>
        </Row>
    </Rows>
</Dataset>
```

10.1.7 Dataset 이벤트

cancolumnchange
Dataset의 칼럼 데이터가 변경될 때 발생하는 이벤트입니다.
EventInfo Object에서 e.newvalue 속성으로 변경될 값을 확인할 수 있으며 e.oldvalue를 통해서 변경되기 전의 값을 구할 수 있습니다.

oncolumnchanged
Dataset의 칼럼 데이터가 변경된 후에 발생하는 이벤트입니다.
Dataset이 칼럼 데이터를 변경할 때 cancolumnchange 이벤트가 먼저 발생하고, 그다음에 oncolumnchanged 이벤트가 발생합니다.
cancolumnchange 이벤트에서 false 값을 반환하면 데이터가 변경되지 않고, oncolumnchanged 이벤트가 발생하지 않습니다.

☞ cancolumnchange와 oncolumnchanged 이벤트 발생 순서 확인하기

```
this.ds_data_cancolumnchange =
function(obj:nexacro.NormalDataset,e:nexacro.DSColChangeEventInfo)
{
    trace("1: ds_data_cancolumnchange");
};

this.ds_data_oncolumnchanged =
function(obj:nexacro.NormalDataset,e:nexacro.DSColChangeEventInfo)
{
    trace("2: ds_data_oncolumnchanged");
};
```

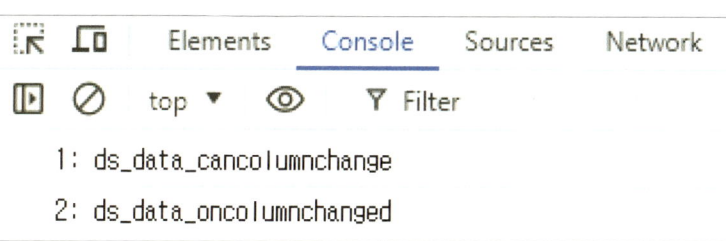

cancolumnchange 이벤트에서 false 값을 반환하면 oncolumnchanged 이벤트가 발생하지 않습니다.

```
this.ds_data_cancolumnchange =
function(obj:nexacro.NormalDataset,e:nexacro.DSColChangeEventInfo)
{
    trace("1: ds_data_cancolumnchange");
    return false;
};
```

이러한 cancolumnchange 이벤트의 반환 값을 이용해서 사용자가 입력한 데이터의 유효성을 검사할 수 있습니다. 입력된 데이터가 유효하지 않을 경우 false를 반환하여 데이터 변경을 방지함으로써 데이터의 무결성을 체크할 수 있습니다.

☞ 사원번호(EMP_ID) 칼럼 데이터가 중복 입력되지 않게 체크합니다.

```
this.ds_data_cancolumnchange =
function(obj:nexacro.NormalDataset,e:nexacro.DSColChangeEventInfo)
{
    var rowidx = obj.findRowExpr("EMP_ID == '" + e.newvalue + "' &&
                currow !=" + e.row);
    if(rowidx > -1){
        this.alert("Data Duplication");
        return false;
    }
};
```

enableevent

Dataset에서 이벤트 발생 여부를 설정하는 속성입니다.
속성을 true로 설정하면 Dataset에서 이벤트가 발생하고, false로 설정하면
이벤트가 발생하지 않습니다. 기본 값은 true로 적용됩니다.
반복문을 사용하여 대량의 데이터를 조작할 때, Dataset의 이벤트가 지속적으로
발생하여 스크립트 처리 속도에 영향을 미칠 수 있습니다. 이런 경우 enableevent
속성 값을 false로 설정하면 이벤트 발생으로 인한 처리 속도 지연과 화면 깜빡임을
방지할 수 있습니다.

☞ 반복문의 데이터 처리 속도를 비교해 봅니다.

10,000건의 데이터를 입력, 수정하는 반복문을 수행 - enableevent 미적용

```
this.Button00_onclick = function(obj:nexacro.Button,e:nexacro.ClickEventInfo)
{
    var start = new Date();
    this.ds_data.clearData();
    for(var i=0; i<10000; i++){
        this.ds_data.addRow();
        this.ds_data.setColumn(i, "EMP_NAME",
                                "Insert Data " + i.toString() );
    };
    var end = new Date();
    elapsed = end.getTime() - start.getTime();
    trace("Eelapsed time: " + elapsed + " ms");
};
```

```
R  ⌞o    Elements   Console   Sources   Network
▷  ⊘     top ▼      ⊙         ▽ Filter
    1: ds_data_cancolumnchange
    2: ds_data_oncolumnchanged
```

10,000건의 데이터를 입력, 수정하는 반복문을 수행 - enableevent 적용

```
this.Button00_onclick = function(obj:nexacro.Button,e:nexacro.ClickEventInfo)
{
    var start = new Date();
    this.ds_data.enableevent = false;
    this.ds_data.clearData();
    for(var i=0; i<10000; i++){
        this.ds_data.addRow();
        this.ds_data.setColumn(i, "EMP_NAME",
                                "Insert Data " + i.toString() );
    };
    this.ds_data.enableevent = true;
    var end = new Date();
    elapsed = end.getTime() - start.getTime();
    trace("Eelapsed time: " + elapsed + " ms");
};
```

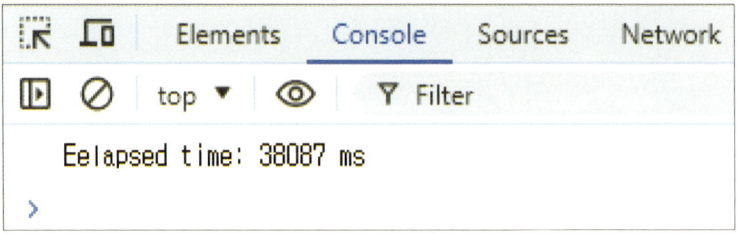

반복문을 사용하여 대량 데이터를 처리할 때, enableevent 속성을 사용하면 불필요한 이벤트 발생을 방지하여 처리 성능을 크게 향상할 수 있습니다. 따라서, 반드시 enableevent 설정을 통해 효율적인 데이터 처리를 구현해야 합니다.

10.2 Grid

Grid는 데이터를 격자 모양의 테이블 형태로 표현하는 컴포넌트입니다.

데이터를 시각적으로 표현하기 위한 형태를 제공할 뿐, 자체적으로 데이터를 저장하거나 처리하지는 않습니다. 따라서 형태를 제공하는 Grid와 데이터 정보를 갖는 Dataset을 연결하는 바인딩 작업이 반드시 필요합니다.

10.2.1 Grid 구성

● Grid 로우

Grid의 로우는 head, body, summary 3개의 밴드(band)로 구성됩니다.
head 밴드는 Grid의 상단에 위치하며 주로 칼럼명을 표시하는 용도로 사용합니다.
body 밴드는 바인딩된 데이터가 표시되는 영역입니다.
summary 밴드는 Grid의 하단에 위치하며 합계, 평균 등의 연산한 결과를 표시하는 용도로 사용합니다.
Grid의 로우 밴드는 band, size 두 개의 속성을 가지고 있습니다.

band 속성은 head, body, summary 밴드 정보를 갖는 읽기 전용 속성입니다. size 속성으로 밴드의 높이를 설정할 수 있습니다.

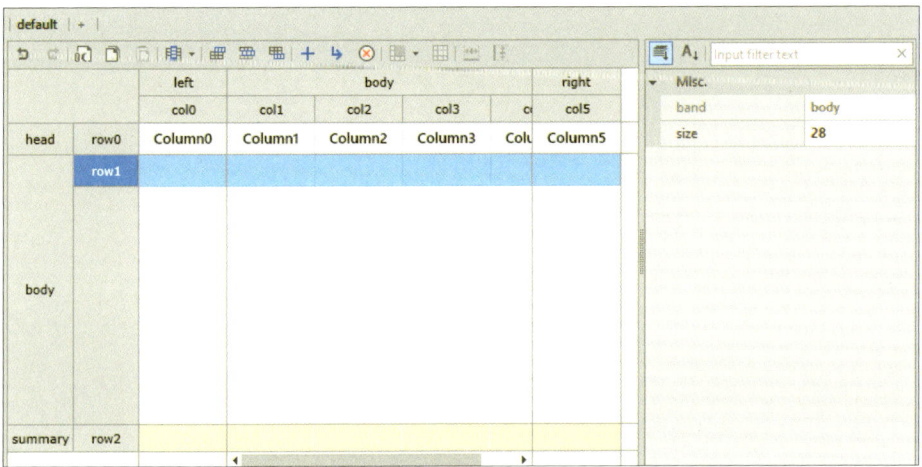

● Grid 칼럼

Grid의 칼럼은 left, body, right 3개의 밴드(band)로 구성됩니다.

left 밴드는 Grid의 왼쪽에 고정된 칼럼이고, right 밴드는 Grid의 오른쪽에 고정된 칼럼입니다.

고정된 칼럼은 Grid 스크롤을 움직여도 이동하지 않습니다. 주요 데이터를 한눈에 파악하기 위해 사용됩니다.

body 밴드는 칼럼을 고정하지 않습니다.

Grid의 칼럼은 band, size 두 개의 속성을 가지고 있습니다.

band 속성에 칼럼이 소속될 left, body, right 밴드 정보를 설정합니다. size 속성으로 칼럼의 너비를 설정할 수 있습니다.

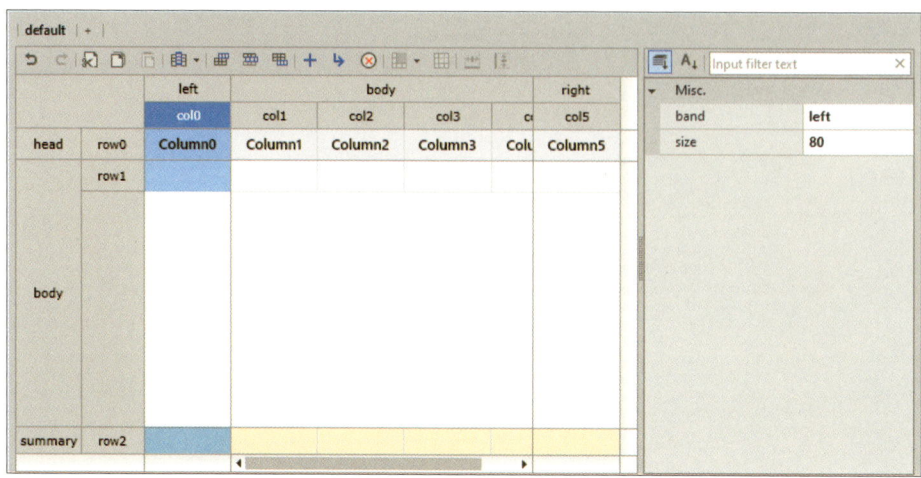

• **Grid 셀**

셀은 Grid의 최소 단위로 고유한 인덱스를 가집니다. 인덱스는 밴드(head, body, summary) 별로 왼쪽에서 오른쪽으로 차례대로 부여됩니다.

셀 인덱스는 바인드된 Dataset의 칼럼 개수와는 무관하며, Grid에 정의된 로우, 칼럼과 관련되어 있습니다.

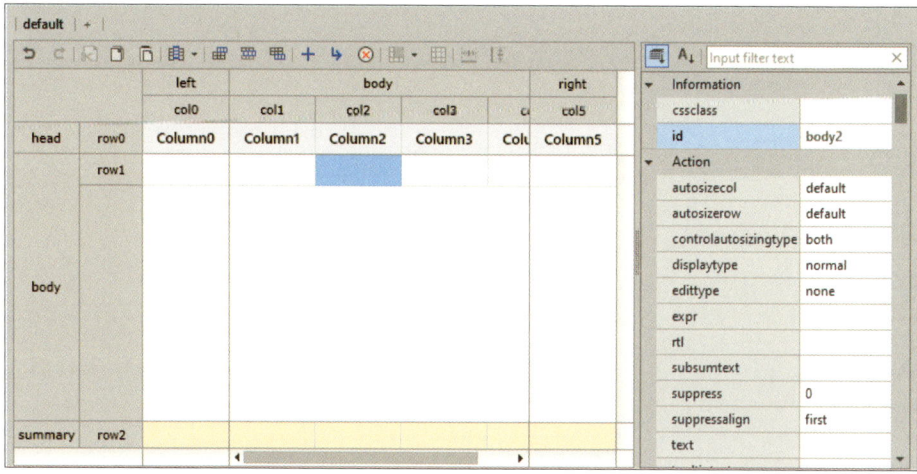

10.2.2 칼럼 로우 사이즈 조절

autofittype

Grid에 전체 칼럼이 표시되도록 칼럼의 너비를 자동으로 조절하는 속성입니다.

none	칼럼의 너비를 자동 조절하지 않습니다.
col	Grid의 너비에 맞게 각 칼럼의 너비를 자동 조절합니다.

Grid의 전체 너비가 변경되더라도 가로 스크롤이 생기지 않고 칼럼의 너비 비율에 따라 자동으로 조절할 수 있습니다.

```
this.Grid00.autofittype = "col";
```

☞ Grid에 빈 여백이 있을 경우 autofittype 속성을 'col'로 적용한 예시입니다.

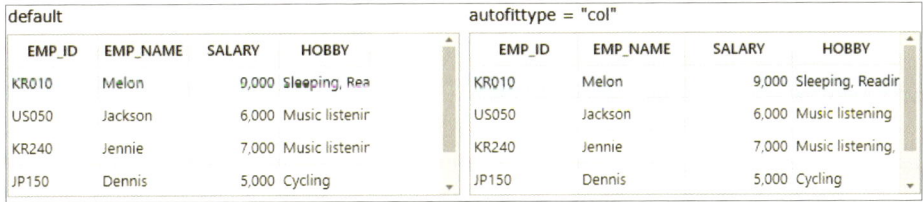

☞ Grid에 가로 스크롤이 있을 경우 autofittype 속성을 'col'로 적용한 예시입니다.

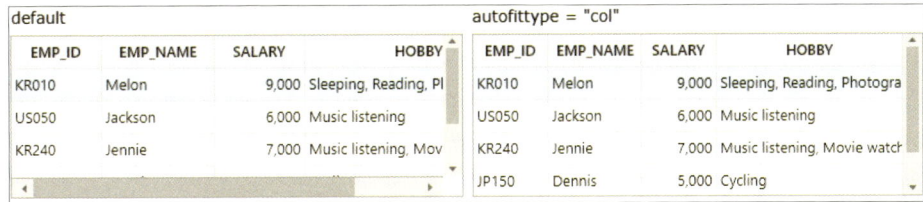

autosizingtype

데이터 길이에 맞게 칼럼과 로우의 크기를 자동 조절할지 설정하는 속성입니다.

none	칼럼과 로우의 크기를 자동 조절하지 않고 디자인 시 설정한 크기를 유지합니다.
col	데이터 길이에 맞게 칼럼의 너비를 자동 조절합니다.
row	데이터 길이에 맞게 로우의 높이를 자동 조절합니다.
both	칼럼의 너비와 로우의 높이를 자동 조절합니다.

autosizebandtype

autosizingtype 속성은 크기를 자동 조절할 때 기준이 되는 밴드를 설정하는 속성입니다.

body	body 밴드의 데이터 길이에 맞게 칼럼과 로우의 크기를 자동 조절합니다.
head	head 밴드의 타이틀 길이에 맞게 칼럼과 로우의 크기를 자동 조절합니다.
allband	body 밴드와 head 밴드의 길이에 맞게 칼럼과 로우의 크기를 자동 조절합니다.

☞ head 밴드의 텍스트 길이 기준으로 칼럼의 크기를 자동 조절합니다.

```
this.Grid00.autosizingtype = "col";
this.Grid00.autosizebandtype = "head";
```

☞ body 밴드의 데이터 길이 기준으로 칼럼의 크기를 자동 조절합니다.

```
this.Grid00.autosizingtype = "col";
this.Grid00.autosizebandtype = "body";
```

EMP_ID	EMP_NA	SALAR	HOBBY
KR010	Melon	9,000	Sleeping, Reading, Photography, Golf
US050	Jackson	6,000	Music listening
KR240	Jennie	7,000	Music listening, Movie watching
JP150	Dennis	5,000	Cycling

☞ head 밴드의 텍스트 길이와 body 밴드의 데이터 길이를 비교하여, 더 긴 값을 기준으로 칼럼의 크기를 자동으로 조절합니다.

```
this.Grid00.autosizingtype = "col";
this.Grid00.autosizebandtype = "allband";
```

EMP_ID	EMP_NAME	SALARY	HOBBY
KR010	Melon	9,000	Sleeping, Reading, Photography, Golf
US050	Jackson	6,000	Music listening
KR240	Jennie	7,000	Music listening, Movie watching
JP150	Dennis	5,000	Cycling

노트

autosizingtype과 autosizebandtype 속성에 추가적으로 설정 가능한 속성값은 도움말을 참고하시기 바랍니다.

extendsizetype

autosizingtype 속성으로 로우의 높이가 자동 조절할 때 각 로우별로 따로 조절할지 설정하는 속성입니다.

none	모든 로우를 동일한 높이로 설정됩니다. 표시해야 할 데이터의 높이가 가장 큰 셀에 맞춰 모든 로우의 높이가 결정됩니다. 마우스로 로우의 높이를 변경하면 모든 로우의 높이가 동일한 높이로 변경됩니다.
row	로우별로 높이를 따로 설정합니다. 표시해야 할 데이터의 높이가 가장 큰 셀에 맞춰 각 로우의 높이가 결정됩니다. 마우스로 로우의 높이를 변경하면 해당 로우의 높이만 변경됩니다.

☞ 데이터가 여러 줄로 표현되는 경우 각 로우별로 높이를 자동 조절합니다.

EMP_ID	EMP_NAME	SALARY	HOBBY
KR010	Melon	9,000	Reading, Photography,
US050	Jackson	6,000	Music listening
KR240	Jennie	7,000	Music listening, N
JP150	Dennis	5,000	Cycling

autosizingtype 속성과 extendsizetype 속성을 'row'로 적용한 예시입니다.

```
this.Grid00.autosizingtype = "row";
this.Grid00.extendsizetype = "row";
```

EMP_ID	EMP_NAME	SALARY	HOBBY
KR010	Melon	9,000	Sleeping, Reading, Photography, Golf
US050	Jackson	6,000	Music listening
KR240	Jennie	7,000	Music listening, N

cellsizingtype

마우스로 칼럼 또는 로우의 크기를 변경할 수 있게 설정하는 속성입니다.

none	칼럼 또는 로우의 크기를 변경할 수 없습니다.
col	head 밴드의 칼럼 영역을 드래그하여 칼럼의 크기만 조절할 수 있습니다.
row	body 밴드의 로우 영역을 드래그하여 로우의 크기만 조절할 수 있습니다.
both	칼럼과 로우의 크기를 모두 조절할 수 있습니다.

cellsizebandtype

마우스로 크기를 변경할 수 있는 로우와 칼럼의 영역을 설정하는 속성입니다.

body	로우 밴드가 body인 로우의 높이를 변경할 수 있습니다. head, summary인 로우는 변경할 수 없습니다. 칼럼 밴드가 body인 칼럼의 너비를 변경할 수 있습니다. left, right인 칼럼은 변경할 수 없습니다.
allband	로우 밴드와 관계없이 모든 로우의 높이를 변경할 수 있습니다. 칼럼 밴드와 관계없이 모든 칼럼의 너비를 변경할 수 있습니다.
nohead	로우 밴드가 head인 로우의 높이는 변경할 수 없습니다. 칼럼 밴드와 관계없이 모든 칼럼의 너비를 변경할 수 있습니다.
noleft	로우 밴드와 관계없이 모든 로우의 높이를 변경할 수 있습니다. 칼럼 밴드가 left인 칼럼의 너비는 변경할 수 없습니다.
nohead,noleft	로우 밴드가 head인 로우의 높이는 변경할 수 없습니다. 칼럼 밴드가 left인 칼럼의 너비는 변경할 수 없습니다.

```
this.grd_data.cellsizingtype = "both";
this.grd_data.cellsizebandtype = "allband";
```

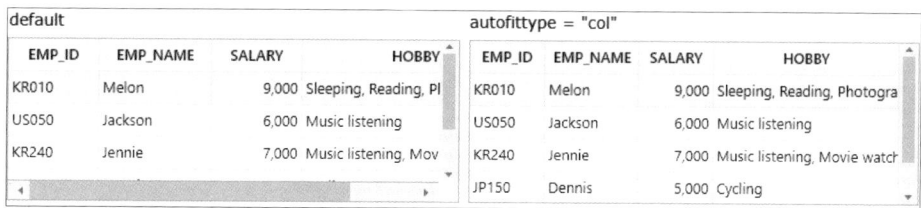

10.2.3 로우, 셀 선택

selecttype

Grid에서 로우 또는 셀이 선택되는 단위를 설정하는 속성입니다.

row	하나의 로우를 선택할 수 있습니다.
multirow	[Ctrl] 키와 [Shift] 키를 이용하여 여러 개의 로우를 선택할 수 있습니다.
cell	하나의 셀을 선택할 수 있습니다.
area	셀을 영역으로 선택할 수 있습니다.
multiarea	셀을 영역으로 여러 개 선택할 수 있습니다.

getSelectedRows

Grid에 선택되어 있는 로우의 인덱스를 배열로 반환하는 메서드입니다.

| Grid.getSelectedRows()

getSelectedDatasetRows

Grid에 선택되어 있는 로우에 해당하는 Dataset의 로우 인덱스를 배열로 반환하는 메서드입니다.

| Grid.getSelectedDatasetRows()

☞ Grid의 로우를 여러 개 선택할 수 있게 설정합니다.

```
this.Grid00.selecttype = "multirow";
```

EMP_ID	EMP_NAME	SALARY	HOBBY
KR010	Melon	9,000	Sleeping, Readin
US050	Jackson	6,000	Music listening
KR240	Jennie	7,000	Music listening,
JP150	Dennis	5,000	Cycling

☞ 여러 개 선택한 로우의 인덱스를 배열로 얻습니다.

```
var arrRow = this.Grid00.getSelectedDatasetRows();
var arrRow2 = this.Grid00.getSelectedRows();
trace(arrRow + " :: " + arrRow2);
```

일반적으로 Grid의 로우 인덱스와 Dataset의 로우 인덱스가 일치하나 Grid가 트리 형식일 경우 Collapse/Expand에 따라 일치하지 않을 수 있습니다.

selectstartrow

Grid에서 셀을 영역으로 선택했을 때, 해당 영역의 시작 셀의 로우 인덱스를 반환하는 읽기 전용 속성입니다.

selectstartcol

Grid에서 셀을 영역으로 선택했을 때, 해당 영역의 시작 셀의 칼럼 인덱스를 반환하는 읽기 전용 속성입니다.

selectendrow

Grid에서 셀을 영역으로 선택했을 때, 해당 영역의 마지막 셀의 로우 인덱스를 반환하는 읽기 전용 속성입니다.

selectendcol

Grid에서 셀을 영역으로 선택했을 때, 해당 영역의 마지막 셀의 칼럼 인덱스를 반환하는 읽기 전용 속성입니다.

☞ Grid의 셀을 영역으로 선택할 수 있게 설정합니다.

```
this.Grid00.selecttype = "multiarea";
```

EMP_ID	EMP_NAME	SALARY	HOBBY
KR010	Melon	9,000	Sleeping, Readin
US050	Jackson	6,000	Music listening
KR240	Jennie	7,000	Music listening, N
JP150	Dennis	5,000	Cycling

☞ 선택한 셀 영역의 로우와 칼럼 인덱스를 얻습니다.

```
var start = "start row:" + this.Grid00.selectstartrow + "  column:" +
            this.Grid00.selectstartcol;
var end   = "  end row:" + this.Grid00.selectendrow   + "  column:" +
            this.Grid00.selectendcol;
```

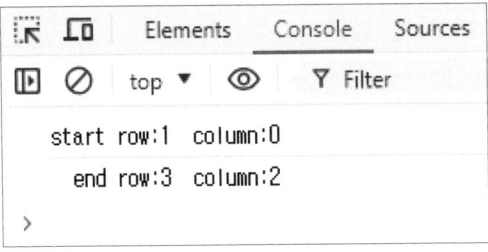

cellmovingtype

Grid에서 head 밴드의 칼럼을 드래그하여 칼럼 순서를 바꿀 수 있게 설정하는 속성입니다.

none	칼럼의 순서를 바꿀 수 없습니다.
col	head 밴드의 칼럼을 드래그하여 칼럼 순서를 바꿀 수 있습니다.
col,band	head 밴드의 칼럼을 드래그하여 칼럼 순서를 바꿀 수 있습니다. left 또는 right 밴드로 고정되어 있는 칼럼과 순서를 바꿀 수 없습니다.

10.2.4 Grid 포맷

Grid 편집 창에서 로우와 칼럼을 추가하여 구성한 디자인 형태를 포맷이라고 부릅니다.

하나의 그리드에는 여러 가지 형태로 포맷을 추가로 만들 수 있습니다. 처음 만든 포맷은 'default'라는 이름으로 생성되며, 필요에 따라 + 기호를 클릭하여 새로운 포맷을 추가할 수 있습니다.

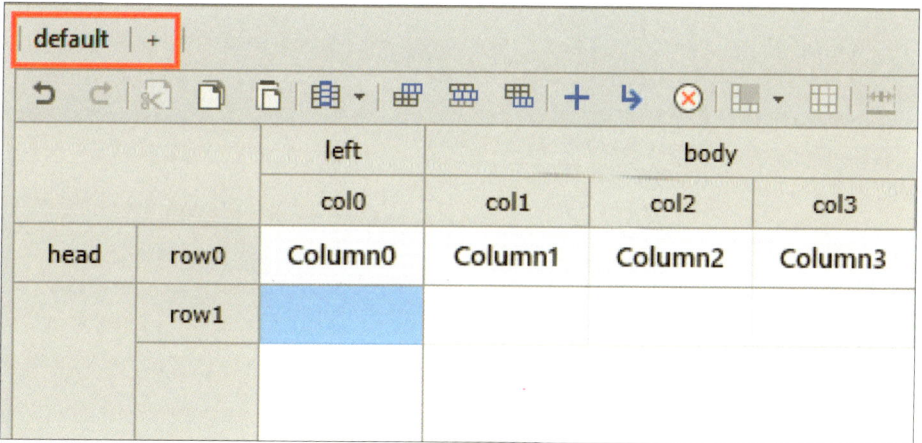

● 포맷 추가하기

아래와 같이 구성된 Grid에 + 기호를 클릭하면 새로운 포맷이 하나 추가됩니다.

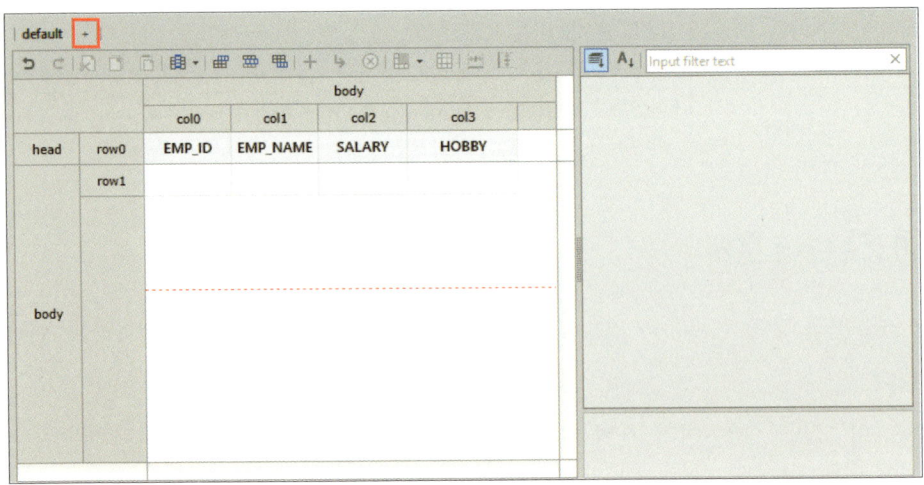

추가된 포맷에 로우와 칼럼을 추가하여 동일한 방식으로 Grid를 디자인합니다. 이렇게 하면 현재 Grid는 'default'와 'format00' 두 개의 포맷을 가진 Grid로 구성됩니다.

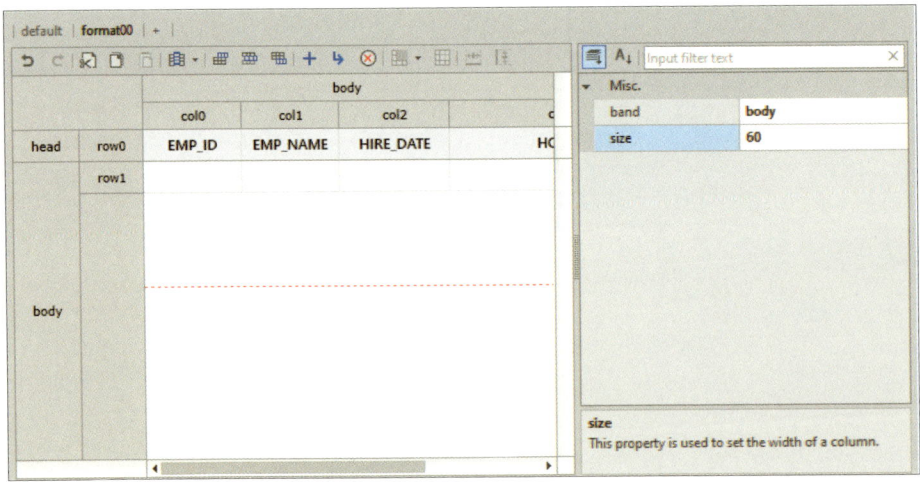

생성된 포맷의 아이디를 마우스 우클릭하여 아이디를 변경하거나 기존에 만들어진 포맷을 복사하여 붙여 넣은 후 편집할 수도 있습니다.

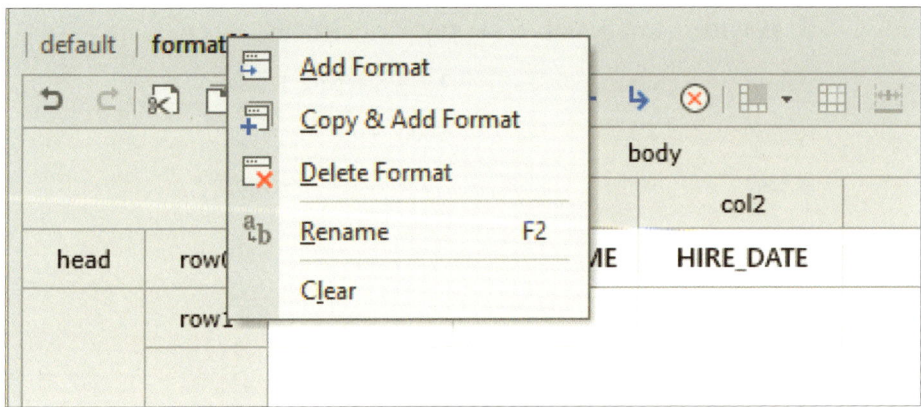

formatid

Grid에 여러 개의 포맷이 정의되어 있을 경우, Grid에 표시할 포맷의 아이디를 설정하는 속성입니다.

☞ Grid에 'format00'으로 지정된 포맷을 표현합니다.

```
this.Grid00.formatid = "format00";
```

☞ Grid에 'default'로 지정된 포맷을 표현합니다.

```
this.Grid00.formatid = "default";
```

EMP_ID	EMP_NAME	SALARY	HOBBY
KR010	Melon	9,000	Sleeping, Readin
US050	Jackson	6,000	Music listening
KR240	Jennie	7,000	Music listening, N
JP150	Dennis	5,000	Cycling

setFormatColProperty
Grid의 포맷에 정의된 칼럼 밴드의 속성을 설정하는 메서드입니다.

| Grid.setFormatColProperty(nColIdx, strPropID, varValue)

파라미터	타입	설명
nColIdx	Number	현재 포맷에 정의된 칼럼의 속성값을 설정할 칼럼 인덱스를 설정합니다.
strPropID	String	값을 설정할 속성을 문자열로 설정합니다. 칼럼의 속성에는 'band'와 'size' 두 개의 속성이 있습니다.
varValue	Variant	설정할 값을 지정합니다.

☞ Grid에 포맷 'format00'이 아래와 같이 구성되어 있을 경우 EMP_NAME 칼럼의 사이즈를 늘리고 EMP_ID는 왼쪽으로 고정, SALARY는 오른쪽으로 고정하여 표현합니다.

		body				
		col0	col1	col2	col3	col4
head	row0	EMP_ID	EMP_NAME	HIRE_DATE	HOBBY	SALARY
	row1					

```
this.Grid00.formatid = "format00";
this.Grid00.setFormatColProperty(0, "band", "left");
this.Grid00.setFormatColProperty(1, "size", 150);
this.Grid00.setFormatColProperty(4, "band", "right");
```

EMP_NAME 칼럼 사이즈가 150px로 변경되고 EMP_ID는 왼쪽, SALARY는 오른쪽으로 고정되어 나머지 칼럼만 가로 스크롤이 적용되어 표현됩니다.

setFormatRowProperty

Grid의 포맷에 정의된 로우 밴드의 속성을 설정하는 메서드입니다.

| Grid.setFormatRowProperty(nRowIdx, strPropID, varValue)

파라미터	타입	설명
nRowIdx	Number	현재 포맷에 정의된 로우 밴드의 속성값을 설정할 로우의 인덱스를 지정합니다. head, body, summary 밴드에 정의된 모든 로우를 기준으로 인덱스를 설정합니다.
strPropID	String	값을 설정할 속성명을 설정합니다.
varValue	Variant	설정할 값을 지정합니다.

☞ Grid의 head와 body 밴드의 로우 높이를 변경합니다.

```
this.Grid00.setFormatRowProperty(0, "size", 20);
this.Grid00.setFormatRowProperty(1, "size", 40);
```

setFixedRow

Grid에서 세로 스크롤 시 지정한 로우까지 스크롤되지 않고 행을 고정시키는 메서드입니다.

| Grid.setFixedRow(nRowIndex);

파라미터	타입	설명
nRowIndex	Number	스크롤되지 않고 고정되어 표시될 로우의 인덱스를 설정합니다. -1 설정 시 기존에 설정된 행 고정이 해제됩니다.

☞ Grid 첫 번째 로우를 행 고정을 합니다.

```
this.Grid00.setFixedRow(0);
```

getCurFormatString

Grid에 현재 표시되고 있는 포맷을 XML 형식의 문자열로 반환하는 메서드입니다.

| Grid.getCurFormatString([bOrginal])

파라미터	타입	설명
bOrginal	Boolean	동적으로 변경된 포맷을 반영하여 반환할지 여부를 설정합니다. true로 설정하면 동적으로 변경된 포맷을 무시하고 디자인 시 설정한 포맷을 반환합니다. false로 설정하면 동적으로 변경된 포맷을 반영하여 반환합니다. 값을 설정하지 않으면 false로 적용됩니다.

formats

Grid에 정의된 모든 포맷의 XML 정보를 갖는 속성입니다.

☞ 원본 Grid 포맷이 아래와 같을 경우 포맷을 동적으로 변경하여 새로운 Grid에 동일하게 표현합니다.

EMP_ID	EMP_NAME	SALARY	HOBBY
KR010	Melon	9,000	Sleeping, Readin
US050	Jackson	6,000	Music listening
KR240	Jennie	7,000	Music listening, N
JP150	Dennis	5,000	Cycling

칼럼의 사이즈와 로우의 크기 등을 동적으로 포맷을 변경합니다.

EMP_NAME	EMP_ID	HOBBY	SALARY
Melon	KR010	Sleeping, Reading, Phot	9,000
Jackson	US050	Music listening	6,000
Jennie	KR240	Music listening, Movie v	7,000

동적으로 변경한 포맷과 디자인 시 설정한 포맷을 XML 문자열로 반환합니다.

```
var sCurFormat = this.Grid00.getCurFormatString();
var sOrgFormat = this.Grid00.getCurFormatString(true);
```

새로운 Grid에 동적으로 변경한 포맷과 다지인 시 설정한 포맷을 각각 적용합니다.

```
this.Grid01.formats = "<Formats>" + sCurFormat + "</Formats>";
this.Grid02.formats = "<Formats>" + sOrgFormat + "</Formats>";
```

EMP_NAME	EMP_ID	HOBBY	SALARY
Melon	KR010	Sleeping, Reading, Phot	9,000
Jackson	US050	Music listening	6,000
Jennie	KR240	Music listening, Movie v	7,000

EMP_ID	EMP_NAME	SALARY	HOBBY
KR010	Melon	9,000	Sleeping, Readin
US050	Jackson	6,000	Music listening
KR240	Jennie	7,000	Music listening, N
JP150	Dennis	5,000	Cycling

이러한 기능을 기반으로 사용자는 칼럼의 위치와 크기를 조정하여 재배치하고 중요한 칼럼을 고정하여 표시되도록 설정하는 등 필요성에 맞게 포맷을 변경하여 데이터를 표현할 수 있는 Grid 개인화 기능을 구현할 수 있습니다.

10.2.5 Grid 동적 구성

Grid의 칼럼을 스크립트로 동적 생성하고 데이터 바인딩하는 방법을 알아봅니다. 화면에 아래와 같이 Dataset을 구성하고, Grid를 생성합니다. 각각의 아이디는 'ds_list', 'grd_list'로 지정하였습니다.

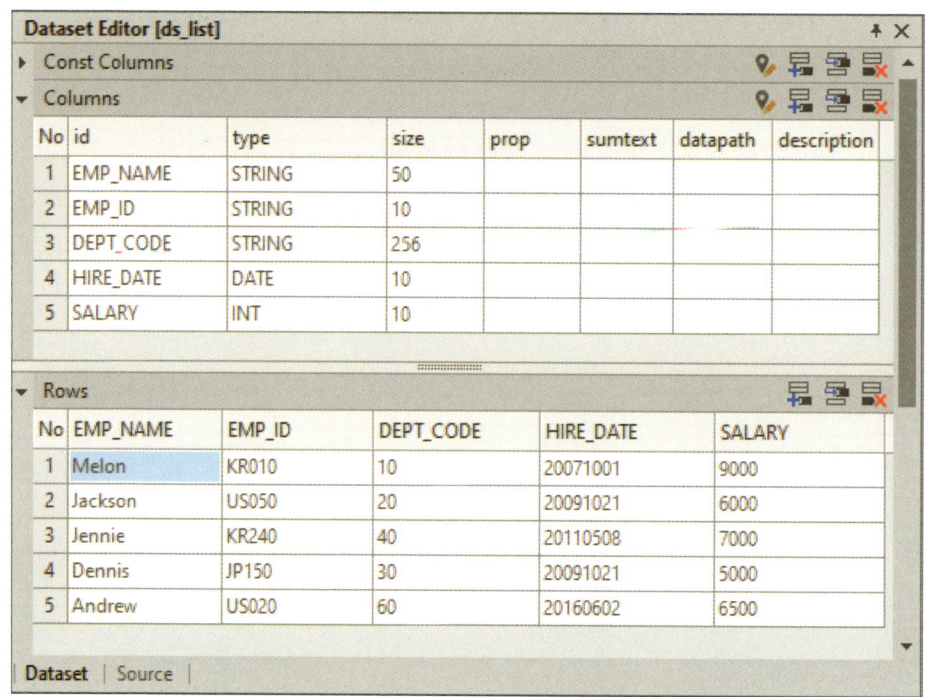

createFormat

Grid와 바인딩된 Dataset의 칼럼 정보를 기준으로 새로운 포맷을 생성하는 메서드입니다.

| Grid.createFormat()

☞ ds_list를 Grid에 바인딩하여 화면에 표현합니다.

```
this.grd_list.binddataset = "ds_list";
this.grd_list.createFormat();
```

Grid와 바인딩한 ds_list의 칼럼 기준으로 새로운 포맷이 생성됩니다.

EMP_NAME	EMP_ID	DEPT_CODE	HIRE_DATE	SALARY
Melon	KR010	10	2007-10-01	9,000
Jackson	US050	20	2009-10-21	6,000
Jennie	KR240	40	2011-05-08	7,000
Dennis	JP150	30	2009-10-21	5,000
Andrew	US020	60	2016-06-02	6,500

insertContentsCol

Grid 포맷의 특정 위치에 칼럼을 삽입하는 메서드입니다.

| Grid.insertContentsCol(enumBand, nColIndex [, bBandIndex])

파라미터	타입	설명
enumBand	String	Grid 포맷에 삽입할 칼럼의 밴드를 설정합니다. 'left' 설정 시 left 밴드에 삽입됩니다. 'body' 설정 시 body 밴드에 삽입됩니다. 'right' 설정 시 right 밴드에 삽입됩니다.
nColIndex	Number	삽입할 칼럼의 인덱스를 설정합니다.
bBandIndex	Boolean	칼럼의 인덱스가 전체 칼럼 기준인지 left 밴드, body 밴드, right 밴드 기준인지 설정합니다. 기본값은 전체 칼럼 기준입니다.

getCellProperty

셀의 속성값을 반환하는 메서드입니다.

| Grid.getCellProperty(enumBand, nCellIdx, strPropID)

파라미터	타입	설명
enumBand	String	속성값을 가져올 셀이 속한 로우의 밴드를 설정합니다. 'head' 설정 시 head 밴드 셀의 속성값을 반환합니다. 'body' 설정 시 body 밴드 셀의 속성값을 반환합니다. 'summary' 설정 시 summary 밴드 셀의 속성값을 반환합니다.
nColIndex	Number	속성값을 가져올 셀의 인덱스를 설정합니다.
strPropID	String	속성명을 설정합니다.

setCellProperty

셀의 속성값을 설정하는 메서드입니다.

| Grid.setCellProperty(enumBand, nCellIdx, strPropID, varValue)

파라미터	타입	설명
enumBand	String	속성값을 설정할 셀이 속한 로우의 밴드를 설정합니다. 'head' 설정 시 head 밴드 셀의 속성값을 설정합니다. 'body' 설정 시 body 밴드 셀의 속성값을 설정합니다. 'summary' 설정 시 summary 밴드 셀의 속성값을 설정합니다.
nColIndex	Number	속성값을 설정할 셀의 인덱스를 설정합니다.
strPropID	String	속성명을 설정합니다.
varValue	Variant	속성값을 설정합니다.

☞ Dataset에 새로운 칼럼을 'COL_CHK' 아이디로 추가하고 초깃값을 0으로 지정합니다. 그런 다음, Grid의 맨 앞에 추가한 칼럼을 바인딩하여 표현합니다.

Dataset에 칼럼을 추가하고 초깃값을 지정합니다.

```
this.ds_list.addColumn("COL_CHK", "STRING");
for(var i=0; i<this.ds_list.rowcount; i++)
{
    this.ds_list.setColumn(i, "COL_CHK", "0");
}
```

Grid 맨 앞에 빈 칼럼을 추가하고 셀의 text 속성에 데이터 바인딩 설정을 합니다.

```
this.grd_list.insertContentsCol("body", 0);
this.grd_list.setCellProperty("body", 0, "text", "bind:COL_CHK");
```

노트

Grid 편집 창에서 셀에 Dataset의 칼럼을 바인딩하면 'bind:칼럼아이디' 형태로 지정이 됩니다. 스크립트를 이용하여 바인딩할 때도 동일한 형태로 지정해야 합니다.

	EMP_NAME	EMP_ID	DEPT_CODE	HIRE_DATE	SALARY
0	Melon	KR010	10	2007-10-01	9,000
0	Jackson	US050	20	2009-10-21	6,000
0	Jennie	KR240	40	2011-05-08	7,000
0	Dennis	JP150	30	2009-10-21	5,000
0	Andrew	US020	60	2016-06-02	6,500

☞ Grid 맨 앞에 추가된 칼럼의 셀을 체크박스 형태로 표현합니다.

셀의 displaytype, edittype 속성을 설정합니다.

```
this.grd_list.setCellProperty("head", 0, "displaytype", "checkboxcontrol");
this.grd_list.setCellProperty("head", 0, "edittype"   , "checkbox");
this.grd_list.setCellProperty("body", 0, "displaytype", "checkboxcontrol");
this.grd_list.setCellProperty("body", 0, "edittype"   , "checkbox");
```

	EMP_NAME	EMP_ID	DEPT_CODE	HIRE_DATE	SALARY
☐	Melon	KR010	10	2007-10-01	9,000
☐	Jackson	US050	20	2009-10-21	6,000
☐	Jennie	KR240	40	2011-05-08	7,000
☐	Dennis	JP150	30	2009-10-21	5,000
☐	Andrew	US020	60	2016-06-02	6,500

☞ Grid의 head 밴드를 클릭 시 데이터 정렬 기능을 구현합니다.
Grid의 onheadclick 이벤트에 아래와 같은 방법으로 스크립트를 작성합니다.

```
this.grd_list_onheadclick = function(obj:nexacro.Grid,
                                    e:nexacro.GridClickEventInfo)
{
```

getCellProperty() 메서드를 사용하여 head 밴드에서 선택한 셀에 해당하는 body 밴드의 text값을 가져옵니다.

```
var sText = this.grd_list.getCellProperty("body", e.cell, "text");
```

바인딩 한 셀의 text 속성값은 'bind: 칼럼 아이디' 형식으로 지정됩니다. split() 메서드를 이용하여 배열로 반환하여 바인딩되어 있는 칼럼 아이디를 구합니다.

```
var sColId = sText.split(":")[1];
```

Dataset의 keystring 속성에 'S' 구분값으로 칼럼 아이디를 지정하여 데이터를 정렬합니다.

```
this.ds_data.keystring = "S:+" + sColId;

this.grd_list_onheadclick = 
function(obj:nexacro.Grid,e:nexacro.GridClickEventInfo)
{
    var sText = this.grd_list.getCellProperty("body", e.cell, "text");
    var sColId = sText.split(":")[1];
    this.ds_data.keystring = "S:+" + sColId;
};
```

Grid의 head를 클릭하여 데이터를 정렬하는 기능은 직접 구현하는 것보다 공통 함수를 이용하여 호출하는 방식을 많이 사용합니다.
데이터를 정렬하는 함수입니다.

```
this.CONST_NONE_MARK = "";
this.CONST_ASC_MARK  = "↑";
this.CONST_DESC_MARK = "↓";
this.fn_sort = function (obj, e)
{
    if(obj.getCellProperty("head", e.cell, "displaytype") == "checkboxcontrol")
        return;
    var objDs    = obj.getBindDataset();
    var sColId   = obj.getCellProperty("body", e.cell, "text").split(":");
    var sHeadText = "";

    for(var i = 0; i<obj.getCellCount("head"); i++)
    {
        sHeadText = obj.getCellText(-1, i) ;
        if(i == e.cell){
            if (sHeadText.substr(sHeadText.length-1) ==
                this.CONST_ASC_MARK) {
                    obj.setCellProperty("head", i, "text", sHeadText.substr(0,
                                        sHeadText.length - 1) +
                                        this.CONST_DESC_MARK);
                    objDs.keystring = "S:-" + sColId[1];
```

```
            }
            else if (sHeadText.substr(sHeadText.length-1) ==
                    this.CONST_DESC_MARK) {
                obj.setCellProperty("head", i, "text", sHeadText.substr(0,
                                    sHeadText.length - 1) +
                                    this.CONST_ASC_MARK);
                objDs.keystring = "S:+" + sColId[1];
            }
            else {
                obj.setCellProperty("head", i, "text", sHeadText +
                                    this.CONST_ASC_MARK);
                objDs.keystring = "S:+" + sColId[1];
            }
        }
        else {
            if(sHeadText != null & sHeadText != ""){
                if (sHeadText.substr(sHeadText.length - 1) ==
                    this.CONST_ASC_MARK ||
                    sHeadText.substr(sHeadText.length - 1) ==
                    this.CONST_DESC_MARK) {
                    obj.setCellProperty("head", i, "text",
                                        sHeadText.substr(0,
                                        sHeadText.length - 1));
                }
            }
        }
    }
}
```

Grid의 onheadclick 이벤트에 함수를 호출하여 정렬 기능을 구현할 수 있습니다.

```
this.grd_list_onheadclick =
function(obj:nexacro.Grid,e:nexacro.GridClickEventInfo)
{
    this.fn_sort(obj, e)
};
```

getHeadValue

Grid의 head 밴드 영역 내 특정 셀의 text 속성값 또는 셀 내부에서 관리하는 HeadValue 값을 반환하는 메서드입니다.

| Grid.getHeadValue(nCellIdx)

파라미터	타입	설명
nCellIdx	Number	text 속성에 값이 설정되어 있는 경우 설정된 값을 반환합니다. text 속성에 Dataset이 바인딩되어 있는 경우 현재 선택된 로우의 칼럼값을 반환합니다. edittype 속성이 편집 가능한 상태에서 값을 변경한 경우 또는 setHeadValue() 메서드를 사용하여 값을 변경한 경우 text 속성값이 아닌 셀 내부에서 관리하는 HeadValue 값을 반환합니다.

setHeadValue

Grid의 head 밴드 영역 내 특정 인덱스에 해당하는 셀의 HeadValue 값을 설정하는 메서드입니다.

| Grid.setHeadValue(nCellIdx, varValue)

파라미터	타입	설명
nCellIdx	Number	HeadValue 값을 설정하려는 셀의 인덱스를 설정합니다.
varValue	String	설정할 값을 지정합니다.

☞ Grid의 head 밴드에서 체크박스를 클릭하면 전체 선택, 해제 기능 구현합니다.

```
this.grd_list_onheadclick = 
function(obj:nexacro.Grid,e:nexacro.GridClickEventInfo)
{
    if(e.cell == 0){
        var sHeadText = this.grd_list.getHeadValue(0);
        this.ds_list.enableevent = false;
        for(var i=0; i<this.ds_list.rowcount; i++){
            this.ds_list.setColumn(i, "COL_CHK", sHeadText);
        }
        this.ds_list.enableevent = true;
    }
};
```

	EMP_NAME	EMP_ID	DEPT_CODE	HIRE_DATE	SALARY
✓	Melon	KR010	10	2007-10-01	9,000
✓	Jackson	US050	20	2009-10-21	6,000
✓	Jennie	KR240	40	2011-05-08	7,000
✓	Dennis	JP150	30	2009-10-21	5,000
✓	Andrew	US020	60	2016-06-02	6,500

10.2.6 Grid 소계

아래와 같은 Dataset이 있을 때 법인(CORP_NAME)과 부서(DEPT_NAME)을 기준으로 소계를 표현하는 방법을 알아봅니다.

Dataset과 Grid의 아이디를 각각 'ds_sum', 'grd_sum'으로 생성하고 바인딩하여 Grid에 데이터를 표현합니다.

Dataset Editor [ds_sum]

Columns

No	id	type	size	prop	sumtext	datapath	description
1	CORP_NAME	STRING	256				
2	EMP_ID	STRING	256				
3	EMP_NAME	STRING	256				
4	DEPT_NAME	STRING	256				
5	SALARY	INT	256				
6	BONUS	INT	256				

Rows

No	CORP_NAME	EMP_ID	EMP_NAME	DEPT_NAME	SALARY	BONUS
1	Korea corporation	KR010	Melon	Education Team	9000	5000
2	America corporation	US050	Jackson	Education Team	6000	1200
3	Korea corporation	KR240	Jennie	Education Team	7000	2000
4	Japan corporation	JP150	Dennis?	Support Team	5000	3000
5	America corporation	US020	Andrew	Support Team	6500	800
6	Korea corporation	KR200	Jungkook	Sales Team	7000	900
7	Japan corporation	JP230	Adam	Sales Team	8000	1000
8	Korea corporation	KR080	JiYoung	Support Team	8500	4000
9	Korea corporation	KR140	Kate	Sales Team	7300	3000
10	America corporation	US020	Max	Sales Team	3500	3000

Corporation	Department	ID	Name	Salary	Bonus
Korea corporation	Education Team	KR010	Melon	9,000	5,000
America corporation	Education Team	US050	Jackson	6,000	1,200
Korea corporation	Education Team	KR240	Jennie	7,000	2,000
Japan corporation	Support Team	JP150	Dennis?	5,000	3,000
America corporation	Support Team	US020	Andrew	6,500	800
Korea corporation	Sales Team	KR200	Jungkook	7,000	900
Japan corporation	Sales Team	JP230	Adam	8,000	1,000
Korea corporation	Support Team	KR080	JiYoung	8,500	4,000
Korea corporation	Sales Team	KR140	Kate	7,300	3,000
America corporation	Sales Team	US020	Max	3,500	3,000
Japan corporation	Support Team	JP020	Ted	6,800	3,000
Korea corporation	Education Team	KR030	Adam	8,600	2,000
Korea corporation	Support Team	KR230	Belle	7,700	5,000
Japan corporation	Support Team	JP040	Lexy	9,000	2,000
Japan corporation	Sales Team	JP050	Lucy	8,000	3,000
Korea corporation	Support Team	KR110	Kein	9,000	1,200
Japan corporation	Education Team	JP110	Juliana	7,000	800
Korea corporation	Sales Team	KR130	Kara	5,000	900

● 그룹별 소계 구하기

법인과 부서 데이터 기준으로 소계를 표현합니다.

데이터를 그룹화하거나 정렬할 때 기준이 되는 조건식을 설정하는 Dataset의 keystring 속성을 사용합니다.

속성에 'G:칼럼아이디' 형태로 지정하면 데이터를 그룹화할 수 있습니다.

그룹화는 지정한 Dataset 칼럼을 기준으로 데이터를 그룹화하여 소계, 평균 등을 계산하는 기능입니다. Grid 기능을 이용하여 그룹화된 데이터의 소계, 평균 등의 계산 결과를 표시할 수 있습니다.

법인은 내림차순, 부서는 오름차순으로 정렬하여 데이터를 그룹화합니다.

```
this.ds_sum.keystring = "G:-CORP_NAME,+DEPT_NAME";
```

그룹화한 칼럼 기준으로 새로운 로우가 생성되면서 소계가 자동으로 표현됩니다.

Corporation	Department	ID	Name	Salary	Bonus
Korea corporation	Education Team	KR010	Melon	9,000	5,000
Korea corporation	Education Team	KR240	Jennie	7,000	2,000
Korea corporation	Education Team	KR030	Adam	8,600	2,000
Korea corporation	Education Team			24,600	9,000
Korea corporation	Sales Team	KR200	Jungkook	7,000	900
Korea corporation	Sales Team	KR140	Kate	7,300	3,000
Korea corporation	Sales Team	KR130	Kara	5,000	900
Korea corporation	Sales Team	KR120	Ivy	8,500	3,000
Korea corporation	Sales Team			27,800	7,800
Korea corporation	Support Team	KR080	JiYoung	8,500	4,000
Korea corporation	Support Team	KR230	Belle	7,700	5,000
Korea corporation	Support Team	KR110	Kein	9,000	1,200
Korea corporation	Support Team			25,200	10,200
Korea corporation				77,600	27,000
Japan corporation	Education Team	JP110	Juliana	7,000	800
Japan corporation	Education Team	JP010	Eddy	7,000	3,000
Japan corporation	Education Team	JP140	Donald	5,000	1,000
Japan corporation	Education Team			19,000	4,800

keystring 속성으로 그룹화하여 생성되는 로우를 논리적 레코드(Logical Record)라고 부르며 원본 레코드와 논리적 레코드를 Dataset의 메서드를 통해 파악할 수 있습니다.

getRowLevel
Dataset이 그룹화되어 있을 경우에 지정한 로우의 레벨을 구하는 메서드입니다.

| Dataset.getRowLevel(nRow)

파라미터	타입	설명
nRow	Number	로우의 인덱스를 설정합니다.

Grid에 칼럼을 추가하여 셀의 text 속성에 Expression을 적용하여 로우의 레벨을 확인합니다.

| dataset.getRowLevel(currow)

원본 데이터의 로우 레벨은 0을 반환하고 그룹화하여 생성된 논리적 레코드는 그룹화한 칼럼에 따라 1씩 증가하며 레벨이 생성됩니다.

Corporation	Department	ID	Name	Salary	Bonus	Level
Korea corporation	Education Team	KR010	Melon	9,000	5,000	0
Korea corporation	Education Team	KR240	Jennie	7,000	2,000	0
Korea corporation	Education Team	KR030	Adam	8,600	2,000	0
Korea corporation	Education Team			24,600	9,000	1
Korea corporation	Sales Team	KR200	Jungkook	7,000	900	0
Korea corporation	Sales Team	KR140	Kate	7,300	3,000	0
Korea corporation	Sales Team	KR130	Kara	5,000	900	0
Korea corporation	Sales Team	KR120	Ivy	8,500	3,000	0
Korea corporation	Sales Team			27,800	7,800	1
Korea corporation	Support Team	KR080	JiYoung	8,500	4,000	0
Korea corporation	Support Team	KR230	Belle	7,700	5,000	0
Korea corporation	Support Team	KR110	Kein	9,000	1,200	0
Korea corporation	Support Team			25,200	10,200	1
Korea corporation				77,600	27,000	2
Japan corporation	Education Team	JP110	Juliana	7,000	800	0
Japan corporation	Education Team	JP010	Eddy	7,000	3,000	0
Japan corporation	Education Team	JP140	Donald	5,000	1,000	0
Japan corporation	Education Team			19,000	4,800	1

로우 레벨을 비교하여 법인과 부서 소계에 표현되는 텍스트를 변경할 수 있습니다.

subsumtext

keystring 속성으로 그룹화하여 생성되는 논리적 레코드에 표시할 텍스트를 설정하는 셀의 속성입니다.

부서가 표현되는 셀의 subsumtext 속성에 Expression을 적용합니다.

```
dataset.getRowLevel(currow) == 0 ? DEPT_NAME :
(dataset.getRowLevel(currow) == 1 ? DEPT_NAME + " Sum" : "")
```

법인이 표현되는 셀의 subsumtext 속성에 Expression을 적용합니다.

```
dataset.getRowLevel(currow) == 2 ? CORP_NAME + " Sum" :
CORP_NAME
```

Dataset을 그룹화하면 기본적으로 칼럼의 소계가 표현되지만 평균, 최대, 최소 등 다른 집계 함수를 사용하여 표현하고 싶을 때는 Dataset 칼럼의 prop 속성을 변경하여 적용할 수 있습니다.

prop 속성을 'AVG' 적용하면 SALARY 칼럼은 평균이 표현됩니다.

No	id	type	size	prop	sumtext	datapath	description
1	CORP_NAME	STRING	256				
2	EMP_ID	STRING	256				
3	EMP_NAME	STRING	256				
4	DEPT_NAME	STRING	256				
5	SALARY	INT	256	AVG			
6	BONUS	INT	256				

(AVG / COUNT / MAX / MIN / NONE / SUM / TEXT)

prop 속성을 아래처럼 스크립트로 변경할 수 있습니다.

```
var objColumnInfo = this.ds_sum.getColumnInfo("SALARY");
objColumnInfo.prop = "AVG";
this.ds_sum.updateSortGroup();
```

updateSortGroup
Dataset의 데이터를 그룹화 또는 정렬하는 메서드입니다.

| Dataset.updateSortGroup([strKeyString])

파라미터	타입	설명
strKeyString	String	그룹화 또는 정렬의 기준이 되는 조건식을 설정합니다. 값 생략 시 keystring 속성에 설정된 값이 적용됩니다.

Corporation	Department	ID	Name	Salary	Bonus	Level
Korea corporation	Education Team	KR010	Melon	9,000	5,000	0
Korea corporation	Education Team	KR240	Jennie	7,000	2,000	0
Korea corporation	Education Team	KR030	Adam	8,600	2,000	0
Korea corporation	Education Team Sum			8,200	9,000	1
Korea corporation	Sales Team	KR200	Jungkook	7,000	900	0
Korea corporation	Sales Team	KR140	Kate	7,300	3,000	0
Korea corporation	Sales Team	KR130	Kara	5,000	900	0
Korea corporation	Sales Team	KR120	Ivy	8,500	3,000	0
Korea corporation	Sales Team Sum			6,950	7,800	1
Korea corporation	Support Team	KR080	JiYoung	8,500	4,000	0
Korea corporation	Support Team	KR230	Belle	7,700	5,000	0
Korea corporation	Support Team	KR110	Kein	9,000	1,200	0
Korea corporation	Support Team Sum			8,400	10,200	1
Korea corporation Sum				7,760	27,000	2
Japan corporation	Education Team	JP110	Juliana	7,000	800	0
Japan corporation	Education Team	JP010	Eddy	7,000	3,000	0
Japan corporation	Education Team	JP140	Donald	5,000	1,000	0
Japan corporation	Education Team Sum			6,333.333333	4,800	1

● **다른 셀에 표현하기**

그룹화하여 생성된 논리적 레코드에 직접 계산식을 이용하여 소계, 평균, 개수 등을 표현해 봅니다.

getGroupRangeStart

Dataset이 그룹화되어 있을 때, 논리적 레코드가 참조하는 로우의 시작 인덱스를 반환하는 메서드입니다.

getGroupRangeCount() 메서드와 함께 사용하여 참조하는 로우의 범위를 구할 수 있습니다.

| Dataset.getGroupRangeStart(nRow)

파라미터	타입	설명
nRow	Number	로우의 인덱스를 설정합니다.

getGroupRangeCount

Dataset이 그룹화되어 있을 때, 논리적 레코드가 참조하는 로우의 개수를 반환하는 메서드입니다.

| Dataset.getGroupRangeCount(nRow)

파라미터	타입	설명
nRow	Number	로우의 인덱스를 설정합니다.

성명이 표현되는 칼럼에 SALARY와 BONUS 칼럼 합계의 평균을 출력해 봅니다.

성명 칼럼의 text 또는 expr 속성에 지정합니다.
getAvg() 메서드에서 getGroupRangeStart()와 getGroupRangeCount() 메서드를 이용하여 시작 로우와 마지막 로우를 지정하여 평균을 구합니다.

```
dataset.getRowLevel(currow) > 0 ? dataset.getAvg("SALARY+BONUS", dataset.
getGroupRangeStart(currow),    dataset.getGroupRangeStart(currow)+dataset.
getGroupRangeCount(
currow)) : EMP_NAME
```

평균은 숫자 형식으로 표현하기 위해 displaytype 속성에 Expression을 적용합니다.

| dataset.getRowLevel(currow) > 0 ? "number" : "normal"

아래와 같이 데이터가 표현됩니다.

Corporation	Department	ID	Name	Salary	Bonus	Level
Korea corporation	Education Team	KR010	Melon	9,000	5,000	0
Korea corporation	Education Team	KR240	Jennie	7,000	2,000	0
Korea corporation	Education Team	KR030	Adam	8,600	2,000	0
Korea corporation	Education Team Sum		11,200	24,600	9,000	1
Korea corporation	Sales Team	KR200	Jungkook	7,000	900	0
Korea corporation	Sales Team	KR140	Kate	7,300	3,000	0
Korea corporation	Sales Team	KR130	Kara	5,000	900	0
Korea corporation	Sales Team	KR120	Ivy	8,500	3,000	0
Korea corporation	Sales Team Sum		8,900	27,800	7,800	1
Korea corporation	Support Team	KR080	JiYoung	8,500	4,000	0
Korea corporation	Support Team	KR230	Belle	7,700	5,000	0
Korea corporation	Support Team	KR110	Kein	9,000	1,200	0
Korea corporation	Support Team Sum		11,800	25,200	10,200	1
Korea corporation Sum			10,460	77,600	27,000	2
Japan corporation	Education Team	JP110	Juliana	7,000	800	0
Japan corporation	Education Team	JP010	Eddy	7,000	3,000	0
Japan corporation	Education Team	JP140	Donald	5,000	1,000	0
Japan corporation	Education Team Sum		7,933.333333	19,000	4,800	1

• Suppress 기능

데이터가 그룹화한 칼럼으로 정렬되면서 법인과 부서 데이터가 연속적으로 표현됩니다. 이처럼 동일한 데이터를 가진 칼럼에 하나만 표현되도록 설정합니다.

suppress

셀에 Suppress 기능을 설정하는 셀의 속성입니다.

Suppress 기능은 동일한 위치에 셀의 값이 같을 경우 데이터를 하나만 보이게 설정하는 기능입니다. 데이터 중복을 제거하여 화면을 간결하게 표현할 수 있습니다.

기본값은 0으로 지정되어 있으며 Suppress 기능을 적용하기 위해서는 1부터 순차적으로 증가하는 값으로 설정합니다.

suppressalign

Suppress 기능이 적용된 셀에 표시되는 텍스트의 위치를 설정하는 셀의 속성입니다.

first	합쳐서 표시되는 셀의 첫 번째에 텍스트가 표시됩니다.
middle	합쳐서 표시되는 셀의 가운데에 텍스트가 표시됩니다. 합쳐서 표시되는 셀이 짝수 개인 경우는 가운데 윗부분에 표시됩니다.
last	합쳐서 표시되는 셀의 마지막에 텍스트가 표시됩니다.

Suppress 기능을 적용하여 결과를 확인합니다.

body		expr	
col0	col1	rtl	
Corporation	Department	subsumtext	expr:dataset.getRowLevel(cu
		suppress	1
		suppressalign	first

body		expr	
col0	col1	rtl	
Corporation	Department	subsumtext	expr:dataset.getRowLevel(cu
		suppress	2
		suppressalign	first

Corporation	Department	ID	Name	Salary	Bonus	Level
Korea corporation	Education Team	KR010	Melon	9,000	5,000	0
		KR240	Jennie	7,000	2,000	0
		KR030	Adam	8,600	2,000	0
	Education Team Sum		11,200	24,600	9,000	1
	Sales Team	KR200	Jungkook	7,000	900	0
		KR140	Kate	7,300	3,000	0
		KR130	Kara	5,000	900	0
		KR120	Ivy	8,500	3,000	0
	Sales Team Sum		8,900	27,800	7,800	1
	Support Team	KR080	JiYoung	8,500	4,000	0
		KR230	Belle	7,700	5,000	0
		KR110	Kein	9,000	1,200	0
	Support Team Sum		11,800	25,200	10,200	1
Korea corporation Sum			10,460	77,600	27,000	2
Japan corporation	Education Team	JP110	Juliana	7,000	800	0
		JP010	Eddy	7,000	3,000	0
		JP140	Donald	5,000	1,000	0
	Education Team Sum		7,933.333333	19,000	4,800	1

Grid에 Summary 로우를 생성하고 전체 데이터 합계를 표현합니다.

```
this.grd_sum.appendContentsRow("summary");
this.grd_sum.setCellProperty("summary", 4, "text",
                        this.ds_sum.getSum("SALARY"));
this.grd_sum.setCellProperty("summary", 4, "displaytype", "number");
```

데이터를 그룹화하여 소계를 표현한 로우를 상단에 표현합니다.

reversesubsum

keystring 속성으로 그룹화했을 때, 그룹 소계가 표시되는 위치를 설정하는 속성입니다.
true 값을 지정하면 그룹 소계가 상단에 표시됩니다.

summarytype

Grid의 Summary 밴드가 표시되는 위치를 설정하는 속성입니다.
top값을 지정하면 Head 밴드 아래에 Summary 밴드가 표시됩니다.

```
this.ds_sum.reversesubsum = true;
this.grd_sum.summarytype = "top";
```

Corporation	Department	ID	Name	Salary	Bonus	Level
				203,300		
Korea corporation Sum			10,460	77,600	27,000	2
Korea corporation	Education Team Sum		11,200	24,600	9,000	1
	Education Team	KR010	Melon	9,000	5,000	0
		KR240	Jennie	7,000	2,000	0
		KR030	Adam	8,600	2,000	0
	Sales Team Sum		8,900	27,800	7,800	1
	Sales Team	KR200	Jungkook	7,000	900	0
		KR140	Kate	7,300	3,000	0
		KR130	Kara	5,000	900	0
		KR120	Ivy	8,500	3,000	0

10.2.7 Grid 트리

Grid 트리는 데이터를 계층적으로 표현하는 데 유용합니다.

부모와 자식 관계를 갖는 데이터를 트리 구조로 나타내어 데이터의 구조를 한눈에 파악할 수 있습니다.

회사 조직도를 예로 들면 그룹 아래 여러 팀이 있고, 팀 아래 여러 팀원이 존재하는 경우, 이를 표 형태로 나타내는 것보다 트리 형태로 표현하는 것이 관계를 더욱 직관적으로 보여 줄 수 있습니다.

Dataset을 아래와 같이 구성하였을 때 트리 형식으로 표현해 봅니다.

계층적으로 데이터를 표현하기 위해서는 부모와 자식 관계를 레벨로 설정해야 합니다.

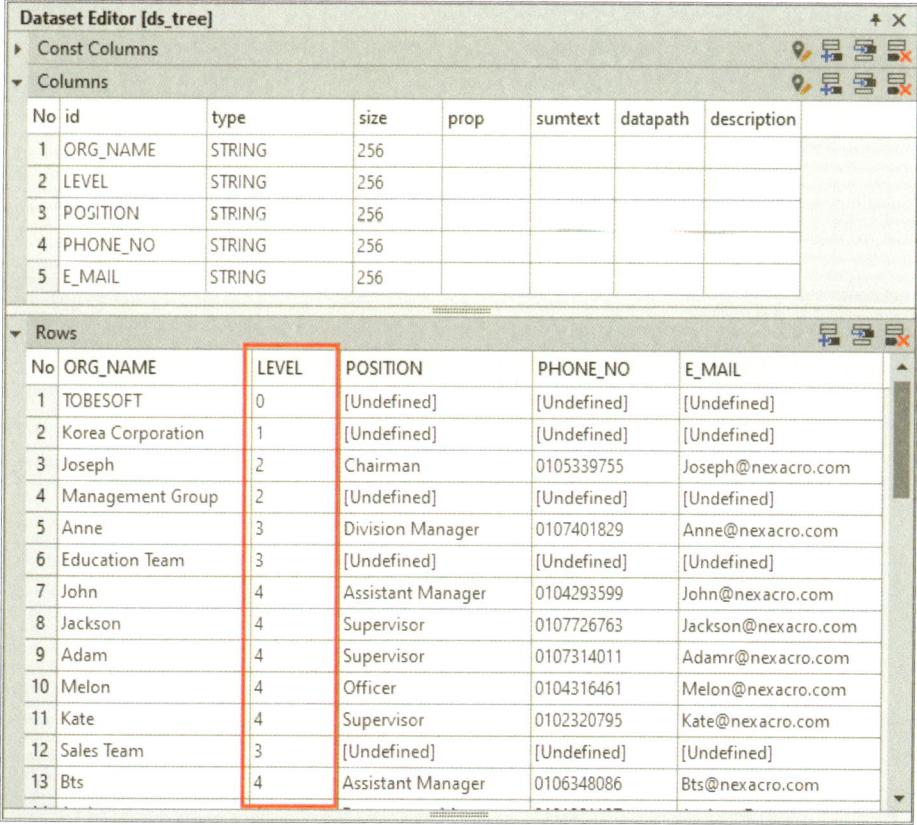

Grid에 Dataset을 바인딩하여 표현합니다.

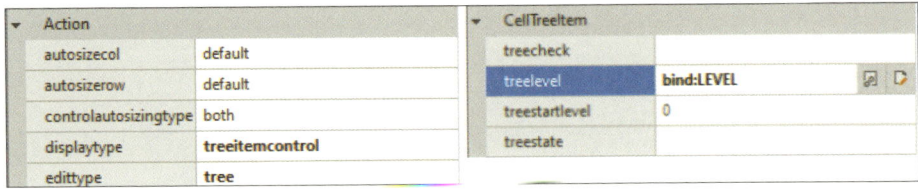

ORG_NAME 셀의 displaytype과 edittype 속성을 트리 형식으로 변경하고 레벨 칼럼을 바인딩합니다.

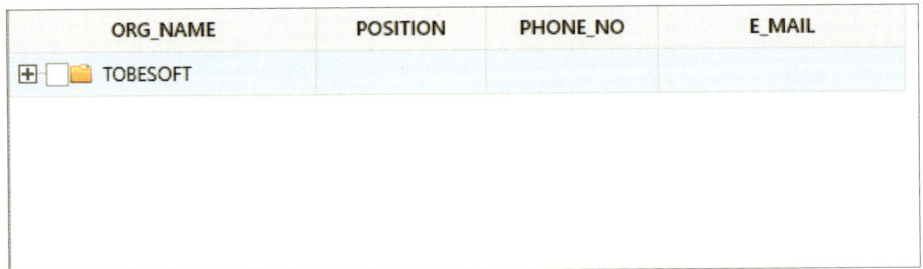

데이터가 트리 형식으로 구성되고 모든 로우가 접힌(Collapse) 상태로 표시됩니다.

Grid의 treeinitstatus 속성을 'expand, all'로 설정하여 트리를 펼쳐진 상태로 표시합니다.

treeusecheckbox 속성을 'false'로 지정하여 트리에 체크박스를 표시하지 않습니다.

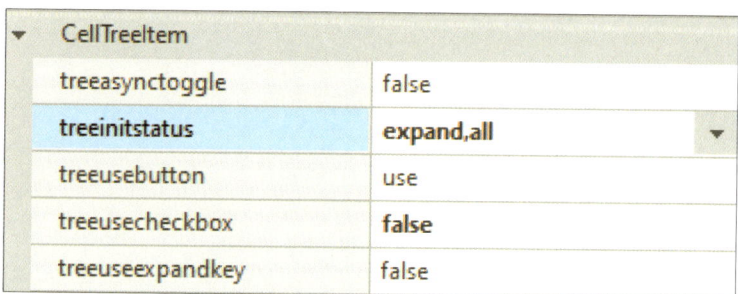

10.2.8 트리 접기, 펼치기

트리 구조에서는 +, - 이미지를 클릭하여 노드를 펼치거나 접을 수 있습니다. 이와 유사하게 Grid의 셀을 클릭하여 노드를 펼치거나 접을 수 있는 기능을 구현해 봅니다.

getTreeRow
인수로 전달된 Dataset의 로우에 해당하는 Grid의 로우의 인덱스를 반환하는 메서드입니다.

| Grid.getTreeRow(nDSRowIndex)

파라미터	타입	설명
nDSRowIndex	Number	Dataset의 로우 인덱스를 설정합니다.

Dataset의 로우와 Grid에 표시되는 로우의 인덱스는 일반적으로 동일하지만 Grid가 트리 형식인 경우에는 다를 수 있습니다.

노드가 접혀 있을 때 해당 노드와 그 하위 노드들은 Grid에서 숨겨집니다. 이 경우 Dataset의 로우는 존재하지만 Grid에는 표시되지 않기 때문에 Dataset의 인덱스와 Grid의 인덱스가 일치하지 않을 수 있습니다.

getTreeStatus
Grid가 트리 형식일 때 특정 로우의 트리 상태를 반환하는 메서드입니다.

| Grid.getTreeStatus(nRowIndex)

파라미터	타입	설명
nRowIndex	Number	트리 상태를 확인할 로우의 인덱스를 현재 화면에 표시되는 Grid 기준으로 설정합니다.

setTreeStatus
Grid가 트리 형식일 때 특정 로우의 트리 상태를 설정하는 메서드입니다.

| Grid.setTreeStatus(nRowIndex, bTreeStatus)

파라미터	타입	설명
nRowIndex	Number	트리 상태를 설정할 로우의 인덱스를 현재 화면에 표시되는 Grid 기준으로 설정합니다.
bTreeStatus	Boolean	트리 상태를 설정합니다. true 설정 시 해당 로우의 트리 상태를 Expand로 설정하고 false 설정 시 해당 로우의 트리 상태를 Collapse로 설정합니다.

Grid 컴포넌트의 셀을 더블 클릭할 때 처리하기 위해 oncelldblclick 이벤트를 사용하여 스크립트를 작성합니다.

```
this.grd_tree_oncelldblclick = 
function(obj:nexacro.Grid,e:nexacro.GridClickEventInfo)
{
    var nGridRow = obj.getTreeRow(e.row);
    var nStatus  = obj.getTreeStatus(nGridRow);
    if(nStatus == 3) return;
    nStatus = (nStatus == 0 ? 1 : 0);
    obj.setTreeStatus(nGridRow, nStatus);
};
```

Grid의 셀을 더블 클릭하면 트리가 펼쳐지고 접힙니다.

ORG_NAME	POSITION	PHONE_NO	E_MAIL
⊟ 📁 TOBESOFT			
⊟ 📁 Korea Corporation			
📄 Joseph	Chairman	0105339755	Joseph@nexacro.com
⊞ 📁 Management Group			
⊟ 📁 Japen Corporation	Assistant Manager	0107903476	Isaiah@nexacro.com
📄 Oleg	Chairman	0105339755	Oleg@nexacro.com
⊟ 📁 Management Group			
📄 Aladdin	Division Manager	0107401829	Aladdin@nexacro.com
⊟ 📁 Education Team	Assistant Manager	0106851530	Evelyn@nexacro.com
📄 Cameron	Assistant Manager	0104293599	Cameron@nexacro.com
📄 Duncan	Supervisor	0107726763	Duncan@nexacro.com
📄 September	Supervisor	0107314011	September@nexacro.com
📄 Daquan	Officer	0104316461	Daquan@nexacro.com

10.2.9 특정 로우 접기, 펼치기

Grid가 트리 형식일 때 특정 로우만 최초에 펼쳐지거나 접히게 설정하는 방법을 알아봅니다.

일반적으로 Grid의 treeinitstatus 속성은 모든 로우를 펼치거나 모두 접는 데 사용되지만, 특정 로우만 펼치거나 접는 것은 추가적인 설정이 필요합니다.

트리 형식으로 표현하는 Dataset에 임의의 칼럼을 추가하여 트리의 상탯값을 설정합니다.

해당 칼럼값을 통해 각 로우의 펼침/접힘 상태와 단말(Leaf) 상태를 설정할 수 있습니다. 값을 0으로 설정하면 해당 로우는 접힌 상태로 표시되고 1을 설정하면 펼친 상태로 표시됩니다. 하위 노드가 없는 단말 상태의 로우는 3을 지정합니다.

Dataset에 'TREE_STATUS' 칼럼을 추가하여 접힌 상태로 표시할 로우는 0으로 설정하고 펼친 상태로 표시할 로우는 1로 설정합니다.

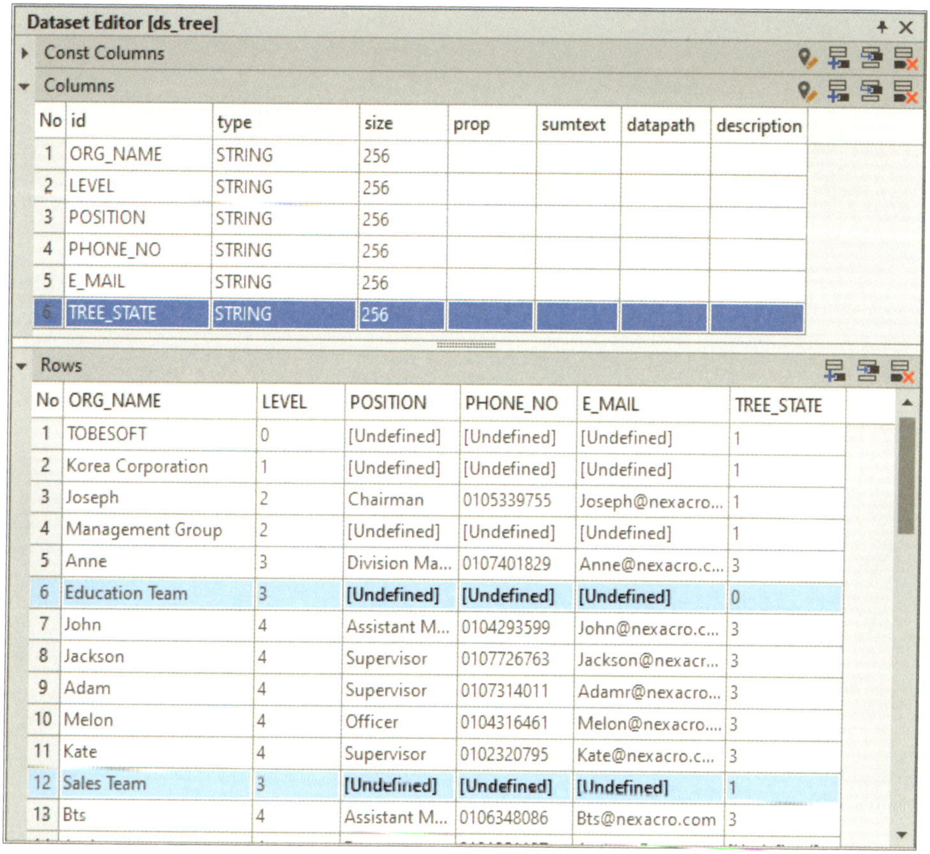

Dataset Editor [ds_tree]							
▶ Const Columns							
▼ Columns							
No	id	type	size	prop	sumtext	datapath	description
1	ORG_NAME	STRING	256				
2	LEVEL	STRING	256				
3	POSITION	STRING	256				
4	PHONE_NO	STRING	256				
5	E_MAIL	STRING	256				
6	TREE_STATE	STRING	256				

▼ Rows							
No	ORG_NAME	LEVEL	POSITION	PHONE_NO	E_MAIL	TREE_STATE	
1	TOBESOFT	0	[Undefined]	[Undefined]	[Undefined]	1	
2	Korea Corporation	1	[Undefined]	[Undefined]	[Undefined]	1	
3	Joseph	2	Chairman	0105339755	Joseph@nexacro...	1	
4	Management Group	2	[Undefined]	[Undefined]	[Undefined]	1	
5	Anne	3	Division Ma...	0107401829	Anne@nexacro.c...	3	
6	Education Team	3	[Undefined]	[Undefined]	[Undefined]	0	
7	John	4	Assistant M...	0104293599	John@nexacro.c...	3	
8	Jackson	4	Supervisor	0107726763	Jackson@nexacr...	3	
9	Adam	4	Supervisor	0107314011	Adamr@nexacro...	3	
10	Melon	4	Officer	0104316461	Melon@nexacro....	3	
11	Kate	4	Supervisor	0102320795	Kate@nexacro.c...	3	
12	Sales Team	3	[Undefined]	[Undefined]	[Undefined]	1	
13	Bts	4	Assistant M...	0106348086	Bts@nexacro.com	3	

Grid 셀의 treestate 속성에 설정한 칼럼을 바인딩합니다.

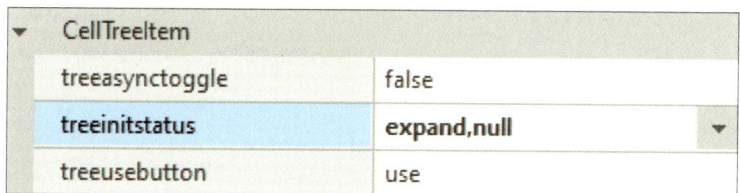

Grid의 treeinitstatus 속성을 'expand,null'로 적용합니다.

'expand,null'은 셀의 treestate 속성에 설정된 칼럼값에 따라 Collapse/Expand 상태로 표시됩니다.

CellTreeItem	
treeasynctoggle	false
treeinitstatus	expand,null
treeusebutton	use
treeusecheckbox	false
treeuseexpandkey	false

최초 실행되는 트리의 형태는 Education Team은 접힌 상태로 표시되고 Sales Team은 펼친 상태로 표시됩니다.

ORG_NAME	POSITION	PHONE_NO	E_MAIL
TOBESOFT			
Korea Corporation			
Joseph	Chairman	0105339755	Joseph@nexacro.com
Management Group			
Anne	Division Manager	0107401829	Anne@nexacro.com
Education Team			
Sales Team			
Bts	Assistant Manager	0106348086	Bts@nexacro.com
Andrew	Department Mana	0101251107	Andrew@nexacro.com
Belle	Assistant Manager	0104457429	Belle@nexacro.com
Elsa	Assistant Manager	0109825316	Ann@nexacro.com
Marketing Team	Supervisor	0103173402	Lyle@nexacro.com
Kein	Officer	0104643738	Kein@nexacro.com

10.3 동적 생성

스크립트를 이용하여 컴포넌트와 Dataset을 생성하고 이벤트 설정과 바인딩하는 방법을 알아봅니다.
화면을 생성하고 컴포넌트를 배치하여 동적으로 생성하는 스크립트를 작성합니다.

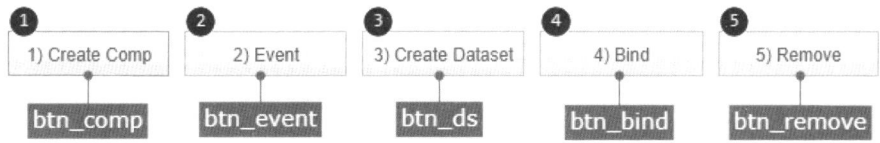

❶ Form에 컴포넌트를 동적으로 생성하는 스크립트입니다.

```
this.btn_comp_onclick =
function(obj:nexacro.Button,e:nexacro.ClickEventInfo)
{
    var objComp = new Edit("Edit00", 50, 100, 200, 30);
    .addChild(objComp.name, objComp);
    objComp.value = "Create Form Edit";
    objComp.show();

    objComp = new Button("Button00", 260, 100, 150, 30);
    this.addChild(objComp.name, objComp);
    objComp.text = "Create Form Button";
    objComp.show();

    objComp = new Div("Div00", 50, 150, 300, 100);
    this.addChild(objComp.name, objComp);
    objComp.border = "1px solid #c2c2c2";
    objComp.show();

    objComp = new Grid("Grid00", 50, 270, 300, 100);
    this.addChild(objComp.name, objComp);
    objComp.show();

    objComp = new Edit("Div_Edit00", 10, 10, 200, 30);
    this.Div00.form.addChild(objComp.name, objComp);
    objComp.value = "Create Div Edit";
    objComp.show();
};
```

new 연산자를 이용하여 Edit 컴포넌트를 생성합니다. 컴포넌트 아이디와 좌표, 크기를 지정합니다.

```
var objComp = new Edit("Edit00", 50, 100, 200, 30);
```

동적으로 생성한 Edit 컴포넌트를 Form의 자식 컴포넌트로 추가합니다.

```
this.addChild(objComp.name, objComp);
```

컴포넌트의 속성 값을 지정합니다.

```
objComp.value = "Create Form Edit";
```

show() 메서드를 실행하여 동적으로 생성한 컴포넌트를 화면에 표현합니다.

```
objComp.show();
```

Div 컴포넌트 안에 컴포넌트를 동적으로 생성할 경우 Div의 form에 자식으로 추가합니다.

```
objComp = new Edit("Div_Edit00", 10, 10, 200, 30);
this.Div00.form.addChild(objComp.name, objComp);
objComp.value = "Create Div Edit";
objComp.show();
```

아래와 같이 컴포넌트가 생성됩니다.

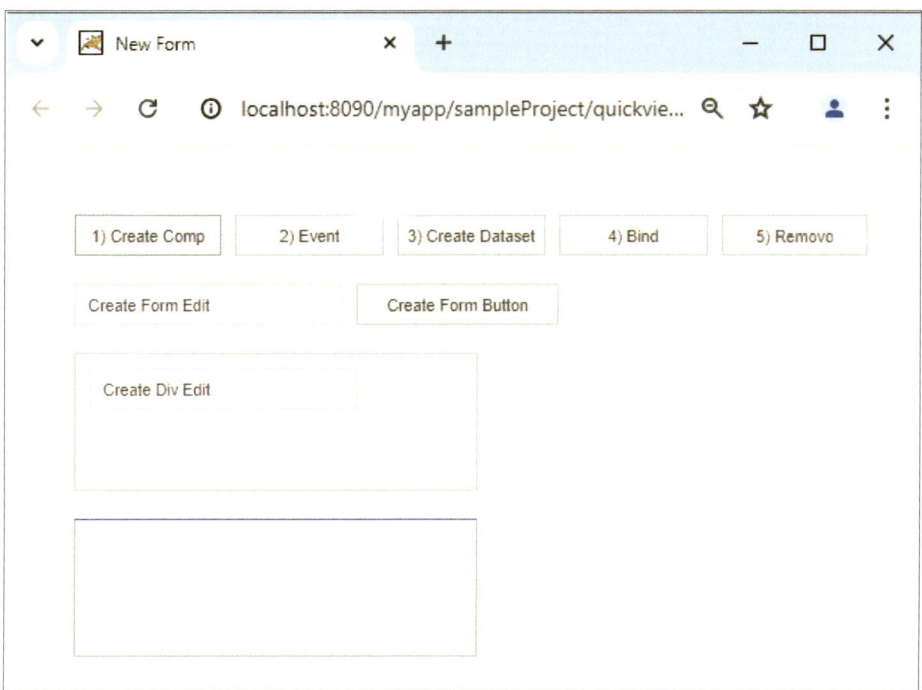

❷ 동적으로 생성한 Button 컴포넌트에 이벤트 설정을 합니다.

```
this.btn_event_onclick =
function(obj:nexacro.Button,e:nexacro.ClickEventInfo)
{
    if(!this.isValidObject("Button00")){
        alert("Object does not exist.");
        return;
    }
    this.Button00.addEventHandler("onclick", this.fn_onclick, this);
};

this.fn_onclick = function(obj:nexacro.Button,e:nexacro.ClickEventInfo)
{
    alert("Button onclick Event");
}
```

Form에 Button 컴포넌트가 존재하는지 확인합니다.

isValidObject() 메서드를 이용하여 Form에 특정 오브젝트가 존재하는지 확인할 수 있습니다.

```
if(!this.isValidObject("Button00")){    ...
```

addEventHandler 메서드를 이용하여 컴포넌트에 이벤트 핸들러 함수를 추가합니다. addEventHandler 메서드는 '이벤트명', '이벤트 핸들러 함수', '핸들러 함수가 정의된 영역'으로 지정합니다.

```
this.Button00.addEventHandler("onclick", this.fn_onclick, this);
```

이벤트 핸들러 함수를 작성합니다.

```
this.fn_onclick = function(obj:nexacro.Button,e:nexacro.ClickEventInfo)
{
    alert("Button onclick Event");
}
```

버튼을 클릭하여 함수가 제대로 실행되는지 확인합니다.

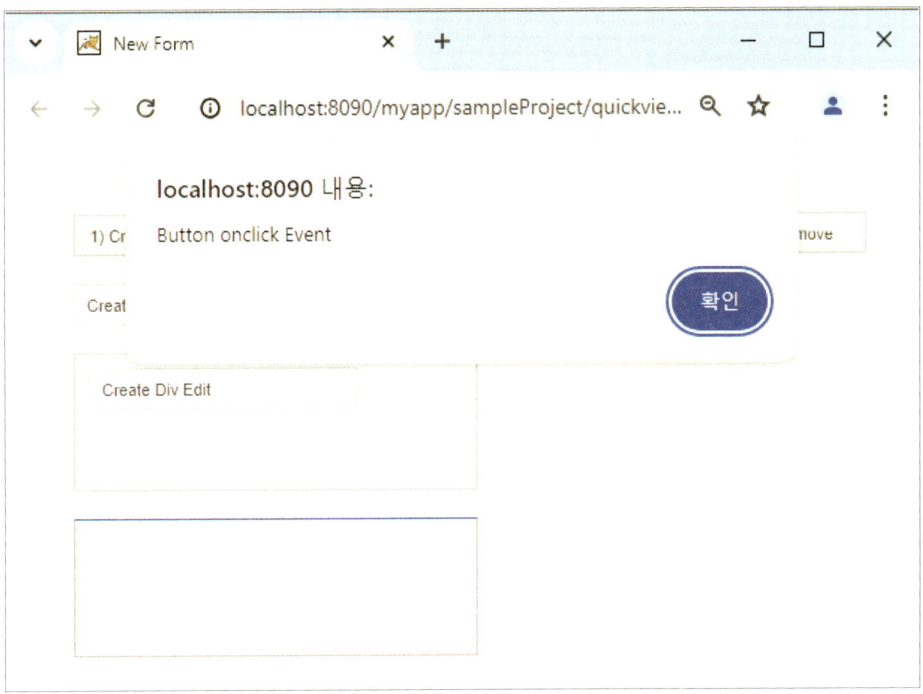

❸ Dataset을 동적으로 생성하여 칼럼과 로우를 추가합니다.

```
this.btn_ds_onclick = function(obj:nexacro.Button,
    e:nexacro.ClickEventInfo)
{
    var objDs = new Dataset("Dataset00");
    this.addChild(objDs.name, objDs);
    objDs.addColumn("COL_1", "STRING");
    objDs.addColumn("COL_2", "INT", 10);

    var rowidx = objDs.addRow();
    objDs.setColumn(rowidx, "COL_1", "NEXACRO");
    objDs.setColumn(rowidx, "COL_2", 5000);
    rowidx = objDs.addRow();
    objDs.setColumn(rowidx, "COL_1", "TOBESOFT");
    objDs.setColumn(rowidx, "COL_2", 8000);
};
```

new 연산자를 이용하여 Dataset을 생성합니다. Dataset은 Invisible Object로 Dataset 아이디만 지정합니다.

```
var objDs = new Dataset("Dataset00");
this.addChild(objDs.name, objDs);
```

addColumn 메서드를 이용하여 Dataset에 칼럼 정보를 추가합니다. 칼럼아이디와 타입은 필수로 지정해야 합니다.

```
objDs.addColumn("COL_1", "STRING");
objDs.addColumn("COL_2", "INT");
```

Dataset에 로우를 추가하여 데이터를 설정합니다.

```
var rowidx = objDs.addRow();
objDs.setColumn(rowidx, "COL_1", "NEXACRO");
objDs.setColumn(rowidx, "COL_2", 5000);
rowidx = objDs.addRow();
objDs.setColumn(rowidx, "COL_1", "TOBESOFT");
objDs.setColumn(rowidx, "COL_2", 8000);
```

❹ 동적으로 생성한 컴포넌트와 Dataset을 바인딩합니다.

```
this.btn_bind_onclick = function(obj:nexacro.Button,e:nexacro.ClickEventInfo)
{
    var objBind = new BindItem("item00", "Edit00", "value", "Dataset00",
                    "COL_1");
    this.addChild(objBind.name, objBind);
    objBind.bind();

    var objBind = new BindItem("item01", "Div00.form.Div_Edit00", "value",
                    "Dataset00", "COL_2");
    this.addChild(objBind.name, objBind);
```

```
    objBind.bind();
    
    this.Grid00.binddataset = "Dataset00";
    this.Grid00.createFormat();
};
```

BindItem 오브젝트를 생성하여 '아이디', '컴포넌트아이디', '컴포넌트속성', 'Dataset아이디', 'Dataset칼럼' 형식으로 지정합니다.
BindItem은 컴포넌트의 특정 속성과 Dataset의 칼럼을 바인딩하기 위해 사용하는 오브젝트입니다.

```
var objBind = new BindItem("item00", "Edit00", "value", "Dataset00", "COL_1");
```

스크립트로 생성한 BindItem 오브젝트를 Form에 자식으로 추가하고 BindItem을 실행합니다.

```
this.addChild(objBind.name, objBind);
objBind.bind();
```

Grid 컴포넌트에 Dataset을 바인딩합니다. 바인딩된 Dataset의 칼럼 정보를 기준으로 Grid에 새로운 포맷을 생성합니다.

```
this.Grid00.binddataset = "Dataset00";
this.Grid00.createFormat();
```

바인딩 결과를 확인합니다.

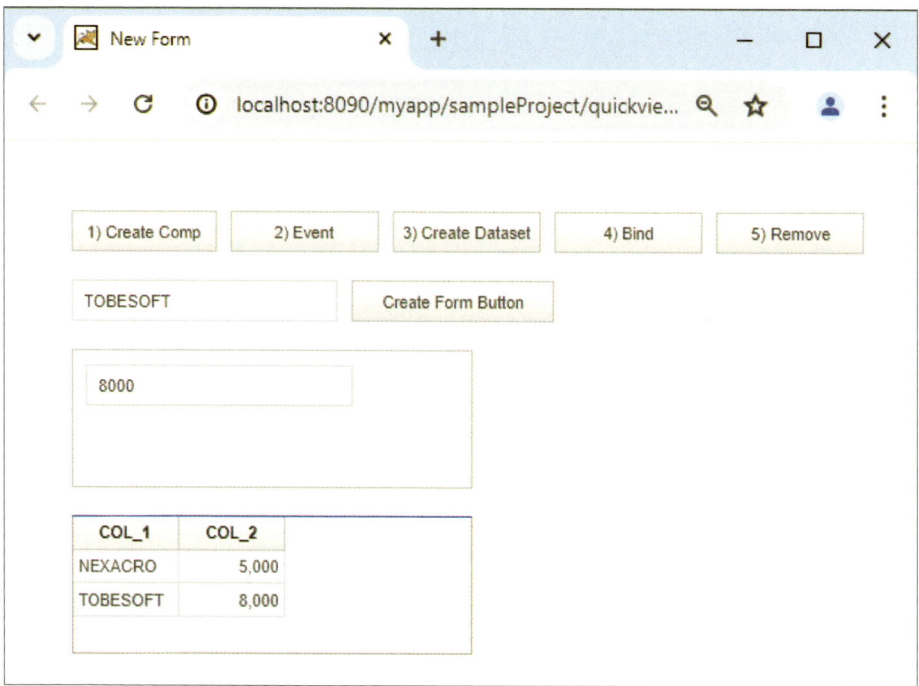

❺ 동적으로 생성한 컴포넌트 제거합니다.

```
this.btn_remove_onclick =
function(obj:nexacro.Button,e:nexacro.ClickEventInfo)
{
    var objComp = this.removeChild("Button00");
    objComp.destroy();
    objComp = null;
};
```

Form에 동적으로 추가된 컴포넌트를 removeChild 메서드를 사용하여 제거합니다. 동적으로 추가한 컴포넌트만 제거할 수 있으며, 제거에 성공하면 제거된 컴포넌트의 오브젝트를 반환합니다.

```
var objComp = this.removeChild("Button00");
```

destroy 메서드를 이용하여 동적으로 생성한 컴포넌트를 삭제하고 null을 설정하여 메모리를 해제합니다.

```
this.btn_remove_onclick =
function(obj:nexacro.Button,e:nexacro.ClickEventInfo)
{
    var objComp = this.removeChild("Button00");
    objComp.destroy();
    objComp = null;
};
```

아래와 같이 Button 컴포넌트가 삭제됩니다.

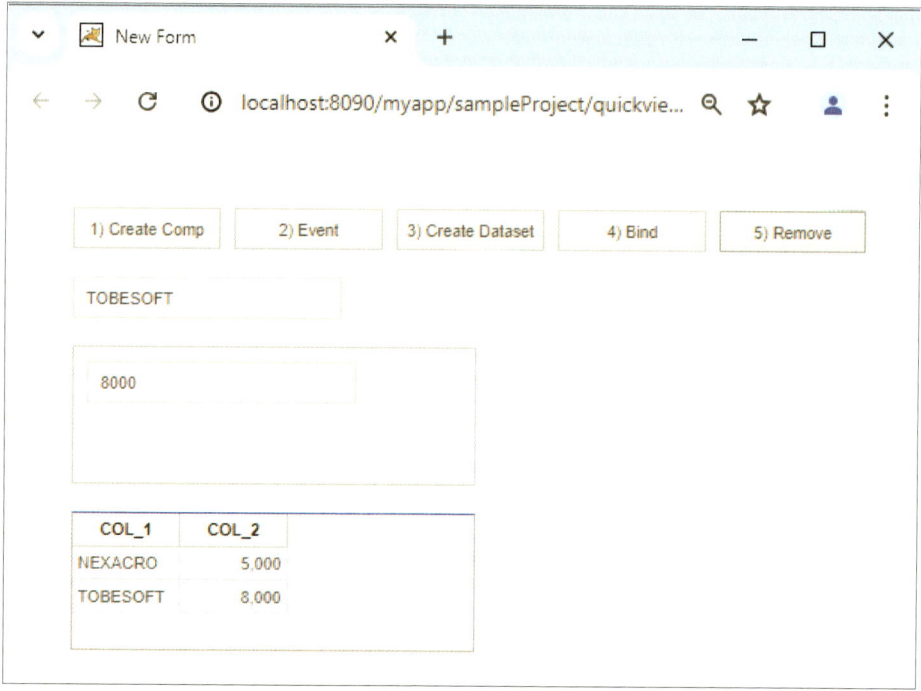

10.4 엑셀 처리

엑셀 파일 등의 데이터를 Grid 컴포넌트로 가져오거나 Grid에 바인딩된 데이터를 엑셀 등의 파일로 내보내는 기능을 처리합니다.

10.4.1 nexacro-xeni

nexacro-xeni는 파일 형태의 데이터 처리를 위한 서버 모듈로, 엑셀 파일의 Export와 Import를 서버에서 처리한 후 그 결과를 반환하는 기능을 수행합니다.

nexacro-xeni는 아래와 같은 파일 형태와 기능을 지원합니다.

파일 형태	확장자	기능
Microsoft Excel 97-2003	xls	Export/Import
Microsoft Excel 2007/2010	xlsx	Export/Import
CSV format file	csv	Import
HancomOffice Hancell 2010	cell	Export
HancomOffice Hancell 2014	cell	Export/Import

● 설치

nexacro-xeni는 자바 기반의 war(Web application ARchive) 파일 'nexacro-xeni-java.war'로 제공됩니다.

war 파일을 직접 배치하거나 war 파일의 압축을 풀어 필요한 파일을 WAS의 /WEB-INF/lib 디렉터리 또는 정의된 클래스 경로에 복사해 사용할 수 있습니다.

본 장에서는 war 파일을 직접 배치하여 설치합니다.
제공된 nexacro-xeni-java.war 파일을 톰캣 서버 'C:\Tomcat 9.0\webapps'에 위치시킵니다.

톰캣 서버를 시작하고 아래 URL을 웹 브라우저에서 열어 메시지가 정상적으로 나타나는지 확인합니다.

| http://localhost:8090/nexacro-xeni-java/XExportImport

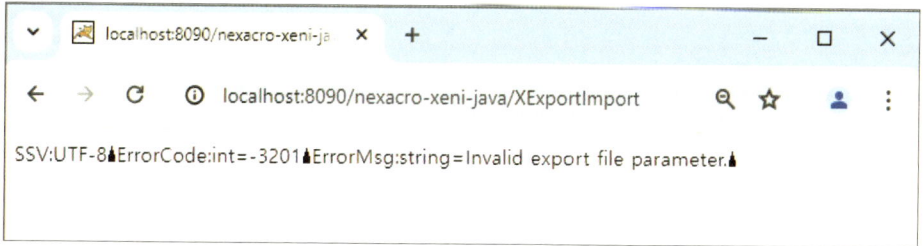

10.4.2 ExcelExportObject

ExcelExportObject는 Grid의 내용을 엑셀 또는 한셀 파일로 Export하는 Invisible 오브젝트입니다.

프로젝트 TypeDefinition의 Objects 항목에 ExcelExportObject를 등록하여 사용하거나, 스크립트를 통해 동적으로 생성하여 사용할 수 있습니다.

● 주요 Property

exportactivemode
Export 완료 후 생성된 파일을 자동으로 오픈할지 여부를 설정합니다.

속성값	설명
noactive	생성된 파일을 자동으로 오픈하지 않음
noactive	생성된 파일을 자동으로 오픈

exportfilename
Export 완료 후 생성될 파일명을 설정합니다. 파일명으로 사용할 수 없는 문자는 설정할 수 없습니다.

exportfilepassword
파일에 적용할 암호를 설정합니다.

exporttype
생성할 파일의 형식을 상수 값으로 설정합니다.

속성값	설명
256 (0x0100) or nexacro.ExportTypes.EXCEL	엑셀 97 형식으로 Export
272 (0x0110) or nexacro.ExportTypes.EXCEL97	엑셀 97~2003 형식으로 Export
288 (0x0120) or nexacro.ExportTypes.EXCEL2007	엑셀 2007 XML 형식으로 Export
1024 (0x0400) or nexacro.ExportTypes.HANCELL2010	한셀 2010 형식으로 Export
1040 (0x0410) or nexacro.ExportTypes.HANCELL2014	한셀 2014 형식으로 Export
1280 (0x0500) or nexacro.ExportTypes.CSV	CSV 형식으로 Export
1296 (0x0510) or nexacro.ExportTypes.TXT	TXT 형식으로 Export

exportuitype
Export 시 진행 상태를 표시하는 방식을 설정합니다.

속성값	설명
none	진행 상태를 표시하지 않음
statusbar	실행된 프레임의 StatusBar에 표시
exportprogress	진행 상태가 화면 중앙에 ProgressBar로 표시

exporturl
Export를 수행할 서버의 URL을 설정합니다.

해당 서버는 웹에 접근이 가능한 환경이어야 하며, Cross Domain 상황일 경우 사용에 제한이 있습니다.

● **주요 Method**

addExportItem
Export할 아이템을 ExcelExportObject에 추가하는 메서드입니다.

ExcelExportObject.addExportItem(constExportItemType, varExportSource, strRange [,strExportHead [,strExportSelect [,strExportMerge [,strExportValue [,strExportImage [,strExceptStyle [,strExportSize [,arrCellIndex, [strBandId]]]]]]]])

파라미터	타입	설명
constExportItemType	Constant	Export 대상이 되는 컴포넌트의 종류입니다. 현재는 Grid만 가능하며 'nexacro.ExportItemTypes.GRID'로 설정합니다.
varExportSource	Object	Export 대상이 되는 Grid 컴포넌트를 오브젝트로 설정합니다.
strRange	String	Export 할 위치를 '시트명!셀영역' 또는 '셀영역' 형태로 지정합니다. 2개 이상의 Grid를 Export하는 경우 데이터의 로우 위치가 겹치지 않게 지정해야 합니다.
strExportHead	String	Grid의 Head, Summary 영역에 대한 Export 방식을 설정합니다. allband – Head, Summary 영역을 모두 Export nohead – Summary 영역만 Export nosumm – Head 영역만 Export nohead,nosumm – Head, Summary 영역을 모두 Export하지 않음
strExportSelect	String	Grid에서 선택 영역에 대한 Export 방식을 설정합니다. allrecord – 선택 영역에 관계없이 모든 로우를 Export selectrecord – 선택된 로우, 셀만 Export
strExportMerge	String	Grid에서 suppress 속성으로 병합된 셀의 Export 방식을 설정합니다. suppress – 병합된 결과대로 한 개 셀의 값을 Export. 나머지 셀은 병합되지 않으며 모두 공백으로 처리 nosuppress – 병합된 결과를 무시하고 각 셀에 모두 값을 Export merge – 병합된 결과대로 한 개 셀의 값을 Export. 나머지 셀은 병합되어 처리
strExportValue	String	Export 되는 내용과 형식을 설정합니다. allstyle – 선택된 영역이 있을 경우 선택에 의해 변경된 속성은 Export 되지 않음 selectstyle – 선택된 영역이 있을 경우 선택에 의해 변경된 속성도 Export
strExportImage	String	Grid의 셀에 설정된 이미지의 Export 방식을 설정합니다. none – 설정된 이미지 정보를 무시하고 공백으로 Export url – 설정된 이미지의 위치 정보를 URL 형식의 문자열로 Export image – 설정된 이미지의 위치가 'http://', 'https://' 로 시작하는 인터넷 URL 경로일 경우만 이미지를 그대로 Export

파라미터	타입	설명
strExceptStyle	String	Grid의 셀에 적용된 CSS 관련 속성 중 Export 시 제외할 속성을 설정합니다. none - Export에서 제외되는 속성이 없음 align - 텍스트 정렬과 관련된 속성값을 제외(-nexa-text-align, -nexa-vertical-align) background - background의 color 관련 속성 값을 제외 color - color 속성값을 Export에서 제외 font - font 속성값을 Export에서 제외 border - boder 속성값을 제외(-nexa-border)
strExportSize	String	Grid 셀의 칼럼 크기와 로우 높이 값을 엑셀에 적용할지 설정합니다.
arrCellIndex	Array	Export 시 바인드된 칼럼값을 적용할 셀의 인덱스를 배열로 설정합니다.
strBandId	String	arrCellIndex로 설정한 값을 적용할 Band를 설정하는 속성입니다.

exportData

ExcelExportObject에 설정된 아이템을 모두 Export하는 메서드입니다.

ExcelExportObject.exportData([strParam, strParamDS, nOrgValue, bFileDown])

파라미터	타입	설명
strParam	String	서버 통신 시에 파라미터로 전달될 값을 설정합니다.
strParamDS	String	서버에 전달될 DataSet 을 "Param_DataSet=export_DataSet" 형태로 설정합니다. 개발 환경에 따라 서버에 추가적인 기능 구현을 위해 DataSet 을 전달할 때 사용합니다.
nOrgValue	Number	Export 시 셀의 값으로 처리될 대상을 설정합니다. 0 또는 false - 셀에 표시되는 텍스트값을 Export 1 또는 true - 셀에 바인드 된 칼럼값을 Export 2 - 셀의 displaytype 속성값이 'date'이면 0으로 적용되고, 아니면 1로 적용
bFileDown	Boolean	Export가 완료된 후 생성된 파일의 다운로드 여부를 설정합니다.

● **주요 Event**

onsuccess

Export가 완료되었을 때 발생하는 이벤트입니다.

onerror

Export 도중에 오류가 생겼을 때 발생하는 이벤트입니다.

onprogress

Export 도중에 진행 상태에 따라 발생하는 이벤트입니다.

10.4.3 ExcelImportObject

ExcelImportObject는 엑셀 또는 한셀 파일의 내용을 Dataset에 Import하는 Invisible 오브젝트입니다.

프로젝트 TypeDefinition의 Objects 항목에 ExcelImportObject를 등록하여 사용하거나, 스크립트를 통해 동적으로 생성하여 사용할 수 있습니다.

● **주요 Property**

importfilemode

Import할 파일의 위치와 처리 방식을 설정하는 속성입니다.

속성값	설명
server	서버에 위치한 파일을 Import하며 Import 후에도 해당 파일을 삭제하지 않습니다.
local	파일 대화 상자(File Dialog)를 표시해 로컬에 위치한 파일을 선택합니다. 로컬에 위치한 파일을 서버로 전송해 Import 처리하며 Import 처리 후에 서버에 생성된 파일은 삭제됩니다.

importtype

Import할 파일의 형식을 상수 값으로 설정하는 속성입니다.

속성값	설명
256 (0x0100) or nexacro.ImportTypes.EXCEL	엑셀 97 형식으로 Import
272 (0x0110) or nexacro.ImportTypes.EXCEL97	엑셀 97~2003 형식으로 Import
288 (0x0120) or nexacro.ImportTypes.EXCEL2007	엑셀 2007 XML 형식으로 Import
1024 (0x0400) or nexacro.ImportTypes.HANCELL2010	한셀 2010 형식으로 Import
1040 (0x0410) or nexacro.ImportTypes.HANCELL2014	한셀 2014 형식으로 Import
1280 (0x0500) or nexacro.ImportTypes.CSV	CSV 형식으로 Import
1296 (0x0510) or nexacro.ImportTypes.TXT	TXT 형식으로 Import

importurl

Import를 수행할 서버의 URL을 설정하는 속성입니다.

userawdatevalue

엑셀의 셀값이 날짜 또는 시간 계열일 때 원본값 그대로 Import할지 여부를 설정하는 속성입니다.

속성값	설명
true	엑셀의 셀에 설정된 원본 데이터값만 Import합니다. 셀의 표시 형식에 따른 서식은 Import하지 않습니다.
false	엑셀의 셀에 표시된 값을 Import합니다. 셀의 표시 형식에 따른 서식을 반영하여 Import합니다.

userawnumbervalue

엑셀의 셀값이 숫자 계열일 때 원본값 그대로 Import 할지 여부를 설정하는 속성입니다.

속성값	설명
true	엑셀의 셀에 설정된 원본 데이터값만 Import합니다. 셀의 표시 형식에 따른 서식은 Import하지 않습니다.
false	엑셀의 셀에 표시된 값을 Import합니다. 셀의 표시 형식에 따른 서식을 반영하여 Import합니다. 셀의 표시 형식이 '통화', '회계'이면 통화 기호, 회계 기호를 포함하여 Import 합니다. 셀의 표시 형식이 '백분율'이면 '%' 기호를 포함하지 않고 Import합니다.

● 주요 Method

importData

파일을 Dataset으로 Import하는 메서드입니다.

> ExcelImportObject.importData(strSource,strRange,strOutDatasets [,strArgument])

파라미터	타입	설명
strSource	String	Import할 파일의 위치를 URL 형식의 문자열로 설정합니다. importfilemode 속성값이 'server'일 경우 'http://', 'https://' 형식으로 파일의 위치를 설정합니다. importfilemode 속성값이 "local"이거나 값을 설정하지 않았을 경우 FileDialog가 표시되고 파일을 선택합니다.
strRange	String	strSource에 설정한 파일에서 Dataset으로 Import할 영역을 '시트명!셀영역:셀영역' 형식으로 설정합니다. Import할 파일의 형식이 CSV, TXT인 경우에는 '시작 영역:끝 영역' 형식으로 설정합니다. 여러 영역을 지정해야 할 경우 아래의 내용을 참고합니다.
strOutDatasets	String	Import한 데이터를 저장할 Dataset의 ID를 "Dataset명=변수명"의 형식으로 설정합니다. Dataset을 한 개 이상 지정할 수 있으며 공백으로 구분합니다. 우측의 '변수명'은 'output1', 'output2' 형식으로 자동 생성되며, strRange에 따로 설정하여 사용할 수 있습니다.
strArgument	String	Import 시 필요한 정보를 "변수명=변숫값" 형태로 설정합니다. 비밀번호가 설정된 엑셀 파일을 Import할 경우 "filepassword=비밀번호"를 입력해야 합니다.

참고 - strRange에 여러 영역을 지정할 경우

여러 영역을 지정해야 할 경우 아래 형식으로 반복 설정합니다.

```
[Command=<strCommand>;
 Output=<dsName>;
 Head=<strArea>; Body=<strArea>]
```
Command=<strCommand>
　　Command='getsheetlist' - 파일에서 시트 목록을 Import합니다.
　　Command='getsheetdata' - 영역으로 지정한 데이터를 Import합니다.
　　값을 생략하면 'getsheetdata'로 적용됩니다.
Output=<dsName>
　　Output='Dataset 이름' 형식으로 Import한 Dataset의 이름을
　　　지정합니다.
　　strOutDatasets에서 오른쪽 대입 변수로 사용됩니다.
　　값을 생략하면 'output1', 'output2'…로 자동 설정됩니다.
Head=<strArea>; Body=<strArea>
　　첫 번째 시트가 아닌 다른 시트를 지정하는 경우에는 'Head', 'Body'
　　모두 설정해 주어야 합니다.
　　Head='시트명!셀영역:셀영역', Body='시트명!셀영역:셀영역' 형태로
　　Import할 데이터 영역을 설정합니다.
　　'Head' 항목에 정의된 영역은 Import 시 Dataset의 칼럼명으로
　　사용됩니다.
　　'Head' 항목 생략 시 'Column0', 'Column1'…으로 자동 설정됩니다.
　　'Body' 항목에 정의된 영역은 Dataset의 데이터로 Import됩니다.
　　'Body' 항목 생략 시 모든 데이터가 Import됩니다.

● **주요 Event**

onsuccess

Import가 완료되었을 때 발생하는 이벤트입니다.

onerror

Import 도중에 오류가 생겼을 때 발생하는 이벤트입니다.

10.4.4 예제

ExcelExportObject와 ExcelImportObject를 사용하여 간단하게 데이터를 엑셀 파일로 Export하고 Import하는 예제입니다.

● 기초 작업

프로젝트 TypeDefinition의 Objects 항목에 ExcelExportObject와 ExcelImportObject를 등록합니다.

— ExcelExportObject	nexacro.ExcelExportObject		0	0	ExcelExport...
— ExcelImportObject	nexacro.ExcelImportObject		0	0	ExcelImport...
+					

기존 실습 화면을 참고하여 Dataset을 생성하고, Grid 컴포넌트에 바인딩하여 화면을 구성합니다.

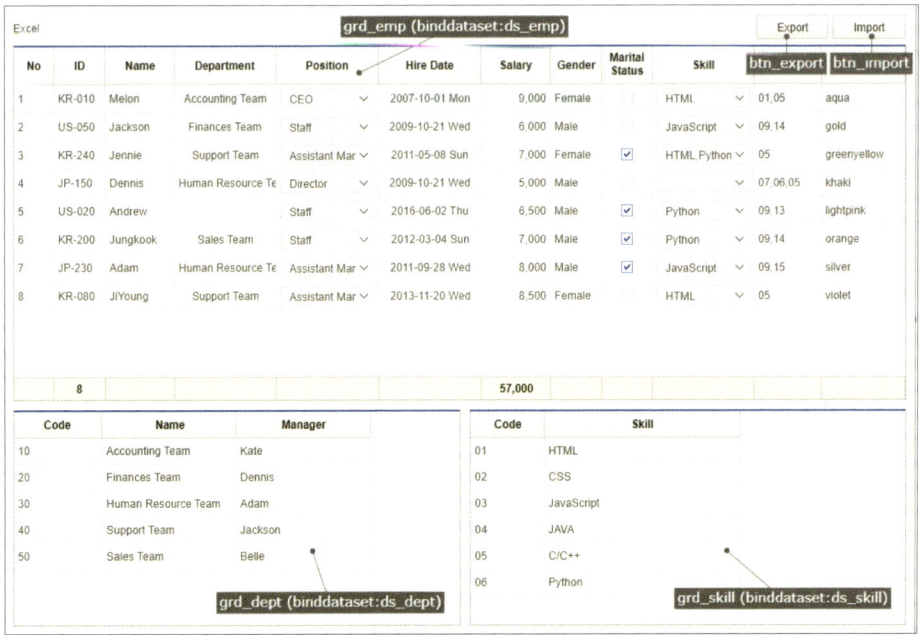

TypeDefinition의 Objects 항목에 등록한 ExcelExportObject와 ExcelImportObject를 화면에 추가합니다. Invisible Object 창에 생성됩니다.

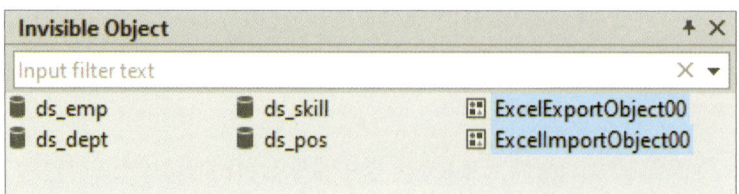

• **Export**

세 개의 Grid 컴포넌트에 바인딩된 데이터를 서버로 전송해 하나의 엑셀 파일에 시트를 구분하여 Export합니다.

```
this.btn_export_onclick =
function(obj:nexacro.Button,e:nexacro.ClickEventInfo)
{
    this.ExcelExportObject00.exportfilename = "Nexacro_Excel_Export";
    this.ExcelExportObject00.exporttype = nexacro.ExportTypes.EXCEL97;
    this.ExcelExportObject00.exportuitype = "exportprogress";
    this.ExcelExportObject00.exporturl =
        "http://localhost:8090/nexacro-xeni-java/XExportImport";
    this.ExcelExportObject00.addExportItem(nexacro.ExportItemTypes.GRID,
        this.grd_emp, "Sheet1!A1", "nosumm");
    this.ExcelExportObject00.addExportItem(nexacro.ExportItemTypes.GRID,
        this.grd_dept, "Sheet2!A1");
    this.ExcelExportObject00.addExportItem(nexacro.ExportItemTypes.GRID,
        this.grd_skill, "Sheet2!A8");
    this.ExcelExportObject00.exportData();
};
```

Export 후 생성될 파일명을 지정합니다.

```
this.ExcelExportObject00.exportfilename = "Nexacro_Excel_Export";
```

파일의 형식을 상숫값으로 설정합니다.

```
this.ExcelExportObject00.exporttype = nexacro.ExportTypes.EXCEL97;
```

진행 상태를 ProgressBar 형태로 화면 중앙에 출력합니다.

```
this.ExcelExportObject00.exportuitype = "exportprogress";
```

Export를 수행할 nexacro-xeni 서버의 URL을 설정합니다.

```
this.ExcelExportObject00.exporturl = "http://localhost:8090/
nexacro-xeni-java/XExportImport";
```

ExcelExportObject에 Export할 Grid 컴포넌트를 아이템으로 추가합니다. grd_emp 컴포넌트의 데이터를 엑셀의 Sheet1 A1 영역부터 Summary 로우를 제외하고 Export되도록 지정합니다.

```
this.ExcelExportObject00.addExportItem(nexacro.ExportItemTypes.GRID,
    this.grd_emp, "Sheet1!A1", "nosumm");
```

grd_dept 컴포넌트의 데이터를 엑셀의 Sheet2 A1 영역으로 Export 되도록 지정합니다.

```
this.ExcelExportObject00.addExportItem(nexacro.ExportItemTypes.GRID,
    this.grd_dept, "Sheet2!A1");
```

grd_skill 컴포넌트의 데이터를 엑셀의 Sheet2 A8 영역부터 Export되도록 지정합니다.

```
this.ExcelExportObject00.addExportItem(nexacro.ExportItemTypes.GRID,
    this.grd_skill, "Sheet2!A8");
```

ExcelExportObject에 추가된 아이템을 모두 Export합니다.

```
this.ExcelExportObject00.exportData();
```

	A	B	C	D	E	F	G	H	I	J	K	L
1	No	ID	Name	Department	Position	Hire Date	Salary	Gender	Marital Status	Skill	Hobby	Memo
2	1	KR-010	Melon	Accounting Team	CEO	2007-10-01 Mon	9,000	Female	false	01,07	01,05	aqua
3	2	US-050	Jackson	Finances Team	Staff	2009-10-21 Wed	6,000	Male	false	11,03,13	09,14	gold
4	3	KR-240	Jennie	Support Team	Assistant Manager	2011-05-08 Sun	7,000	Female	true	01,06	05	greenyellow
5	4	JP-150	Dennis	Human Resource Team	Director	2009-10-21 Wed	5,000	Male	false	09,11	07,06,05	khaki
6	5	US-020	Andrew		Staff	2016-06-02 Thu	6,500	Male	true	07,06,06	09,13	lightpink
7	6	KR-200	Jungkook	Sales Team	Staff	2012-03-04 Sun	7,000	Male	true	07,06,06	09,14	orange
8	7	JP-230	Adam	Human Resource Team	Assistant Manager	2011-09-28 Wed	8,000	Male	true	11,03,13	09,15	silver
9	8	KR-080	JiYoung	Support Team	Assistant Manager	2013-11-20 Wed	8,500	Female	false	01,07	05	violet

Sheet1 / Sheet2

	A	B	C
1	Code	Name	Manager
2	10	Accounting Team	Kate
3	20	Finances Team	Dennis
4	30	Human Resource Team	Adam
5	40	Support Team	Jackson
6	50	Sales Team	Belle
7			
8	Code	Skill	
9	01	HTML	
10	02	CSS	
11	03	JavaScript	
12	04	JAVA	
13	05	C/C++	
14	06	Python	

Sheet1 / Sheet2

• Import

위에서 Export한 엑셀 파일에서 영역을 지정하여 Dataset으로 Import합니다.

Sheet1에서 B1:G5 영역의 데이터를 ds_emp에 Import합니다.

Sheet2에서 A1:B6 영역의 데이터를 ds_dept에, A8:B12 영역의 데이터를 ds_skill에 Import합니다.

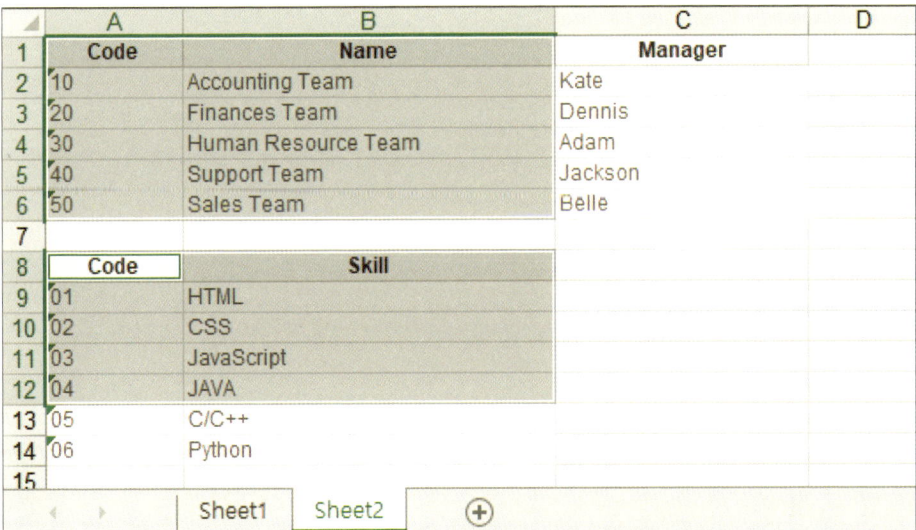

```
this.btn_import_onclick =
function(obj:nexacro.Button,e:nexacro.ClickEventInfo)
{
    this.ExcelImportObject00.importurl =
        "http://localhost:8090/nexacro-xeni-java/XExportImport";
    this.ExcelImportObject00.importtype = nexacro.ImportTypes.EXCEL97;

    var strRange   = "";
    strRange += "[Command='getsheetdata'; Output=out_emp;
                Head=Sheet1!B1:G1; Body=Sheet1!B2:G5]";
    strRange += "[Head=Sheet2!A1:B1; Body=Sheet2!A2:B6]";
    strRange += "[Head=Sheet2!A8:B8;Body=Sheet2!A9:B12]";

    var strDataset = "ds_emp=out_emp ds_dept=output1 ds_skill=output2";
    this.ExcelImportObject00.importData("",strRange, strDataset);
};

this.ExcelImportObject00_onsuccess = function(
    obj:nexacro.ExcelImportObject,
    e:nexacro.ExcelImportEventInfo)
{
    this.grd_emp.createFormat();
    this.grd_dept.createFormat();
    this.grd_skill.createFormat();

};
```

Command='getsheetdata'로 설정하여 지정한 영역의 데이터를 Import합니다. 생략 가능한 항목입니다.

Output=out_emp 서버에서 전달받을 Dataset 이름을 지정합니다. 지정하지 않으면 'output1' 형태로 자동 지정됩니다.

Head=Sheet1!A1:G1; Body=Sheet1!A2:G5 Head 영역과 Body 영역을 지정합니다.

```
strRange += "[Command='getsheetdata'; Output=out_emp; Head=Sheet1!B1:G1;
Body=Sheet1!B2:G5]";
strRange += "[Head=Sheet2!A1:B1; Body=Sheet2!A2:B6]";
strRange += "[Head=Sheet2!A8:B8;Body=Sheet2!A9:B12]";
```

Import할 Dataset을 지정합니다.

```
var strDataset = "ds_emp=out_emp ds_dept=output1 ds_skill=output2";
```

엑셀 파일을 Dataset으로 Import합니다.

```
this.ExcelImportObject00.importData("",strRange, strDataset);
```

에러 없이 완료되면 Import된 Dataset 내용으로 Grid 포맷을 다시 생성합니다.

```
this.ExcelImportObject00_onsuccess =
function(obj:nexacro.ExcelImportObject, e:nexacro.ExcelImportEventInfo)
{
    this.grd_emp.createFormat();
    this.grd_dept.createFormat();
    this.grd_skill.createFormat();
};
```

실행하여 엑셀 데이터가 Dataset으로 Import되는지 확인합니다.

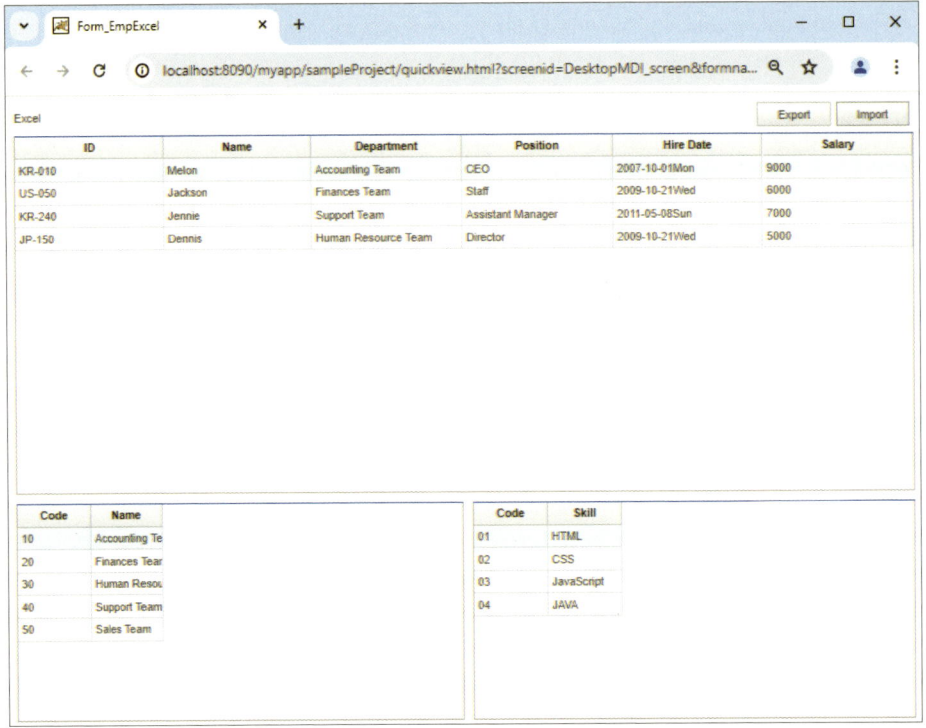

10.5 웹 페이지 연동

넥사크로 애플리케이션에서 웹페이지 화면이나 콘텐츠를 연동하는 방법에 대해 알아봅니다.

10.5.1 WebView

넥사크로에서는 WebView 컴포넌트를 이용하여 웹페이지를 로딩하고 화면에 표시할 수 있습니다.

WebView 컴포넌트는 Microsoft Windows 운영체제 NRE에서 Edge WebView2 Control 기반으로 동작하는 컴포넌트로 넥사크로 애플리케이션과 웹 페이지 간의 상호작용을 위한 메서드와 이벤트를 제공합니다.

이를 이용하여 웹페이지에 있는 엘리먼트 속성 혹은 스크립트 변수 등을 넥사크로 애플리케이션 쪽으로 전달하거나, 반대로 넥사크로 애플리케이션 쪽에서 웹페이지에 선언된 스크립트 함수를 호출하는 등의 두 화면 간의 데이터 교환 기능을 수행할 수 있습니다.

10.5.2 우편번호 서비스 연동

일반적으로 주소 데이터를 입력받기 위해서 우편번호를 검색하는 기능을 구현합니다. 국가에서 제공하는 공공데이터를 수집하여 데이터베이스로 관리해야 하며 주소의 형태가 다양하기 때문에 입력한 주소를 정확하게 검색되도록 구현해야 합니다. 또한, 주기적으로 데이터를 업데이트해야 하는 등의 관리적인 비용이 증가합니다.

이러한 어려움 때문에 우편번호 검색 기능을 직접 개발하지 않고, 외부에서 제공하는 우편번호 검색 서비스를 이용하는 것이 일반적입니다.

Daum 우편번호 서비스는 웹사이트에서 도로명 주소와 우편번호(기초구역번호)를 검색할 수 있는 JavaScript API입니다.

사용자가 입력한 주소 정보를 기반으로 우편번호와 도로명 수소들 검색할 수 있습니다. 사용량 제한이 없고, 별도의 API 키 발급 없이 사용할 수 있습니다.

넥사크로 애플리케이션에서 Daum 우편번호 서비스를 적용하여 웹페이지와 연동하는 방법에 대해 알아봅니다.

● 우편번호 검색 웹페이지 작성

Daum 우편번호 서비스에서는 다양한 형태로 적용 가능한 방법과 샘플 스크립트를 제공합니다.

그중 '사용자가 선택한 값 이용하기' 형태의 예제 코드를 이용하여 우편번호 검색 페이지를 작성해 보겠습니다.

| https://postcode.map.daum.net/guide

제공된 예제 코드를 복사하여 'SearchPost.html' 파일로 생성한 뒤 톰캣 서버에 위치시킵니다.

예제 코드에서 HTML 엘리먼트로 구성한 우편번호와 주소를 표현하는 항목을 제거합니다. 이 부분은 넥사크로 화면의 컴포넌트를 통해 값을 받을 수 있도록 처리합니다. 함수명은 'SearchPostcode'로 변경합니다.

```
<input type="text" id="sample6_postcode" placeholder="우편번호">
<input type="button" onclick="sample6_execDaumPostcode()" value="우편번호 찾기"><br>
<input type="text" id="sample6_address" placeholder="주소"><br>
<input type="text" id="sample6_detailAddress" placeholder="상세주소">
<input type="text" id="sample6_extraAddress" placeholder="참고항목">

<script src="//t1.daumcdn.net/mapjsapi/bundle/postcode/prod/postcode.v2.js"></script>
<script>
    function SearchPostcode() {
        new daum.Postcode({
            oncomplete: function(data) {
                // 팝업에서 검색결과 항목을 클릭했을 때 실행할 코드를 작성하는 부분

                // 표시할 참고항목이 있을 경우, 괄호까지 추가한 최종
```

```
                    문자열을 만든다.
                    if(extraAddr !== ''){
                        extraAddr = ' (' + extraAddr + ')';
                    }
                    // 조합된 참고항목을 해당 필드에 넣는다.
                    document.getElementById("sample6_extraAddress").value =
                                extraAddr;
                } else {
                    document.getElementById("sample6_extraAddress").value
                                = '';
                }
                // 우편번호와 주소 정보를 해당 필드에 넣는다.
                document.getElementById('sample6_postcode').value =
                                data.zonecode;
                document.getElementById("sample6_address").value = addr;
                // 커서를 상세주소 필드로 이동한다.
                document.getElementById("sample6_detailAddress").focus();
            }
        }).open();
    }
</script>
```

SearchPostcode 함수 상단에 넥사크로 화면과 웹페이지와 데이터 송수신을 위한 스크립트를 작성합니다.

```
<script>
    // window.NEXACROHTML 객체 초기화
    if (! window.NEXACROHTML)
    {
        window.NEXACROHTML = {};
    }
    function SearchPostcode() {
```

넥사크로 화면에 전달할 값을 임의의 구분자를 이용하여 변수에 할당하고 함수를 호출합니다.

```
...
            if(extraAddr !== ''){
                extraAddr = ' (' + extraAddr + ')';
            }
        }
        var jusoInfo = data.zonecode + "¦¦" + addr + "¦¦" + extraAddr;
        callNexacro(jusoInfo);
    }
}).open();
```

웹페이지에서 넥사크로 화면으로 정보를 전달하기 위해 onusernotify 이벤트를 발생시킵니다. 이 이벤트는 우편번호 검색 결과를 넥사크로 화면에 전달하는 역할을 하며, 실행 환경에 따라 다르게 정의합니다.

```
//WebBrowser onusernotify 이벤트 발생시킴
function callNexacro(userdata)
{
    window.NEXACROHTML.FireUserNotify(userdata);
}

//onusernotify 이벤트 정의
window.NEXACROHTML.FireUserNotify = function(userdata)
{
    var NXWB = window.NEXACROWEBBROWSER;
    if (NXWB){
        // WRE, NRE(iOS/iPadOS)
        NXWB.on_fire_onusernotify(NXWB, userdata);
    }
    else if (typeof nexacro == "undefined"){
        // NRE(Window)
        window.document.title = userdata;
    }
    else if (nexacro){
        // NRE(Android, macOS)
        nexacro.fireUserNotify(userdata);
    }
}
```

● **화면 구성**

프로젝트 TypeDefinition의 Objects 항목에 WebView 컴포넌트를 추가합니다.

	ExcelImportObject	nexacro.ExcelImportObject		0	0	ExcelImport...
	WcbView	nexacro.WebView		0	0	WebView
+						

Form을 만들어 컴포넌트를 배치하여 화면을 구성합니다. WebView 컴포넌트도 같이 생성합니다.

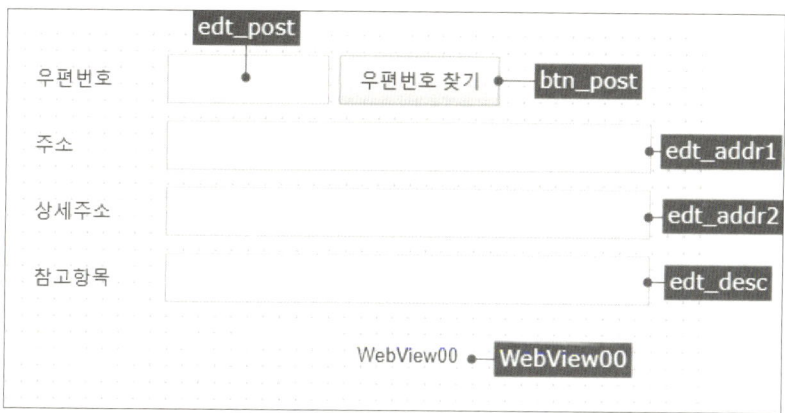

Form의 onload 이벤트에서 WebView 컴포넌트에 표시될 우편번호 조회 웹페이지의 URL을 설정합니다.

```
this.form_onload = function(obj:nexacro.Form,e:nexacro.LoadEventInfo)
{
    this.WebView00.url = 
        "http://localhost:8090/myapp/service/SearchPost.html";
};
```

우편번호 찾기 버튼에서 callScript 메서드를 이용해 웹페이지의 우편번호 조회 함수를 호출합니다. callScript는 로딩한 웹페이지에서 파라미터로 전달한 스크립트를 실행하는 메서드입니다.

```
this.btn_post_onclick = function(obj:nexacro.Button,e:nexacro.ClickEventInfo)
{
    this.WebView00.callScript("SearchPostcode()");
};
```

WebView 컴포넌트에 로드된 웹페이지에서 넥사크로 화면으로 전달된 값을 onusernotify 이벤트에서 받습니다.

```
this.WebView00_onusernotify =
function(obj:nexacro.WebView,e:nexacro.WebUserNotifyEventInfo)
{
    var arrAddr = e.userdata.split("¦¦");
    this.edt_post.value = arrAddr[0];
    this.edt_addr1.value = arrAddr[1];
    this.edt_desc.value = arrAddr[2];
    this.edt_addr2.setFocus();
};
```

톰캣 서버를 통해 실행하여 결과를 확인합니다.

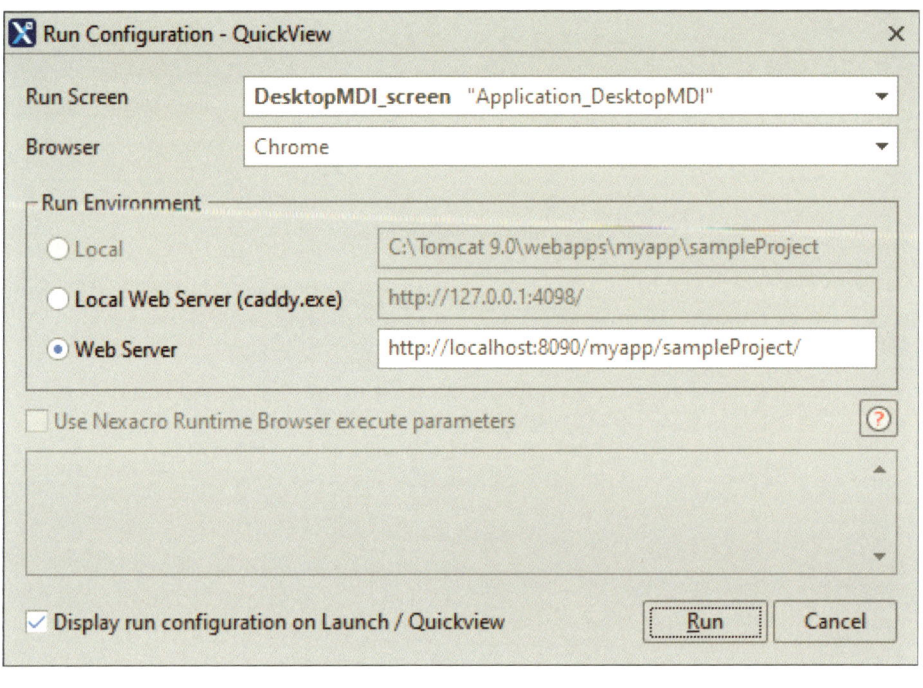

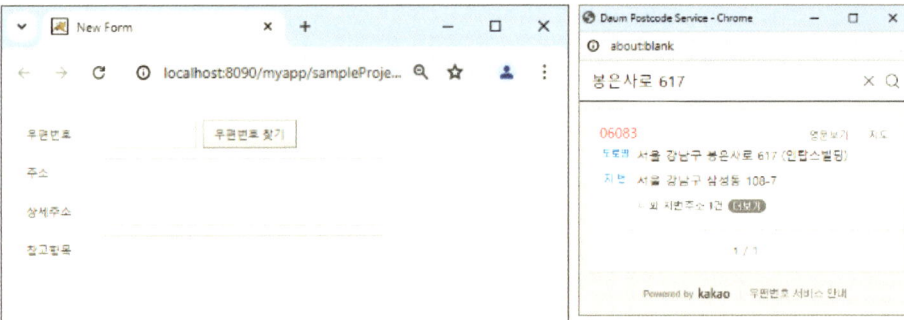

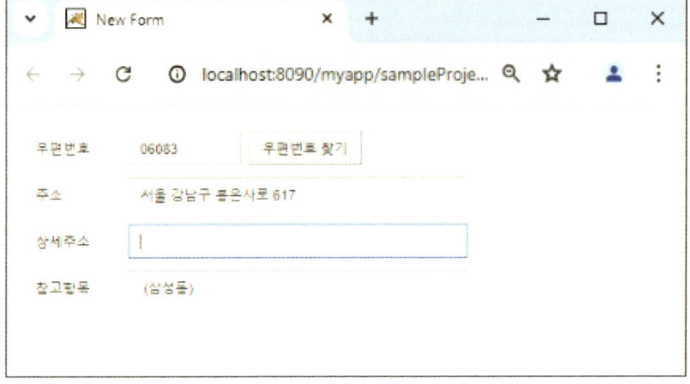

PART 03 넥사크로 활용 능력 끌어올리기

● 파라미터 전달

사용자가 입력한 값을 파라미터로 전달하여 해당 주소를 바로 조회하도록 처리할 수 있습니다.

우편번호 조회 웹페이지를 아래와 같이 수정합니다.

```
function SearchPostcode(param) {
    new daum.Postcode({
```

open 시 검색어를 지정하도록 옵션 설정을 합니다.

```
}).open({ q: param });
```

노트

Daum 우편번호 서비스에서 오픈할 때 아래와 같은 옵션 설정이 가능합니다.
open({q: '검색어', left: '팝업위치 x값', top: '팝업위치 y값', popupTitle: '팝업창의 타이틀', popupKey: '팝업창 구분값', autoClose: '자동 닫힘 유무'})

화면의 우편번호 검색 이벤트에서 아래와 같이 파라미터를 전달하여 함수를 호출합니다.

```
this.btn_post_onclick = function(obj:nexacro.Button,e:nexacro.ClickEventInfo)
{
    var param = this.edt_addr1.value;
    if(typeof param == "undefined"  || param == null) param = "";
    this.WebView00.callScript("SearchPostcode('" + param + "')");
};
```

화면에서 입력한 값이 파라미터로 전달되어 자동으로 검색됩니다.

11

대규모 프로젝트에서 공통 UI 구축하기

11.1 UI 표준

11.1.1 개발 표준 정의

프로젝트 개발 시, 개발 표준을 준수하는 것은 개발 생산성 향상 및 운영의 효율화를 위해 매우 중요합니다.

개발 표준은 모든 개발자가 지켜야 할 규칙과 지침을 정의한 것입니다.

개발 표준을 준수하면 모든 개발자가 동일한 방식으로 코드를 작성하므로 코드의 일관성이 유지되며, 문제 발생 시 표준화된 코드 기반으로 빠르게 문제를 해결할 수 있습니다.

특히 프로젝트의 규모가 클수록 개발 표준을 엄격하게 적용해야 합니다. 이를 위해 개발 조직은 체계적으로 개발 표준을 관리하고 지속적으로 개선해야 합니다. 모든 개발자에게 표준을 교육하고 준수하도록 유도하여 프로젝트의 코드 품질을 유지하고 개발 비용과 시간을 절감할 수 있습니다.

● **UI 코딩 표준**

UI 코딩 표준은 클라이언트 프로그램의 코딩 표준을 정의하는 것으로, 다음과 같은 요소로 구성합니다.

객체 명명 규칙
- 넥사크로에서 사용하는 컴포넌트와 변수, 함수 등의 이름을 지을 때 일관된 규칙을 따르도록 합니다.
- 일반적으로 컴포넌트 명칭의 약어를 접두사로 사용하고 뒤에 의미 있는 단어를 붙여 명명합니다. 예를 들어 조회 기능을 갖은 버튼은 Button 컴포넌트의 약어인 'btn'을 앞에 붙이고 뒤에는 조회를 의미하는 'search'를 붙여 'btn_search' 또는 'btnSearch' 형식으로 지정합니다.
- 함수의 경우 function을 의미하는 약어인 'fn'을 앞에 붙이고 뒤에는 의미 있는 단어를 붙여 'fn_getData' 또는 'fnGetData' 형식으로 지정합니다.
- 일관된 패턴으로 이름을 지으면 다른 개발자가 코드를 분석할 때 이름만으로 컴포넌트와 함수의 기능을 쉽게 유추할 수 있어 소스 파악에 도움이 됩니다.

주석 규칙
- 소스 코드 안에 프로그램을 설명하는 주석을 작성하는 규칙을 정의합니다.
- 주석은 파일의 상단에 프로그램의 역할, 주요 기능, 개발자의 이름, 개발 일자, 그리고 수정 내역 등을 기록합니다. 이 정보로 코드의 이해를 돕고, 변경 이력을 추적할 수 있습니다.
- 함수의 시작 부분에는 함수의 역할과 매개변수에 대한 설명을 주석으로 작성합니다. 이 정보로 함수의 역할과 사용 방법을 파악할 수 있습니다.
- 이러한 주석 규칙을 따르면 개발자 간의 의사소통이 원활해지고, 코드의 이해와 유지 보수가 훨씬 용이해집니다.

소스 코드 구조
- 프로젝트 폴더와 파일을 어떤 구조로 구성할지 정의합니다.

UI 코딩 표준을 준수함으로써 개발자들은 일관된 방식으로 코드 작성이 가능하고 프로그램의 품질과 유지 보수성이 높아집니다.

11.1.2 공통프레임 개발
● 프로젝트 생성

넥사크로 애플리케이션을 만들기 위해서는 프로젝트를 먼저 생성해야 합니다. 프로젝트를 생성할 때는 고객의 요구 사항과 기능을 중심으로 구성해야 합니다. 특히 MDI (Multiple Document Interface), SDI (Single Document Interface) 형태의 프레임 구조를 사전에 결정하고 이를 바탕으로 작업을 진행합니다.

MDI 또는 SDI 형태를 결정하는 것은 애플리케이션의 사용 목적과 고객의 사용 환경에 따라 달라질 수 있습니다.

● **프레임 스크립트**

프레임 구성은 화면을 수직 또는 수평으로 분할하여 각각의 영역에 독립적인 기능을 부여하는 것을 의미합니다. 이렇게 분할된 화면을 프레임이라고 합니다.

프레임 구성은 프로젝트의 목적과 요구 사항에 따라 다양하게 적용됩니다. 예를 들어 로그인 화면, 상단 메뉴, 좌측 메뉴 등으로 구성된 애플리케이션에서는 각각의 프레임에 해당하는 Form에 스크립트를 작성하여 기능을 구현할 수 있습니다.

● **메뉴 내비게이션**

메뉴 내비게이션(Menu navigation)은 사용자가 애플리케이션 내에서 원하는 정보나 기능을 쉽게 찾을 수 있도록 도와주는 UI 요소로 사용자의 편의성을 고려하여 직관적이고 일관성 있게 구성합니다.
일반적으로 상단 프레임에 대메뉴를 표현하고 대메뉴 선택 시 좌측에 트리 형태의 하위 메뉴를 표현하는 형태로 구성할 수 있습니다.

메뉴 내비게이션(Menu navigation)은 사용자가 애플리케이션 내에서 필요한 정보나 기능을 손쉽게 찾을 수 있도록 도와주는 중요한 UI 요소입니다. 사용자의 편의성을 고려하여 직관적이고 일관성 있게 구성해야 합니다.
일반적으로는 상단 프레임에 대메뉴를 배치하고, 대메뉴를 선택하면 좌측에 트리 형태로 하위 메뉴를 표현하는 형태로 구성하여 사용자가 정보를 찾기 쉽게 구성할 수 있습니다.
또한, 사용자 편의를 위해 즐겨찾기 기능을 추가하는 것도 좋은 방법입니다. 사용자가 자주 이용하는 메뉴를 즐겨찾기에 추가할 수 있게 하여, 필요할 때 빠르게 접근하고. 즐겨찾기 목록에서 메뉴를 선택하면 해당 화면으로 바로 이동할 수 있도록 구현합니다.

11.1.3 공통 스크립트

공통 스크립트는 애플리케이션 개발 시 반복적으로 사용되는 기능을 미리 구현해 놓은 스크립트 라이브러리입니다.

특정 Form에 필요한 스크립트는 해당 Form에 직접 작성하지만, 애플리케이션 전체에서 사용하는 스크립트는 별도의 라이브러리 파일에 작성하여 각 Form에서 이를 참조해 사용하는 것이 좋습니다.

공통 스크립트를 미리 구현해 놓으면 동일한 기능을 여러 번 개발하는 중복 코드를 줄일 수 있습니다. 개발 생산성을 향상하고, 코드의 일관성과 품질을 유지하는 데 도움이 됩니다. 여러 명이 개발할 때도 일관된 코드 구조와 문법을 따르게 되어 협업이 효율적으로 이루어질 수 있습니다.

또한, 공통 스크립트 파일을 다른 프로젝트에서도 사용할 수 있으므로 코드의 재사용성이 높아지며, 개발 시간을 단축하는 데 효과를 얻을 수 있습니다.

하지만, 공통 스크립트를 잘못 활용하면 애플리케이션의 크기가 커져 리소스 낭비와 속도 저하 등 성능에 문제가 발생할 수 있으므로 적절한 관리와 최적화가 필요합니다. 중복되는 기능을 효율적으로 관리하고, 필요하지 않은 코드는 제거하여 전체적인 성능을 향상시키는 것이 중요합니다.

일반적으로 공통 스크립트로 구현하는 기능은 다양합니다. 주로 문자열 처리, 날짜 계산, 데이터 검증, 다양한 연산 수행, 데이터 통신, 그리고 컴포넌트의 주요 기능 등이 있습니다. 이러한 기능들을 프로젝트의 특성과 요구 사항에 따라 유연하게 구성합니다.

● Grid 공통 기능

사용자는 Grid 컴포넌트를 엑셀과 유사한 형태로 사용하기를 원합니다. 대표적인 예로는 데이터 정렬 기능과 데이터 필터링 기능 등이 있습니다.

프로젝트에서는 고객의 요구 사항을 반영하여 사용 편의성을 향상하고, Grid 컴포넌트의 기능을 확장한 공통 기능을 구현함으로써 이러한 요구 사항을 충족시킬 수 있습니다.

데이터 정렬 기능

Grid 헤더를 클릭하여 해당 칼럼을 기준으로 데이터를 오름차순 또는 내림차순으로 정렬하는 기능입니다. 넥사크로 Grid 컴포넌트는 기본적으로 데이터 정렬 기능을 제공하지 않기 때문에, 클릭한 칼럼을 기준으로 데이터를 정렬하는 기능을 구현해야 합니다.

사용자가 현재 정렬 상태를 쉽게 파악할 수 있도록, 오름차순과 내림차순을 나타내는 문자나 아이콘을 헤더에 표현하는 것이 좋습니다.

필터링 기능

사용자가 특정 조건에 맞는 데이터만 표시할 수 있도록 하는 기능입니다. Grid 컴포넌트에서 마우스 우클릭 시 나타나는 공통 팝업 메뉴를 활용할 수 있습니다. 팝업 메뉴에서 필터 적용, 필터 해제 등의 메뉴를 선택하면, 해당 동작이 Dataset의 필터 기능을 이용해 처리됩니다.

공통 메뉴

고객의 요구 사항으로 추가되는 기능들은 공통 팝업 메뉴를 통해 제공하는 경우가 많습니다.

Grid 컴포넌트에서 마우스 우클릭 시 나타나는 팝업 메뉴를 이용하여, 추가된 공통 기능들을 사용할 수 있도록 구성합니다.

팝업 메뉴는 PopupMenu 컴포넌트를 이용하여 구현이 가능하며 Grid 정렬, 필터,

행 고정, 열 고정, 찾기, 엑셀 내보내기, 칼럼 숨기기 등의 기능 등을 구현할 수 있습니다.

• transaction 공통 스크립트

넥사크로에서는 transaction 메서드를 사용하여 서버 페이지와 통신할 수 있습니다. Dataset의 데이터를 서버로 전송하거나, 서버에서 전송된 데이터를 Dataset에 받을 수 있으며, 다양한 데이터 포맷(XML, Binary, SSV, JSON)으로 데이터를 전송할 수 있습니다.

서버에서의 처리 결과는 콜백 함수를 지정하여 사용하여야 하며 에러를 체크하는 스크립트도 작성해 주어야 합니다.

이러한 transaction 기능을 공통 스크립트로 재정의하여 사용하면 모든 화면에 일관된 방식으로 데이터 통신이 가능하며 콜백 이후의 처리를 효율적으로 처리할 수 있습니다.

• 팝업 화면 스크립트 공통 스크립트

프로젝트 화면에서는 팝업을 사용해야 하는 경우가 자주 발생합니다. 넥사크로에서는 모달(Modal), 모달리스(Modeless) 팝업 두 가지 방법으로 처리합니다.

모달 팝업은 중요한 정보를 제공하거나, 확인 또는 취소를 요청하는 데 사용됩니다. 모달 팝업이 오픈되면, 해당 팝업이 닫히기 전까지 사용자는 다른 작업을 수행할 수 없습니다. 이는 동기 방식으로 업무를 처리하는 데 적합합니다.

모달 팝업 화면을 사용할 때 부모 창으로 값을 반환해야 할 때는 콜백 함수를 사용하여 전달받을 수 있습니다.

모달리스 팝업은 비동기 방식으로 동작하며, 사용자가 다른 작업을 계속할 수 있기 때문에 업무 화면과 데이터를 비교하거나 여러 개의 팝업 화면을 동시에 오픈해야 하는 경우에 유용합니다.

프로젝트에서는 팝업의 종류에 관계없이 공통 스크립트를 사용하여 팝업을 오픈하도록 권장합니다. 공통 스크립트를 사용하면 팝업 기능을 일관되게 구현할 수 있습니다. 그리고 프로젝트 수행 중에 발생하는 고객의 요구 사항에 유연하게 대응할 수 있으며, 다양한 상황에 대한 위험도와 프로젝트의 영향도를 최소화할 수 있습니다.

● 메시지 공통 스크립트

프로젝트에서 사용자에게 메시지를 전달하는 방법으로는 알림(alert)과 확인(confirm) 두 가지 방법이 있습니다.

알림 창은 경고, 알림, 에러, 정보 등의 특정 메시지를 사용자에게 알리는 데 사용됩니다. 반면 확인 창은 사용자에게 특정 메시지를 확인받고 그 결과에 따라 분기 처리를 해야 하는 경우 사용됩니다.

보통 자바스크립트의 alert, confirm 메서드를 사용하여 직접 메시지를 작성하고 표현합니다.

그러나 글로벌 기업의 시스템에서는 다양한 언어를 지원해야 하는 요구 사항이 있을 수 있습니다. 이 경우 메시지를 직접 작성하는 방법으로는 다국적 언어 표현에 대한 유연한 대응이 어렵습니다.

이를 해결하기 위해 메시지를 코드화하고, 해당 코드와 언어 코드를 조합하여 사용자에게 전달할 메시지를 추출하는 방식으로 공통 스크립트를 구현하여 사용해야 합니다.

또한, 고객의 요구에 따라 메시지 창에 별도의 디자인 적용이 필요한 경우, Form을 메시지 창으로 구성하고 모달 팝업을 통해 이를 구현할 수 있습니다.

11.2 공통 스크립트 구현

11.2.1 넥사크로 스크립트 파일 이용

넥사크로 스크립드 파일을 이용하여 공통 스크립트 구현하는 방법에 대해 알아봅니다.

넥사크로 스튜디오에서는 자주 사용하는 기능을 스크립트 파일을 만들어 프로젝트 내의 여러 Form에서 참조하여 사용할 수 있습니다.

먼저, 넥사크로 스크립트 파일을 별도의 폴더에 관리하기 위해 서비스 폴더를 생성합니다.

Project Explorer 창에서 TypeDefinition 〉 Services에 서비스 폴더를 추가합니다.

➕ 버튼을 이용하여 타입은 js를 선택하고 이름은 'Lib'으로 지정하였습니다.

	PrefixID	Type	URL	CacheLevel	Version
≡ −	Base	form	./Base/	session	0
≡ −	FrameBase	form	./FrameBase/	session	0
≡ −	Work	form	./Work/	session	0
≡ −	Lib	js	./Lib/	session	0
➕					

User Service

넥사크로 스크립트 파일을 생성합니다.

| [Menu] File 〉 New 〉 Script (.xjs)

스크립트 파일 이름을 'Lib_Common'으로 입력하고, 파일이 위치할 경로는 위에서 생성한 서비스 폴더를 선택합니다.

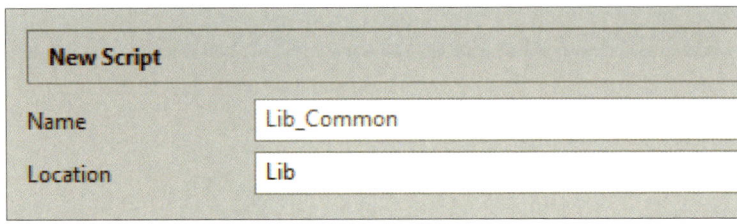

스크립트 파일이 생성되고 해당 파일이 자동으로 오픈됩니다.

생성된 스크립트 파일은 .xjs 확장자를 가지며, Project Explorer 창의 Lib 서비스 폴더에서 확인할 수 있습니다.

자바스크립트 기반으로 필요한 기능을 구현합니다.

화면 개발 실습에서 작성한 화면에 간단한 기능을 적용해 보겠습니다.

사원관리 실습 화면에서 입력 버튼을 클릭하면, Dataset에 빈 로우를 추가하고 'HIRE_DATE' 칼럼에 오늘 날짜를 기본값으로 설정하는 스크립트를 작성하였습니다. 오늘 날짜를 구하는 함수는 Form에 선언하여 사용했습니다.

```
this.fn_add = function(obj:nexacro.Button,e:nexacro.ClickEventInfo)
{
    var rowIdx = this.ds_emp.addRow();
    this.ds_emp.setColumn(rowIdx, "HIRE_DATE", this.fn_today());
};
```

```
this.fn_today = function()
{
    var objDate = new Date();
    var sToday  = objDate.getFullYear().toString();
        sToday += (objDate.getMonth()+1).toString().padLeft(2, "0")
        sToday += objDate.getDate().toString().padLeft(2, "0");

    return sToday;
}
```

오늘 날짜를 구하는 함수를 스크립트 파일에 정의하고, 이를 Form에서 참조하여 사용하도록 변경합니다.

Lib_Common 스크립트 파일에 오늘 날짜를 구하는 함수를 아래와 같이 작성합니다.

```
this.lfn_getToday = function()
{
    var objDate = new Date();
    var sToday  = objDate.getFullYear().toString();
        sToday += (objDate.getMonth()+1).toString().padLeft(2, "0")
        sToday += objDate.getDate().toString().padLeft(2, "0");
    return sToday;
}
```

노트

넥사크로에서는 일반적으로 Form에 정의하는 함수와 스크립트 파일에 정의하는 함수를 구분하기 위해 다른 약어를 사용합니다.

Form에 정의하는 함수는 'fn'을 접두어로 사용하여 'fn_today', 'fnToday' 형식으로 정의합니다. 스크립트 파일에 정의하는 함수는 별도의 약어를 접두어로 정의합니다. 본 예시에서는 Library Function을 의미하는 'lfn'을 접두어로 붙여서 정의했습니다.

사원 관리 화면에서 오늘 날짜를 기본값으로 설정하는 부분에 스크립트 파일의 함수를 호출하여 적용합니다.

이를 위해서는 먼저 해당 화면에서 스크립트 파일을 include문으로 선언해야 합니다. include문을 통해 스크립트 파일을 선언하면 해당 파일에 정의된 함수를 호출하여 사용할 수 있습니다.

Form의 최상단에 스크립트 파일을 include합니다.

```
include "Lib::Lib_Common.xjs";
```

입력 버튼 스크립트에서 스크립트 파일의 함수를 호출합니다.

```
this.fn_add = function(obj:nexacro.Button,e:nexacro.ClickEventInfo)
{
    var rowIdx = this.ds_emp.addRow();
    this.ds_emp.setColumn(rowIdx, "HIRE_DATE", this.lfn_getToday());
};
```

스크립트 파일을 Form에 include하여 사용하기 때문에, 스크립트 파일에 정의하는 함수는 this로 스코프를 정의합니다. 그리고 Form에서 스크립트 파일의 함수를 호출할 때에도 this를 사용하여 호출합니다.

이와 같은 방법을 통해 기능별로 여러 개의 스크립트 파일을 만들어서 별도의 폴더에서 관리하고, 필요할 때 해당 파일을 Form에 include하여 사용할 수 있습니다. 스크립트 파일을 효율적으로 관리하고, 새로운 기능을 편하게 추가하거나 수정할 수 있습니다.

11.2.2 넥사크로 자바스크립트 프레임워크 이용

넥사크로 애플리케이션은 넥사크로 자바스크립트 프레임워크 기반으로 실행이 됩니다.

넥사크로 자바스크립트 프레임워크는 넥사크로 스튜디오를 설치하면 해당 프레임워크 파일인 'nexacrolib' 폴더가 같이 생성됩니다.

| C:\Program Files (x86)\tobesoft\Nexacro N\SDK\24.0.0\nexacrolib

nexacrolib 폴더는 자바스크립트 파일로 구성되어 있으며 넥사크로가 동작하는 데 필요한 핵심 엔진과 컴포넌트 기능 등이 구현되어 있습니다.

넥사크로 스튜디오에서는 nexacrolib 폴더에 있는 자바스크립트 파일을 이용하여 다양한 기능을 구현할 수 있게 됩니다.

넥사크로 스튜디오의 [Menu] tools 〉 Option 창에서 Project 〉 SDK 항목에 넥사크로 자바스크립트 프레임워크의 경로가 설정되어 있습니다.

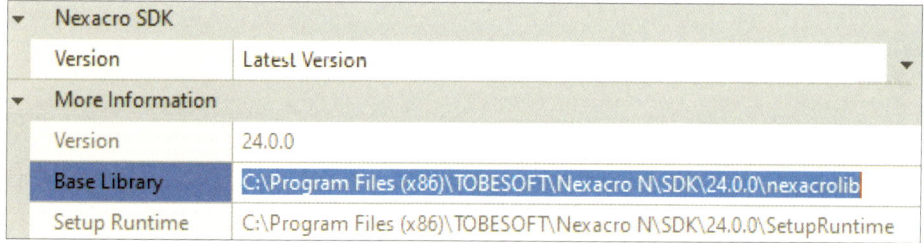

넥사크로 프로젝트의 XML 소스를 자바스크립트 파일로 Generate할 때, 위 경로에 설정되어 있는 프레임워크 파일도 자동으로 반영되며, 해당 프레임워크를 기반으로 넥사크로 애플리케이션이 동작됩니다.

Name	Type	Size
resource	File folder	
Base	File folder	
FrameBase	File folder	
Lib	File folder	
nexacrolib	File folder	
Work	File folder	
Application_Desktop.xadl.js	JS File	6 KB
Application_Desktop.xadl.quickview.js	JS File	7 KB
Application_DesktopMDI.xadl.js	JS File	7 KB
Application_DesktopMDI.xadl.quickview.js	JS File	6 KB
environment.xml.js	JS File	6 KB
index.html	Whale HTML Doc...	4 KB
launch.html	Whale HTML Doc...	4 KB
popup.html	Whale HTML Doc...	4 KB
quickview.html	Whale HTML Doc...	4 KB
start.json	JSON File	2 KB

프레임워크 파일은 넥사크로 애플리케이션을 실행하는 초기 페이지인 index.html 파일에서 최초 한 번만 로딩됩니다.

```
<!-- DOCTYPE : DOCTYPE declaration -->
<!DOCTYPE html>
<html >
<head>

    ...
    <!-- FRAMEWORK_LIBRARY : framework loading path -->
    <script src="./nexacrolib/framework/Framework.js" defer></script>
    <!-- COMPONENTS_LIBRARY : component loading path -->
    <script src="./nexacrolib/component/CompBase.js" defer></script>
    <script src="./nexacrolib/component/ComComp.js" defer></script>
    <script src="./nexacrolib/component/Grid.js" defer></script>
    <script src="./nexacrolib/component/ListView.js" defer></script>
    <script src="./nexacrolib/component/DeviceAPI.js" defer></script>
    <script src="./nexacrolib/component/MobileComp.js" defer></script>
    ...
```

이러한 동작 방식을 이용하여 넥사크로 자바스크립트 프레임워크 파일이 위치한 곳에 공통 스크립트 파일을 생성하고, index.html 페이지에서 프레임워크를 로딩할 때 공통 스크립트 파일도 함께 로딩하도록 설정하면, 각각의 화면에서는 별도의 include 선언 없이 사용할 수 있습니다.

● 공통 스크립트 파일 생성

윈도우 탐색기에서 현재 작업 중인 프로젝트를 확인해 보면 _extlib_ 폴더가 생성되어 있는 것을 확인할 수 있습니다. 이 폴더는 추가 모듈 기능을 설정하는 폴더로 넥사크로 스튜디오 Project Explorer 창에서는 보이지 않습니다.

extlib 폴더 안에 'EduJS'라는 이름의 폴더와 'EduJS.json'이라는 이름의 JSON 파일을 생성합니다.

EduJS 폴더 안에는 자바스크립트 파일을 두 개 생성합니다. 파일 이름은 각각 'EduCommon.js'와 'EduGrid.js'로 합니다.

자바스크립트 파일은 일반적인 파일 만드는 방식으로 생성하여 확장자를 js로 지정합니다.

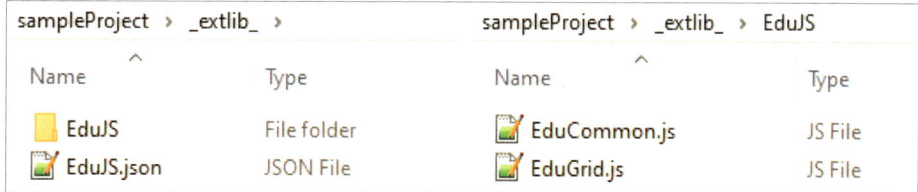

● 공통 스크립트 작성

EduJS.json 파일에는 공통 스크립트로 적용할 자바스크립트 파일의 정보를 JSON 형식으로 설정합니다.

```
{
    "name": "EduJS",
    "version": "24.0.0.200",
    "description": "Nexacro N Unified Framework Library",
    "license": "",
    "scripts": [
    "EduJS/EduCommon.js",
    "EduJS/EduGrid.js"
    ]
}
```

EduGrid.js 파일에는 Grid 컴포넌트에 적용할 공통 기능을 구현합니다. 예시로 간단하게 Grid 헤드를 클릭하면 데이터를 정렬하는 기능을 구현해 봅니다.

본 문서의 '컴포넌트, 오브젝트 활용' 챕터의 데이터 정렬 함수를 참고하여 작성하되, 선언된 상수와 함수명만 수정하고 구현 방법은 그대로 유지합니다.
함수명은 'Global Function'을 의미하는 'gfn'을 약어로 붙여서 기존 공통 스크립트 함수와 구분되도록 합니다.

```
var pForm = nexacro.Form.prototype;

pForm.CONST_ASC_MARK = "▲";
pForm.CONST_DESC_MARK = "▼";
pForm.gfn_gridSort = function (obj, e)
{
    …
}
```

아래와 같은 코드로 넥사크로 Form 객체의 프로토타입 원형을 pForm이라는 변수에 할당할 수 있습니다.

```
var pForm = nexacro.Form.prototype;
```

넥사크로 Form 객체의 프로토타입 원형인 pForm에 데이터를 정렬하는 공통 함수를 정의합니다.

```
pForm.CONST_ASC_MARK = "▲";
pForm.CONST_DESC_MARK = "▼";
pForm.gfn_gridSort = function (obj, e)
{    ...
```

자바스크립트의 프로토타입은 객체의 원형이며, 객체가 생성될 때 해당 프로토타입의 속성과 메서드를 상속받습니다.

nexacro.Form.prototype은 Form 객체의 원형을 나타내며, Form 객체는
이 프로토타입의 속성과 메서드를 상속받아 사용할 수 있습니다.

이러한 방식으로 Form 객체의 원형에 추가한 공통 스크립트는 이를 상속받는 모든 Form 객체에서 별도의 선언 없이도 호출하여 사용할 수 있습니다.

EduGrid.js 파일에 Grid 컴포넌트에 공통 기능을 적용하는 함수를 추가로 생성합니다. Grid의 onheadclick 이벤트에 데이터를 정렬하는 공통 스크립트를 호출하도록 작성합니다.

```
pForm.gfn_setGrid = function(objGrid)
{
    objGrid.addEventHandler("onheadclick", this.gfn_gridSort, this);
};
```

EduCommon.js 파일에서 Form에 생성되어 있는 Grid 컴포넌트에 공통 기능을 적용하는 스크립트를 작성합니다.

```
var pForm = nexacro.Form.prototype;
pForm.gfn_formOnload = function(objForm)
{
    var arrComp = objForm.components;
    var nLength = arrComp.length;
    for(var i=0; i<nLength; i++){
        if(arrComp[i] instanceof nexacro.Grid){
            this.gfn_setGrid(arrComp[i]);
        }
    }
};
```

동일하게 넥사크로 Form 객체의 프로토타입 pForm에 함수를 선언합니다. 함수는 Form 객체를 인자로 받습니다.

```
var pForm = nexacro.Form.prototype;
pForm.gfn_formOnload = function(objForm)
{   …
```

Form의 components 속성을 이용하여 Form에 생성된 모든 컴포넌트의 정보를 얻습니다.
이 속성은 Form에 추가된 모든 컴포넌트를 갖고 있는 읽기 전용 속성입니다.

```
var arrComp = objForm.components;
var nLength = arrComp.length;
```

Form에 생성된 컴포넌트를 반복하여 Grid 컴포넌트가 있는지 확인하고, 있다면 해당 Grid 컴포넌트에 Grid의 공통 기능을 설정합니다.

```
for(var i=0; i<nLength; i++){
    if(arrComp[i] instanceof nexacro.Grid){
        this.gfn_setGrid(arrComp[i]);
    }
}
```

● 공통 스크립트 파일 적용

이렇게 작성한 공통 스크립트 파일을 넥사크로 자바스크립트 프레임워크에 반영하여 프로젝트에서 사용할 수 있도록 설정합니다.

Project Explorer 창에서 TypeDefinition > Objects를 더블 클릭하여 편집 창을 오픈한 후, 좌측의 Modules 항목에 설정합니다.

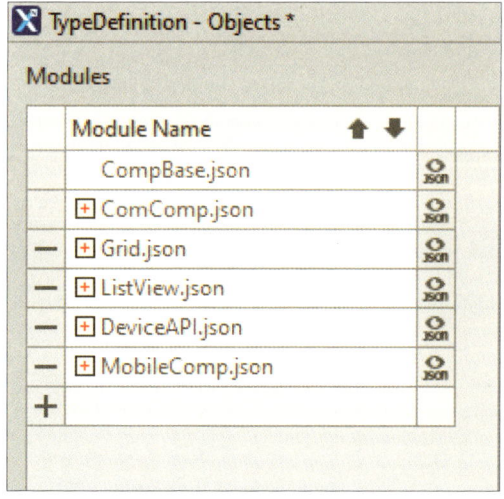

하단 + 버튼을 클릭하면 파일 선택 창이 오픈됩니다. 프로젝트의 _extlib_ 폴더 안에 EduJS.json 파일을 선택하여 공통 스크립트 정보를 설정합니다.

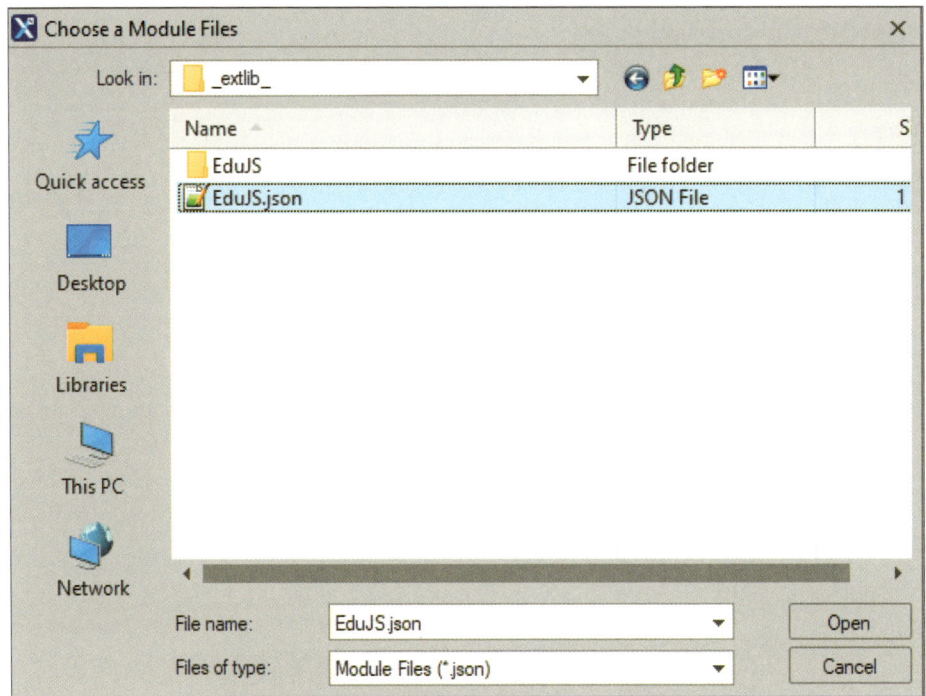

아래와 같이 EduJS 공통 스크립트 파일이 추가됩니다.

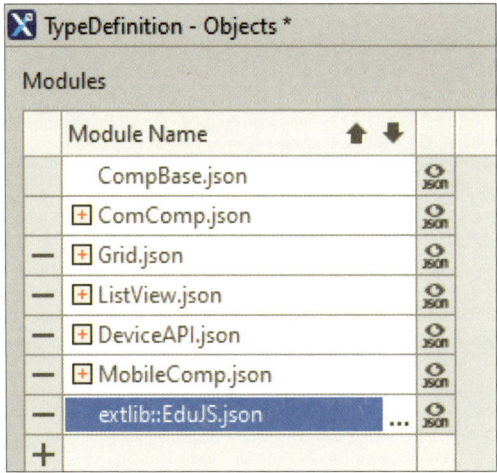

[OK] 버튼을 클릭하여 TypeDefinition 편집 창을 종료하면 아래와 같은 확인 창이 오픈됩니다.

[Yes]를 선택하면 프로젝트가 다시 로드되며 공통 스크립트 파일이 프로젝트에 적용됩니다.

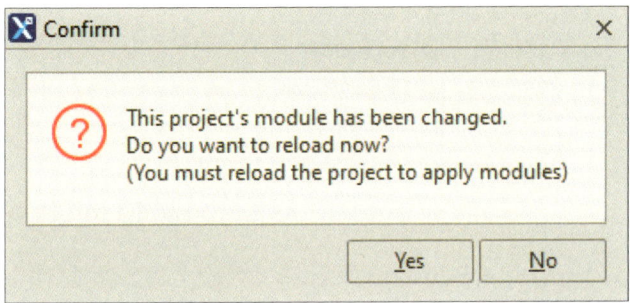

적용된 공통 스크립트 파일은 Resource Explorer 창에서 확인할 수 있습니다.

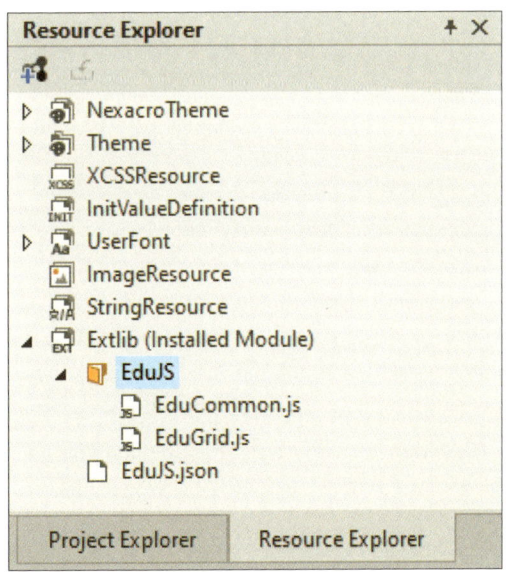

자바스크립트로 Generate 되는 위치에서 넥사크로 자바스크립트 프레임워크의 nexacrolib 파일에 공통 스크립트 파일이 추가되어 적용된 것을 확인할 수 있습니다.

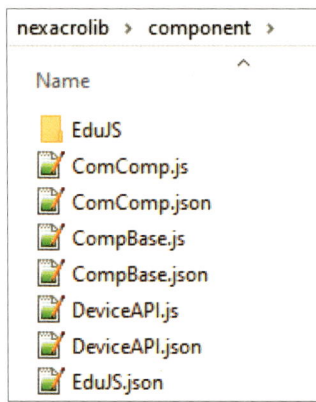

index.html 페이지를 확인하면 넥사크로 자바스크립트 프레임워크 파일을 로딩하는 부분에 공통 스크립트 파일도 같이 로딩되고 있음을 확인할 수 있습니다.

```html
<!-- DOCTYPE : DOCTYPE declaration -->
<!DOCTYPE html>
<html >
<head>
   ...
   <!-- FRAMEWORK_LIBRARY : framework loading path -->
   <script src="./nexacrolib/framework/Framework.js" defer></script>
   <!-- COMPONENTS_LIBRARY : component loading path -->
   <script src="./nexacrolib/component/CompBase.js" defer></script>
   <script src="./nexacrolib/component/ComComp.js" defer></script>
   <script src="./nexacrolib/component/Grid.js" defer></script>
   <script src="./nexacrolib/component/ListView.js" defer></script>
   <script src="./nexacrolib/component/DeviceAPI.js" defer></script>
   <script src="./nexacrolib/component/MobileComp.js" defer></script>
   <script src="./nexacrolib/component/EduJS/EduCommon.js" defer></script>
   <script src="./nexacrolib/component/EduJS/EduGrid.js" defer></script>
   ...
```

사원관리 실습 화면에서 Grid 컴포넌트에 공통 기능을 적용해 봅니다. Grid의 공통 기능으로는 헤더 클릭 시 데이터를 정렬하는 기능이 있습니다.

Form의 onload 이벤트에서 gfn_formOnload 함수를 호출합니다.

```
this.form_onload = function(obj:nexacro.Form,e:nexacro.LoadEventInfo)
{
    this.gfn_formOnload(this);
    ...
```

실습 화면을 실행하여 Grid에 정렬 기능이 적용되는지 확인합니다.

No	ID	Name▲	Department	Position	Hire Date	Salary	Gender
1	JP-230	Adam	Human Resource T	Assistant Mai ∨	2011-09-28 Wed	8,000	Male
2	US-020	Andrew		Staff ∨	2016-06-02 Thu	6,500	Male
3	JP-150	Dennis	Human Resource T	Director ∨	2009-10-21 Wed	5,000	Male
4	US-050	Jackson	Finances Team	Staff ∨	2009-10-21 Wed	6,000	Male
5	KR-240	Jennie	Support Team	Assistant Mai ∨	2011-05-08 Sun	7,000	Female
6	KR-080	JiYoung	Support Team	Assistant Mai ∨	2013-11-20 Wed	8,500	Female
	8					57,000	

예시에서는 간단하게 데이터를 정렬하는 기능만 구현했지만, 데이터 필터링,
행 고정, 열 고정, 엑셀 내보내기, 칼럼 숨기기 등의 기능도 추가로 구현하여
적용하면 모든 화면의 Grid에 일관된 기능 제공이 가능하여 사용자는
모든 Grid에서 동일한 기능을 편리하게 사용할 수 있습니다.
이러한 방식으로 공통 스크립트를 이용하여 개발하면 코드의 중복을 줄이고,
일관된 코드 작성으로 품질을 향상할 수 있습니다. 필요한 코드를 빠르게 작성하여
개발 시간을 단축하고, 효율적으로 개발할 수 있습니다. 또한, 코드 변경이 필요할
때 해당 함수만 수정하면 되므로 유지 보수가 쉬워지고, 여러 곳에서 동일한 코드를
반복하지 않아도 되어 재사용성도 향상됩니다.

12

개발 시 반드시 알아두어야 할 것들

이 문서는 넥사크로플랫폼을 이용하여 Application을 개발 시 개발자가 자주 실수하는 부분을 정리하였습니다.

12.1 스크립트 작성

12.1.1 PrefixID

Service URL 경로는 Full 경로가 아닌 PrefixID를 이용합니다.

● **사용 방법**

transaction 메서드 사용 시 서버 URL 경로는 Full 경로가 아닌 PrefixID를 사용하여 작성합니다.

수정 전(잘못된 사용 방법)

```
this.transaction("svcSelect",
    "https://edu.tobesoft.com/edu/nexacroN/select_emp.jsp",
    "","ds_emp=out_emp","","fn_call");
```

> **노트**
> 두 번째 인자에 절대경로(https://edu.tobesoft.com/edu/nexacroN/select_emp.jsp)나 상대경로(./select_emp.jsp)를 이용하는 것은 잘못된 사용 방법입니다.

수정 후

```
this.transaction("svcSelect",
    "SvcURL::select_emp.jsp",
    "","ds_emp=out_emp","","fn_call");
```

● PrefixID를 사용해야 하는 이유

넥사크로는 TypeDefinition에 PrefixID를 정의하여 사용할 수 있습니다.
PrefixID를 사용해야 하는 이유는 크게 두 가지로 정리할 수 있습니다.

1) 넥사크로는 제품 자체에 Cache기능을 제공합니다.
- transaction 작성 시 service URL 경로를 Full 경로(http://xxxx/service.do) 형태로 작성하게 되면 제품에서 제공하는 Cache 기능을 사용할 수 없습니다.
- 이 경우에는 사용자 PC의 웹 브라우저에 정의된 Cache 기능을 사용하게 되어, 의도치 않은 결과를 얻을 수 있습니다.

2) Service url에 기술한 Service경로가 바뀌는 경우 소스 수정 범위
- transaction에 기술된 Service URL(Full 경로를 사용한 경우) 정보 즉 도메인 정보 등이 바뀌게 되는 경우 관련 폼 소스는 모두 수정을 해 주어야 합니다. 이렇게 되면 많은 폼 소스를 대상으로 URL을 변경해 주는 수정 작업을 하게 되고, 수정된 소스를 Generate 하여 서버에 반영해 주어야 하는 일이 발생합니다.
- 하지만 PrefixID를 이용한 경우에는 모든 폼을 수정하는 것이 아닌 환경 파일(TypeDefinition)의 PrefixID만 수정하면 됩니다. (즉 파일 하나만 수정하여 반영하면 해결 가능합니다.)

TypeDefinition의 User Service(CacheLevel 설정)

PrefixID	Type	URL	CacheLevel	Version	Commu...
Base	form	./Base/	session	0	0
FrameBase	form	./FrameBase/	session	0	0
Form	form	./Form/	session	0	0
Popup	form	./Popup/	session	0	0
Comp	form	./Comp/	session	0	0
CompCom	form	./CompCom/	session	0	0
CompExt	form	./CompExt/	session	0	0
Exe	form	./Exe/	session	0	0
Smpl	form	./Smpl/	session	0	0
EnvApp	form	./EnvApp/	session	0	0
Images	file	./Images/	session	0	0
Lib	js	./Lib/	session	0	0
LocalURL	JSP	http://localhost:...	session	0	0
SvcURL	JSP	http://demo.ne...	none	0	0
Mobile	form	./Mobile/	session	0	0
File	file	./File/	session	0	0

TypeDefinition의 User Service 중 Type이 JSP 즉 Data 통신을 담당하는 Service는 CacheLevel을 "none"으로 설정해야 합니다.

● 참고 사항

넥사크로 스튜디오에서 실행 시 Cache 동작은 none으로 실행이 되나, 실행 환경에서는 CacheLevel 설정값이 반영된다.

> 노트
>
> 개발자들이 자주 질문하는 내용 중 다음과 같은 내용이 있습니다.
> 서버 서비스 즉 (조회) 기능을 실행 시 처음 한 번은 데이터가 잘 조회되지만, 재조회를 하게 되면 이전 자료가 유지되며 새롭게 데이터를 못 가져옵니다.
>
> 이때 해결할 수 있는 방법은 User Service의 CacheLevel이 "none"으로 설정하는 것입니다.
>
> * CacheLevel를 설정하지 않으면 Default 설정값은 "dynamic"이 적용됩니다.

12.1.2 서비스(Server Service)는 한 번의 호출로 n개의 Dataset을 가져온다

서비스(Server Service)는 한 번의 호출로 n개의 Dataset을 전송하도록 작성합니다.

● 사용 방법

수정 전(잘못된 사용 방법)

```
this.Form_Emp_exe_onload =
function(obj:nexacro.Form,e:nexacro.LoadEventInfo)
{
    this.transaction("svcSelect1","SvcURL::select_code.jsp",
                 "","ds_dept=out_dept","","fn_call");
    this.transaction("svcSelect2","SvcURL::select_code.jsp",
                 "","ds_pos=out_pos","","fn_call");
};
```

위의 소스를 보게 되면 두 개의 Dataset(ds_dept, ds_pos)을 가져오기 위해 두 번의 transaction을 호출하도록 만들어져 있는데 위의 코딩 방식은 폼이 로딩 시 성능에 영향을 주게 됩니다.

따라서 다음과 같은 방식으로 한 번의 서비스 호출로 두 개의 Dataset(ds_dept, ds_pos)을 가져오도록 수정합니다.

수정 후

```
this.transaction("svcSelect1","SvcURL::select_code.jsp",
                "","ds_dept=out_dept ds_pos=out_pos", "","fn_call");
```

12.1.3 한 번의 서비스로 n개의 Dataset을 가져와야 하는 이유

위에서 설명한 예시는 부서, 직위 두 개의 Dataset를 가져오기 때문에 크게 문제가 되지 않을 수 있습니다.

만약 가져와야 할 코드 종류가 많다면 대표적으로 폼이 Loading되는 (onload) 이벤트에서 10개의 코드 성 데이터를 가져오는 경우 Service 호출이 10번이 발생합니다.

서비스 호출이 많아지게 되면 데이터를 가져오는 데 소요되는 시간보다 http 통신을 연결하고 끊는 시간이 많이 소요되어 결과적으로 많은 시간이 소요됩니다.

> 팁
> 개발된 Application 입장에서 성능 향상을 위해서 최대한 서비스는 적게 만들고 Dataset은 최대한 많이 가져오도록 Service를 구성해야 성능을 보장할 수 있습니다.

● 참고 사항

Parameter(조건) 전달 시 주의 사항
서비스(Server Service)의 Parameter(조건) 전달 시 반드시
nexacro.wrapQuote() 함수로 감싸야 합니다.

```
var strParameter = "var1=" + nexacro.wrapQuote("홍 길 동") +
                   " var2=" + nexacro.wrapQuote("이순신");

this.transaction("svcSelect","SvcURL::select_code.jsp",
                "","ds_dept=out_dept ds_pos=out_pos", strParameter,"fn_call");
```

transaction 호출 시 전달하는 변수가 여러 개인 경우 각 변수는 공백(" ")으로 구분합니다.
이때 변숫값에 공백(" ")이 포함되어 있는 경우 nexacro.wrapQuote() 함수로 감싸 주지 않으면 데이터에 포함된 공백(" ")은 변숫값 구분으로 인식하여 오류가 발생할 수 있습니다.

따라서 조회 조건에 들어가는 값은 반드시 nexacro.wrapQuote() 함수로 감싸야 합니다.

> **팁**
> strParameter: 데이터 전송 시 POST 방식으로 전달

Dataset과 Dataset의 구분은 공백(" ")으로 처리한다.

```
this.transaction("svcSelect","SvcURL::select_code.jsp",
                 "","ds_dept=out_dept ds_pos=out_pos", strParameter,"fn_call");
```

transaction 호출 시 n개의 Dataset을 받을 수 있는데 이때 Dataset의 구분은 공백입니다.
예) ds_dept=out_dept(공백) ds_pos=out_pos 부분을 확인해 보기 바랍니다.

● **주의 사항**

> **팁**
> 간혹 (ds_dept=out_dept) 기술 시 = 부호의 앞/뒤(ds_dept = out_dept)를 공백으로 처리하는 경우가 있어 오류 나는 경우가 있으니 공백이 없도록 주의하시기 바랍니다.

12.1.4 서버 서비스(Server Service) 호출 시 Dataset 칼럼 Layout 정보 필요

transaction을 이용하여 서비스 호출 시 서비스에서는 기본 Dataset Layout(칼럼 정보)와 Data 정보를 함께 리턴해 주어야 합니다.

정상적인 Dataset Layout

```xml
<Root xmlns="http://www.nexacroplatform.com/platform/dataset">
  <Parameters>
    <Parameter id="ErrorCode" type="int">0</Parameter>
    <Parameter id="ErrorMsg" type="string">SUCC</Parameter>
  </Parameters>
  <Dataset id="out_emp">
    <ColumnInfo>
      <Column id="EMPL_ID" type="string" size="10"/>
      <Column id="FULL_NAME" type="string" size="50"/>
      <Column id="DEPT_CD" type="string" size="10"/>
      <Column id="POS_CD" type="string" size="10"/>
      <Column id="GENDER" type="string" size="10"/>
      <Column id="HIRE_DATE" type="date" size="10"/>
      <Column id="MARRIED" type="string" size="10"/>
      <Column id="SALARY" type="int" size="10"/>
      <Column id="MEMO" type="string" size="10"/>
    </ColumnInfo>
    <Rows>
      <Row>
        <Col id="EMPL_ID">EE001</Col>
        <Col id="FULL_NAME">Hong Gildong</Col>
        <Col id="DEPT_CD">01</Col>
        <Col id="POS_CD">03</Col>
        <Col id="GENDER">W</Col>
        <Col id="HIRE_DATE">20240422</Col>
        <Col id="MARRIED"/>
        <Col id="SALARY">80000</Col>
        <Col id="MEMO"/>
      </Row>
    </Rows>
  </Dataset>
</Root>
```

잘못된 Layout

서버 프레임워크에서 호출한 서비스가 데이터가 없는 경우, Dataset 기본 Layout(칼럼)을 만들지 않고 리턴해 주는 경우가 있습니다.

```xml
<?xml version="1.0" encoding="utf-8"?>
<Root xmlns="http://www.nexacro.com/platform/dataset" ver="5000">
  <Parameters>
    <Parameter id="ErrorCode" type="int">0</Parameter>
    <Parameter id="ErrorMsg" type="string">SUCC</Parameter>
  </Parameters>
  <Dataset id="out_emp">
  </Dataset>
</Root>
```

넥사크로는 transaction 호출 후 서버에서 보내온 Dataset Layout 정보를 이용하여 Client(UI)에서 작성한 Dataset Layout으로 치환합니다.

따라서 조회하는 데이터가 없는 경우에도 반드시 칼럼 정보를 리턴해 주어야 합니다.

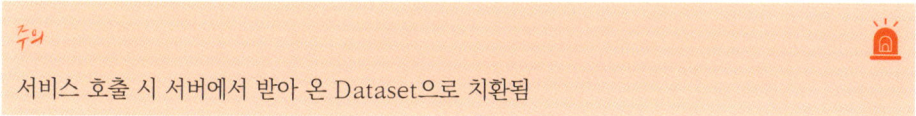

서비스 호출 시 서버에서 받아 온 Dataset으로 치환됨

12.1.5 데이터 통신방식

Nexacro(Client UI)와 서버 서비스단 간의 데이터를 주고받는 통신방식에는 크게 4가지 Type를 제공합니다.

● **통신방식**

XML

가장 기본이 되는 통신방식으로 개발 시 디버깅이 용이하나, 데이터가 많은 경우 불

필요한 XML Tag로 이해 통신 패킷 양이 많아 통합테스트 및 운영 단계에서 사용은 권장하지 않습니다.

```xml
<?xml version="1.0" encoding="utf-8"?>
<Root xmlns="http://www.nexacroplatform.com/platform/dataset" ver="4000" >
  <Parameters>
     <Parameter id="service">stock</Parameter>
     <Parameter id="method">search</Parameter>
  </Parameters>
  <Dataset id="output">
     <ColumnInfo>
        <ConstColumn id="market" size="10" type="STRING" value="kse"/>
        <ConstColumn id="openprice" size="10" type="INT" value="15000"/>
        <Column id="stockCode" size="5" type="STRING"/>
        <Column id="currentprice" size="10" type="INT"/>
     </ColumnInfo>
     <Rows>
       <Row>
          <Col id="currentCode">10001</Col>
          <Col id="currentprice">5700</Col>
       </Row>
       <Row>
          <Col id="currentCode">10002</Col>
          <Col id="currentprice">14500</Col>
       </Row>
     </Rows>
  </Dataset>
</Root>
```

SSV

nexacro platform Web 버전과 Mobile 버전 연동을 위하여 CSV 포맷을 확장한 포맷으로 구분자 변경(콤마 → US, 줄바꿈(CR/LF) → RS) 〉 Empty String과 undefined의 구분을 위하여 undefined는 ETX(end of text)[code:0x03] 값으로 대체되어 서버로 전송, WRE 환경에서는 통합 테스트 단계 및 운영 시에는 데이터 통신을 SSV를 권장합니다.

```
SSV:utf-8▼
Dataset:dataset0▼
_RowType_•Col1:String(20)•Col2:Int:SUM•Col3:Decimal:AVG▼
N•Test•0•1•1▼
I•Abc•1•2•2▼
U•Def•2•3•3▼
O•Chk•2•3•3▼
D•Ghi•3•4•4▼
```

BINARY

바이너리 포맷을 제공합니다.

단 해당 통신방식은 nexacroBrowser(NRE) 환경에서만 사용이 가능합니다.

```
??  %        ErrorCode       ErrorMsg  SUCC??  ?  out_emp??         EMPL_ID
        FULL_NAME  2  DEPT_CD
  POS_CD
  GENDER
        HIRE_DATE
  MARRIED
  SALARY
  MEMO
  C       EE001       ?샐듕吏?  01   03   W  )Bx??        8    F    KC001  AKA
01   04   M  )Bx??      false     뒬   pink  F         AB123   dddd   01   02   M  )Bx?r
true     o   blue  B        AA111   testeeee  01   02   W  )Bx?@?          {      B
AA111   testeeee  01   02   W  )Bx?@?          {      M         BB999     源  泥
좇쀠  02   04   M  )Bx?         true    뿵   999999  K          XX003         ?
꽃ぐ??   02   03   W  )Bx?戮    true         pink  9              DF334          ?
쒳졅??   02       W       桑?   H           AA425   ddtt11   02   02   W  )Bx楨=
true  枇+W   tete  G       TT132   tes11t   02   03   M  )Bx楨=     true      ?  553
```

JSON

JSON(JavaScript Object Notation) 포맷을 제공합니다.

```
{
    "version" : "1.0",
    "Parameters":
    [
      {"id":"ErrorCode", "value":0},
      {"id":"ErrorMsg", "value":""},
      {"id":"param1", "value":0},
      {"id":"param2", "value":"0", "type":"string"}
    ],
    "Datasets" :
    [
      {
          "id":"indata",
          "ColumnInfo":
           {
              "ConstColumn":
              [
                  {"id":"ConstCol1", "value":10},
                  {"id":"ConstCol2", "type":"string", "size":"256", "value":10},
                  {"id":"ConstCol3"}
              ],
              "Column" :
              [
                  {"id":"Column0"},
                  {"id":"Column1", "type":"string", "size":"256"},
                  {"id":"Column2", "type":"string", "size":"256"}
              ]
           },
          "Rows":
          [
              {"_RowType_":"U", "Column0":"", "Column1":"zzz", "Column2":""},
              {"_RowType_":"O", "Column0":"", "Column2":""},
              {"_RowType_":"N", "Column0":"A", "Column1":"B", "Column2":""},
              {"_RowType_":"D", "Column0":"a", "Column1":"b", "Column2":"c"},
              {"_RowType_":"I", "Column0":"", "Column1":"", "Column2":""}
          ]
      },
      {
```

```
            "id": "indata2",
            "ColumnInfo":
                [
                    "Column":
                    [
                        {"id":"Column0"},
                        {"id":"Column1", "type":"string", "size":"256"},
                        {"id":"Column2", "type":"string", "size":"256"}
                    ]
                },
                "Rows":
                [
                    {"Column0":"A", "Column1":"B"},
                    {"Column0":"a", "Column1":"b", "Column2":"c"},
                    {"Column0":"", "Column1":"", "Column2":""}
                ]
            }
        ]
    }
```

● 참고 사항

통신방식 옵션 중 Compress 기능(압축)을 제공합니다.
하지만 해당 옵션은 binary 통신과 같이 nexacroBrowser(NRE) 환경에서만 제공합니다.

WRE 환경에서는 binary통신과 Compress(압축) 기능은 사용할 수 없습니다.

12.1.6 Nexacro 스크립트 작성 시 기준 잡기

프로그램 코딩(스크립트)을 할 때는 해당 제품의 사상을 정확히 이해하고 코딩을 해야 최상의 스크립트를 작성할 수 있습니다. 물론 코딩 방법에는 정석은 없으나, 가능한 해당 제품에서 추구하는 코딩 방식으로 작업을 한다면 소스코딩 및 성능 면에서도 좋은 결과를 얻을 수 있을 것으로 봅니다.

다음의 내용을 참고하시기 바랍니다.

1. 가능한 스크립트로 코딩하기 전 Dataset 기능 중 바인딩으로 해결합니다.
2. 바인딩으로 해결되지 않는 경우 각 컴포넌트의 이벤트에서 스크립트를 기술해 주게 되는데 스크립트 작성의 경우에도 Dataset의 이벤트에서 우선 처리가 가능한지 확인합니다.
3. 1, 2번으로 해결되지 않는 경우 각각의 컴포넌트의 이벤트를 이용하여 스크립트를 작성하도록 합니다.

팁
최소 위의 3가지 내용만 참고하여 코딩을 해도 불필요한 코딩(스크립트)을 줄일 수 있습니다.

12.1.7 시큐어코딩 관련하여 eval 함수 대체 방법

노트
eval 함수 사용 건 보안솔루션 업체에서 시큐어코딩 소스 점검에서 eval을 사용하는 경우 다른 함수로 대체하라는 검수 결과가 나오고 있어 소스를 수정하는 일이 발생한 사례
(최근 보안 이슈로 인해 실제 고객사에서 발생하고 있는 이슈)

● **해결 방법**

eval은 어떤 코드라도 무조건 실행하기 때문에 보안 문제도 있다. 따라서 신뢰하지 못하거나 모르는 코드가 포함되어 있을 경우 절대로 사용해서는 안 된다.
eval은 사용하지 않는 게 좋다. eval을 사용하는 모든 코드는 성능, 보안, 버그 문제를 일으킬 수 있다. 만약 eval이 필요해지면 설계를 변경하여 eval이 필요 없게 만들어야 한다.

최근 실제 사이트에서 소스를 재개발하는 사례가 발생합니다.

사용 예 1)

eval 함수를 이용하여 object화하는 경우

```
var strObj = this.grd_list.name;
var objGrid = eval("this." + strObj);
trace(objGrid + " : " + typeof objGrid);
```

다음과 같이 수정합니다.

```
var sGridID = this.grd_list.name;
var objGrid = this.all[sGridID];
trace(objGrid + " : " + typeof objGrid);
```

사용 예 2)

eval을 이용해 함수를 호출하는 경우

```
var fn_ID = "fn_FuncCall";
eval("this." + fn_ID)(1,2);
```

다음과 같이 수정합니다.

```
//String으로 받은 functionID 를 호출할 경우
//argument의 경우 호출받는 메서드에서 받는 개수만큼 넣어 주시면 됩니다.
var fn_ID = "fn_FuncCall";
this[fn_ID].call(null, 1, 2);
```

또는

```
var fn_ID = "fn_FuncCall";
this.lookup( fn_ID ).apply(null,[1,2]); //apply 시 값 전달 방식이 다름
```

12.1.8 변수 Scope

변수 Scope란 현재 위치에서 접근이 가능한 변수를 결정하는 방법이다. 자신의 Scope 안에 있다면 접근이 가능하여 변수를 읽거나 쓸 수 있는 것이고, Scope 밖이라면 해당하는 변수는 접근이 불가능하게 된다.

변수의 종류는 크게 두 가지로 구분할 수 있다.

전역변수(Global Variable)
Function 밖에서 선언한 변수로 현재 화면의 어디에서나 접근 가능

지역변수(Local Variable)
Function 안에서 선언한 변수, Function 안에서만 접근 가능

> 노트
> Scope 미지정 시 Global로 처리되므로 Variant 사용 시 반드시 Scope을 명시하여야 한다.

사용 예)

```
a1 = 3;
//global의 a1으로 동작함
var a2 = 4;
//기존에는 form의 member였으나, 넥사크로에서는 form member가 아님
this.a3 = 5;
//form의 member로 동작하려면 이와 같이 this를 명시해야 함

this.Button00_onclick = 
function(obj:nexacro.Button,e:nexacro.ClickEventInfo)
{
    var a4 = 3;
    trace(a4);
    //local scope는 자바스크립트와 동일
    trace(a1);
```

```
    //global scope와 동일
    trace(this.a3);
    //form의 member variant를 접근하기 위해서는 this 명시
    trace(this.a2);
    //form의 member variant가 아니므로 form 멤버로 접근이 불가
};
```

> **주의**
>
> 투비소프트 제품 중 MiPlatform은 var 미선언 시 Form 변수로 동작하며, Nexacro는 var 미선언 시 Global Variable로 동작합니다.

12.2 Dataset

12.2.1 Dataset 속성 useclientlayout 제대로 알기

Dataset 속성 중 useclientlayout을 속성을 제공합니다.
기본값은 false로 설정되어 있으며, 많은 분들이 이 속성에 대한 사용 용도를 정확히 알지 못하고 있어 정리합니다.

● 서비스를 먼저 만들지 않아도 Dataset을 이용하여 개발 가능

넥사크로는 Dataset이라는 invisible Object를 이용하여 서버 서비스를 만들지 않고서도 프로그램을 할 수 있는 장점이 있습니다.

즉 화면을 구성하기 위해 서버 서비스를 먼저 만들고 Dataset 및 Layout 정보와 데이터를 가져온 후 화면을 구성해야 하지만, 서비스를 만들지 않고 넥사크로 스튜디오에서 Dataset를 미리 만들어 개발이 가능합니다.

- **transaction 호출 시 서버에서 넘겨받은 Dataset으로 Layout 및 데이터가 치환된다**

넥사크로 스튜디오에서 만들어 사용하는 Dataset은 개발을 하기 위한 임시 디자인 및 테스트를 위해 사용하게 되면 실제 Dataset Layout과 데이터는 transaction을 통해 서버에서 넘겨받은 값으로 치환이 됩니다.

- **참고 사항**

Dataset 속성 useclientlayout을 true로 설정하여 넥사크로 스튜디오에서 만든 Dataset Layout을 사용할 수 있다.

> 팁
> Dataset Layout은 서버 서비스단에서 넘겨주는 Layout 사용을 권장합니다.

> 팁
> useclientlayout을 true로 사용하는 경우
> 서버에서 칼럼 정보 추가가 어려운 경우
> 서버에서 넘겨주는 칼럼의 Type이 DB Table과 다른 경우(예: Int Type이 string으로 넘어오는 경우)

> 팁
> 위의 경우를 제외하고는 가능한 useclientlayout값은 Default false를 사용합니다.

12.2.2 Dataset 칼럼 Type의 중요성

넥사크로는 서버에서 넘겨주는 Dataset Layout 중 칼럼 Type이 정확해야 합니다. 즉 서버 서비스(DB Query)를 통해 가져오는 칼럼은 DB Table의 칼럼 Type과 동일해야 합니다.

칼럼 Type은 각종 계산 등에서 중요한 역할을 합니다.

● 그리드 합계 구하기

```
getSum("SALARY")  -> getSum("nexacro.toNumber(SALARY)")
```

만약 서비스에 넘겨준 칼럼 SALARY를 이용하여 데이터의 합계를 구한다고 가정해 보자.

만약 Dataset의 SALARY 칼럼 TYPE이 숫자형(Int)이면 Dataset Method를 이용하여 바로 getSum("SALARY") 형태로 프로그램을 완성할 수 있다.

그러나 Dataset의 SALARY 칼럼 TYPE이 문자형(String)을 넘겨받게 되면 Type을 변환해서 계산해야 하는 문제가 발생합니다.

| getSum("nexacro.toNumber(SALARY)")

● Dataset 기능 중 Sort 기능 구현 시 Type의 중요성

Dataset의 다양한 기능 중 자주 사용하는 기능으로 Sort(정렬) 기능을 제공합니다. 이때 Sort는 Type을 변경할 수 없으며, 무조건 Dataset의 칼럼 Type을 기준으로 Sort가 됩니다.

따라서 정확한 Sort 결과를 얻기 위해서는 Dataset의 칼럼 Type이 중요합니다.

> 팁
> Sort는 Column의 Type이 기준이 되며, 형 변환 불가

● 참고 사항

서버 서비스 프레임워크를 설계하는 분은 UiAdaptor 작성 시 반드시 위의 내용을 숙지해야 합니다.

12.2.3 Dataset의 이벤트 스크립트 작성 시 주의 사항

Dataset의 이벤트 중 onload, onrowposchanged, onworposchanged 3개의 이벤트에는 Event 객체에 reason 프로퍼티가 존재합니다.
reason 프로퍼티 이벤트는 해당 이벤트가 여러 경우에 발생할 수 있음을 의미합니다.

노트
따라서 정확한 이벤트 정보에 맞도록 분기 처리를 하여 스크립트를 작성해야 합니다.

● 코드 작성 예시)

```
this. ds_emp_onrowposchanged =
function(obj:nexacro.NormalDataset,e:nexacro. DSRowPosChangeEventInfo)
{
    if(e.reason == 12) // append
    {
        //Dataset에 append 이벤트가 발생 시 진행할 스크립트 작성
    } else if(e.reason == 20) // delete
        //Dataset에 delete 이벤트가 발생 시 진행할 스크립트 작성
    } else if(e.reason == 30) // sort
        //Dataset에 sort 이벤트가 발생 시 진행할 스크립트 작성
    }
};
```

팁
reason 속성이 있는 이벤트에서 해당 이벤트에 맞는 분기 처리를 하지 않을 경우 예기치 않은 스크립트가 동작할 수 있다.

12.2.4 Dataset 정보 스크립트로 변경 시 enableevent 속성 활용하기

Dataset을 이용하여 데이터 정보를 변경하는 경우가 자주 발생하게 하게 됩니다.

Nexacro Dataset을 이용하여 스크립트 코딩 없이 컴포넌트에 데이터를 표현할 수 있는 바인딩 기능을 제공합니다.

즉 하나의 Dataset은 여러 컴포넌트에 동시에 바인딩하여 데이터를 표현할 수 있습니다.
이때 다음과 같이 for문 등을 이용하여 여러 건에 칼럼값을 변경한다고 가정해 봅시다.

```
for(var i=0;i<100;i++)
{
    Dataset.setColumn(i, "ColumnId", "Value");
}
```

위와 같이 for문을 수행하면서 Dataset의 칼럼값을 변경하게 되면 Nexacro 엔진 단에서는 해당 Dataset과 연결되어 있는 컴포넌트를 대상으로 repaint하는 기능을 수행하게 됩니다.

따라서 Dataset의 칼럼이 변경되면 시각적으로 표현되지 않지만 내부 엔진을 여러 가지 기능을 수행하게 되며, 성능에 영향을 줄 수 있습니다.

Dataset Event 멈추기
for문 등을 이용하여 칼럼 정보를 바꿀 때는 enableevent 속성을 이용하여 Dataset 이벤트를 멈출 수 있다.

```
Dataset.enableevent = false;
for(var i=0;i<100;i++)
{
    Dataset.setColumn(i, "ColumnId", "Value");
}
Dataset.enableevent = true;
```

Dataset Event 실행

enableevent = false;를 통해 Dataset 이벤트를 멈추었다면 스크립트 수행 후에는 반드시 enableevent = true;를 이용하여 Event를 다시 실행해 주어야 합니다.

>
> 주의
>
> 만약 enableevent = false; 후 enableevent = true;를 하지 않으면 제품에서 자동으로 처리해 주던 Dataset 기능을 enableevent = false; 이후부터는 개발자가 책임을 져야 합니다.
>
> 또한 enableevent 속성은 Nexacro 엔진단의 이벤트를 발생시키지 않을 때 사용해야 하며, 이벤트 발생이 필요한 경우에는 사용해서는 안 됩니다.

12.3 Grid

Grid의 Properties의 cellmovingtype=col인 경우 Event에서 스크립트 작성 시 e.col 또는 e.cell 값을 이용하여 스크립트 작성 시 주의 사항입니다.

12.3.1 스크립트 작성 시 col, cell 값을 이용한 Column 체크

```
this.grd_oncellclick= function(obj:nexacro.Grid,e:nexacro.GridClickEventInfo)
{
    if(e.col == 1)// 또는 e.cell == 1
    {
        trace("OK");
    }
};
```

아래와 같이 칼럼명으로 변경해야 합니다.

```
this.grd_oncellclick=
function(obj:nexacro.Grid,e:nexacro.GridClickEventInfo)
{
    if(obj.getCellProperty("body",e.cell,"text").split(":")[1] == "칼럼명" )
    {
        trace("OK");
    }
};
```

주의

Grid Properties의 cellmovingtype을 col로 설정하게 되면 Grid 칼럼의 순서를 변경할 수 있게 됩니다.

이 경우 Script에서 e.col == 1 형태로 작성하게 되면 칼럼의 순서가 변경되므로 원하지 않는 칼럼 정보가 나오게 되므로 주의해야 합니다.

memo